Verbaut die Kirche ihre Zukunft?

Hans-Harald Sedlacek

# Verbaut die Kirche ihre Zukunft?

Ein deutscher Katholik fragt nach

EVANGELISCHE VERLAGSANSTALT
Leipzig

Bibliographische Information der Deutschen Nationalbibliothek
Die Deutsche Nationalbibliothek verzeichnet diese Publikation in der
Deutschen Nationalbibliographie; detaillierte bibliographische Daten
sind im Internet über http://dnb.dnb.de abrufbar.

© 2012 by Evangelische Verlagsanstalt GmbH · Leipzig
Printed in Germany · H 7552

Gesamtgestaltung: Kai-Michael Gustmann, Leipzig
Druck und Binden: CPI – Clausen & Bosse, Leck

ISBN 978-3-374-03084-2
www.eva-leipzig.de

# Vorwort

Zukunft hat nur das Glaubwürdige! Das wiederum hat seine Grundlage in der Wahrhaftigkeit. Sie bietet den bestmöglichen Zugang zum Vertrauen – und damit auch zum Glauben. Darum gibt es wohl kaum eine Organisation, die nicht für sich beansprucht, wahrhaftig zu sein. Allen voran die Kirchen, auch die römisch-katholische Kirche.

Nur, wie sieht die Wirklichkeit aus? Warum existiert ein Vertrauensschwund, der zunehmend auch die Amtsträger der katholischen Kirche betrifft? Und das mittlerweile in einem zerstörerischen Ausmaß – weltweit!

Liegt der Grund bei den Gläubigen oder bei der so häufig als ›böse‹ bezeichneten Welt? Hat die Welt die Kirche beschädigt? Oder sind die Ursachen viel eher im Organisationssystem der Kirche zu finden, auch im Versagen der Verantwortlichen, der Päpste, Kardinäle und Bischöfe?

Peinliche Fragen! Und liegt deren Antwort nicht bereits auf der Hand? Denken wir allein an die unzähligen Kinderschändungen, begangen von einer erschreckend großen Zahl von Priestern; dazu noch geheimgehalten, vertuscht und durch deren Versetzung in andere Pfarrgemeinden begünstigt durch einen Großteil der Bischöfe dieser Kirche, zumindest in Europa, in Nordamerika, in Australien – wenn nicht sogar weltweit.

Wie lange geht das schon so? Seit den letzten fünf bis sechs Jahrzehnten? Oder bereits seit Jahrhunderten? In den USA wird seit dem Jahr 1983, beginnend im Bistum Louisiana, dieses Verschulden der Bischöfe von den Gerichten aufgearbeitet. In Europa dagegen begann die Aufdeckung der Verbrechen erst in den letzten zwei bis drei Jahren; veranlasst nicht etwa durch einen Papst, einen Kardinal oder durch einen Bischof und schon gar nicht durch irgendeine Kongregation des Vatikans, sondern maßgeblich durch die öffentlichen Medien und durch die Aussagen mutiger Opfer!

In Deutschland geschah dies auch durch einen mutigen Jesuiten; wenn man so will, einen geweihten Vertreter der Kirchenbasis. Was wäre mit ihm innerkirchlich geschehen, hätten ihm die Medien nicht den Rücken gestärkt? Wo liegen die Ursachen für dieses schwerwiegende Versagen der Kirchenführung?

Weitere bohrende Fragen drängen sich auf: Warum haben in den letzten Jahrzehnten zigtausende von Priestern die katholische Kirche verlassen? Warum haben Massen an Gläubigen ihr den Rücken gekehrt? Warum sind vielerorts die Kirchen weitgehend leer? Warum ist die Zahl der Priesterweihen drastisch zurückgegangen? Warum ist das Wissen um christliche Glaubensgüter in der Bevölkerung verschwindend gering geworden? Warum werden Lehrinstruktionen zur Sexualmoral kaum noch beachtet? Warum nimmt ein Großteil der Jugend, wenn überhaupt, die Kirche nur noch als Unterhaltung wahr? Warum konnte dies alles so gehäuft in den letzten Jahrzehnten geschehen?

Sind nur die anderen, ist nur der mangelhafte Glaube der Nichtgeweihten daran schuld? Oder liegt die Ursache vielleicht doch und weitaus mehr im Unvermögen der Amtsträger? Fragen über Fragen!

Ich bin Christ, wurde in die katholische Kirche hineingeboren und habe mich im Laufe meines Lebens immer wieder für sie entschieden. Nur mittlerweile häufen sich in mir die Zweifel, werde ich zunehmend gefragt, ob meine Entscheidung, in der katholischen Kirche zu bleiben, noch nachvollziehbar ist. Auch wenn es trotzig klingen mag, ich antworte immer noch mit einem eindeutigen »Ja!«, weil Kirche für mich keinen Fremdkörper darstellt. Ich fühle mich als Teil von ihr. Dieses Gefühl ist gewachsen über die Jahrzehnte meines Lebens, es kann von mir nicht ohne einen wesentlichen Verlust meiner Selbst abgestreift werden. Dabei bin ich mir einerseits bewusst, dass ich durch dieses »Ja« an der Schuld und Schande der Amtsträger teilhabe. Jeder Katholik ist in die Verantwortung den Opfern gegenüber einbezogen: den geschändeten Kindern, all den Frauen und Männern, deren Beziehung zu Gott und zur Kirche zerstört wurde, denen Barmherzigkeit versagt wurde, gegenüber den Christen anderer Kirchen, gegenüber den Nichtchristen. Andererseits gibt dieses »Ja« mir nicht nur die Berechtigung, sondern auch die Verpflichtung, eine rigorose Reform der Amtskirche einzufordern, damit Fehlentscheidungen und Fehlverhalten von Amtsträgern in Zukunft eingedämmt werden können und die Kirche wieder an Glaubwürdigkeit zurückgewinnen kann.

Diese Mitverantwortung für die Kirche teile ich mit den etwa 1,2 Milliarden ihrer Mitglieder! Welche starke Kraft könnte sich hieraus entwickeln! Ich teile sie auch mit den Christen anderer Kirchen. Diese sind ähnlich herausgefordert. Denn jegliches Versagen der Führungsmannschaft gleich welcher christlichen Kirche schadet der gesamten Christenheit. Aus dieser Verantwortung heraus sind tiefergehende Fragen an die Amtsträger der römisch-katholischen Kirche zu stellen, genau wegen dieser Beschädigung ihrer Glaubwürdigkeit, wegen der allgemeinen Glaubenskrise. Solche Fragen müssen an die Substanz der Kirchenführung, an ihre Struktur, ihre Wege der Entscheidungsfindung, ihre Traditionen, ihr Selbstverständnis rühren, sonst sind sie sinnlos, wertlos. Der Zweck dieses Buches soll, nein muss es sein, bei den Verantwortlichen ein Nachdenken über die Ursachen der Glaubenskrise zu wecken, Einsicht in die eigenen Fehler, in das eigene Versagen zu bewirken; eine notwendige, wenn auch nicht hinreichende Voraussetzung für einen Neuanfang.

Ist das ein verwegenes, ein aussichtsloses Unterfangen? Vielleicht! Aber angesichts der Lage der Kirche ist nicht das folgsame, gehorsame Schaf gefragt, der Willkür des mehr oder weniger guten – oder auch schlechten – Hirten unterworfen. Gefragt ist der mündige Christ! Gefordert als Kritiker, der Fehler sieht, nach dem Warum fragt, Antworten sucht und dadurch mithilft, die Schwächen der Kirche zu beheben. Aufgerufen auch als Gläubiger, als solcher zu erklären, warum er trotzdem glaubt, was ihn überzeugt und in der Kirche hält.

Ich bin weder Theologe noch Amtsträger, unterliege damit keinem amtskirchlichen Gruppenzwang, kann mich also frei fühlen, solcherart Fragen zu stellen. Aus meiner Sicht heraus, die geprägt worden ist durch das Glück einer dauerhaften Liebe, einer kinderreichen Familie, durch mein medizinisch-naturwissenschaftliches Denken, geschult durch meine Tätigkeiten in der Tumorforschung, in der Leitung industrieller Arzneimittelforschung und auch durch meine universitäre Lehre.

Seitens der Amtsträger mag solches Querdenken, noch dazu von einem Laien, nur Ablehnung finden: »Schuster, bleib bei Deinen Leisten!« Vielleicht werden diese Überlegungen auch als lästerlich, wenn nicht sogar als ketzerisch verurteilt. Aber nicht nur in der Wissenschaft führt Querdenken auf neue Wege. Auch in der Kirche, in deren Geschichte ist dies mannigfaltig belegt. Große, mutige Menschen haben dem Christentum neue Impulse verliehen. Denken wir an das hervorragende Wirken der Reformatoren, allen voran an das Leben und Werk von Martin Luther, einem Geweihten. Kaum auszudenken, was ohne die Reformationsbewegung aus der katholischen Kirche des Mittelalters geworden wäre, damals tief im Sumpf zahlreicher moralisch verwahrloster Amtsträger gefangen. Erst als Antwort auf die Reformation brachte die Amtskirche die Kraft auf, eine innere Erneuerung anzustreben, die mit dem Konzil von Trient (1545–1563) begann.

Für meine Fragen habe ich einen Gegenspieler gesucht, der gleich mir nicht der amtskirchlichen Disziplin unterworfen ist, der sich daher auch frei fühlt, zu antworten, und das aus einer ganz anderen Sicht; der mir widerspricht, wo es ihm notwendig erscheint, dem es aber auch ein Anliegen ist, denjenigen zu helfen, die an der Glaubwürdigkeit unserer Kirche zweifeln, wegen ihres derzeitigen Zustands, wegen des Versagens so vieler ihrer Amtsträger.

Ich dachte, solch ein Gegenspieler sei einfach zu finden! Doch weit gefehlt! Schließlich bin ich am Ende auf ihn gestoßen, in mir selbst, auf den Zweifler an meinen Zweifeln. Dieser Zweifler findet auch weiterhin die Kernsubstanz der Kirche glaubenswert, bewundernswert, trotz allen Versagens ihres Führungspersonals. Er ist beeindruckt von der Beständigkeit der Kirche, bewundert ihre Standfestigkeit in den Kernaussagen zum christlichen Glauben, dass sie trotz aller Verfehlungen von Päpsten und Bischöfen immer wieder zu den 10 Geboten und zum Liebesgebot zurückgefunden hat, ihre grundsätzliche Unabhängigkeit vom Zeitgeist, ihre ehrwürdigen liturgischen Rituale, das segensreiche Wirken so vieler ihrer Gläubigen – und nicht zuletzt ihre große Zahl von solchen Priestern, welche als ehrliche, gläubige Seelsorger den steinigen Weg der Nachfolge Christi gehen, indem sie sich selbstlos um die Menschen und um deren Nöte, um deren Lebensbrüche sorgen und eben nicht ihr Amt, ihre Person, ihre Karriere in den Vordergrund stellen; die nicht ichbezogen nur ihr eigenes Seelenheil im Sinn haben, die nicht voller Gehorsam amtskirchliche Festlegungen als unumstößliche Wahrheit anpreisen. Diese Priester stellen den Sauerteig unserer Kirche dar, bilden den vertrauenswürdigen Gegenpol zu dem vielfältigen Versagen etlicher Bischöfe.

Ich habe diesen Zweifler an meinen Zweifeln, diesen Gegenspieler ganz einfach Johannes genannt – ein alter biblischer Name, der über Jahrhunderte hinweg von Menschen getragen wurde, die von überragender Bedeutung für unsere

Kirche gewesen sind. Manche von ihnen wurden zu Heiligen erkoren, meist Menschen mit konservativem Gedankengut. Doch dazwischen waren auch ›Revoluzzer‹. Denken wir an den Propheten, denken wir an den Apostel, den Lieblingsjünger. Und war Programm und Einberufung des Zweiten Vatikanischen Konzils nicht auch eine Revolution gegen die durch Selbstherrlichkeit ihrer Amtsträger zur Unbeweglichkeit erstarrten Kirche? Dieses Aufbegehren gegen verkrustete Strukturen, dieser Mut, dieses Vertrauen in die Gläubigen, in die Mitmenschen hatte einen Namen: Johannes der XXIII.

Im Gegensatz zu Johannes steht der Name Hans, eine Verkürzung, vielleicht auch die Kehrseite von Johannes. Hans – ein Name wie geschaffen für Menschen des Alltags, die das Leben zu meistern versuchen, indem sie der Wahrhaftigkeit, Wirklichkeitstreue und Glaubwürdigkeit eine besondere eine lebenswichtige Bedeutung beimessen. War es nicht naheliegend, dass der Johannes [**J.**] und der Hans [**H.**] ins Gespräch über Glauben und Kirche kamen?

# Inhalt

# 1. Wozu dieses Buch?

[**J.**] Die Zahl der Menschen, welche mehr oder weniger hierzu berufen innerhalb und außerhalb der Kirche deren Reform fordern, ist mittlerweile ins Unermessliche angewachsen. Vor diesem Hintergrund sehe ich Deine Absicht mit diesem Buch ziemlich kritisch. Auch wenn Deine einleitenden Worte durchaus ins Schwarze treffen mögen, was helfen sie, wem dienst Du damit? Vordergründig doch all denen, die hämisch auf den Wogen der Ablehnung reiten, die gerade in heutiger Zeit gegen christliche Kirchen anbranden. Oder glaubst Du wirklich, als Außenseiter, als kleiner unbedeutender Laie im riesigen professionellen Gefüge der römischen Amtskirche auch nur das Geringste ausrichten zu können? Unterliegst Du damit nicht einer gewaltigen Selbsttäuschung?

Denk an die zahlreichen Theologen des Vatikans! Viele von ihnen sind ausgezeichnet darin geschult, eifrig jeden aufkommenden unliebsamen Gedankengang, jede auch noch so begründete Kritik, jeden neuen Vorschlag zerreden oder zerreißen zu können. Denk an den Vorwurf der mangelnden Gläubigkeit! Ein Totschlagargument der Amtskirche – am Schicksal von so manchem mutigen und überragenden Kopf unter der großen Schar der Theologieprofessoren ablesbar. Warum nur wagst Du Dich in diese Arena? Noch dazu als unbedeutender Laie? Warum tust Du Dir das an?

[**H.**] Vielleicht wegen der Hoffnung, dass hierdurch der eine oder andere der verantwortlichen Amtsträger doch noch dazu bewegt wird, über den Tellerrand seiner Abhängigkeiten und Prägungen hinauszublicken, die Glaubenskrise aus einer ganz anderen Sicht zu sehen!

Vielleicht auch, um den einen oder anderen Zweifler oder Enttäuschten davon überzeugen zu können, dass es sich trotz allen Fehlverhaltens von Amtsträgern lohnt, als Christ in der kirchlichen Gemeinschaft zu verbleiben!

[**J.**] Deine Worte in Gottes Ohr! Doch ist diese Erwartung nicht vermessen? Reine Selbstüberschätzung? Von vornherein aussichtslos? Doch andererseits, was spricht inhaltlich eigentlich dagegen? Was gilt es zu verlieren, was nicht schon verloren ist? Und was könnte gewonnen werden? Wie Du sagst, vielleicht ein Nachdenken bei dem einen, oder sogar Einsicht bei dem anderen. Sicher auch schroffe Ablehnung!

Vielleicht ist genau deswegen Dein Vorschlag einen Versuch wert. Lass uns daher zur Sache kommen! Ich bin zwar auch nur ein theologischer Laie, will aber gern meine Sicht der Dinge deutlich machen, welche Reformen in der Kirche ich für zwingend notwendig erachte und wo ich Dir widerspreche – und welche Zweifel ich an so manchen Zielen habe, die sich der eine oder der andere veränderungswillige ›Progressive‹ in der Kirche auf die Fahne geschrieben hat.

[**H.**] Genau das wäre hilfreich. Denn die Bandbreite und das Spannungsfeld unterschiedlicher Überzeugungen halte ich für das Besondere des Christentums. Diese Vielgestaltigkeit gilt es auszuhalten. Das betrifft nicht nur unser Gespräch, sondern gilt grundsätzlich – gerade auch in der Gemeinschaft christlicher Kirchen. Aus meiner Sicht gehört dieses Ertragenkönnen unterschiedlicher Meinungen zu den fundamentalen Forderungen, die Christus an uns alle gestellt hat.

[**J.**] Du triffst einen wichtigen Punkt. Seid Euch einig, bleibt einig! Diese Aufforderung Christi gilt es immer wieder zu verinnerlichen. Gleich, welchen Standpunkt man vertritt. Das gilt für die ungestümen ›Progressiven‹ gleichermaßen wie für die erstarrten ›Konservativen‹.

[**H.**] Da sind wir weitgehend einer Meinung! Und ich wage noch zu ergänzen: helfend oder böswillig, gut oder schlecht, gläubig oder ungläubig, christlich oder unchristlich lässt sich

nicht an der Frage, ob ›konservativ‹ oder ›progressiv‹ fest-
machen, sondern ob ehrlich oder verlogen, wahrhaftig oder
selbstherrlich, lernfähig oder erstarrt.

[**J.**] Vorteilhaft wäre, unser Gespräch auf einige wichtige Glaubenssätze[1] und einige Gebote des Dekalogs zu beschränken,
solche, die gegenwärtig von besonderer Bedeutung sind.

[**H.**] In Ordnung. Lass sie uns als Schlagwortgeber nutzen,
um den Wortlaut von Dogmen, Enzykliken, Lehrinstruktionen und kirchlichen Verboten zu hinterfragen. Denn meiner Ansicht nach hat ein beträchtlicher Teil von diesen Verlautbarungen nicht nur zum Verlust an Vertrauen in unsere
Kirche, ja in das Christentum schlechthin beigetragen, sondern in der Christenheit auch die Trennung in die verschiedenen Konfessionen vertieft. Das geschah weniger durch die
Kernaussagen, als vielmehr durch die Wortwahl, durch den
Wahrheitsanspruch, mit dem die vielen Einzelregeln und
persönlichen Vorstellungen begründet wurden, durch die
Anordnung, diese glauben und befolgen zu müssen.

[**J.**] In Deinen Worten steckt eine Angriffslust, die ich für vollkommen verfehlt halte! Damit wirst Du kaum einen Betroffenen überzeugen können! Denn gerade im Bereich des
Glaubens halte ich das Maßhalten, erkennbar an der Bescheidenheit des Urteils, für eine zwingende Voraussetzung für
Glaubwürdigkeit.

Doch zur Sache! Überlege einmal, was die Kirche ohne
dieses Skelett an Glaubensvorschriften und Lehrinstruktionen wäre? Sicherlich keine weltliche Organisation, die die
Jahrtausende überlebt hätte und die Du heute noch hinterfragen könntest! Sicherlich auch keine Kirche der Gläubigen,
denn zum Glauben gehört die Lehre. Sie ist die Nahrung für
das Glaubensleben.

[**H.**] Das ist alles irgendwie richtig, aber auch gefährlich – weil
der Gefahr des Missbrauchs ausgesetzt! Beispielsweise der
Anspruch des Papstes auf Unfehlbarkeit: Aus meiner Sicht hat
sich dieser Anspruch über die wenigen von den Päpsten ver-

kündeten Glaubenssätze hinaus über weite Bereiche der Amtskirche ausgebreitet, wird vielfach benutzt, ja missbraucht,
um persönliche Festlegungen und Meinungen vor einer kritischen Hinterfragung zu schützen. Solch eine Verwendung des
Anspruches auf Unfehlbarkeit fördert die Willkür, blockiert
die Besinnung auf das Wesentliche unseres Glaubens, verhindert Einsicht, Lernen, Umkehr und Neuanfang.

[**J.**] Du sprichst ein grundsätzliches Problem an. Doch sei vorsichtig, daraus einen pauschalen Vorwurf zu konstruieren.
Die Gefahr ist groß, genau den Fehler zu begehen, welcher
der Amtskirche häufig genug vorgeworfen wird: zu unterstellen, dass Menschen anderer Meinung unwissend sind,
oder unwahrhaftig, ungläubig, oder gar Böses im Sinn hätten!
Aber Du wirst ja noch genügend Gelegenheit haben, Deine
Ansichten zu begründen. Da Du das Stichwort Neuanfang
gegeben hast – was stellst Du Dir darunter vor?

[**H.**] Die Lernfähigkeit und die Wahrhaftigkeit zu den zwin-
genden Voraussetzungen für die Eignung zum Bischofsamt
in der Kirche zu machen.

[**J.**] Das sind doch Allgemeinplätze! Wolkige Forderungen,
nichts weiter! Und wenn anders, was sollte sich hierdurch
in der Kirche ändern?

[**H.**] Die Einsicht könnte zunehmen! Und mit dieser würde die
Förderung der Gemeinschaft der christlichen Kirchen wieder
zur Grundlage aller Entscheidungen erklärt, würde ihr die
vorrangige Rolle eingeräumt werden, welche ihr gemäß den
Worten Christi zusteht. Dann könnten Seelsorge und Glaubensleben, beide durch die drastische Priesterarmut weitgehend und weitflächig zusammengebrochen, wieder aufleben,
weil durch die Aufhebung des Zwangszölibats und durch die
Zulassung von Frauen zur Priesterweihe genügend geeig-
nete Menschen für die Seelsorge und für den Dienst am Altar
zur Verfügung stünden. Dann könnte die Kirche in Sachen
Sexualmoral wieder überzeugen, weil fragwürdige Vorschriften und wirklichkeitswidrige Einzelmeinungen von Amtsträ-

gern, die Eingang in die Enzykliken und Lehrinstruktionen gefunden haben, wegfielen. Dann könnten trotz aller Fehler und Lebensbrüche Gläubige wieder Vollmitglied der Kirche werden, weil christliche Barmherzigkeit und nicht Treue zu Gesetzen der Maßstab für Entscheidungen wäre.

[**J.**] Das sind heikle Themen, die Du ansprichst – oder auch alte Hüte, je nach Standpunkt! Denn diese Forderungen haben sich zu Dauerbrennern innerhalb der Kirche entwickelt, werden zwischen konservativen und progressiven Theologen und Amtsträgern immer wieder hin- und hergewälzt, ohne dass sich über die Jahrzehnte hinweg auch nur das Geringste geändert hätte.

[**H.**] Mit einem erheblichen Schaden für die Kirche! Genau deswegen will ich mit Dir über diese Themen reden. Das betrifft besonders diejenigen Entscheidungen, welche mit den Traditionen unserer Kirche begründet werden. Ich glaube, dass es notwendig ist, diese Traditionen dort zu hinterfragen, wo sie als Schutzschild für Erstarrung und Starrsinn missbraucht werden. Denn Regeln, geboren aus der Kenntnis des Mittelalters, können nicht zwangsläufig als Richtlinien für die heutige Zeit gelten.

[**J.**] Stimmt, aber mittelalterliche Regeln können durchaus die Grundlage darstellen für neue Regeln in moderner Zeit. Denk an den lateinischen Wortschatz, die lateinische Grammatik. Mehr oder weniger ist das Latein in allen unseren heutigen westeuropäischen Sprachen enthalten, lebt in unserer heutigen Kultur weiter. Ähnliches gilt für die Traditionen in unserer Kirche.

[**H.**] Einverstanden! Aber was ist, wenn mittelalterliche Traditionen durch unseren Wissenszuwachs vollkommen überholt sind?

[**J.**] Ich gebe zu bedenken, dass die Kirche schon immer im Spannungsfeld gestanden hat zwischen der den Fortschritt und die Erneuerung fordernden Kritik und den das Gute bewahrenden Traditionen. Und zwar wegen ihres bewundernswerten Beharrungsvermögens. Nicht dem Zeitgeist hinterherzulaufen macht doch eine wesentliche Stärke der Kirche aus. Ich bin überzeugt, dass gerade in unserer schnelllebigen Zeit diese bekennende Ruhe, diese Beständigkeit der Regeln für viele Menschen verlockend ist. Stell Dir einmal vor, unsere Kirche würde ihre gesamten Traditionen zur Disposition stellen. Glaubst Du wirklich, sie könnte damit überzeugen?

[**H.**] Sicher nicht! Aber wenn die Folgerungen aus neuen Gedanken, neuen wissenschaftlichen Errungenschaften und Erkenntnissen in Zweifel gezogen, wenn nicht sogar abgelehnt werden mit der Begründung, sie widersprechen der Tradition oder den althergebrachten Vorstellungen von Naturgesetzen – dann kann man schon an der Lernfähigkeit der Kirche zweifeln.

Versetze Dich einmal in die Lage desjenigen Menschen, der erkennt, dass bestimmte Verlautbarungen der Amtskirche im Widerspruch stehen zum Wissen unserer Zeit oder zu seiner Erfahrung; den daher diese Verlautbarungen, gerade wenn sie ständig wiederholt werden, anwidern. Wie soll er wieder Zugang finden können, wenn er bei jedem Kontakt mit der Kirche nichts anderes hört, gleichsam nur diese längst verlassenen, verlorenen Pfade vorfindet? Die kennt er bereits, die haben seinen Abstand zur Kirche vergrößert, die sucht er nicht.

[**J.**] Und wie, glaubst Du, könnte die Kirche bei solch einem Suchenden wieder das Interesse an der Kirche wecken?

[**H.**] Ich gebe zu, dies ist ein schwieriges Unterfangen! Es würde bedeuten, dass die Amtsträger aus eigener Kraft zur Einsicht und Korrektur ihrer Fehler fähig wären. Dass solches stattfinden wird, dürfte angesichts der jahrzehntelangen, ja lebenslangen Prägung der Amtsträger und der Methode ihrer Auswahl eher unwahrscheinlich sein.

Nein, ich glaube, dass ein derartiger Wandel nur dann stattfinden wird, wenn die Laiengläubigen die treibende

Kraft hierfür entwickeln. Die müssen ein gehöriges Maß an Mut aufbringen. Die müssen es wagen, kritische Fragen an die Amtskirche zu stellen. Die müssen dort, wo es begründet ist, widersprechen und aus dem Widerspruch heraus vielleicht auch neue Wege kirchlichen Lebens entwickeln. Und je unterschiedlicher dabei die Sichtweisen, Glaubenseinstellungen und Fachkompetenzen der Laien sind, umso besser. Hier sind die Erfahrungen der unterschiedlichen christlichen Kirchen ein unermesslicher Reichtum. Je mehr sie genutzt werden, umso geringer laufen wir Gefahr, dass wieder einseitige Schlussfolgerungen gezogen werden, dass erneut getrennt statt vereint wird, wir erneut in der Sackgasse der Selbsttäuschung oder auch Selbstherrlichkeit landen.

[**J.**] Du rührst mit dieser Forderung an das Selbstverständnis der Amtskirche. Nur sie ist für die Lehre zuständig.

[**H.**] Ich weiß. Dennoch sollten wir den Mut haben, kritische Fragen zu stellen, den Finger in die doch offensichtlichen Wunden zu legen. Auch wenn Kritik von der Amtskirche äußerst kritisch gesehen wird. Der sogenannte Antimodernisten-Eid[2], dem alle Geistlichen der Kirche und Beamte des Vatikans unterworfen wurden, ist ein beredtes Zeugnis hierfür.

[**J.**] Und ein alter Hut, er wurde bereits im Jahre 1967 durch Papst Paul VI. offiziell abgeschafft!

[**H.**] Aber schon ein Jahr später wurden von Paul VI. die inhaltlichen Aussagen des Eides im sogenannten »Credo des Gottesvolkes«[3] bekräftigt. Die feindliche Haltung zu aller modernen Erkenntnis lebt damit weiter.

[**J.**] Wenn Du die Kirche kritisieren willst, dann steht doch zuvor die Frage zur Beantwortung, welches grundsätzliche Kirchenverständnis Du hast?

[**H.**] Ich denke, dass das Kirchenverständnis recht unterschiedlich sein kann. Als »meine« Kirche im engeren Sinne sehe ich die organisatorische Gemeinschaft der römisch-katholischen Kirche an, zu der alle Geweihten und Amtsträger wie auch die Nichtgeweihten gehören, von den Geweihten hin und wieder mit dem fragwürdigen, auf mich überheblich wirkenden Namen »Laiengläubige« bezeichnet.

Im weiteren Sinne ist für mich die »katholische Kirche« die Glaubensgemeinschaft aller Christen, gleich welcher christlichen Glaubensgemeinschaft sie angehören, noch weiter gefasst die Gemeinschaft aller von ihrem Gewissen geleiteten Menschen. Letztlich kann ich nur so »katholisch« verstehen, weil sich der Gottessohn in Christus für alle Menschen offenbart hat.

[**J.**] Da gibt es auch andere Sichtweisen, über die wir noch zu reden haben! Wie auch immer, Deine Einstellung dürfte dem Alleinvertretungsanspruch der Amtskirche erheblich entgegenstehen!

[**H.**] Dennoch hoffe ich, mit meiner Kritik und meinem Widerspruch denjenigen Lesern Mut zu machen, welche Probleme mit Verlautbarungen und Verhaltensweisen von Vertretern der Amtskirche haben. Ich möchte ihnen Mut machen, nicht enttäuscht und schweigend die Kirche zu verlassen, sondern das zu tun, was im Sinne unseres gemeinsamen christlichen Glaubens notwendig ist, nämlich in der Kirche zu bleiben und dort, wo nötig, laut zu widersprechen und Umkehr und Neuanfang zu fordern. Ich wage zu behaupten, dass die Kirche weltweit nicht diesen unermesslichen Vertrauensverlust erlitten hätte und so dramatisch an Priestern verarmt wäre, hätten mehr Gläubige früh genug und öffentlich ihren Mund aufgetan, widersprochen und Wahrhaftigkeit bei den Amtsträgern eingefordert.

[**J.**] Darin scheinen wir uns einig zu sein. Die Ursache für die derzeitige Lage der Kirche kann man wirklich nicht allein den Amtsträgern anlasten! Denn diese haben die wesentlichen Entscheidungen der Kirche in Form von Stellungnahmen oder Lehrinstruktionen veröffentlicht. In denen sind die Lehrinhalte im Einzelnen und sehr eingehend begründet. Damit hat die Kirche die heute allseits geforderte Transparenz zumindest bei ihren Lehrentscheidungen schon seit Jahrhunderten gewährleistet. Widerspruch der Gläubigen wäre damit grundsätzlich möglich gewesen.

[**H.**] Das zu sagen finde ich unwahrhaftig, unehrlich. Denn Widerspruch wurde von der Amtskirche schon immer unterdrückt, im Mittelalter durch Inquisition, Folter und Ermordung, heute durch Entzug der Lehrbefähigung, durch Exkommunikation und durch Ausgrenzung.

Andererseits, die Verkündigung einer Lehrinstruktion ist das eine, deren Ausarbeitung das andere. Gerade bei der Ausarbeitung sind meiner Meinung nach erhebliche Fehler geschehen. Mangelnde Transparenz der Entscheidungsfindung gehört mit zu diesen Fehlern.

[**J.**] Fehler macht jede menschliche Organisation, so auch die Kirche.

[**H.**] Aber dann muss man auch zu diesen Fehlern stehen und versuchen, sie zu beheben. Hier genau liegt heute das Übel begraben. Beispielsweise kenne ich nur ganz wenige Bischöfe, welche die Kraft und den Mut hatten, einzelne Fehlentscheidungen der Kirche eindeutig und klar zu benennen.

Andererseits, die Kehrseite von alledem: wie viele der in der Seelsorge tätigen Priester haben sich vergeblich bemüht, verbessernd Einfluss zu nehmen? Ich kenne eine ganze Reihe von Priestern, die deswegen schlussendlich entweder in die innere Kündigung geflüchtet sind oder ihre, der offiziellen Lehrmeinung widersprechenden christlichen Überzeugungen still, wirksam und erfolgreich zur Grundlage ihrer Seelsorge gemacht haben. Ich schätze, dass dieser, sagen wir »Ungehorsam der Kirchenbasis« mittlerweile einen Großteil des kirchlichen Lebens stützt und hält, ja, dass ohne diesen »Ungehorsam« die katholische Kirche noch tiefer in die Unglaubwürdigkeit abgestürzt wäre, und weitaus mehr Gläubige verloren hätte, als dies bereits geschehen ist.

[**J.**] Solch eine Entwicklung ist für die Kirche mehr als katastrophal!

[**H.**] Genau! Denn der Widerspruch zwischen so mancher wirklichkeitsfremden Lehrmeinung und dem menschlichen Leben hat dazu geführt, dass viele Gläubige sich von der Kirche zurückgezogen haben, die Verlautbarungen der Amtskirche nicht mehr zur Kenntnis, geschweige denn ernst nehmen, ihren christlichen Glauben vollkommen eigenständig leben, die Gottesdienste, wenn überhaupt, nur noch als eine Art besondere Unterhaltung zu den hohen Festtagen nutzen oder überhaupt keinen Kontakt mehr zur Kirche pflegen und bestenfalls der Trägheit halber in der Kirche bleiben!

[**J.**] Ich bezweifle, ob Ursache und Wirkung so zutreffen, wie von Dir unterstellt. Wenn dem jedoch so wäre, wie, glaubst Du, sollte dann die Amtskirche auf diese Entwicklung reagieren?

[**H.**] Bestimmt nicht in der Form, dass lauthals die Schuld den Zeitumständen, den Gläubigen, den vermeintlich bösen Andersdenkenden und Kritikern angelastet wird.

[**J.**] Aber genau das geschieht doch! Und es ist meiner Ansicht auch nicht vollkommen abwegig.

[**H.**] Wirkt aber wie lähmendes Gift! Es blockiert die Einsicht in die gemachten Fehler, trübt das Bewusstsein für die eigenen Irrtümer und Verfehlungen, verführt zu immer größerer Selbstherrlichkeit.

[**J.**] Auch die Kirche besteht nur aus Menschen, und die haben ihre Schwächen. Und diese Schwächen wirst Du auch mit Deiner Kritik nicht ändern können. Daher stelle ich nochmals die Frage, was willst Du mit unserem Gespräch konkret bezwecken?

[**H.**] Nichts anderes, als aus Laiensicht einige der mannigfaltigen Probleme beim Namen zu nennen und damit beizutragen, dass möglichst viele sich der Notwendigkeit von Veränderungen bewusst werden und diese öffentlich einfordern. Mir geht es dabei nicht um das durch Christus zugrunde gelegte Fundament unserer Kirche, sondern – um einen Vergleich heranzuziehen – um die über die Jahrhunderte hinweg gewachsenen Stockwerke des Kirchengebäudes. Vieles davon ist baufällig geworden, das Haus muss entrümpelt, die Statik überprüft, die Stützmauern müssen saniert werden! Zwar ist der Bauplan für diese Renovierung schon ausgearbeitet worden. Die Beschlüsse, Instruktionen und Empfehlungen des Zweiten Vatikanischen Konzils können sich sehen lassen! Doch wie wenig ist davon bislang umgesetzt, wie viel davon wieder zurückgeschraubt, wie viel davon liegen gelassen worden? Das aus Laiensicht zu sagen, halte ich für notwendig. Denn die Zeit drängt angesichts des weltweit schwindenden Vertrauens der Gläubigen, in dem »Haus voll Glorie« wohnen zu wollen, sich in ihm wohlzufühlen.

[**J.**] Wie bereits betont, bezweifele ich, dass Du Gehör finden wirst! Vielleicht bei dem einen oder dem anderen gleichgesinnten Leser, aber doch nicht bei den Verantwortlichen. Die haben ein ganz anderes Selbstverständnis von ihrem Amt, leben als Geweihte in ihrer eigenen Welt, glauben sich durch ihre Weihe allzu häufig im Recht, beanspruchen nicht selten sogar, gemäß Gottes Fügung dessen Sprachrohr zu sein. Als »Laiengläubiger« wirst Du daher bei der Sanierung des »Kirchengebäudes« nicht viel ausrichten können!

[**H.**] Dein Einwand ist sicherlich berechtigt. Aber trotzdem darf man hoffen, dass die Laien mehr erreichen können als die Geweihten. Denn wie sollten diese auch Veränderungen bewirken können? Sie sind dem Gruppenzwang unterlegen, an die offiziellen Verlautbarungen gebunden, haben dem Papst oder ihrem Bischof geschworen, zu gehorchen.

[**J.**] Für Ungehorsam kannst Du auch als Laie von der Kirche ziemlich abgestraft werden.

[**H.**] Ich bin mir durchaus bewusst, dass es problematisch ist, auf »Bauschäden« in der Amtskirche hinzuweisen. Wenn man widerspricht, Fehler aufzeigt, läuft man in die Gefahr, abgelehnt und ausgegrenzt zu werden. Das ist eine menschliche Verhaltensweise, die in jeder Gemeinschaft anzutreffen ist – bekanntermaßen auch in der Amtskirche.

[**J.**] Was ist, wenn Du mit Deiner Kritik vollkommen daneben liegst?

[**H.**] Klar, auch ich kann mich gewaltig irren! Aber vielleicht hat dann mein Irrtum zum notwendigen Klärungsprozess beigetragen. Und der hat auch sein Gutes!

[**J.**] Was sind die Bezugspunkte Deiner Kritik? Ziehst Du die Aussagen der Evangelien, des Neuen Testamentes hierfür heran, die immerhin als »Wort Gottes« bezeichnet werden? Oder Deine eigenen, persönlich entwickelten Überzeugungen? Was ist Dein Maßstab?

[**H.**] Das Alte Testament und das Neue Testament sind für mich historische Dokumente mit vielen über die Jahrhunderte gewachsenen Veränderungen und Auslegungen. Maßgeblich ist für mich die Einheitsübersetzung beider Testamente, welche von den deutschsprachigen Bischöfen herausgegeben wurde.[4] Ich bin kein Exeget, kann weder die Übersetzungstreue noch die Ursprünglichkeit der einzelnen Texte beurteilen. Auf dieses Feld will und werde ich mich nicht begeben. Sollten in der Fachwelt Zweifel oder Widersprüche zu Textinhalten auftreten, kann ich sie als solche wahrnehmen, aber nicht bewerten.

Andererseits stärken solche Zweifel und Widersprüche meinen Glauben. Denn ich gehe davon aus, dass der heute gültige Text beider Testamente Ergebnis von langjährigen Entwicklungen und auch Auseinandersetzungen ist, welche die jeweiligen Kernaussagen verfestigen sollten. Gerade der Streit zur Auslegung des Neuen Testamentes begründet mein Vertrauen, dass diese Kernaussagen Glaubenswahrheiten darstellen.

[**J.**] Mit dieser Ansicht liegen wir auf einer Wellenlänge. Aber was wäre, wenn jemand hieb- und stichfest beweisen könnte, dass die Evangelien den historischen Jesus in Teilen oder insgesamt nicht wirklichkeitstreu wiedergegeben haben? Würde dadurch Dein Vertrauen in die Kernaussagen geschmälert werden?

[**H.**] Nein, auf keinen Fall! Denn für mich sind allein die Kernaussagen wichtig. Und diese sind entstanden auf der Grundlage der Evangelien. Für mich ist es dabei vollkommen unerheblich, wann, wo und mit welchen Auseinandersetzungen
diese Evangelien geschrieben und ergänzt wurden. Denn
beide Testamente kann ich nicht im wortwörtlichen Sinn als
Gottes Wort verstehen, sondern als Berichte von Menschen –
über ihre Beziehungen zu Gott wie im Alten Testament und
über ihr Wissen von und ihre Erlebnisse mit Christus im
Neuen Testament. Und diese Menschen waren Kinder ihrer
Zeit, ihrer Kulturen, ihrer sozialen Strukturen. Sie waren
abhängig von dem damaligen Verständnis von Mann und
Frau, vom herrschenden Rechtssystem, dem naturwissenschaftlichen Wissen und Unwissen und zugleich weder gefeit
vor Fehlern noch frei von Irrtümern.

[**J.**] Habe ich Dich richtig verstanden? Sag' es nochmals ganz
deutlich! Siehst Du nun in den Evangelien Gottes Wort? Ja
oder nein?

[**H.**] Damit fragst Du nach meinem Verständnis von Gott. Auch
wenn in den Testamenten über Gott und Christus berichtet
wird, bleibt für mich Gott unfassbar. Das gilt auch für das
Göttliche in Christus. Dass die Evangelisten mit all ihren
sprachlichen und kognitiven Fähigkeiten wie auch Unzulänglichkeiten Christus und sein Leben beschrieben haben,
dass diese Evangelien überhaupt existieren, halte ich im
wahrsten Sinne des Wortes für wunderbar. Doch durch die
Evangelisten werden ihre Texte nicht zu Gottes Wort. Für
mich sind sie frohe Botschaften, frohe Botschaften über
Christus und gerade auch über die Göttlichkeit seiner
Person.

[**J.**] Ist Gott also für Dich eine unbekannte Größe?

[**H.**] Ja und nein. Auch wenn Gott für mich unfassbar ist, sehe
ich mehrere Zugänge zu seinem Wesen: der eine ist das Wissen um meine menschliche Unzulänglichkeit und Begrenztheit. Dieses Wissen reizt zur Frage, gibt es eine Kraft, die die-

sen Beschränkungen nicht unterliegt? Und daraus folgt die weitere Frage, gibt es einen Anfang und was ist der Anfang? Von Gottfried Wilhelm Leibniz (1714) wurde dies erweiternd so formuliert: »Wieso gibt es etwas und nicht nichts? Denn das Nichts ist einfacher als ein Etwas!«[5]

Wenn Gott diese Kraft, diesen Anfang darstellt, dann müsste er ewig, allmächtig, allgegenwärtig, allwissend, unfehlbar sein.

[**J.**] Jetzt umschreibst Du Gott aus dem Blickwinkel menschlicher Begrenztheit gleichermaßen als Supermenschen!

[**H.**] Du hast Recht! Dieses Bild von Gott ist reichlich menschlich. Aber was bleibt uns anderes übrig? Denn die Frage nach der Existenz und Eigenschaft Gottes kann angesichts unserer menschlichen Unzulänglichkeit und Begrenztheit kaum anders gestellt und auch kaum anders beantwortet werden. Ein »Ja« oder »Nein« zur Existenz Gottes zu sagen ist reine Glaubenssache, beide Antworten halte ich grundsätzlich für gleichwertig. Auch die Frage, ob und wie sich Gott uns Menschen mitteilt, kann nur aus dem Glauben heraus beantwortet werden. Doch gerade aus dem Glauben heraus sehe ich einen weiteren Hinweis auf Gott. Wer anders als Gott sollte der Urheber sein für die Gesetzmäßigkeiten, denen die belebte und unbelebte Natur unterliegt und von denen wir durch unsere Sinne und unseren Verstand bislang Kenntnis erlangten. Und dass diese von uns bislang erforschte Welt, wahrscheinlich auch die für uns Menschen erkennbare Welt nur ein kleiner Teil der eigentlichen Welt ist, das lehrt der wissenschaftliche Fortschritt, welcher mit jeder Erkenntnis das Wissen um unsere Unkenntnis in logarithmischen wachsenden Dimensionen vergrößert.

[**J.**] Welche Rolle in Deinem Glauben an Gott spielt für Dich Christus?

[**H.**] Er stellt einen weiteren Zugang zu Gott dar. Aber auch dieser Zugang ist indirekt. Zu Christus kommen wir nur durch die Dokumente des Neuen Testamentes, geschrieben nicht von Christus selbst, sondern von den Evangelisten, mit all den möglichen nachfolgenden Korrekturen und Ergänzungen. Wie wenig wird in diesen Dokumenten über die Eigenschaften von Gott gesprochen! Das »Vaterunser« ist noch der einfühlsamste Zugang. Und wie wenig wird die Person Christi beschrieben, wie ausführlich dagegen sein Handeln, seine Reden und seine Werke – und sein Leidensweg als Angeklagter, als für schuldig Befundener, als Verbrecher nach den damals geltenden jüdischen Gesetzen!

Im Glauben an Christus haben wir einen Zugang zu ihm in den Sakramenten, gerade auch im Altarsakrament. Doch auch dort ist die Anwesenheit von Christus ein Geheimnis. Naturwissenschaftliche Methoden bringen hier nicht weiter. Mystische Erklärungen müssen wegen der menschlichen Begrenztheit hilflos bleiben.

[**J.**] Du schilderst den Menschen als ein recht hilfloses Wesen in seinem Wissen und in seiner Beziehung zu Gott!

[**H.**] Ja, das stimmt! Ich fühle mich trotz meines Glaubens unfähig, die Frage nach Gott im Sinne wissenschaftlicher Erkenntnis beantworten zu können. Im Bereich der medizinischen Wissenschaften sind mir die Grenzen meines Wissens geläufig. Daran zu stoßen reizt zur Neugier, zu Fragen, zur Forschung, zur Anwendung von Methoden, führt zu Antworten und zu zahlreichen neuen Fragen. Weil diese Fragen mit jeder Antwort zunehmen, lehrt gerade auch die medizinische Forschung, dass mit jedem Mehr an Wissen zugleich auch die Fragen und Zweifel anwachsen, und lehrt, nein zwingt damit zur Bescheidenheit.

Doch Fragen nach Gott können wir noch nicht einmal ansatzweise wissenschaftlich beantworten. Ich sehe keine Möglichkeit, keine Methode, mit wissenschaftlichen Maßstäben uns der Beantwortung dieser Frage zu nähern. Das kann durchaus quälend sein und entweder zur Ablehnung des Glaubens an die Existenz Gottes führen oder auch genau das Gegenteil bewirken, den Glauben an Gott. Und aus diesem

Glauben heraus kann man ein Gefühl für Gott entwickeln, ihn als täglichen Begleiter in seinem Inneren wissen, zu ihm Vertrauen und Zuversicht entwickeln. Aber das geschieht auf der Grundlage des Glaubens, nicht des Wissens. Genau diese Grenze unseres Wissens zeigt, wie klein und begrenzt wir Menschen sind. Wir wissen nichts über Gott, wir können nur glauben, entweder an Gott oder nicht an Gott, mehr nicht!

Doch wenn ich Gott über das Bestehen der Naturgesetze glaube erahnen zu können, könnte er sich mir auch in den Kernaussagen des Alten Testamentes und des Neuen Testamentes offenbaren, könnte er auch in den Weisheiten der nichtchristlichen Religionen zu mir sprechen. Solch ein Gedanke kann Anlass, kann Beweggrund sein, das eigene begrenzte Wissen von einem tiefen Glauben umfassen zu lassen. Dadurch ist mein Wissen nicht mehr alleinstehend, sondern eingebunden in meinem Glauben. Und allein schon aus diesem Grund kann ich das Alte und das Neue Testament als einen unermesslichen Schatz ansehen, den wir Menschen durch die Fügung Gottes geschenkt bekommen haben, und kann von den Kernaussagen der Testamente überzeugt sein und diese damit letztlich auch als »Gottes Wort« verstehen.

[**J.**] Ich denke, dass Deine Sichtweise nicht im Widerspruch steht zu der dogmatischen Konstitution über die göttliche Offenbarung des Zweiten Vatikanischen Konzils, auf welche Kardinal J. Ratzinger in seiner ansonsten umstrittenen Erklärung »Dominus Iesus« Bezug nimmt. Die Konstitution lautet diesbezüglich wie folgt:

> »Das Zweite Vatikanische Konzil ... lehrt: ›Aufgrund apostolischen Glaubens gelten unserer heiligen Mutter, der Kirche, die Bücher des Alten wie des Neuen Testamentes in ihrer Ganzheit mit allen ihren Teilen als heilig und kanonisch, weil sie, unter der Einwirkung des Heiligen Geistes geschrieben (vergl. Joh 20,31; 2Tim 3,16; 2Petr 1,19–21; 3,15–16), Gott zum Urheber haben und als solche der Kirche übergeben sind‹. Diese

Bücher lehren sicher, getreu und ohne Irrtum die Wahrheit, die Gott um unseres Heiles willen in heiligen Schriften auf-gezeichnet haben wollte.«[6]

Aber zurück zu der Frage nach dem Maßstab, welchen Du für Deine Kritik an der Kirche verwendest. Sind es nun doch die Evangelien?

[**H.**] Ich sehe das Alte und das Neue Testament deswegen als einen unermesslichen Schatz für die Menschheit an, weil deren wesentliche Aussagen als Richtschnur für unser Leben gelten können. Damit beantworte ich Deine Frage mit einem »Ja«, setze aber sofort auch ein »Aber« hinterher. Denn die-ser Schatz birgt auch Gefahren in sich. Es mag durchaus schwierig sein, die Kernaussagen der in den Testamenten liegenden Offenbarungen zu erkennen, von Unwesentlichem und Zeitgenössischem zu unterscheiden. Der menschliche Missbrauch dürfte verführerisch sein – und er ist zuhauf ver-führerisch gewesen. Die durch Glaubenssätze begründeten Verbrechen in der Geschichte der christlichen Religionsge-meinschaften, gerade auch in unserer Kirche, sind dafür ein unbestreitbarer Beleg.

[**J.**] Sind die Testamente also für Dich kein Maßstab?

[**H.**] Doch! Denn auch als Laien können wir diesen Missbrauch erkennen, sinnvolle theologische Schlussfolgerungen von anmaßenden oder unsinnigen unterscheiden.

[**J.**] Wieso, warum? Du selber führst doch die Schwierigkeiten an, die Kernaussagen der in den Testamenten liegenden Offenbarungen zu erkennen, von Unwesentlichem und Zeit-genössischem unterscheiden zu können?

[**H.**] Weil uns glücklicherweise durch das Alte wie auch das Neue Testament die notwendigen Hilfsmittel hierfür geschenkt wurden. Das ist auch etwas, was sich mir als Spur Gottes aufdrängt. Die 10 Gebote des Alten Testamentes und die Aufforderung zur Barmherzigkeit und mitmenschlichen Liebe im Neuen Testament, das sind für mich überzeugende

Maßstäbe. Und mit dem Hinweis Christi [Mt 7,16] »An ihren Früchten werdet ihr sie erkennen.« besitzen wir in Zweifelsfällen eine weitere Möglichkeit der Beurteilung. Für die Anwendung dieser Hilfsmittel reicht der gesunde Menschenverstand, dafür brauchen wir kein besonderes Studium, auch kein Studium der Theologie.

# 2. Das Streben nach Wahrheit

## 2.1 Die Frage nach Wahrhaftigkeit

[**J.**] Ist Deine kritische Haltung zur Kirche gewachsen aus Deiner Tätigkeit als Wissenschaftler? Wenn ja, warum eigentlich? Schließen sich Deiner Meinung nach wissenschaftliches Denken und Glauben gegenseitig aus?

[**H.**] Aus meiner Sicht hat die Wissenschaft das Streben nach Wahrhaftigkeit zur Voraussetzung, d.h. wissenschaftliche Arbeit muss auf dem Boden der erkannten Wirklichkeit stattfinden und neue Aussagen müssen der neu erkannten Wirklichkeit entsprechen. Ob wir tatsächlich wahrhaftig sind, das heißt, ob unsere Aussagen der tatsächlichen Wirklichkeit entsprechen und damit absolut eindeutig und widerspruchslos sind und ob wir mit unserer Forschung einen Weg beschreiten, welcher uns unserem Ziel, der widerspruchslosen Wahrheit, näher bringt, wissen wir nicht. Denn wir wissen nicht, was im eigentlichen Sinne wahr ist und ob unsere Vorstellungen von der Wahrheit nichts anderes sind als Täuschungen. Wir wissen nicht, ob wir mit unseren Sinnesorganen und unserer Vernunft Teile der eigentlichen Wahrheit erfassen können oder nur verzerrte Bilder dieser Wahrheit, ob unsere Forschungsstrategien zielführend zur eigentlichen Wahrheit sind, an ihr vorbeiführen oder in einer Sackgasse enden.

[**J.**] Sagst Du damit, dass Wissenschaftler alle ihre Ergebnisse mit Vorbehalt sehen müssen?

[**H.**] Genau das will ich sagen! Alle unsere Erkenntnisse bieten uns durchaus Modelle zum erfolgreichen Handeln, aber uns als Menschen bleibt es verwehrt, sie einzuordnen in Hinblick auf die Frage, was letztlich wahr, was die absolute, widerspruchsfreie Wahrheit ist.

Mit der Vernunft werden in der Wissenschaft Aussagen, sogenannte Hypothesen gemacht, deren Gültigkeit unterstellt wird, die aber weder bewiesen noch belegt sind. Einzig die Bedingungen sind angegeben, unter denen sie gültig sein sollen. Auf der Grundlage dieser Hypothesen werden Ziele definiert und die Methoden festgelegt, mit Hilfe derer die gesteckten Ziele erreicht werden sollen. Durch Anwendung der Methoden werden Ergebnisse und damit neues Wissen geschaffen. Wiederum mit Hilfe der Vernunft werden die Schlussfolgerungen aus dem neuen Wissen gezogen, vereinfachte Bilder eines Ausschnittes dessen, was wir als neue Wirklichkeit ansehen, sogenannte Theorien. Zwar wird die Widerspruchsfreiheit dieser Schlussfolgerungen angestrebt, aber mit zunehmendem Wissen müssen wir zugeben, dass diese Widerspruchsfreiheit immer weniger erreichbar zu sein scheint.

Aus den Schlussfolgerungen und Theorien werden mit Hilfe der Vernunft neue Fragen gestellt und neue Hypothesen aufgestellt. Somit öffnet sich für jedes kleine Wissensgebiet ein sich weitender Trichter hin zu mehr Wissen und Einsicht. Hin und wieder sind dann besonders begabte Menschen in der Lage, mehrere dieser einzelnen Wissensbereiche zu verbinden und ganz andere Fragen, solche mit neuer Qualität, zu stellen, auch mit dem Risiko, wissenschaftliche Tabus zu brechen. Und die Antworten auf diese Fragen können hin und wieder zu einem Zusammenbruch der bisherigen Vorstellungen, zu einem radikalen Wechsel in der wissenschaftlichen Grundauffassung führen und damit den sogenannten Paradigmenwechsel erzwingen. Dieses geschieht alles unter der Voraussetzung der Wahrhaftigkeit, mit dem Ziel, die Wahrheit zu finden, aber verdeutlicht auch, dass unsere menschliche Begrenztheit das größte Hindernis bei dieser Anstrengung ist.

[**J.**] Wer gibt die große Richtung in der wissenschaftlichen Forschung vor? Sind es technische Moden oder der Zeitgeist oder politische und wirtschaftliche Vorgaben? Und wer kontrolliert diese Richtung?

[**H.**] Jeder Forscher nutzt nicht nur das von der menschlichen Gesellschaft angesammelte Wissen, sondern auch deren Bereitschaft, Forschung zu ermöglichen und zu unterstützen, nicht nur durch Geldmittel, Sachmittel und Einrichtungen. Die Forschungsziele ergeben sich aus der immerwährenden Frage des »Warum?«. Diese Frage kann sich aus den Versuchsergebnissen ergeben, kann in der wissenschaftlichen Gemeinschaft aufgekommen, kann politisch oder gesellschaftlich gestellt worden sein.

Damit dürfte aber auch klar sein, dass Forschungsziele, welche sich gegen den Menschen und gegen seine Umwelt richten, diejenige Grundlage zerstören, welche Forschung überhaupt ermöglichen. Um diese Zerstörung zu verhindern, ist es gerade auch in Kenntnis der menschlichen Begrenztheit im ureigenen Interesse der Forscher und Wissenschaftler, Menschen außerhalb ihrer Wissensgebiete als Berater zur Beurteilung ihrer Forschungsziele und Methoden heranzuziehen.

[**J.**] Aber wodurch ist gewährleistet, dass genau diese Berater wissend und vorausschauend beurteilen können, welche Forschungsziele sich gegen die menschliche Existenz richten?

[**H.**] Dadurch, dass mehrere Berater mit unterschiedlichem Wissen und Berater mit ethischer Prägung einbezogen werden.

[**J.**] Damit kommen die Kirchen und deren moralische Standards ins Spiel.

[**H.**] Richtig, obwohl diese Standards je nach kirchlicher Gemeinschaft ziemlich unterschiedlich sein können.

[**J.**] Wie können Deiner Ansicht nach derartige, sagen wir einmal »subjektive« Einflüsse zugunsten einer gemeinschaftlichen moralischen Grundlage ausgeschlossen werden?

[**H.**] Dadurch, dass zumindest die 10 Gebote, auch das Gebot der Barmherzigkeit und Nächstenliebe und die Menschenrechte als allgemeingültige Basis gelten. Hieran haben sich die Berater, wie zum Beispiel Geistliche, zu orientieren. Von ihnen wird verlangt, dass sie auf dieser Grundlage mit Mut und dem Willen zur Verantwortung, aber auch mit dem Wissen um ihre Fehlbarkeit und des Irrtums diejenigen ethischen Maßstäbe zur Verfügung stellen, an denen die Ziele und Methoden der Wissenschaft auszurichten sind.

[**J.**] Damit billigst Du der Religion eine Lenk- und Kontrollfunktion zu.

[**H.**] Ohne Zweifel! Aber neben der Verpflichtung, diese Lenk- und Kontrollfunktion wahrzunehmen, muss sich jeder Mensch, gerade auch jeder Vertreter einer Religion, bewusst bleiben, dass er Mensch ist – als solcher immer und jederzeit fehlbar. Das lehrt Bescheidenheit, auch Bescheidenheit im Urteil.

[**J.**] Warum betonst Du das?

[**H.**] Die Kirchengeschichte zeigt, wie häufig genau diese Bescheidenheit im Urteil von Amtsträgern der Kirchen fallengelassen wurde nicht nur aus Gründen der Machtgier, der Geltungssucht, der Unredlichkeit, sondern auch der Selbstüberschätzung, der Wahnvorstellung, im Besitz der absoluten Wahrheit zu sein und diese durchsetzen zu müssen.

[**J.**] Das zu wissen, hilft Dir wenig für die ethische Beurteilung der Forschungsziele von heute und morgen.

[**H.**] Das stimmt! Doch wie bereits betont, für die Unterscheidung von gut und schlecht und auch gegen überzogene und damit unrechte, unmoralische Forderungen haben wir Menschen ein unermesslich wertvolles Hilfsmittel an die Hand bekommen, die 10 Gebote und das Liebesgebot, das Gebot zur Mitmenschlichkeit. Sie dienen als Maßstab für die Bewertung.

[**J.**] Einverstanden! Auf der Grundlage dieser Gebote wurden die Menschenrechte formuliert. Diese gelten heute weltweit als Maßstab für ethisches Handeln und entsprechen meiner Ansicht nach zutiefst dem christlichen Menschenbild. Hier haben sich wissenschaftliches und politisches Verantwortungsgefühl und moralische Wertvorstellungen, gewachsen aus dem christlichen Glauben, erfolgreich vereint. Darüber dürfen wir stolz sein.

[**H.**] Das sehe ich genauso. Gleichzeitig dürfen wir aber nicht übersehen, dass weder Päpste noch Kardinäle noch Bischöfe an der so segensreichen, sich über die gesamte Kulturgeschichte der Menschheit erstreckenden Ausarbeitung der Menschenrechte maßgeblich beteiligt gewesen sind.

[**J.**] Das wiederum ist menschlich verständlich, da durch die Menschenrechte die Macht der Mächtigen eine Kontrolle erfährt. Das gilt nicht nur für die Kirchen, sondern auch für andere Bereiche der Gesellschaft. Beispielsweise ist in der Medizin nicht alles ursprünglich als wertvoll bewertet worden, was sich später als goldener Standard herausgestellt hat. Ganz zu schweigen von den Verbrechen gegen die Menschlichkeit, welche von verblendeten Medizinern begangen wurden.

[**H.**] Mittlerweile gelten im Bereich der medizinischen Wissenschaften weltweit nicht nur die Menschenrechte, sondern auch das Prinzip der Güterabwägung als Methode zur Entscheidungsfindung im Dilemma sich gegenseitig beeinträchtigender, auch gleichwertiger Werte. Ich bin durchaus stolz darauf, dass der Grundgedanke für diese Errungenschaft seinen Ursprung im Christentum hat.[7]

[**J.**] Zurück zur Frage nach der Wahrhaftigkeit und der Wahrheit. Wo siehst Du Überlappungen, wo siehst Du Unvereinbarkeiten zwischen Wissenschaft und Glauben? Berühren die Grenzen der wissenschaftlichen Erkenntnis nicht das Übersinnliche des Glaubens? Kann man das nicht bereits an der Sprache erkennen?

[**H.**] Die Sprache eines Wissenschaftlers hat meiner Ansicht nach so klar wie nur irgend möglich zu sein. In dieser Klarheit ist es durchaus gängig, Informationen derart zu verpacken, dass sie zwischen den Zeilen heraus lesbar sind.

In der Lyrik wird dieses in teils beindruckender Weise zur Kunst gemacht. Aber eine solche Leistung ist abhängig und damit auch begrenzt von den sprachlichen Fähigkeiten des jeweiligen Autors. Diese Wahrhaftigkeit der Sprache steht im Gegensatz zum Anspruch, in der Sprache Übersinnliches verdeutlichen zu können, möglicherweise sogar die Übersinnlichkeit von Glaubenswahrheiten. Solch einem Anspruch stehe ich mit außerordentlicher Skepsis gegenüber.

[**J.**] Warum eigentlich? Mystische Erfahrungen lassen sich nun einmal nicht mit der Sprache eines Wissenschaftlers beschreiben!

[**H.**] Zugegeben! Aber auch wenn die Talente, zu denken und sprachlich seine Gedankenwelt zu formulieren, unterschiedlich ausgeprägt sind – sowohl ein sogenanntes Genie, als auch beispielsweise ein Papst gründen sich auf das Wissen, welches durch Bildung erworben wurde und welches erarbeitet worden ist von den unzählbar vielen Menschen vor ihnen, denken in den Schemata, die sie geprägt haben, bewegen sich auf den gedanklichen Gleisen, welche sie erworben und dazu gewonnen haben, sprechen mit den Sprachen, die sie gelernt haben und dieses immer nur als Menschen und in den Grenzen ihrer Vorstellungen. Ob ihre Gedanken und Worte von allen Menschen verstanden werden, ist eine andere Sache. Nur mangelndes Verstehen einer Sache darf nicht mit deren Transzendenz, deren Übersinlichkeit, Übernatürlichkeit gleichgesetzt werden. Komplizierte Ausdrucksweisen und Knotenbildungen im Satz oder Wortschöpfungen und ungewöhnliche Verwandlung von Worten können zwar so etwas wie Transzendenz vortäuschen, aber das ist eben nur eine Vortäuschung, die letztlich nichts an dem Inhalt des Satzes ändert, ihn vielleicht nur weniger verständlich macht.

[**J.**] Warum ist Dir die Wahrhaftigkeit der Sprache so wichtig?

[**H.**] Weil mit ihr gelehrt, gelernt, geliebt, gearbeitet und gebetet wird, aber auch getäuscht, gelogen, betrogen und verurteilt werden kann.

[**J.**] Wo siehst Du dann die Berührungspunkte zwischen Wissenschaft und Glauben?

[**H.**] Was dem Wissenschaftler die Religion inhaltlich näher bringt, ist meiner Ansicht die Erkenntnis, dass beim Erforschen mit jedem Ergebnis die Fragen mehr werden und die Widersprüche zunehmen; und bei dem Versuch, die Widersprüche durch Regelsätze aufzulösen, man sich bereits bewusst wird, dass diese nur eine eingeschränkte, nicht widerspruchsfreie Gültigkeit haben – und damit das Ziel, ein widerspruchsfreies, absolut gültiges Ergebnis, also eine Wahrheit im philosophischen Sinne zu finden, immer weiter in die Ferne rückt. Ich denke, hier kann der Wissenschaftler im besonderen Maße die Grenzen seiner Erkenntnisfähigkeit spüren, zugleich die Grenzen seiner Erfahrung, damit aber auch den Schritt in ein Neuland jenseits des Erfahrbaren, des Natürlichen, mit anderen Worten: die Transzendenz. Und er kann nachvollziehen, dass diese Grenzen der Erkenntnisfähigkeit alle Wissensbereiche betreffen, wir also von einer uns unbekannten, nur zu erahnenden Welt allseits umgeben sind.

[**J.**] Glaubst Du, dass über diesen Weg Gott als absolute Wahrheit erahnt werden könnte?

[**H.**] Vielleicht! Den Glauben an Gott und an Christus betrachte ich als eine Folge des Eingeständnisses unserer menschlichen Begrenztheit, der Begrenztheit unserer Sinne, unserer Vernunft und unserer Erkenntnis. Wenn wir Menschen diese Begrenztheit nicht hätten, bräuchten wir nicht zu glauben, würden wir wissen, könnten wir die Frage nach der Existenz Gottes, der Göttlichkeit Christi, dem Ausmaß unserer Welt mit wissenschaftlichen Belegen beantworten oder uns diese Antworten durch Forschung erarbeiten.

Es kann nicht häufig genug betont werden: wir Menschen sind begrenzt! Wir wissen nicht, ob unsere wissenschaftliche Arbeit irgendwann einmal zu einem widerspruchsfreien Ergebnis führt, aber wir glauben, wir hoffen, dass zumindest die Richtung unserer Arbeit stimmt. Wir wissen nicht, ob es einen Gott gibt, wir wissen nicht, ob und wie Christus Gottes Sohn ist, wir wissen nicht, ob es den Heiligen Geist gibt, wir wissen nicht, ob es ein Leben nach dem Tode gibt. Aber das Eingeständnis unserer eigenen Begrenztheit macht uns bewusst, dass wir glauben müssen, und führt uns dazu, aus dem Glauben die Antworten zu solchen Fragen zu schöpfen, welche wir mit unserem Wissen nicht beantworten können. Und wie in unserem wissenschaftlichen Arbeiten, so auch hier: der Glaube ermöglicht uns zu vertrauen, erweitert unsere Möglichkeiten, er gibt uns Zuversicht und die Hoffnung auf ein Ziel. Und gibt uns vielleicht auch die Hoffnung, dass es eine widerspruchsfreie absolute Wahrheit gibt.

[**J.**] Wo siehst Du die von so manchen Theologen beschworene menschliche Vernunft im Glauben?

[**H.**] Wenn in unserem Glauben unsere Vernunft eine Rolle spielt, dann die: es ist vernünftig, uns selbst einzugestehen, dass wir begrenzt sind in unseren Möglichkeiten der Erkenntnis und daher glauben müssen. Doch den Glauben selbst kann man meiner Ansicht nach nicht mit menschlicher Vernunft erreichen. Glauben ist Geschenk, ist Gnade.

Wenn man den Schritt zum Glauben gegangen ist, dann ist er bereichernd: der Glaube an das Sinnvolle der eigenen Arbeit, der Glauben an das Streben nach Wahrhaftigkeit in der Arbeit anderer und das Vertrauen in die Glaubwürdigkeit ihrer Ergebnisse, der Glaube an das Gute im Menschen, der Glaube an Gott und der Glaube an Christus. Und als Glaubender kann ich dann meine Vernunft einsetzen, um mein begrenztes Wissen mit dem Glauben zu verbinden. Denn unser Glaube wie auch unsere Vernunft verpflichten uns, nicht blind zu glauben, eben weil wir mit Vernunft begabte Wesen sind. So wie der Glaube an den Schatz menschlichen Wissens uns verpflichtet, fortlaufend die Belastbarkeit der Ergebnisse und neuer Schlussfolgerungen in der Wissenschaft zu prüfen, so verpflichtet der Glaube an Gott und an

Christus uns auch, die Schlussfolgerungen aus den Grundsätzen unseres Glaubens und die Festlegungen und Lehrinstruktionen der Amtskirche zu hinterfragen.

[**J.**] Welche Rolle spielen in Deiner Welt dann noch die Verlautbarungen der Kirche, oder genauer gesagt der Amtskirche?

[**H.**] Ich trenne zwischen den sogenannten Glaubenswahrheiten und den Instruktionen für das alltägliche Leben. Was die wesentlichen sogenannten Glaubenswahrheiten anbetrifft, so bin ich weder befugt noch vom Wissen her befähigt, den von der Amtskirche hierzu getroffenen Festlegungen zu widersprechen. Was ich als Christ jedoch darf und als Gläubiger meiner Ansicht nach auch muss, ist, die von der Amtskirche gebotenen Formulierungen der Glaubenswahrheiten so zu hinterfragen und in meine eigenen Worte zu fassen, dass sie für mich selbst soweit wie möglich nachvollziehbar werden.

Dabei dürfen solche Fragen wie auch Formulierungen keine Selbsttäuschung bewirken. Ein Geheimnis bleibt ein Geheimnis, nämlich eine Aussage, die kein Mensch verstehen kann, auch beim besten Willen nicht. Die Ehrlichkeit gebietet, dass wir uns dieses immer und immer wieder eingestehen. Erst mit diesem Eingeständnis haben wir die Grundlage geschaffen sowohl für den eigenen Glauben als auch für die Toleranz gegenüber Andersgläubigen. Ohne dieses Eingeständnis sehe ich die Gefahr, dass wir abrutschen in den Selbstbetrug. Somit ist ein Geheimnis für mich keine Frage der Formulier- oder Dichtkunst, sondern das Eingeständnis der Grenzen unserer Erkenntnis.

[**J.**] Und welche Rolle spielen für Dich die Lehranweisungen fürs Leben, welche von der Amtskirche erlassen werden?

[**H.**] Sie sind Richtlinien, Orientierungshilfen, welche jeder Christ auf ihren Gehalt, ihre Glaubwürdigkeit und ihre Anwendbarkeit grundsätzlich oder von Fall zu Fall zu überprüfen hat – und je nach Ergebnis der Prüfung entweder übernimmt oder ablehnt.

[**J.**] Ist das nicht eine aufsässige Einstellung?

[**H.**] Aus meiner Sicht nicht! Denn was verbirgt sich hinter dem Begriff ›Amtskirche‹? Vordergründig sicher derjenige Teil der Kirche, welcher formal die Verantwortung trägt und welcher sich aus dem Papst, den Kardinälen und den Bischöfen zusammensetzt. Diese Amtskirche findet ihre Ergänzung durch die in der Seelsorge tätigen Priester und durch die zahlreichen sogenannten Laiengläubigen. Unter ›Laiengläubigen‹ verstehe ich alle, die an Christus glauben. Amtskirche und Laiengläubige bilden die gesamte römisch-katholische Kirche. Die Amtskirche kann, nein sie muss sogar Richtlinien und Lehrmeinungen erlassen. Ob diese jedoch tragfähig sind, ob sie Überzeugungskraft besitzen, entscheidet letztlich die gesamte Kirche, entscheiden somit auch die Gläubigen und nicht allein die Amtsträger der Kirche.

[**J.**] Widerspricht Deine Einstellung nicht dem Auftrag Christi an Petrus: »Hüte meine Lämmer! ... Weide meine Schafe!« [Joh 21,15–17]?

[**H.**] Das ist abhängig davon, wie man diese Verantwortung wahrnimmt – mit den begrenzten Kenntnissen und Methoden des Mittelalters oder auf der Grundlage der heutigen wissenschaftlichen Erkenntnis der Entscheidungsfindung. Und ob man diese heutige Erkenntnis ablehnt und damit sündigt wider das Wissen der kirchlichen Gemeinschaft, wider den Heiligen Geist. Ob eine Entscheidung, eine Lehrmeinung gut ist oder verfehlt, kann jeder Mensch an ihren Folgen ablesen. Wenn Schlechtes bewirkt wird, ist auch die Lehrmeinung schlecht. Da kann sie noch so gut gemeint gewesen sein. Das gilt im Besonderen auch für das Verhältnis zwischen den christlichen Kirchen. Entscheidend ist hier, ob durch eine Lehrmeinung die Gräben zwischen den Kirchen überbrückt oder vertieft werden.

[**J.**] Warum betonst Du so sehr die Einheit der Christen?

[**H.**] Weil die Wahrung der Einheit ein ausdrücklicher Wunsch Christi ist. Durch diesen Wunsch Christi ist die Amtskirche verpflichtet, die Gemeinsamkeiten des Glaubens aller Christen zu hüten und zu pflegen. Das hat oberste Priorität! Und dem haben sich die Ansichten und Interessen von Einzelnen oder von Gruppen von Mitgliedern der Amtskirche unterzuordnen, gleichgültig, welchen Rang sie haben. Lehrmeinungen, die diesem Ziel der Einheit entgegenstehen, sind für mich von vornherein fragwürdig, wenn nicht sogar unglaubwürdig.

[**J.**] Angesichts der Trennung der Christen in eine stattliche Reihe von großen und kleinen Kirchen sagst Du damit, dass die Amtskirchen der verschiedenen christlichen Kirchen ihrer wesentlichen Pflicht, nämlich der Wahrung der Einheit, nicht oder nicht ausreichend nachgekommen sind?

[**H.**] Genau das muss ich aus dem Istzustand der christlichen Kirchen folgern. Und ich befürchte, dass die Trennungen noch zunehmen werden.

[**J.**] Warum?

[**H.**] Wegen der mangelnden Wahrhaftigkeit vieler Mitglieder der Amtskirchen. Erkennbar ist das beispielsweise an solchen Lehrinstruktionen, deren Inhalt im Widerspruch zur heutigen wissenschaftlichen Erkenntnis der Entscheidungsfindung entstanden ist, die also nicht mit den führenden Wissenschaftlern auf dem jeweiligen Gebiet abgestimmt sind, zumindest mit solchen innerhalb der Christenheit. Erkennbar ist es aber auch an dem Bestreben, sich von den Laiengläubigen abgrenzen zu wollen. An solch einem Verhalten ist ablesbar, ob ein Bischof seine Aufgaben in der Nachfolge der Apostel, in der Nachfolge Christi ernst nimmt oder stattdessen sein Amt verherrlichen und womöglich sich selbst feiern möchte.

[**J.**] Da mag es Auffälligkeiten im Verhalten des einen oder des anderen Vertreters der Kirche geben. Aber Du musst doch auch die Tatsache berücksichtigen, dass in der katholischen Kirche ein Geweihter einen anderen Status hat als ein Nichtgeweihter und dass mit dem Amt neben Pflichten auch Rechte verbunden sind, wie zum Beispiel Gottesdienste abzuhalten und Sakramente zu spenden. Diese Rechte vermitteln Würde. Und diese Würde sollte, nein muss man als Laie anerkennen.

[**H.**] Kein Problem, solange der Gottesdienst im Vordergrund steht und der Geistliche nicht den Gottesdienst missbraucht, um sich selber darzustellen. Da gibt es sicherlich fließende Übergänge bis hin zu einer – für mich widerlichen – Schau der Rituale zur Befriedigung von persönlichen Eitelkeiten. Wenn diese Schau noch ergänzt wird durch überzogene, lebensfremde Instruktionen, durch das Predigen von Wasser bei eigenem Genuss von Wein, wenn die Fehler der Gläubigen angeprangert und die eigenen Fehler vertuscht werden und wenn es dann noch an Bereitschaft zur mitmenschlichen Seelsorge fehlt, dann haben wir das, was manche als »klerikale Überheblichkeit« bezeichnen. Je weniger lebensnaher Inhalt, je weniger Ehrlichkeit, je mehr Theater, je mehr Eigenlob, je größer die Überheblichkeit, umso scharfkantiger trennen sich die »wir hier oben« von »denen da unten«. Folge dieser mangelhaften Wahrhaftigkeit ist die innere Spaltung der Kirche, heute erkennbar an dem unterschiedlichen Leben der Basiskirche und der Amtskirche. Und eine innere Spaltung hat häufig auch eine äußere zur Folge.

[**J.**] Jetzt verstehe ich Deine Befürchtungen. Andererseits, mangelnde Wahrhaftigkeit ist sicherlich nichts Kirchenspezifisches. Überheblichkeit, Eitelkeit, Abgrenzungen siehst Du mit wahrscheinlich gleicher Häufigkeit in der Wirtschaft, bei Wissenschaftlern oder bei Politikern oder anderen Berufsgruppen.

[**H.**] Und sie sind dort sicherlich gleichermaßen schädlich wie in der Kirche.

## 2.2 Das Erfassen der Wirklichkeit

[**J.**] Trotz all Deiner Bedenken glaube ich, dass in keinen anderen Organisationen so viel Wert auf das Streben nach Wahrheit, das heißt auf Wahrhaftigkeit gelegt wird wie in den christlichen Kirchen.

[**H.**] Da bin ich mir nicht sicher! Was ist Wahrheit? In erster Näherung sicherlich das Gegenteil von Falschheit durch Irrtum oder Lüge. Doch wer weiß, was im eigentlichen Sinne wahr ist oder nur ein Irrtum? Wer weiß, ob es nur die eine Wahrheit gibt, ob unsere Vorstellung von der einen, widerspruchslosen Wahrheit nur unserem menschlichen Wunschdenken entspringt und wir tatsächlich eine Vielgestaltigkeit von Wahrheit haben, die unsere Vorstellungskraft übersteigt?

[**J.**] Klar, Sinnestäuschungen können mir eine Wirklichkeit vorgaukeln, welche nicht der Wahrheit entspricht.

[**H.**] Das kann man noch weiter ausmalen. Was ist Wirklichkeit? In erster Näherung alles das, was wir mit unseren Sinnen, den Augen, Ohren, der Haut, der Nase und der Zunge erfassen und was wir mit unserem Geist und unserer Vernunft zu einer sprachlichen Schilderung, einem Gemälde, einer Figur, einer Melodie, einem Geschmack, einem Empfinden, einem Gefühl verarbeiten können. Doch in welchem Maße, wie wirklichkeitsgetreu spiegelt unsere Aufnahmefähigkeit und unsere Erkenntnisfähigkeit die Wirklichkeit wider? Wie überraschend ist beispielsweise das Erlebnis, Rotwein bei gelber Raumausleuchtung und Weißwein bei roter Raumausleuchtung zu trinken. Man erlebt einen vollkommen anderen Geschmack der Weine als bei Tageslicht, im wahrsten Sinne eine vollkommen andere Wirklichkeit!

Wie schnell werde ich dann auf die eigentliche Wirklichkeit zurückgeführt durch die Empfindungen, durch die Erfahrungen, durch das Wissen meiner Mitmenschen.

[**J.**] Sagst du damit, dass die Erfassung der Wirklichkeit nicht nur einer individuellen, sondern auch einer kollektiven Erfahrung bedarf?

[**H.**] Genau das! Wie begrenzt sind unsere Sinne, unser Geist und unsere Vernunft bei der Aufnahme und der Verarbeitung der Wirklichkeit? Wie weit ist Goethes bekannter Hinweis richtig: »Man erblickt nur, was man schon weiß und versteht.«?[8] Von welchem Teil der Wirklichkeit können wir uns mit Hilfe unserer Sinne ein »Bild« machen? In welchem Ausmaß ist dieses »Bild« durch die eigene Erfahrung und die unserer Mitmenschen geprägt worden? Und was bleibt uns wegen unserer Begrenztheit im Erkennen verborgen? Wir wissen es nicht!

[**J.**] Wenn es schon solche Schwierigkeiten macht, die von Menschen grundsätzlich erfassbare Wirklichkeit zu erkennen, um wie viel schwieriger, wenn nicht unmöglich wird es für den Menschen sein, die Wahrheit zu erkennen! Nähern wir uns allein damit nicht bereits dem Glauben an Gott?

[**H.**] Genau! Diese Schwierigkeiten werden durch die zahlreichen philosophischen Vorstellungen und Theorien von der Wahrheit und von der Wirklichkeit und von der Beziehung zwischen den beiden verdeutlicht.[9] Diese Theorien reichen von Beschreibungen menschlicher Erfahrungen bis hin zu der Umschreibung von Gottes Geist. Beispielsweise wurde das, was Wahrheit sein könnte, wie folgt beschrieben:

- als Übereinstimmung gedanklicher Vorstellungen mit der Wirklichkeit [Aristoteles, Thomas von Aquin, Immanuel Kant];
- als Übereinstimmung des Wissens mit dem Seienden [Karl Rahner, Emerich Coreth, Johannes Baptist Lotz];
- als Übereinstimmung der Eigenschaft einer Aussage mit dem widergespiegelten Sachverhalt in Bezug auf Wirklichkeit und Macht [Karl Marx];
- als unser Bild bzw. unser Modell von der Wirklichkeit [Ludwig Wittgenstein];

- als Erfüllung einer sprachlichen Aussage durch ihr Subjekt [Alfred Tarski];
- als Betonung der eigenen Behauptung [Gottlob Frege];
- als Überführung einer Aussage in eine behauptete Wirklichkeit [Peter Strawson];
- als eine Aussage, welche sich widerspruchlos in ein System von Aussagen einfügen lässt [Otto Neurath];
- als Übereinstimmung einer Präposition mit einer Tatsache [Nicholas Rescher];
- als Überzeugung, welche bei genügender Erfahrung und Überlegung zu einem Verhalten führt, das darauf zielt, die Wünsche, die wir dann haben, zu befriedigen [Charles Peirce];
- als eine Aussage, welche die Anerkennung von allen vernünftigen Gesprächspartnern verdient und die eine im Grundsatz unbegrenzte Zustimmung erhalten könnte, d.h. im eigentlichen Sinne der Geltungsanspruch eines Sprechaktes, mit dem, unter Verwendung von Sätzen, eine Aussage behauptet wird, die berechtigt ist, wobei die Berechtigung diskursiv einzuholen ist [Jürgen Habermas];
- als Übereinstimmung zwischen demjenigen, was das »Ich« passiv erlebt bzw. erleidet und den aktiven »Ich«-Vollzügen [Johann Gottlieb Fichte];
- als Übereinstimmung eines Gegenstandes mit sich selbst, d.h. mit seinem Begriff, wobei der Begriff die substanzielle Verfasstheit aller Dinge [Sachen] und des Ganzen darstellt und damit wegen des endlichen Momentes der Sache diese in prinzipieller und notwendiger Weise übertrifft [Georg Friedrich Wilhelm Hegel].

An diesen schlagwortartigen Erklärungen wird deutlich, in welchem Ausmaß wir Menschen bereits mit der Beschreibung des Begriffes Wahrheit unsere Schwierigkeiten haben, sicherlich auch deswegen, weil wir die Wirklichkeit, auf welche sich die Wahrheit bezieht, wenn überhaupt, nur beschränkt und fragmentiert durch unsere Sinnesorgane wahrnehmen können. Wie schreibt A. Schopenhauer:

>»Die Welt ist meine Vorstellung. Dem denkenden Menschen wird deutlich und gewiss, dass er keine Sonne kennt und keine Erde; sondern immer nur ein Auge, das eine Sonne sieht, eine Hand, die eine Erde fühlt«.[10]

[**J.**] Was also ist Wahrheit?

[**H.**] Nach F. Schlegel gibt es sie nicht:

>»Es gibt keine wahre Aussage, denn die Position des Menschen ist die Unsicherheit des Schwebens. Wahrheit wird nicht gefunden, sondern produziert. Sie ist relativ.«[11]

[**J.**] G. F. W. Hegel zieht eine ganz andere Schlussfolgerung. Nach ihm ist die Wahrheit die Übereinstimmung zwischen einem Gegenstand mit seinem Begriff und der Begriff die substanzielle Verfasstheit aller Sachen und des Ganzen. Und wegen des endlichen Momentes der Sachen schreibt er, dass »... Gott allein die wahrhafte Übereinstimmung des Begriffs mit der Wirklichkeit darstellt; denn alle endlichen Dinge aber haben eine Unwahrheit an sich, sie haben [zwar] einen Begriff und eine Existenz, die aber [wegen ihrer Endlichkeit; H.-H. S.] ihrem Begriff unangemessen ist.«[12]

[**H.**] Als Wissenschaftler wissen wir um die Beschränktheit unseres Wissens, um die Abhängigkeit unseres Wissens vom Wissen anderer und um die Fragwürdigkeit unseres Wissens. Für unser Wissen die absolute Wahrheit zu beanspruchen wäre unwissenschaftlich wie auch vermessen – deshalb vermessen, weil wir als Menschen nicht wissen, was die absolute widerspruchsfreie Wahrheit und was die eigentliche Wirklichkeit ist; deshalb unwissenschaftlich, weil wir mit dem Anspruch auf Wahrheit die Abhängigkeit unseres Wissens von den zahlreichen Unwägbarkeiten, Fehlermöglichkeiten und Begrenztheiten derjenigen Faktoren verleugnen würden, welche zur Erzielung dieses Wissens entscheidend waren.

[**J.**]  An welche Faktoren denkst Du da?

[**H.**] Um nur die wichtigsten zu nennen:

– an unseren Glauben an und an unser Vertrauen in das Wissen anderer, gerade auch derer, von denen wir gelernt haben;

– an unsere eigenen selektiven Wahrnehmungen beim Erwerb neuen Wissens von anderen;

– an unsere vorgefassten Meinungen bei der Formulierung einer wissenschaftlichen Frage bei eigener Forschungstätigkeit;

– an die begrenzte Aussagefähigkeit der von uns ausgewählten Methoden und Versuchsanordnungen zur Beantwortung dieser Frage und auch

– an den Einfluss unseres Wunsches nach einem Ergebnis entsprechend unseren Zielvorstellungen auf die Auswertung der Ergebnisse.

[**J.**] Demnach muss also wissenschaftliche Erkenntnis nicht gleichbedeutend sein mit der Wirklichkeit und diese auch nicht zwingend einen Teil der Wahrheit darstellen?

[**H.**] Richtig! Wie sagte Karl Popper:

>»Ich weiß nichts, wir wissen nichts. Unser bestes Wissen verdanken wir der Wissenschaft. Das zu betonen ist wichtig in einer Zeit, in der von überall Angriffe auf die Wissenschaft geführt werden. Aber selbst die wissenschaftliche Erkenntnis ist nur eine auf Vermutungen beruhende, eine hypothetische Erkenntnis. Sie ist also nicht wirklich eine Erkenntnis in dem Sinne, wie die Leute es im Allgemeinen verstehen, wenn sie versichern: Ich weiß ...«[13]

[**J.**] Ein ziemlich verunsicherndes Eingeständnis!

[**H.**] Wiederum richtig! Uns Wissenschaftlern ist bewusst, dass jegliches Wissen die Gefahr des Irrtums in sich trägt. Diese Gefahr gilt es so klein wie möglich zu halten. Dieses geht nur durch Kritik, durch Hinterfragen, durch Wettbewerb der Ideen und durch konkurrierende Versuchsansätze von so vielen Wissenschaftlern wie nur möglich. Erst wenn eine bestmögliche Übereinstimmung erzielt worden ist, erst dann können und sollten wir eine wissenschaftliche Lehrmeinung von uns geben.

[**J.**] Und ist dann wenigstens auf eine derartig gewonnene Lehrmeinung Verlass?

[**H.**] Nicht unbedingt! Denn die Wissenschaftsgeschichte zeigt, dass auch gestandene Lehrmeinungen über Bord geworfen wurden, weil neue Versuchsansätze, neue Methoden, neue Einsichten zu einem grundlegend neuen Wissen, zu einer völlig neuen Grundauffassung, zu einem Paradigmenwechsel und zu einer neuen Lehrmeinung geführt haben! Gerade auch deswegen ist Karl Popper zuzustimmen:

> »Eine Theorie zu überprüfen, das bedeutet immer, daß man versucht, ihren schwachen Punkt zu finden, den Punkt, der uns veranlassen kann zu denken, daß sie dort falsch sein könnte. Das erlaubt schon, viele Theorien auszuschließen. Damit eine Theorie wissenschaftlich ist, muß sie überprüfbar sein, d.h. sie muß sich der Kritik und der Widerlegung aussetzen. Da viele versuchen, die Theorie zu kritisieren und zu widerlegen und sogar ihre ganze Intelligenz daran setzen, um deren schwache Punkte zu entdecken, können wir sagen, daß die wissenschaftlichen Theorien das beste sind, was wir auf dem Gebiet der Erkenntnis besitzen.«[14]

Wissenschaftliches Forschen lehrt daher die Bescheidenheit in der Festlegung von Aussagen, gerade auch deswegen, weil wir die Grenzen unserer Tätigkeit, unserer Erkenntnisfähigkeit, unserer Möglichkeiten tagtäglich vor Augen geführt bekommen. Wir versuchen diese Grenzen vor uns herzuschieben, mit Theorien, also vereinfachten Ausschnitten dessen, was wir als Wirklichkeit ansehen, um daraus Folgerungen ziehen zu können und mit Hypothesen, also unbewiesenen, aber von bestimmten Bedingungen abhängigen Vermutungen, mit deren Hilfe wir neues Wissen mit neuen

Methoden erobern wollen. Dennoch, wir bleiben Grenz-
gänger. Aber der Vogelflug über die Grenzen unseres Wissens hinweg, der Blick über die eigentliche Wirklichkeit und
damit Wahrheit, der bleibt uns versagt.

[**J.**] Was glaubst Du – welche Lehre kann man aus den Erfahrungen in der wissenschaftlichen Erkenntnis für den Glau-
bensprozess ziehen?

[**H.**] Aus meiner Sicht ist die Begrenztheit unseres Wissens eine
Voraussetzung für unseren Glauben. Weil unsere menschliche Erkenntnisfähigkeit ihre eindeutigen Grenzen hat, weil
wir nicht wissen, müssen wir glauben. Als Christen glauben
wir an Geheimnisse, an die Dreifaltigkeit, an die Menschwerdung des Gottessohnes, an die Auferstehung Christi, aber
das Wissen um diese Geheimnisse bleibt uns versagt. Aus
dem Glauben heraus können wir Zuversicht, Hoffnung, Hilfe
schöpfen, häufig sogar Gewissheit, aber kein Wissen. Daher
ist Glauben nicht nur hilfreich, seligmachend, sondern auch
anstrengend. Anstrengend wegen der immer wieder aufflam-
menden Zweifel an Glaubensinhalten, anstrengend aber auch
wegen des Wissens, dass alle Menschen, auch diejenigen,
welche den Glauben vermitteln, auch der Papst und seine
Bischöfe, aus Gründen der menschlichen Begrenztheit die
eigentliche Wahrheit und eigentliche Wirklichkeit in ihrem
irdischen Leben nie werden erkennen können, und dass wir
alle als Menschen und ohne Ausnahme fehlbar sind, geirrt
haben und auch in Zukunft irren werden.

[**J.**] Aber durch den Glauben können wir doch Überzeugungen
gewinnen! Wir können überzeugt sein von der Dreifaltigkeit
Gottes, von der Menschwerdung des Gottessohnes, von der
Auferstehung Christi und aus dieser Überzeugung heraus
Glaubenssätze als Glaubenswahrheiten und Glaubenswirk-
lichkeiten ansehen, dadurch Gewissheiten besitzen.

[**H.**] Sicher! Doch wir müssen uns bewusst bleiben, dass diese
Glaubenswahrheiten nicht unser Wissen darstellen, sondern
unseren Glauben. Dieses Bewusstsein um unseren Glauben

und um unser mangelndes Wissen sollte uns bescheiden werden lassen; bescheiden im Urteil über die Glaubensinhalte anderer Religionen, bescheiden im Urteil über Zweifler, bescheiden im Urteil über Kritiker. Gerade diese Bescheidenheit zeugt aus meiner Sicht für Glaubensstärke.

[**J.**] Wie sollen wir Glaubenssicherheit gewinnen, wenn wir Glaubenswahrheiten nicht als Wahrheiten im eigentlichen Sinne ansehen können?

[**H.**] Glaubenssicherheit ist meines Erachtens keine Frage des Wissens, sondern weitgehend eine Frage der Angst. Wer Angst hat, einen Fehler zu begehen, Angst vor den notwendigen Veränderungen, Angst vor der Stärke der Argumente der Zweifler und Kritiker, Angst vor den Glaubensinhalten anderer Religionen, der wird versucht sein, seinen Glauben und seine Überzeugung als Wissen darzustellen, als einzige, widerspruchsfreie Wahrheit, der kann zum totalitären Ideologen werden, oder zum Angstbeißer, der Zweifler und Kritiker verstummen lassen will. Amtsträger in den Religionsgemeinschaften können durch diese Angst dazu getrieben werden, ihre Macht zu missbrauchen. Und dann wird sich diese ihre Angst in Form und Inhalt ihrer Verlautbarungen und Lehrsätze widerspiegeln, wird Unterwürfigkeit fordern und Widerspruch vernichten wollen. Und dieses Verhalten wird genau das Gegenteil von dem bewirken, was beabsichtigt ist; es wird vernunftbegabte Menschen abstoßen und ihr Vertrauen in die Redlichkeit, in die Wahrhaftigkeit der Amtsträger zerstören.

[**J.**] Aus meiner Sicht ist Glaubenssicherheit auch eine Frage des Vertrauens, des Vertrauens in Aussagen der Evangelien, in diejenigen in der Kirche, welche das Lehramt für sich beanspruchen.

[**H.**] Unbedingt! Wir Christen wissen, dass wir eine Gemeinschaft von Glaubenden sind und wir glauben, dass dieser Gemeinschaft ein Segen beiwohnt: »Alles, was zwei von euch auf Erden gemeinsam erbitten, werden sie vom himmlischen

Vater erhalten. Denn wo zwei oder drei in meinem Namen versammelt sind, da bin ich mitten unter ihnen.« [Mt 18,19–20] In diesem Glauben können wir Vertrauen entwickeln, Vertrauen in die Verantwortlichen in der Kirche, in die Vermittlung von Glaubensinhalten, in Lehrmeinungen. Voraussetzung hierfür ist jedoch, dass diese Verantwortlichen ihre Verantwortung ernst nehmen und die Gefahr des Irrtums sehen – Irrtümer, entstanden aus mangelndem Wissen, aus persönlicher Veranlagung, aus selektiver Wahrnehmung, aus persönlicher Prägung, aus Vorurteilen, aus Abneigungen und besonders auch aus Angst vor Widerspruch und Kritik.

[**J.**]  Du betonst so die Gefahr des Irrtums auch im Glauben. Warum, wenn wir uns doch weitgehend einig sind, dass die Wissenschaft mit ihren Irrtümern grundverschieden ist von Glaubenswahrheiten?

[**H.**] Ich tue dies wegen der menschlichen Schwächen, die auch vor den Amtsträgern in der Kirche nicht Halt machen. Gerade auch um die Gefahren des Irrtums in der Kirche zu vermindern, gibt es die Gemeinschaft der Gläubigen und hat diese Gemeinschaft auch ihre Kraft. Daher gewinnt die Lehrmeinung eines Amtsträgers in der Kirche umso mehr an Wert, an Überzeugungskraft und auch an Geltungsanspruch im Sinne einer Glaubenswahrheit, je umfassender diese Lehrmeinung mit den Gläubigen, im Besonderen mit den fachlich geschulten Mitgliedern der Kirche abgestimmt ist. Und je einsamer die Lehrmeinung verfasst wurde, je weniger sie im Diskurs mit Befürwortern, Kritikern und Zweiflern ihre Berechtigung entwickelt hat, umso geringer ist ihr Geltungsanspruch und umso mehr ist sie der Gefahr des Irrtums verfallen.

Andererseits, gerade weil der Gemeinschaft der Gläubigen der Segen Christi beiwohnt, trägt diese Gemeinschaft auch die Verantwortung, Lehrmeinungen zu überprüfen und offensichtliche Fehler in einer Lehrmeinung oder in der Struktur der Kirche zu benennen und auf deren Korrektur und Verbesserung hinzuwirken.

[J.] Du bist Dir sicherlich bewusst, dass Deine Meinung im krassen Gegensatz steht zum Selbstverständnis der sich als Hirten ihrer Schafe fühlenden Amtskirche. Doch weiter gefragt: Gibt es Deiner Meinung nach überhaupt eine Wahrheit und eine Wirklichkeit im Glauben?

[H.] Ich denke ja, aber nur dann, wenn wir ehrlich sind, uns einzugestehen, dass diese Glaubenswahrheiten und Glaubenswirklichkeiten nicht auf unserem Wissen fußen, sondern auf unserem Glauben. Dessen Grundlagen sind bei Christen die Kernaussagen des Alten und des Neuen Testamentes. Aus dem Glauben heraus entwickeln wir Überzeugungen und aus diesen Überzeugungen Gewissheiten, mit anderen Worten Glaubenswahrheiten und Glaubenswirklichkeiten.

Hier gibt es durchaus Parallelen zur Wissenschaft. In dieser ist zwar nicht der Glaube, sondern das mit unseren Sinnen und unserer Vernunft erworbene Wissen die Grundlage, aber auch hier entwickeln wir Überzeugungen und Gewissheiten, formulieren Theorien und Hypothesen, welche auf dem erworbenen Wissen fußen. Ob aber dieses Wissen und diese Überzeugungen der eigentlichen, widerspruchsfreien Wahrheit und Wirklichkeit entsprechen, wissen wir nicht. In der Wissenschaft spüren wir alltäglich die Grenzen unseres Wissens. Im Glauben machen wir gleichermaßen die Erfahrung, die Geheimnisse des Glaubens nicht wissen zu können.

[J.] Meinst Du, dass diese Grenzerfahrungen hinweisen könnten auf einen gemeinsamen Nenner, auf den allwissenden, allmächtigen Gott, den Gott in absoluter Wahrheit?

[H.] Ich glaube schon! Aber wir müssen hierbei folgendes bedenken: Die Art und Weise, wie zum Glauben hingeführt wurde, wie Überzeugungen aus dem Glauben gewonnen und Gewissheiten entwickelt worden sind, ist für jeden Menschen sicherlich unterschiedlich und abhängig von seinen

Lebensumständen. Dennoch, als Gemeinsamkeit bleibt die Erfahrung, dass das Glauben-Wollen nicht reicht, man muss auch glauben können. Und dieses Glauben-Können ist zwar von unserer Bereitschaft, von unserem Vertrauen abhängig, aber letztlich ist es ein Geschenk, dessen Wert für einen Menschen unermesslich sein kann.

[**J.**] Wie kann diese Bereitschaft zu glauben, dieses Vertrauen geweckt und aufrecht erhalten werden? Durch die Evangelien und die frohe Botschaft? Durch die amtliche Auslegung der Evangelien?

[**H.**] Das ist heute sicher vollkommen anders als in den vergangenen Jahrhunderten.

[**J.**] Das mag stimmen! Denn das frühchristliche und frühmittelalterliche Verständnis von christlicher Theologie beinhaltete, ausgehend von dem Körper, der Seele und dem Geist des Menschen, im Alten und Neuen Testament einen wörtlichen, einen moralischen und einen mystischen Sinn [Origines Adamantius, 185–253] zu suchen, denn eine wortwörtliche Analyse der Texte wurde wegen des häufig vorkommenden »mehrfachen Schriftsinns« der Bibel nicht als ausreichend angesehen. Diese Sinnsuche wurde noch erweitert [Johannes Cassianus, 360–435], sodass bis zur Reformation die Bibeltexte wörtlich und geschichtlich, dogmatisch, moralisch und endzeitlich ausgelegt wurden.[15]

[**H.**] Was, wie wir wissen, große Gefahren des Missbrauchs mit sich brachte. Den Reformatoren kommt das große Verdienst zu, den wörtlichen Sinn und die historischen Bezüge wieder zum Schwerpunkt der Bibelauslegung gemacht zu haben. Aber praktisch im Gegenzug verfügte die katholische Kirche im Konzil von Trient (1545–1563), dass die Auslegung der Bibel gemäß der Tradition einzig und alleine dem Lehramt des Papstes und der Bischöfe obliege.

[**J.**] Diese Verfügung ist doch sinnvoll, gerade auch, um eine Auslegung von Bibeltexten nach persönlichem Gutdünken zu vermeiden!

[**H.**] Ja und nein! Denn die Kehrseite dieser Maßgabe ist gewesen, dass diese Beschränkung des Auslegungsrechtes, wie bei jedem anderen Monopol auch, die Gefahr in sich trägt, für persönliche Ziele oder Willkürmaßnahmen missbraucht zu werden.

[**J.**] Nenne mir Beispiele!

[**H.**] Denke alleine an die Ermordung von Ketzern und Hexen! Wir werden im Einzelnen darauf noch zu sprechen kommen (siehe Kap. 5.2). Gerade auch in diesem Zusammenhang kann man die historisch-kritische Aufarbeitung der textlichen Grundlagen des christlichen Glaubens, durchgeführt beispielsweise von dem Theologieprofessor Rudolf Bultmann(1884–1976), meines Erachtens nicht hoch genug würdigen. Mit dem Programm »Entmythisierung« bzw. »Entmythologisierung der Bibel« haben er und andere versucht, die beweisbaren wissenschaftlichen Fakten und die Glaubensinhalte bestmöglich voneinander zu unterscheiden.[16]

[**J.**] Diese Arbeiten waren sicherlich auch hilfreich für die katholische Kirche. Andererseits gilt nach wie vor das Primat der Amtskirche in der Bibelauslegung. Dieses Primat wurde im Zweiten Vatikanischen Konzil bekräftigt. Ich denke, dass es zum Verständnis beiträgt, die hierzu erlassenen Regeln zu zitieren. Sie heißen:

> »10: Die Heilige Überlieferung und die Heilige Schrift bilden den einen der Kirche überlassenen heiligen Schatz des Wortes Gottes. ... Die Aufgabe aber, das geschriebene oder überlieferte Wort Gottes verbindlich zu erklären, ist nur dem lebendigen Lehramt der Kirche anvertraut, dessen Vollmacht im Namen Jesu Christi ausgeübt wird. Das Lehramt ist nicht über dem Wort Gottes, sondern dient ihm, indem es nichts lehrt, als was überliefert ist, weil es das Wort Gottes aus göttlichem Auftrag und mit dem Beistand des Heiligen Geistes voll Ehrfurcht hört, heilig bewahrt und treu auslegt und weil es alles, was es als von Gott geoffenbart zu glauben vorlegt, aus diesem einen Schatz des Glaubens schöpft ...«[17]

[**H.**] Das Zitat ist unvollständig. Denn es wurden zugleich auch die Grenzen der Bibelauslegung dargelegt:

> »12: Da Gott in der Heiligen Schrift durch Menschen nach Menschenart gesprochen hat, muß der Schrifterklärer, um zu erfassen, was Gott uns mitteilen wollte, sorgfältig erforschen, was die heiligen Schriftsteller wirklich zu sagen beabsichtigten und was Gott mit ihren Worten kundtun wollte. Um die Aussageabsicht der Hagiographen zu ermitteln, ist neben anderem auf die literarischen Gattungen zu achten. Denn die Wahrheit wird je anders dargelegt und ausgedrückt in Texten von in verschiedenem Sinn geschichtlicher, prophetischer oder dichterischer Art, oder in anderen Redegattungen. Weiterhin hat der Erklärer nach dem Sinn zu forschen, wie ihn aus einer gegebenen Situation heraus der Hagiograph den Bedingungen seiner Zeit und Kultur entsprechend – mit Hilfe der damals üblichen literarischen Gattungen – hat ausdrücken wollen und wirklich zum Ausdruck gebracht hat. Will man richtig verstehen, was der heilige Verfasser in seiner Schrift aussagen wollte, so muß man schließlich genau auf die vorgegebenen umweltbedingten Denk-, Sprach- und Erzählformen achten, die zur Zeit des Verfassers herrschten, wie auf die Formen, die damals im menschlichen Alltagsverkehr üblich waren. ... Alles, was die Art der Schrifterklärung betrifft, untersteht letztlich dem Urteil der Kirche, deren gottergebener Auftrag und Dienst es ist, das Wort Gottes zu bewahren und auszulegen.«[18]

[**J.**] Hast Du Probleme mit dem Monopol der Kirche bei der Auslegung des Alten und Neuen Testamentes?

[**H.**] Das ist abhängig von dem Verständnis, was Kirche ist. Aus meiner Sicht besteht sie nicht nur aus dem Papst oder der nach seinem Gutdünken ausgewählten Glaubenskongregation. In Glaubensfragen gehören hierzu auch die zahlreichen wissenschaftlich tätigen Theologen, gerade auch diejenigen, welche die Fähigkeit und den Mut besitzen, kritisch zu hinterfragen.

[**J.**] Welche Rolle billigst Du denn der theologischen Wissenschaft in Glaubensfragen zu?

[**H.**] Ich sehe eine besondere Rolle der theologischen Wissenschaft darin, die Religionsgeschichte aufzuarbeiten. Zu wissen, wie beispielsweise die Schriften des Neuen Testamentes entstanden sind, wie sich hieraus die Glaubenslehre, die Rechtsgrundlage und die Traditionen der Kirche entwickelt haben, ist nicht nur interessant, sondern auch sinnvoll. Interessant, weil eine historisch-kritische Aufarbeitung die faktischen Grundlagen des Glaubens erhellt und die wesentlichen mythologischen Dimensionen erkennen und vom nebensächlichen Beiwerk abgrenzen lässt. Wichtiges kann so von Unwichtigem unterschieden und Aussagen in Beziehung gesetzt werden zu ihrem sozialen und politischen Umfeld und dem Stand des damaligen Wissens. Sinnvoll dann, wenn die Ergebnisse dazu dienen, aus der eigenen Geschichte zu lernen, d.h. sich bewusst zu werden, welche Absichten mit den Glaubenssätzen und Lehrmeinungen verfolgt wurden und ob hierbei Fehler begangen wurden, wie z.B. Missverständnisse, Irrtümer und Täuschungen – das alles mit dem Ziel, in der Zukunft zumindest diese Fehler zu vermeiden.

[**J.**] Hat die theologische Wissenschaft nicht auch die Verpflichtung, einen Glauben zu begründen?

[**H.**] Solch einen Anspruch halte ich aus mehreren Gründen für unsinnig, wenn nicht sogar für gefährlich.

Zum einen erniedrigt eine solche Vorgehensweise den Glauben. Jeglicher Glaube beansprucht Eigenständigkeit. Glaubenssätze sind Glaubenssätze und können damit per definitionem weder deduktiv noch induktiv mit wissenschaftlichen Methoden bewiesen werden. Gerade wegen dieser seiner Eigenständigkeit ist der Glaube in der Lage, den Menschen eine umfassendere Welt ahnen zu lassen, als er sie mit wissenschaftlichen Methoden erfassen könnte. Jeglicher Versuch einer wissenschaftlichen Begründung des

Glaubens weckt bei mir den Verdacht, dass sie entweder als Vorwand dient, um die eigenen Zweifel an Glaubenssätzen zu verdecken – die Wissenschaft somit als Efeublatt für Glaubenszweifel missbraucht wird –, oder belegt, dass weder die Grundzüge wissenschaftlichen Denkens noch die mythologische Dimension des Glaubens verstanden worden sind.

Zum anderen birgt die vermeintlich wissenschaftliche Begründung von Glaubenssätzen die Gefahr in sich, den eigenen Glauben nicht durch den eigenen Glaubensakt, sondern durch pseudo-wissenschaftliche Begründungen als unumstößlich, gleichsam als Naturgesetz zu betrachten und damit zu einem Werkzeug der Intoleranz, der Unterdrückung von wissenschaftlicher Arbeit und letztlich der Unterdrückung von Menschen zu verwenden.

[**J.**] Du forderst damit eine rigorose Trennung zwischen wissenschaftlicher Tätigkeit und dem Glauben.

[**H.**] Ja, denn Beispiele, wie gefährlich pseudowissenschaftliche Begründungen von Glaubensinhalten und im Umkehrschluss, wie verführerisch die Maßregelung von wissenschaftlicher Arbeit und die Verleugnung von wissenschaftlichen Erkenntnissen mit Hilfe selbstgefasster Glaubens- und Lehrsätze sein kann, sind in der Geschichte der Menschheit, in der Geschichte auch unserer Kirche in einem beträchtlichen Maße zu finden.

Der Glaube an die Göttlichkeit Christi, an Gottvater, an den Heiligen Geist, an ein Leben nach dem Tode unterliegt eben nicht der Begrenztheit wissenschaftlicher Arbeit und Erkenntnis, benötigt weder eine wissenschaftliche Beweisführung als Begründung, noch kann er wissenschaftlich begründet werden. Andererseits darf der Glaube aber auch nicht als vermeintlich wissenschaftliches Wissen, als Wahrheit im wissenschaftlichen Sinne missbraucht oder durch vermeintlich wissenschaftliche Beweisführungen ins Lächerliche gezogen werden.

[**J.**] Andererseits haben wir doch bereits Übereinkunft darin erzielt, dass sich Glauben und Wissenschaft gegenseitig beeinflussen, ja beeinflussen müssen, beispielsweise bei der Zielsetzung von Forschungstätigkeiten oder bei Ableitung von Lebensregeln aus dem Glauben.

[**H.**] Richtig! Den gemeinsamen Nenner sehe ich darin, dass nicht nur jede Forschungsarbeit, sondern auch jede aus dem Glauben heraus gewonnene Lebensregel letztendlich dem Menschen zu dienen hat, sonst werden beide haltlos und ziellos, können zur reinen Selbstbefriedigung der Autoren verkommen und/oder sich gegen den Menschen wenden. Wenn dies so ist, haben die Forscher oder diejenigen, welche aus dem Glauben die Lebensregeln entworfen haben, den Ast abgesägt, auf dem sie sitzen.

[**J.**] Kennst Du irgendeine Lebensregel in irgendeinem Glauben, welche nicht begründet wird mit dem Glück des Menschen, wenn nicht auf Erden, dann zumindest im Himmel?

[**H.**] Deine Frage trifft genau den Kern des Problems, denn solch ein Anspruch, solch ein Versprechen trägt die Gefahr des Missbrauchs in sich. Daher kann und darf keine Einzelperson oder kleine Gruppe die Wahrheit für sich in Anspruch nehmen, sondern die Wege sind im Konsens aller Beteiligten zu erarbeiten, und hierzu zähle ich in Glaubensfragen und davon abgeleiteten Lebensregeln auch die wissenschaftlich tätigen, besonders auch die kritischen Theologen.

Wie das in der Praxis gehen könnte, zeigen beispielsweise in den Lebenswissenschaften die zahlreichen Ethikkommissionen, welche über Forschungsprojekte zu befinden haben. Als Richtschnur halte ich die 10 Gebote und das Gebot der Liebe für unabdingbar. Mit denen ist die Menschheit bislang gut gefahren. Und die großen Verbrechen der Menschheitsgeschichte, gleich ob von politischen, wirtschaftlichen oder religiösen Machthabern ausgelöst oder zu verantworten, hatten alle zum Hintergrund, dass eben diese 10 Gebote missachtet wurden. Letztlich wird bei all unseren Tätigkeiten gelten, gleich ob wir als Geweihter oder als Laiengläubiger Entscheidungen zu treffen haben: »An ihren Früchten sollt ihr sie erkennen.« [Mt 7,16]

# 3. Glaubensgüter

## 3.1 Gott als Schöpfer der Welt

[**J.**] Wie heißt es im Glaubensbekenntnis? »Ich glaube an den einen Gott, den Vater, den Allmächtigen, der alles geschaffen hat, Himmel und Erde, die sichtbare und die unsichtbare Welt.« Ist dieser Glaubenssatz für Dich als Wissenschaftler ein Problem?

[**H.**] Nein, nicht wirklich – außer dass dieser Glaubenssatz die allzu menschliche Vorstellung wiedergibt, Gott sei der Macher. Für mich beeindruckender ist der Prolog des Johannesevangeliums, ein aus meiner Sicht bislang unübertroffener Versuch, das Geheimnis ›Gott‹ sprachlich zu fassen: »Im Anfang war das Wort, / und das Wort war bei Gott, / und Gott war das Wort. / Im Anfang war es bei Gott. Alles ist durch das Wort geworden / und ohne das Wort wurde nichts, was geworden ist.« [Joh 1,1–3]. Obwohl mittlerweile rund 2000 Jahre vergangen sind, finde ich diesen Prolog beeindruckend aktuell.

[**J.**] Warum eigentlich?

[**H.**] Weil wir auch heute nicht wissen, warum und wie die Welt entstanden ist, wir wissen nichts über die Ursache unserer Naturgesetze, wir wissen noch nicht einmal, ob wir wissenschaftlich von einem Beginn oder einer Erschaffung der Welt sprechen können, weil dieses die Dimension der Zeit voraussetzt. In diese offensichtliche Leere unseres Wissens können wir zwar mit geistreichen, mathematisch und physikalisch begründeten Hilfsvorstellungen hineinleuchten, aber damit wird unsere Kenntnisarmut nicht weniger. Dieses mangelnde Wissen wird besonders deutlich an zwei unterschiedlichen Gedanken des Physikers Stephen Hawking. Zum einen schreibt er:

> »Wenn das Universum einen Anfang hätte, können wir von der Annahme ausgehen, daß es durch einen Schöpfer geschaffen worden sei. Doch wenn das Universum wirklich völlig in sich selbst abgeschlossen ist, wenn es wirklich keine Grenze und keinen Rand hat, dann hätte es auch weder einen Anfang noch ein Ende; es würde einfach sein. Wo wäre dann noch Raum für einen Schöpfer?«[19]

Und dann schrieb Stephen Hawking, das Gesetz der Schwerkraft als ursächlich voraussetzend:

> »Weil es ein Gesetz wie das der Schwerkraft gibt, kann und wird sich ein Universum selber aus dem Nichts erschaffen. Spontane Schöpfung ist der Grund, warum es statt dem Nichts doch etwas gibt, warum das Universum existiert, warum wir existieren. Es ist nicht nötig, zur Erklärung eine Hand Gottes mit ins Spiel zu bringen«.[20]

[**J.**] Wenn bislang uns das beste naturwissenschaftliche Wissen in Bezug auf Gott nicht weiter gebracht hat, was dann? Ist unser Unwissen bereits ein vernünftiger Grund, um an einen Gott zu glauben, oder um Gott abzulehnen?

[**H.**] Weder noch. Andererseits sehe ich darin auch keinen Grund, die Hoffnung auf grundlegende Erkenntnisse der wissenschaftlichen Forschung über die Entstehung des Universums und der Erde aufzugeben.

[**J.**] Da bin ich mit Dir einer Meinung. Denn auch die neuesten und aufregendsten wissenschaftlichen Erkenntnisse zur Entstehung des Weltalls und der Erde können uns nicht die Entscheidung abnehmen, ob wir hinter dieser Entstehung der Welt Gott als Schöpfer sehen oder nicht. Ein jeder von uns muss für sich diese Frage nach der Existenz Gottes beantworten.

[**H.**] Das unterscheidet uns von der Kreatur. Wir Menschen besitzen die Möglichkeit wie auch die Freiheit, uns zu entscheiden, für oder wider, auch für oder gegen den Glauben an einen Gott.

Doch wenn wir an einen Gott glauben, wird unsere Ahnung begründet, dass unsere sichtbare, erkennbare Welt mit all ihren anorganischen und organischen Bausteinen, Gesetzmäßigkeiten und Reaktionsprinzipien nicht das Produkt des blinden Zufalls, sondern einer übergeordneten Kraft zu verdanken ist. Und dass diese Kraft bei der Entwicklung der belebten Welt auch allen zufällig erscheinenden Mutationen, allen einschneidenden Selektionen und allen weiteren bekannten und noch unbekannten Einflussgrößen ihre Richtung gegeben hat.

[**J.**] Für mich beinhaltet der Glaube an einen allmächtigen Gott, dass dieser Gott ewig, das heißt schon immer, überzeitlich da war, da ist und da sein wird und dass dieser Gott, wie in den Bildern des Buches Genesis des Alten Testamentes verdeutlicht [Gen 1,1–31 und 2,1–25],

– die Welt voraussetzungslos, d.h. aus dem Nichts als außergöttliche Wirklichkeit geschaffen hat und damit auch der Ursprung von Raum, von Zeit und der Gesetze dieser Welt einschließlich unserer belebten und unbelebten Erde gewesen ist;

– die Menschen erschaffen hat als sein Abbild in der von ihm geschaffenen Wirklichkeit, das heißt mit Körper, Geist und Seele, als Mann und Frau und gemäß den von ihm geschaffenen Naturgesetzen, der damit auch uns geschaffen hat über unsere Vorfahren bis hin zu unseren Eltern;

– der uns beauftragt hat, dieses unser Leben weiterzugeben;

– und der uns seine gesamte Schöpfung zur Beherrschung und zur Nutzung übergeben hat.

[**H.**] Du beschreibst damit die Vergangenheit. Aber Gott als Schöpfer dieser Welt kann nicht auf die vom Menschen erfasste Vergangenheit unserer Weltgeschichte beschränkt sein. Weil Gott zeitlos ist, besteht er und wirkt er immer, d.h. im Gestern, im Heute wie auch in der vom Menschen erwarteten Zukunft.

Hans Küng hat als Theologe dieses Wirklichkeitsverständnis von Gott mit folgenden Worten formuliert: Er sieht

> »Gott in dieser Welt und diese Welt in Gott. Gott nicht nur als Teil der Wirklichkeit ein Endliches neben Endlichem. Sondern das Unendliche im Endlichen, das Absolute im Relativen. Gott als die diesseitig-jenseitige, transzendent-immanente wirklichste Wirklichkeit im Herzen der Dinge, im Menschen und in der Menschheitsgeschichte.«[21]

Ich glaube, man kann die Tiefe der Bilder in der Schöpfungsgeschichte erst dann erahnen, wenn man sich die Zeitlosigkeit Gottes vor Augen führt.

[**J.**]  Das kann ich nachvollziehen! So hat Gott den Menschen aus dem Ackerboden geformt [Gen 2,4b–25], bevor es Feldsträucher gab und Feldpflanzen wuchsen, hat ihm den Atem eingehaucht und nachfolgend das Paradies geformt, dann aus dem Ackerboden alle Tiere des Feldes und alle Vögel des Himmels und dann die Frau.

[**H.**]  Aber erst mit der Erschaffung der Frau war der Mensch vollkommen: »Es ist nicht gut, dass der Mensch allein bleibt« [Gen 2,18]. »Das endlich ist Bein von meinem Bein und Fleisch von meinem Fleisch. Frau [Luther übersetzt ›Männin‹; M. W. L.][22] soll sie heißen; denn vom Mann ist sie genommen. Darum verlässt der Mann Vater und Mutter und bindet sich an seine Frau und sie werden ein Fleisch.« [Gen 2,23–24] Somit steht der Mensch im Mittelpunkt der Schöpfung und erst durch die Verbindung von Mann und Frau wird die Vervollkommnung des Menschen erreicht. Das gilt nicht nur gestern, sondern auch heute und morgen.

[**J.**]  Warum betonst Du so sehr die Einheit von Mann und Frau für das menschliche Leben?

[**H.**]  Weil ich große Zweifel habe, ob diese Grundaussage zum Menschsein in der Schöpfungsgeschichte von unserer Kirche ausreichend gewürdigt wird. Beispielsweise der Zölibat, festgelegt im kanonischen Recht Can. 1037:

»Ein unverheirateter Weihebewerber für den ständigen Diakonat und ebenso ein Weihebewerber für den Presbyterat dürfen
zur Diakonenweihe erst zugelassen werden, wenn sie nach
dem vorgeschriebenen Ritus öffentlich vor Gott und der Kirche die Zölibatsverpflichtung übernommen bzw. die ewigen
Gelübde in einem Ordensinstitut abgelegt haben.«[23]

Ganz im Gegensatz zur Schöpfungsgeschichte wird behauptet, dass der Zölibat eine besondere Gabe Gottes sei. Wie
heißt es im Can. 277– § 1:

»Die Kleriker sind gehalten, vollkommene und immerwährende
Enthaltsamkeit um des Himmelreiches willen zu wahren; des-
halb sind sie zum Zölibat verpflichtet, der eine besondere Gabe
Gottes ist, durch welche die geistlichen Amtsträger leichter mit
ungeteiltem Herzen Christus anhangen und sich freier dem
Dienst an Gott und den Menschen widmen können.«[24]

Durch diese Verpflichtung wird einem Menschen, der sich
berufen fühlt, Priester zu werden und der zugleich die Fähigkeit geschenkt bekommen hat, eine Frau zu lieben, der Zölibat aufgezwungen. Was soll daran Gabe Gottes sein?

Wenn Gottvater die Menschen zur Weitergabe des Lebens
verpflichtet, warum sollte Gottes Sohn seinem Gottvater, mit
dem er eins in der Dreifaltigkeit ist, so weitreichend widersprochen haben, wie man aus der Begründung für den Zölibat schließen könnte? Das ist für mich nicht glaubwürdig!

[**J.**] Ich kann Dir nichts Sinnvolles entgegnen. Auch aus meiner Sicht wäre es glaubhafter, den Zwangszölibat abzuschaffen; wäre es glaubhafter, Menschen nicht zu verbieten, der
Weisung Gottes, damit auch des Gottessohnes, in der Genesis zu folgen. Aber auch darüber werden wir uns ja noch
gesondert unterhalten (siehe Kap. 4.5).

[**H.**] Um nochmals auf die Zeitlosigkeit in der Schöpfungsgeschichte zurückzukommen: Die Widersprüche im Zeitablauf
zwischen Genesis 1 und Genesis 2 halte ich nur für schein-
bar. Sie verdeutlichen – und anders kann ich sie nicht ver-

stehen –, dass es eben nicht Absicht der Verfasser war, einen in Raum und Zeit logischen Zusammenhang zu beschreiben, sondern durch die Nebeneinanderstellung deutlich zu machen, dass Gott zwar der Schöpfer ist der Zeit, des Raumes von Erde und Himmel, der Pflanzen und Kreaturen und in besonderer Art des Menschen als Mann und Frau, um ein Fleisch zu werden, aber dass Gott auch wieder unabhängig ist von dem, was er geschaffen hat.

[**J.**] Gibt es in diesen Bildern einen grundsätzlichen Widerspruch zu unseren wissenschaftlichen Erkenntnissen in Bezug auf die Entwicklung der für uns sichtbaren und erfahrbaren Welt, der belebten Natur und des Menschen?

[**H.**] Nicht dann, wenn wir Gott und seine Schöpfung als zeitlos ansehen. Wenn wir an den allmächtigen Gott glauben, sind die bislang bekannten Naturgesetze, denen wir unterliegen und auf Grund derer beispielsweise die Menschen über die Jahrtausende hinweg sich so entwickelt haben, wie sie heute in ihrer Gleichheit wie auch Verschiedenheit existieren, Gottes Werk. Jede neue wissenschaftliche Erkenntnis lässt uns dieses Werk bestaunen, gerade auch, was die Entwicklung des Menschen betrifft.

Wie aufregend ist beispielsweise die neueste Erkenntnis, dass der heutige Mensch Gene des seit langem ausgestorbenen Neandertalers in sich trägt! Belegt wurde, dass es einen Genfluss des Neandertalers in das Genom des heutigen Menschen in einer Größenordnung von 1–4 % gab, wobei dieser Genfluss im Wesentlichen bei den Eurasiern, weniger bei den Afrikanern stattfand. Und auch eine Weiterentwicklung der menschlichen Erbanlagen wurde nachgewiesen.[25]

In diesen neuen wissenschaftlichen Daten sehe ich einmal mehr verdeutlicht, dass die Schöpfung Gottes fortschreitet und bei weitem noch nicht ihr Ende gefunden hat. Gottes Schöpfung ist eben nicht nur biblisch umschriebene Vergangenheit, sondern währt bis heute und wird auch in Zukunft andauern.

[**J.**] Mit welcher Begründung wollte man daran zweifeln? Warum soll diese Erkenntnis im Widerspruch zum Schöpfungsglauben stehen? Würde man dann nicht Gott in die Vergangenheit zurückdrängen wollen und seine Gegenwart verleugnen?

Ich glaube, diese Sichtweise steht auch im Einklang mit der katholischen Lehrmeinung. So sagte hierzu Papst Benedikt XVI.:

> »Die Feststellung, dass die Schaffung des Kosmos und seine Entwicklungen letztlich vorausschauende Weisheit des Schöpfers sind, bedeutet nicht, dass die Schöpfung nur mit dem Anfang der Geschichte der Welt und des Lebens zu tun hat. Das bedeute vielmehr, dass der Schöpfer diese Entwicklungen ständig weiter unterstütze. Wissenschaftliche Wahrheit ist selbst Teil der göttlichen Wahrheit und kann so der Philosophie und Theologie zu einem besseren Verständnis der menschlichen Person und der göttlichen Offenbarung über den Menschen helfen.«[26]

[**H.**] Es liegt somit an uns im Sinne des Auftrages Gottes, in die Geheimnisse seiner Schöpfung durch Erforschung der sichtbaren oder erfassbaren Bausteine und Naturgesetze weiter einzudringen und die Erkenntnisse zum Vorteil des Menschen und seiner ihn umgebenden Natur nutzbar zu machen.

[**J.**] Sicherlich ist Dir bekannt, dass unsere Ansichten einer fundamentalistischen Sichtweise widersprechen, welche seit der Reformation dafür kämpft, den dem Buchstaben nach getreuen Sinn der Bibel als Offenbarung anzusehen und welche daher die wörtliche Irrtumslosigkeit der Bibel als wesentliche Forderung festlegt.

[**H.**] Ich halte derartige fundamentalistische Ansichten für problematisch, denn je nach Standpunkt zerstören sie das Vertrauen entweder in die Wissenschaft oder in den Glauben. Andererseits, versucht man diese Art des Verständnisses anzuwenden beispielsweise bei der Lektüre des Textes der Genesis die Erschaffung des Menschen betreffend, wird man sich schnell in unauflösbare Widersprüche, was Zeit, Raum und Folgen anbetrifft, verfangen.

[**J.**] Auch die Bibelkommission des Vatikans bewertet derartige fundamentalistische Interpretationen des Alten und des Neuen Testamentes als Fehldeutungen. Sie schreibt hierzu:

> »Das Grundproblem dieses fundamentalistischen Umgangs mit der Heiligen Schrift besteht darin, daß er den geschichtlichen Charakter der biblischen Offenbarung ablehnt und daher unfähig wird, die Wahrheit der Menschwerdung selbst voll anzunehmen. Für den Fundamentalismus ist die enge Verbindung zwischen Göttlichem und Menschlichem in der Beziehung zu Gott ein Ärgernis. Er weigert sich zuzugeben, daß das inspirierte Wort Gottes in menschlicher Sprache ausgedrückt und unter göttlicher Inspiration von menschlichen Autoren niedergeschrieben wurde, deren Fähigkeiten und Mittel beschränkt waren. Er hat deshalb die Tendenz, den biblischen Text so zu behandeln, als ob er vom Heiligen Geist wortwörtlich diktiert worden wäre. Er sieht nicht, daß das Wort Gottes in einer Sprache und in einem Stil formuliert worden ist, die durch die jeweilige Epoche der Texte bedingt sind. Er schenkt den literarischen Gattungen und der menschlichen Denkart, wie sie in den biblischen Texten vorliegen, keinerlei Beachtung, obschon sie Frucht einer sich über mehrere Zeitepochen erstreckenden Erarbeitung sind und Spuren ganz verschiedener historischer Situationen tragen.
>
> Der Fundamentalismus betont über Gebühr die Irrtumslosigkeit in Einzelheiten der biblischen Texte, besonders was historische Fakten oder sogenannte wissenschaftliche Wahrheiten betrifft. Oft faßt er als geschichtlich auf, was gar nicht den Anspruch auf Historizität erhebt; denn für den Fundamentalismus ist alles geschichtlich, was in der Vergangenheitsform berichtet oder erzählt wird, ohne daß er auch nur der Möglichkeit eines symbolischen oder figurativen Sinnes die notwendige Beachtung schenkt.«[27]

Aber lass uns eine andere Frage besprechen! Welche Folgen hat der Glaube an einen allmächtigen Gott als Schöpfer dieser Welt für die Menschheit? Oder andersherum gefragt, welche Gefahren lauern in einer Ablehnung des Glaubens an Gott?

[**H.**] Sam Harris, einer der führenden Vertreter der »New Atheists«, sieht in solch einer Ablehnung durchaus Vorteile,[28] und zwar aus folgenden Gründen:

– Atheisten halten das Leben für etwas Kostbares. Für sie hat die Beziehung zwischen den Menschen in unserem jetzigen Leben Bedeutung. Daher schützen und behüten Sie es und flüchten nicht aus Furcht vor dessen Sinnlosigkeit in die Hoffnung einer Glückseligkeit nach dem Tode.

– Die großen Verbrechen gegen die Menschlichkeit sind nicht von wahren Atheisten begangen worden. Die Massenmorde und die Verfolgungen Andersdenkender durch Hitler, Stalin, Mao und Pol Pot sind gerade nicht Folge von Unglauben gewesen, sondern ergaben sich zwangsläufig aus dem Glauben an die Überlegenheit und den Sieg des Faschismus oder des Kommunismus und aus der unter dem Anspruch der Unfehlbarkeit erzwungenen Durchdringung dieser totalitären Regime mit Dogmen.

– Atheisten verdanken ihre Moral nicht der Religion, sondern folgen der moralischen Intuition, von der sie annehmen, dass sie zur biologischen Ausstattung des Menschen gehört. Moralische Maßstäbe sind durch ein jahrtausendelanges Nachdenken über die Möglichkeiten menschlichen Glücks ganz offensichtlich verfeinert und auch festgehalten worden, zum Beispiel in der Heiligen Schrift. Für die Übernahme dieser moralischen Regeln ist ein Glaube an Gott nicht notwendig.

Somit kann man nicht nur aus dem Glauben an einen Gott heraus, sondern auch bei Ablehnung eines Gottes sein Leben im Sinne einer Kostbarkeit gestalten und deswegen gerade auch mit moralischen Maßstäben versehen.

[**J.**] All diese Aussagen haben sicherlich ihre Berechtigung, begründen aber keinen Atheismus und werden auch nicht durch den Atheismus begründet. Es bleibt die Frage, welche Gefahren für die Menschen sind in einer Ablehnung Gottes verborgen?

[**H.**] Den Atheismus, die Ablehnung von Gott als Schöpfer dieser Welt, halte ich für eine Sache des Glaubens, nicht des Wissens. Der Glaube an keinen Gott, der Atheismus, enthält aber im Grundsatz nichts Weiteres, keine weiteren verbindlichen Lehren. Im Gegensatz hierzu verfügt der Glaube an Gott nicht nur über Glaubenswahrheiten, sondern auch über Lebensweisheiten und Lebensanleitungen. Diese sind bekannt, nachprüfbar, meist auch nachvollziehbar, stellen Richtlinien für das Zusammenleben der Menschen dar, sind gefestigt durch den Glauben an Gott.

Meiner Ansicht nach ergeben sich die Gefahren aus dem Atheismus aus dessen inhaltlicher Leere, aus dessen unverbindlichem Verhältnis zu allem, was Gottgläubige als Schöpfung Gottes ansehen. Menschen mit dieser Leere, mit dieser Unverbindlichkeit dürften leichter zu verführen sein.

## 3.2 Der Anspruch auf Unfehlbarkeit

[**J.**] Kann ein Mensch für sich Unfehlbarkeit beanspruchen? Was ist Deine Meinung dazu?

[**H.**] Als Wissenschaftler antworte ich mit einem entschiedenen Nein! Jeder Mensch ist begrenzt in seinen Fähigkeiten zu erkennen, zu bewerten und zu urteilen, ist daher fehlbar und kann irren. Als gläubiger Mensch erwidere ich, nur der allmächtige Gott ist unfehlbar, jeder menschliche Anspruch auf Unfehlbarkeit ist Gotteslästerung.

[**J.**] Wie wahr sind dann die von Menschen geschriebenen Inhalte unseres Alten und des Neuen Testamentes? Waren die Autoren mit ihren Kernaussagen unfehlbar?

[**H.**] Als Wissenschaftler würde ich Zweifel anmelden, bestenfalls erwidern, dass ich mir darüber kein Urteil erlauben kann! Als Christ kann ich nur hoffend glauben, dass durch Gottes Einfluss eine Unfehlbarkeit in den Kernaussagen der Autoren erreicht wurde. Die Geschichte, gerade auch der ersten Jahrhunderte unserer Kirche, zeigt, wie ernsthaft und teilweise auch erbittert um die letztlich gültigen Aussagen des Neuen Testamentes gerungen wurde. Genau diese Auseinandersetzungen sollten zuversichtlich machen, dass unser christlicher Glaube auf einer Grundlage steht, welche im Wesentlichen nicht durch die Willkür Einzelner bestimmt wurde.

[**J.**] Wie steht es dann mit dem Anspruch auf Unfehlbarkeit von Menschen unserer Zeit?

[**H.**] Da gibt es böse, schreckliche Beispiele: Hitler, Stalin, Mao, Pol Pot und viele andere Despoten. Sie alle haben die Unfehlbarkeit ihrer Aussagen und ihres Handelns beansprucht, sich als Heilsbringer, als Vorsehung des Schicksals gesehen, ihre Ziele durch Dogmen versucht durchzusetzen, entsprechend diesen Dogmen Millionen von Menschen ermordet.

Nehmen wir als Beispiel die kommunistische Lehre. Gustav A. Wetter vom Päpstlichen Orientalischen Institut in Rom hat sie so zusammengefasst:

> das »kommunistische Offenbarungsgut [war] in vier kanonischen Texten [Marx, Engels, Lenin, Stalin] niedergelegt und einem unfehlbaren Lehramt anvertraut in Gestalt des Zentralkomitees der Bolschewistischen Partei und persönlich des Genossen Stalin. Aufgabe der Sowjetphilosophen war es nicht etwa, dieses Lehrgut zu bereichern und zu vermehren, sondern lediglich die Menschen seine Anwendung auf alle Lebensbereiche zu lehren und durch Entlarvung von Häresien für seine Reinerhaltung zu sorgen.«[29]

[**J.**] Durch diese Art der Formulierung sollen wahrscheinlich Parallelen zu christlichen Kirchen, gerade auch der katholischen Kirche verdeutlicht werden. Wo siehst Du hier Unterschiede?

[**H.**] Die Entscheidungen der Despoten sind gefallen aus Machtgier, ohne moralische Werte, ohne Rücksicht auf Menschenrechte und Menschenwürde. Andersdenkende sind systematisch kaltgestellt, ja auch in Massen ermordet worden. Hier war die menschliche Hybris am Werk. Zwar prägte solch eine Vorgehensweise über Jahrhunderte hinweg auch das Gesicht der katholischen Kirche (siehe Kap. 5.2), aber es stand im eklatanten Widerspruch zu ihren eigenen Glaubensgrundlagen, einschließlich der 10 Gebote. Doch heute haben die Verantwortlichen in unserer Kirche aus diesem Fehlverhalten der Vergangenheit gelernt und zu den Glaubensgrundlagen zurückgefunden.

[**J.**] Warum nur haben Menschen weltliche wie auch kirchliche Despoten immer wieder erduldet?

[**H.**] Die Frage hat ihre Berechtigung. Denn beispielsweise in unserem Lande, in Deutschland, wäre jeder einigermaßen mit Vernunft begabte Mensch in der Lage gewesen, das Verbrecherische der Naziherrschaft zu erkennen. Die Kenntnis der 10 Gebote hätte hierfür vollkommen gereicht.

Doch die Antwort auf Deine Frage ist in allen Diktaturen gleich! Durch die Machtfülle der Despoten ist alleine die geringste Lautbarmachung des Verbrecherischen gefährlich, gefährlich für die berufliche Existenz, gefährlich für die Familie, gefährlich für das eigene Leben. Von rühmlichen Ausnahmen abgesehen hat man sich daher angepasst, um sich seine Existenz und Zukunft nicht zu zerstören.

Friedrichs Schillers Octavio hat immer wieder so unendlich Recht:

> »Es ist nicht immer möglich, im Leben sich so kinderrein zu halten, wie's uns die Stimme lehrt im Innersten, in steter Notwehr gegen arge List bleibt auch das redliche Gemüt nicht wahr.

Das eben ist der Fluch der bösen Tat, daß sie, fortzeugend, immer Böses muß gebären.«[30]

[**J.**]  Siehst Du auch in Deinem beruflichen Umfeld Ansprüche auf Unfehlbarkeit?

[**H.**]  Ja, und das nicht zu knapp! In wie vielen Firmen glaubt die Leitung, nur sie habe Recht! Widersprechende Mitarbeiter werden vor die Tür gesetzt oder kaltgestellt, unterwürfige oder hinterlistig schmeichelnde Mitarbeiter gefördert. Die innere oder die tatsächliche Kündigung der fähigen, kritischen Mitarbeiter ist die Folge – eine »todsichere« Methode, um eine Firma zugrunde zu richten.[31]

[**J.**]  Wie siehst Du in Kenntnis all dessen den Anspruch auf Unfehlbarkeit in der Kirche? Siehst Du keinen Widerspruch zwischen diesem Dogma und dem Glauben an den allmächtigen Gott? Siehst Du keine Gefahren für die Kirche?

[**H.**]  Ich kann weder mit einem deutlichen »Ja« noch mit einem entschiedenen »Nein« antworten. Aus meiner Sicht ist die Beantwortung der Frage davon abhängig, wie dieses Dogma ausgeübt wird.

[**J.**]  Dessen Formulierung ist eindeutig:

> »21 ... Wenn der römische Papst ›ex Cathedra‹ spricht, – das heißt, wenn er in Ausübung seines Amtes als Hirte und Lehrer aller Christen mit seiner höchsten Apostolischen Autorität erklärt, daß eine Lehre, die den Glauben oder das sittliche Leben betrifft, von der ganzen Kirche gläubig festzuhalten ist, – dann besitzt er kraft des göttlichen Beistandes, der ihm im heiligen Petrus verheißen wurde, eben jene Unfehlbarkeit, mit der der göttliche Erlöser seine Kirche bei Entscheidungen in der Glaubens- und Sittenlehre ausgerüstet wissen wollte. Deshalb lassen solche Lehrentscheidungen des römischen Papstes keine Abänderung mehr zu, und zwar schon von sich aus, nicht erst infolge der Zustimmung der Kirche. Wer sich aber vermessen sollte, was Gott verhüte, dieser Unserer Glaubensentscheidung zu widersprechen: der sei im Bann.«[32]

Ist dieses Dogma für Dich nachvollziehbar?

[**H.**] Eine Organisation, gleichgültig welcher Art, kann nur dann erfolgreich geleitet werden, wenn der Vorsitzende dieser Organisation das letzte Sagen in Entscheidungen hat und wenn die Mitglieder dieser Organisation sich dieser Entscheidung fügen. Die Frage ist nur, wie solche Entscheidungen erarbeitet werden – gemeinsam mit allen fachkompetenten Mitgliedern einer Organisation oder auf Grund des Gutdünkens von Einzelnen.

Andererseits, Ungehorsam gegen eine im Konsens erarbeitete, daher überzeugende Entscheidung muss geahndet werden – falls nicht, würde die Organisation zerfallen. Zahlreiche Beispiele, gerade auch im Wirtschaftsbereich, belegen die Notwendigkeit einer derartigen Führung. Gemessen an dieser Einsicht und Erfahrung kann ich die wesentlichen Aussagen des Abschnitts 21 des Dogmas als sinnvoll und vernünftig ansehen, wenn da nicht der Begriff ›Unfehlbarkeit‹ wäre, vom zusätzlichen sprachlichen Beiwerk einmal abgesehen, welches dem Zeitgeist und den institutionellen Regeln geschuldet sein dürfte.

[**J.**] Was stört Dich am Begriff ›Unfehlbarkeit‹?

[**H.**] Ich glaube nicht, dass ein Mensch unfehlbar sein kann. Beansprucht er aber Unfehlbarkeit, gibt es kein Zurück mehr, keine Möglichkeit des Eingeständnisses eines Irrtums, kein Lernen, kein Wachsen der Erkenntnis, sondern die Erstarrung, den Stillstand, das Denkverbot. Letzteres ist für mich die traurige Seite des Anspruchs auf Unfehlbarkeit, weil daraus, wie wir aus der Geschichte leidvoll erfahren mussten, noch nie etwas Gutes entstanden ist.

[**J.**] Man kann den Begriff ›Unfehlbarkeit‹ aber auch verstehen im Sinne der Allgemeingültigkeit einer Aussage.

[**H.**] Einem solchen Verständnis kann ich in beschränktem Maße zustimmen, vorausgesetzt, die Aussage wurde nach bester wissenschaftlicher Erkenntnis der Entscheidungsfindung erarbeitet, also gemeinsam von allen, die fachliches

Wissen beisteuern können. Andererseits, neue Erkenntnisse, neues Wissen können jederzeit die Allgemeingültigkeit einer Aussage hinfällig machen.

[**J.**] Es ist für mich nachvollziehbar, dass einer, der an Gott glaubt, Probleme hat mit dem vom Papst erhobenen Anspruch, unfehlbare Aussagen treffen zu können. Doch zu dessen Ehrenrettung sei gesagt, dass die im Dogma beanspruchte Unfehlbarkeit einschränkenden Bedingungen unterliegt. Nur bei der Erfüllung dieser Bedingungen darf ein kirchliches Dogma erklärt werden. Auf keinen Fall darf es eine einsame Entscheidung des Papstes sein. So lautet das Dogma in seinem Abschnitt 17:

> »17... Die römischen Päpste aber haben dann das als festzuhaltende Lehre erklärt, was sie unter göttlichem Beistand als mit der Heiligen Schrift und den apostolischen Überlieferungen im Einklang stehend erkannt hatten. Zu dem Zweck beriefen sie, je nachdem Zeitumstände und Weltlage es nahe legten, entweder allgemeine Konzilien, oder befragten die auf dem ganzen Erdkreis verbreitete Kirche über ihre Glaubensansicht; andere Male wieder geschah es auf kleinen Synoden, oder sie bedienten sich andrer Hilfsmittel, wie sie die göttliche Vorsehung ihnen gerade darbot. Denn Petri Nachfolgern ward der Heilige Geist nicht dazu verheißen, dass sie aus seiner Eingebung heraus neue Lehren verkündeten. Ihre Aufgabe ist vielmehr, die von den Aposteln überlieferte Offenbarung oder das anvertraute Glaubensgut unter dem Beistand des Heiligen Geistes gewissenhaft zu hüten und getreu auszulegen.«[33]

Durch diese einschränkenden Bedingungen ist dem Papst die Bedingung auferlegt worden, jeglichen Lehrsatz vor seiner Verkündigung von Mitgliedern der Kirche überprüfen zu lassen.

[**H.**] Mit dieser Einschränkung der Überprüfung nähert sich das Dogma der Konsensustheorie, welche im nachfolgenden Jahrhundert besonders von Jürgen Habermas zur Wahrheitsfindung entwickelt wurde.[34] Diese Konsensustheorie beinhaltet, dass eine Aussage dann wahr ist, wenn sie Anerkennung von allen vernünftigen Gesprächspartnern verdient und über sie ein grundsätzlich unbegrenzter Konsens hergestellt werden konnte. Um den Geltungsanspruch »wahr« zu erfüllen, benötigt demnach eine Aussage

- die Verständlichkeit;
- die Wahrhaftigkeit. Wird diese angezweifelt, können die Zweifel kaum durch den der Unwahrhaftigkeit verdächtigten Sprecher selbst zerstreut werden;
- die Wahrheit. Diese muss bei Zweifel im Diskurs geklärt werden;
- die Richtigkeit. Diese ist nur diskursiv einlösbar.

[**J.**] Siehst Du in diesem Dogma der Unfehlbarkeit nun einen berechtigten Anspruch des Papstes oder eher ein Unrecht, vielleicht sogar eine Gotteslästerung?

[**H.**] Wenn es zu einer Entscheidung des Papstes kommt, die umfassend mit allen wesentlichen Strömungen in der Kirche, d. h. nicht nur mit solchen Mitgliedern, die ihm unterwürfig oder hinterlistig schmeicheln, sondern auch mit den kritischen Köpfen der Kirche abgestimmt ist, dann glaube ich schon, dass in solch eine Entscheidung Gottes Fügung einfließen, sie somit einen hohen Gültigkeitsanspruch haben kann.

[**J.**] Und wenn diese Abstimmung mit den kritischen Köpfen der Kirche nicht stattgefunden hat, was glaubst Du dann?

[**H.**] Dann habe ich Zweifel, dass Gottes Geist hinter einer vom Papst verkündeten Lehrmeinung stehen könnte. Und diese Zweifel werden noch verstärkt, wenn vorher die kritischen oder fortschrittlichen Theologen wegen ihres Widerspruches oder ihrer Aufmüpfigkeit ausgegrenzt und mundtot gemacht worden waren.

[**J.**] Für eine solche kritische Haltung wurde der Theologieprofessor Hans Küng vom Vatikan hart abgestraft.

[**H.**] Ich bin mir dessen bewusst. Und genau deswegen bin ich heilfroh, dass die Päpste seit 1950 kein Dogma mehr erklärt haben. Denn in den vergangenen Jahrzehnten hat in unserer Kirche ein Abfluss kritischer Köpfe in solch einem dramatischen Ausmaß stattgefunden, dass zu befürchten steht, dass eine kritische Auseinandersetzung mit der Formulierung eines Glaubenssatzes wie auch einer Lehrinstruktion in einer für deren Gültigkeit notwendigen Gründlichkeit und Breite kaum noch möglich ist.

Allein in Deutschland wurde in dem Zeitraum einer Generation von den zuständigen Bischöfen mehr als 10 katholischen Theologieprofessorinnen und -professoren die Lehrbefugnis entzogen. Unter ihnen waren solche, die als die Besten ihres Faches gelten wie beispielsweise 1975 Horst Herrmann in Tübingen; 1979 Hans Küng in Tübingen; 1987 Uta Ranke-Heinemann in Essen; 1991 Eugen Drewermann in Paderborn; 2001 Josef Imbach in Rom; 2003 Michael Bongardt in Berlin; 2004 August Jilek in Regensburg; 2006 Gotthold Hasenhüttl in Saarbrücken; 2007 Paul Winkler in Regensburg; 2010 Werner Tescheetzsch in Freiburg; 2010 David Berger in Rom bzw. Köln.

[**J.**] Hier scherst Du unterschiedliche Gründe über einen Kamm!

[**H.**] Sicher, die formalen Gründe für den Ausschluss mögen unterschiedlich gewesen sein und manche haben durch Eigenwilligkeit, verletzte Eitelkeit und überschießende Gemütsreaktionen vielleicht auch wenig zu einer friedlichen Lösung ihres Konfliktes mit der Kirchenleitung beigetragen, aber das Faktum des Verbotes der Lehre, des Ausgestoßenseins bleibt.

[**J.**] Du musst doch jeder Organisation und damit auch der Amtskirche zubilligen, dass sie Menschen, welche gegen sie arbeiten, die nicht loyal zu ihr stehen, aus ihren Reihen entlässt! Wie heißt der Spruch: »Wes Brot ich ess', dess' Lied ich sing!« Das kann die Amtskirche doch auch von ihren Bischöfen und Theologen fordern!

[**H.**] Aber was wäre, wenn Gott genau diese von der Amtskirche ausgeschlossenen Menschen gesandt hat, um der Kirche auf den Weg in die Zukunft zu helfen, um den Wandel der Kirche in die Neuzeit zu gestalten? Die Geschichte lehrt, dass gerade die Querköpfe und Querdenker in der Kirche wesentlich zu ihrer Glaubwürdigkeit und ihrem Fortbestand beigetragen haben.

[**J.**] Willst Du damit andeuten, dass die Kirche nicht diesen derzeitigen dramatischen Verlust an Glaubwürdigkeit erlitten hätte, wenn in ihre Entscheidungen die ausgeschlossenen kritischen Theologen einbezogen worden wären?

[**H.**] Ich bin voll davon überzeugt. Schau nur ein wenig zurück! Was wäre unsere Kirche heute ohne den Mut zum Widerspruch großer Theologen unserer Neuzeit wie beispielsweise Pierre Teilhard de Chardin (1881–1955), Karl Rahner (1904–1984), Henri de Lubac (1896–1991), Hans Urs von Balthasar (1905–1988), Franz Böckle (1921–1991) oder Edward Schillebeeckx (1914–2009), ohne deren Fähigkeit, Verkrustungen zu lösen und Neues aufzubrechen, ohne deren Standhaftigkeit, gegen den Strom der Unterwürfigen zu schwimmen, dem Machtanspruch Einzelner ihren Glauben, ihre Überzeugung, ihren Verstand, ihr Verantwortungsgefühl für die Kirche entgegenzusetzen?

[**J.**] Vorsicht! Die Kirche besteht nicht nur aus progressiv denkenden Menschen, sondern auch aus den konservativen Kräften. Erst die Kombination von beiden macht die Stärke der Kirche aus, ließ sie die Jahrhunderte überleben.

[**H.**] Genau! Aber um wirken zu können, muss den progressiven Kräften auch der notwendige Raum gegeben werden. Wer weiß, wie segensreich sich in Zukunft genau die Stimmen derjenigen Theologen erweisen werden, welche die Amtskirche allein in den letzten 30 Jahren bekämpft, ausgegrenzt oder aus ihrem Lehrkörper ausgestoßen hat! Vielleicht wird die Kirche dann auf den einen oder anderen stolz sein und dessen Ausgrenzung äußerst verschämt verschweigen.

[**J.**] Das gilt es abzuwarten. Derzeit erleben wir ganz andere Szenarien.

[**H.**] Richtig! Es ist bedrückend zu lesen, dass in Regensburg drei weitere Theologieprofessoren, nämlich Burkhard Porzelt, Sabine Demel und Heinz-Guenther Schoettler schwerwiegende Konsequenzen, mit anderen Worten der Entzug der Lehrbefugnis angedroht wurde,[35] wenn sie nicht ihre kritische Haltung zur Wieder- Aufnahme der Piusbruderschaft in die katholische Kirche und die Unterzeichnung der Petition Vatikanum 2 widerrufen würden.[36]

Hier frage ich mich, ist das noch eine lebendige Kirche? Darf Kritik als korrigierende, die Richtung der Entwicklung beeinflussende Kraft nicht mehr geäußert werden? Und das anlässlich einer derart eklatanten Fehlentscheidung des Vatikans, wie sie in Bezug auf die Piusbruderschaft geschehen ist (siehe Kap. 4.1)! Ist das die tatsächliche Methode unserer Amtskirche, mit kritischen Theologen umzugehen? Sind dann die Beteuerungen der Amtskirche, beispielsweise im Falle des Theologieprofessors Hans Küng (»Alle verfügbaren Mittel einer im Dialog zu erfolgenden Klärung wurden von der Glaubenskongregation und der Deutschen Bischofskonferenz ausgeschöpft.«)[37] ehrlich und wahr? Ich habe mittlerweile große Zweifel!

[**J.**] Ich darf in Erinnerung rufen, dass der für die Androhung verantwortliche Bischof von Regensburg auch Mitglied der Glaubenskongregation ist.

[**H.**] Umso schlimmer! Ich frage mich, ob durch seine Vorgehensweise nicht nur der Glaubwürdigkeit der Deutschen Bischofskonferenz, sondern auch der Glaubenskongregation und damit letztlich auch der Glaubwürdigkeit des Papstes ein Bärendienst geleistet wurde? Was wäre, wenn der Papst diesen Bischof öffentlich für sein Verhalten rügen würde? Ich bin davon überzeugt, dass Papst und Kirche dadurch ein großes Stück Glaubwürdigkeit zurückgewinnen könnten. Denn wie heißt es: »An ihren Früchten sollt ihr sie erkennen.« [Mt 7,16]

[**J.**] Es gibt auch einige beeindruckende Persönlichkeiten unter den Bischöfen, Menschen, die durch ihr Streben nach

Wahrhaftigkeit wie auch durch eine ehrliche Frömmigkeit überzeugend wirkten. Denke alleine in Deutschland beispielsweise an Clemens August Kardinal von Galen in Münster und Konrad Kardinal von Preysing in Berlin, welche den Mut hatten, unter Lebensgefahr gegen die Nazis und deren Verbrechen ihr Wort zu erheben, an Josef Kardinal Frings in Köln, der den verknöcherten Pharisäern in den eigenen Reihen buchstäblich die Leviten las und entscheidend zum Erfolg des Zweiten Vatikanischen Konzils beitrug, an Julius Kardinal Döpfner in München, welcher angesichts der Enzyklika »Humanae vitae« mutig seine Stimme erhob für die Gewissensfreiheit eines jeden Christen, an Bischof Franz Kamphaus in Limburg, welcher durch die Bescheidenheit in seiner persönlichen Lebensführung, durch seine menschennahe, selbstlose Seelsorge und durch seinen Mut zur eigenen Gewissensfreiheit ein überzeugendes Vorbild gewesen ist für viele, viele junge Menschen und nicht zuletzt an Karl Kardinal Lehmann in Mainz, ein überragender, ehrlicher Wissenschaftler und Seelsorger, welcher besonders als Vorsitzender der Deutschen Bischofskonferenz für alle Gläubigen, auch für die von der Amtskirche Ausgegrenzten einer der wenigen laut hörbaren Fürsprecher gewesen ist.

[**H.**] Sicher, aber dem steht gegenüber, dass nicht nur in Deutschland, sondern auch in anderen Ländern in unserer Kirche eine Verarmung an großen kritischen Theologen stattgefunden hat.

[**J.**] Kritik an dem Papst widerspricht wahrscheinlich seinem Verständnis als Stellvertreter Christi.

[**H.**] Solch eine Denkweise würde ich für ziemlich zerstörerisch halten.

[**J.**] Warum?

[**H.**] Grundsätzlich ist Kritik innerhalb einer Organisation, gleich welcher Art, ein Zeichen dafür, dass diese Organisation lebensfähig ist, weil ihr Menschen angehören, die Mut, Verstand und Verantwortungsgefühl besitzen und die bereit sind, für ihre Organisation nicht nur Zeit und Arbeit zu opfern, sondern auch Prügel einzustecken. Denn Kritiker sind meist wenig geliebt! Schmeichler, Nachläufer, karrieresüchtige Opportunisten oder Heuchler kritisieren nicht ihre Organisation. Sie gestehen auch kein Fehlverhalten ihrer Organisation ein, das wäre für sie persönlich, für ihre Zukunft, für ihre Karriere ja schädlich. Stattdessen greifen sie eher die Kritiker an. Wenn das nicht sachlich geht, dann halt mit anderen Methoden! Dagegen zeigen Menschen, denen ihre Organisation nichts mehr wert ist, ein vollkommen anderes Verhalten, sie schweigen, treten ein in den Zustand der inneren Kündigung oder verlassen die Organisation.

[**J.**] Demnach dürfte Kritik zum wertvollsten Gut einer jeglichen Organisation gehören?

[**H.**] Das stimmt, besonders auch für die Kirche. Wenn in ihr Kritiker und Querdenker mundtot gemacht werden, zerstört man die Überlebensfähigkeit der Kirche.

Was wäre gewesen, hätten in der Vergangenheit mehr Päpste, Kardinäle und Bischöfe auf die kritischen Stimmen in den eigenen Reihen gehört? Ich wage zu behaupten, dass die Amtskirche heute mehr Glaubwürdigkeit besitzen würde, gleich in welchen Bereichen, und nicht mit so viel unermesslich großer Schuld belastet wäre. Und was wäre gewesen, hätte nicht solch ein Papst wie Johannes XXIII. gegen alle Widerstände in der Amtskirche das Zweite Vatikanische Konzil einberufen, die Fenster der Kirche geöffnet, Kritik und zeitgemäßes Gedankengut, die sogenannte ›frische Luft‹ zugelassen und hätte nicht solch ein Papst wie Paul VI. das Konzil äußerst erfolgreich zuendegeführt? Gerade die Beschlüsse des Zweiten Vatikanischen Konzils haben zur Sicherung der Fundamente und damit der Zukunft der Kirche entscheidend beigetragen.

[**J.**] Wie könnte ein konstruktives Gleichgewicht gefunden werden zwischen der Notwendigkeit, dass der Papst letztlich das Sagen haben muss, und der Kritik an der Amtskirche als notwendiger Steuerungskraft für ihren Weg in die Zukunft?

[**H.**] Ich glaube, eine wesentliche Voraussetzung ist das Streben nach Wahrhaftigkeit. Hierzu gehört, dass sich die Verantwortlichen eingestehen, dass sie weder alleine noch als Gruppe unfehlbar sein können, sondern bestenfalls erst dann, wenn sie bereit sind, in einem breiten Diskurs mit allen, die zu einer Aussage Substantielles beitragen können, den Geltungsanspruch, dass eine Aussage wahr sei, einzuholen.

[**J.**] Das dürfte menschlich sehr schwer sein, gerade auch für die Mitglieder der Amtskirche. Diese sind in ihrem Leben von einer ganz anderen Tradition geprägt worden. Zudem haben die Geweihten sich zum bedingungslosen Gehorsam gegenüber dem zugehörigen Bischof oder dem Papst verpflichtet.

[**H.**] Den bedingungslosen Gehorsam gegenüber Menschen halte ich für menschenunwürdig und unchristlich und in der Amtskirche für eine Entmündigung der Beteiligten. Wenn eine Kirchenleitung mit ihren Entscheidungen ernst genommen werden will, dann muss sie diesen bedingungslosen, diesen Kadavergehorsam aufbrechen zugunsten einer partnerschaftlichen Konsensfindung. Wenn sie das nicht schafft, sehe ich für ihre Zukunft schwarz.

[**J.**] Ich denke, Du machst es Dir mit Deinem Urteil zu einfach. Was ist, wenn die von Dir zitierte »partnerschaftliche Konsensfindung« zwischen Papst und Bischöfen versagt? Ist dann die Forderung nach dem bedingungslosen Gehorsam nicht eine der Methoden, um ein Auseinanderstreben, eine Teilung der Kirche zu verhindern?

[**H.**] Das Problem einer klugen und weisen Entscheidungsfindung ist weder auf die Kirche beschränkt noch neu. An ihr zeigt sich, ob die Leitung die Fähigkeit zur Führung hat. Hierfür gab schon vor gut 500 Jahren Machiavelli dem Fürsten den folgenden, eigentlich recht schlichten Rat:

»Denn es gibt keinen andern Weg sich vor Schmeicheleien zu sichern, als wenn die Leute glauben, daß sie dich nicht beleidigen, indem sie dir die Wahrheit sagen. Wenn aber ein Jeder die Wahrheit sagen darf, so fehlt dir die Ehrfurcht. Deswegen muß ein kluger Fürst einen dritten Weg einschlagen, indem er aus seinem Staate weise Männer auswählt, und diesen allein die Freiheit, das Wahre ihm zu sagen gibt, und auch nur über solche Dinge, nach denen er fragt, und über nichts weiter: er muß sie aber nach allem fragen, und ihre Neigungen hören; sodann für sich selbst auf seine Weise entscheiden: und gegen diese Räte und jeden von ihnen insbesondere sich so bezeigen, daß sie alle einsehen, je freier man spricht, um so willkommener werde es ihm sein. Außer Diesen muß er niemand hören wollen, beschlossener Sache treu, und in seinen Beschlüssen hartnäckig sein.

Wer anders handelt, kommt durch die Schmeichler entweder zu Fall oder er zeigt sich bald so, bald anders, nach der Verschiedenheit der Bedenken, wodurch sein Ansehen vermindert wird.«[38]

## 3.3 Jesus Christus, Menschensohn

[**J.**] Glaubst Du an »... den einen Herrn Jesus Christus, Gottes eingeborenen Sohn, aus dem Vater geboren vor aller Zeit: Gott von Gott, Licht vom Licht, wahrer Gott vom wahren Gott, gezeugt, nicht geschaffen, eines Wesens mit dem Vater; durch ihn ist alles geschaffen.«?

[**H.**] Als Christ eindeutig »Ja«! Denn diese Formulierung im Glaubensbekenntnis ist so tiefgründig, so umfassend, so vorsichtig, wie es diesem Geheimnis gebührt. Es liefert keine Scheinerklärung!

[**J.**] Aber Jesus Christus ist auch eine historische Person. Dieses wird nicht nur von den frühen Christen bezeugt, sondern auch durch Randbemerkungen in Texten und Berichten von

Nichtchristen der damaligen Zeit bestätigt. In dieser Hinsicht sind die Fakten wohl eindeutig.

[**H.**] Aber die Göttlichkeit Christi war, ist und bleibt ein Geheimnis. Denn wenn ich als Mensch Gott nicht erfassen kann, wie soll ich dann die Göttlichkeit von Christus verstehen? Und von Christus selbst gibt es hierfür keine erklärenden Aussagen, zumindest keine, die aus seiner Feder stammen.

[**J.**] Das scheint mir auch nicht von Bedeutung. Viel wichtiger dürfte sein, wie und was die Evangelisten über Christus geschrieben haben. Auch wenn die Abfassung der Evangelien durch Markus, Matthäus, Lukas und Johannes erst einige Jahrzehnte nach Christi Tod erfolgte, sie bewerkstelligten dieses mit aller Vorsicht, stimmten ihre Texte auch untereinander ab. Die zahlreichen textlichen Übereinstimmungen oder Synopsen des ersten griechisch geschriebenen Evangeliums, verfasst von Markus, mit denjenigen von Matthäus und Lukas, sind dafür ein Beispiel.[39] Und dann wurden die vier Evangelien auch noch ergänzt durch zusätzliche Schriften, unter ihnen die Apostelgeschichte von Lukas, die Sammlung der Briefe des Paulus von Tarsus [Apostel Paulus] und seinen Schülern, welche beinhaltet die 7 »paulinischen« Briefe [an die Römer, Korinther, Galater, Philipper und 1. Thessalonicher], die ›Deuteropaulinen‹ [Epheser, Kolosser, 2. Thessalonicher], die 5 »Pastoralbriefe« [1./2. Timotheus, Titus, Philemon und Hebräer], die 7 sogenannten »katholischen Briefe« [Jakobus, 1./2. Petrus, 1.–3. Johannes, Judas] und die Offenbarung des Johannes.

In allen Evangelien wird davon berichtet, und in den Briefen bestätigt, dass Jesus Christus den Anspruch erhob, der Messias, also der Retter und Heilsbringer zu sein, den Gott im Alten Testament verheißen hat. Das ist für mich die zentrale Aussage.

[**H.**] Retter und Heilsbringer muss nicht gleichbedeutend sein mit Gottessohn!

[**J.**] Als solchen bezeichnete sich Christus aber in direkter Rede:

> »Ihr sollt aber erkennen, dass der Menschensohn die Vollmacht hat, hier auf Erden Sünden zu vergeben.« [Mk 2,10]; »Und Jesus fügte hinzu: Der Sabbat ist für die Menschen da, nicht der Mensch für den Sabbat. Deshalb ist der Menschensohn auch Herr über den Sabbat.« [Mk 2,27–28];

> »Der Menschensohn muss zwar seinen Weg gehen, wie die Schrift über ihn sagt. Doch weh dem Menschen, durch den der Menschensohn verraten wird. Für ihn wäre es besser, wenn er nie geboren wäre.« [Mt 26,24]

Und weiter:

> »Jesus aber sagte zu ihnen: Amen, amen, ich sage euch: Der Sohn kann nichts von sich aus tun, sondern nur, wenn er den Vater etwas tun sieht. Was nämlich der Vater tut, das tut in gleicher Weise der Sohn. Denn der Vater liebt den Sohn und zeigt ihm alles, was er tut, und noch größere Werke wird er ihm zeigen, sodass ihr staunen werdet. Denn wie der Vater die Toten auferweckt und lebendig macht, so macht auch der Sohn lebendig, wen er will. Auch richtet der Vater niemand, sondern er hat das Gericht ganz dem Sohn übertragen, damit alle den Sohn ehren, wie sie den Vater ehren. Wer den Sohn nicht ehrt, ehrt auch den Vater nicht, der ihn gesandt hat. Amen, amen, ich sage euch: Wer mein Wort hört und dem glaubt, der mich gesandt hat, hat das ewige Leben; er kommt nicht ins Gericht, sondern ist aus dem Tod ins Leben hinübergegangen. Amen, amen, ich sage euch: Die Stunde kommt und sie ist schon da, in der die Toten die Stimme des Sohnes Gottes hören werden; und alle, die sie hören, werden leben. Denn wie der Vater das Leben in sich hat, so hat er auch dem Sohn gegeben, das Leben in sich zu haben. Und er hat ihm Vollmacht gegeben, Gericht zu halten, weil er der Menschensohn ist.« [Joh 5,19–27]

[**H.**] Und wie sahen die Zeitgenossen Christus?

[**J.**] Auch mancher Jude erkannte Jesus als Sohn Gottes. So Johannes der Täufer:

> »Und Johannes bezeugte: Ich sah, dass der Geist vom Himmel herabkam wie eine Taube und auf ihm blieb. Auch ich kannte ihn nicht; aber er, der mich gesandt hat, mit Wasser zu taufen, er hat mir gesagt: Auf wen du den Geist herabkommen siehst und auf wem er bleibt, der ist es, der mit dem Heiligen Geist tauft. Das habe ich gesehen und ich bezeuge: Er ist der Sohn Gottes.« [Joh 1,32–34]

Auch der Hauptmann neben dem Kreuze:

> »Als der Hauptmann, der Jesus gegenüberstand, ihn auf diese Weise sterben sah, sagte er: Wahrhaftig, dieser Mensch war Gottes Sohn.« [Mk 15,39]

Sind solche Aussagen nicht überzeugend?

[**H.**] Überzeugend für wen? Derjenige, welcher an die Göttlichkeit Christi glaubt, wird die Worte Christi als Bestätigung für seinen Glauben empfinden. Er wird vielleicht mit diesen Worten Ungläubige überzeugen wollen. Doch für den Ungläubigen sehe ich keine Aussage in den Evangelien, welche den Glauben an Christus logisch begründet.

[**J.**] Ich stimme Dir zu, dass der Glaube an die Göttlichkeit von Christus kein Vorgang der Vernunft ist, sondern einen Glaubensakt darstellt. Doch genau dieser ist das Entscheidende des Christentums, mit diesem Glauben steht und fällt das Christsein.

[**H.**] Wir sind uns demnach einig: die Göttlichkeit Christi kann wissenschaftlich weder mit den Sinnen noch mit dem Verstand des Menschen erfasst werden, genauso wenig wie Gottvater, der Heilige Geist und die Dreifaltigkeit Gottes. Es gibt keine wissenschaftliche Faktenlage oder Logik für oder gegen den christlichen Glauben. Somit gilt gleich wie bei dem Glauben an Gott auch bei dem Glauben an die Göttlichkeit Christi das »Ja« oder ein »Nein«. Dazwischen gibt es nichts!

[**J.**] Wenn man jedoch an die Göttlichkeit Christi glaubt, werden einem die Aussagen der Evangelien zur Brücke zum zeitlos bestehenden Sohne Gottes und über ihn zum Gottvater und zum Heiligen Geist. Nicht im Sinne einer wissenschaftlichen Erkenntnis, sondern auf der Grundlage des Glaubens, des Überzeugtseins durch den Glauben und der darauf gründenden Gewissheit und Zuversicht.

[**H.**] Wie gehst Du mit den Zweiflern um, die fragen, ob die Person Christi in den Evangelien überhaupt richtig beschrieben wurde, wegen deren Abfassung erst Jahrzehnte nach seinem Tod, wegen der Überlieferungsfehler, wegen der damaligen Sichtweisen oder wegen des Drangs, die Schilderung gemäß der inneren Logik der Glaubensinhalte zu vervollkommnen?

[**J.**] Solche Einwände können sicherlich ihre Berechtigung haben! Und deren Prüfung wird auch in Zukunft von zahlreichen wissenschaftlich tätigen Theologen erfolgen, rein der wissenschaftlichen Neugier halber oder vielleicht auch aus Ordnungsliebe. Doch was können deren Ergebnisse an dem Glauben ändern? Aus meiner Sicht rein gar nichts! Denn wenn man die historische Tatsache des Menschen Jesus Christus anerkennt und wenn man zugleich glaubt, dass dieser Christus in einer uns Menschen nicht bekannten Weise Sohn Gottes ist, eins mit Gottvater im Geheimnis der Dreifaltigkeit, dann besteht die Göttlichkeit Christi wie die seines Gottvaters und des Heiligen Geistes zeitlos, seit ewig mit all ihrer Allmacht, Allwissenheit, Allgegenwärtigkeit und Unfehlbarkeit. Wenn man sich darüber hinaus noch vergegenwärtigt, dass gemäß dem christlichen Glauben Gottvater in die Menschheitsgeschichte derart eingegriffen hat, dass er diesen seinen Sohn Christus für uns Menschen auf Erden geopfert hat, dann darf man wohl auch noch an eine Fügung Gottes glauben, mit der er die Kernaussagen der Evangelien über die Jahrzehnte ihrer Entstehung gelenkt hat.

[**H.**] Wir wissen aber, dass sich die frühen Christen heftig gestritten haben um den rechten Glauben und dass nach

Jahrzehnten, wenn nicht nach Jahrhunderten des Streites schließlich einige überlieferte Texte als kanonisch bewertet, wieder andere als nicht kanonisch verworfen, Inhalte nach Kernaussagen geprüft und die wesentlichen zusammengestellt wurden.

[**J.**] Wenn man diesen Glaubensstreit bedenkt, dann darf man auch nach den heute gültigen Maßstäben zur Wahrheitsfindung annehmen, dass gerade die Auseinandersetzungen um die richtigen Kernaussagen dafür bürgen, dass die überlieferten Texte unseres Glaubens durch Gottes Fügung entstanden sind und nicht das Werk von einzelnen Menschen darstellen, die sich in wahnhafter oder machtgieriger Weise überschätzten und als unfehlbar wähnten. Nur ein Beispiel! Wie überzeugend, weil ehrlich und damit bescheiden ist die Umschreibung der Menschwerdung des Sohnes Gottes in Gestalt Jesu Christi im Prolog des Evangeliums nach Johannes:

> »Das wahre Licht, das jeden Menschen erleuchtet, kam in die Welt. Er war in der Welt und die Welt ist durch ihn geworden, aber die Welt erkannte ihn nicht. Er kam in sein Eigentum, aber die Seinen nahmen ihn nicht auf. ... Und das Wort ist Fleisch geworden und hat unter uns gewohnt und wir haben seine Herrlichkeit gesehen, die Herrlichkeit des einzigen Sohnes vom Vater, voll Gnade und Wahrheit.« [Joh 1,9–11.14]

[**H.**] Wenn man diese Menschwerdung Gottes ernst nimmt und wenn man folgerichtig dann auch an die Worte Christi glaubt, mit denen er sein Verhältnis zu den Menschen schildert, dann ergeben sich für die Menschheit schier unglaubliche Dimensionen.

[**J.**] Genau das! Denn zum einen verdeutlicht Christus, dass er sich in jedem Menschen verkörpert sieht:

> »... Was ihr für einen meiner geringsten Brüder getan habt, das habt ihr mir getan.«; »... Was ihr für einen dieser Gerings-

ten nicht getan habt, das habt ihr auch mir nicht getan.« [Mt 25,40.45]

[**H.**] Aber diese Worte gelten für jeden Menschen, nicht nur für Christen, und sind nicht nur die Grundlage des Gebotes der Liebe zueinander, sondern auch der Menschenrechte und der Menschenwürde. Aber wie Du weißt, hat sich die Amtskirche bei der Erarbeitung der Menschenrechte nicht vorgedrängt, um es einmal vorsichtig auszudrücken.

[**J.**] Das stimmt leider, wenn wir auf die Vergangenheit schauen. Aber das Zweite Vatikanische Konzil war in seiner Formulierung eindeutig gewesen:

> »Da alle Menschen eine geistige Seele haben und nach Gottes Bild geschaffen sind, da sie dieselbe Natur und denselben Ursprung haben, da sie, als von Christus Erlöste, sich derselben göttlichen Berufung und Bestimmung erfreuen, darum muß die grundlegende Gleichheit aller Menschen immer mehr zur Anerkennung gebracht werden. Gewiß, was die verschiedenen physischen Fähigkeiten und die unterschiedlichen geistigen und sittlichen Kräfte angeht, stehen nicht alle Menschen auf gleicher Stufe. Doch jede Form einer Diskriminierung in den gesellschaftlichen und kulturellen Grundrechten der Person, sei es wegen des Geschlechts oder der Rasse, der Farbe, der gesellschaftlichen Stellung, der Sprache oder der Religion, muß überwunden und beseitigt werden, da sie dem Plan Gottes widerspricht.«[40]

[**H.**] Und wie versteht diese Amtskirche die Worte Christi: »Weiter sage ich euch: Alles, was zwei von euch auf Erden gemeinsam erbitten, werden sie von meinem himmlischen Vater erhalten. Denn wo zwei oder drei in meinem Namen versammelt sind, da bin ich mitten unter ihnen.« [Mt 18,19–20]?

[**J.**] Das kann ich Dir nicht sagen, weil ich kein Amtsinhaber bin. Aber was bezweckt Deine Frage? Zielt sie auf die Entscheidungsgewalt der Amtskirche?

[**H.**] Ja! Mein Verständnis ist, dass das gemeinsame Denken, Streiten und Schlussfolgern wie auch das gemeinsame Bitten und Beten von Christen durch die Anwesenheit des Sohnes Gottes in ihrer Mitte eigene Kräfte entfalten, gerade auch in der Kirche und für die Kirche. Demzufolge sollte es im Sinne Christi sein und wären alle Amtsträger wohlberaten, den Rat, die Kritik und den Zweifel der Gläubigen bei der Formulierung jeglicher Lehrmeinung einzubeziehen, gerade auch im Interesse einer bestmöglichen Wahrheitsfindung für die Zukunft und Einheit der Kirche.

[**J.**] Willst Du dem Chaos der Meinungen in der Kirche das Wort reden? Christus hat Petrus eindeutig mit der Führung beauftragt: »Ich aber sage dir: Du bist Petrus, und auf diesen Felsen werde ich meine Kirche bauen, und die Mächte der Unterwelt werden sie nicht überwältigen.« [Mt 16,18]

[**H.**] Aber zugleich bat er auch seinen Gottvater:

> »Aber ich bitte nicht nur für diese hier, sondern auch für alle, die durch ihr Wort an mich glauben. Alle sollen eins sein: Wie du, Vater, in mir bist und ich in dir bin, sollen auch sie in uns sein, damit die Welt glaubt, dass du mich gesandt hast. Und ich habe ihnen die Herrlichkeit gegeben, die du mir gegeben hast; denn sie sollen eins sein, wie wir eins sind, ich in ihnen und du in mir. So sollen sie vollendet sein in der Einheit, damit die Welt erkennt, dass du mich gesandt hast und die Meinen ebenso geliebt hast wie mich.« [Joh 17,20–23]

Angesichts der zahlreichen Kirchenspaltungen kann man wohl nicht annehmen, dass die Amtskirche diesem Auftrag gerecht wurde.

[**J.**] Ich muss Dir zustimmen. Die Geschichte wie auch die Gegenwart lehrt, dass menschliche Schwächen gerade der Amtsträger in bedrückender Weise Spaltungen der Kirche Christi verursacht und Wiedervereinigungen verhindert haben. Aber darüber werden wir uns noch gesondert unterhalten (siehe Kap. 4.1 und 4.4).

[**H.**] Eine ganz andere Frage. Was ist mit den Milliarden von Menschen, welche vor Christi Geburt gelebt haben oder nach Christi Tod keinen Zugang zu Christus hatten? Gilt auch für diese das Erlösungswerk Christi? Wenn nicht, gibt es dann aus der Sicht der Amtskirche eine Dreiklassengesellschaft, hier die Geweihten, darunter die getauften Laiengläubigen und weit abseits die Ungetauften?

[**J.**] Ich bin kein Theologe, der Dir diese Frage professionell beantworten könnte. Aber meinem Verständnis nach ist Christus für alle Menschen gestorben, gleichgültig, wann sie gelebt haben oder leben werden. Nur so macht für mich der Begriff ›katholisch‹, also allumfassend, Sinn, nur so kann ich Gott in seiner Dreifaltigkeit, seine Liebe zu den Menschen und die Menschwerdung Christi verstehen. Die Möglichkeit des Glaubens an Christus ist ein Angebot für alle Menschen, der Zugang zum christlichen Glauben ist ein Akt der Gnade. Doch die Liebe Gottes zu den Menschen kann doch nicht davon abhängen, ob der Mensch die Möglichkeit hat, dieses Angebot kennenzulernen und ob er dieses Angebot annimmt oder ablehnt!

[**H.**] Du sprichst mir aus der Seele. Daraus ist aber auch zu folgern, dass jede Überheblichkeit eines Geweihten über einen Nichtgeweihten und jede Überheblichkeit eines Getauften über einen Nichtgetauften zutiefst unchristlich ist.

## 3.4 Die Mutter Christi

[**H.**] Wie heißt es im Glaubensbekenntnis: »Für uns Menschen und zu unserem Heil ist er vom Himmel gekommen, hat Fleisch angenommen durch den Heiligen Geist von der Jungfrau Maria und ist Mensch geworden.«

Bereits als jungem Wissenschaftler hat mir der Gedanke an eine Jungfrauengeburt im biologischen Sinne erhebliche Probleme bereitet. Es verletzte mein Verständnis von dem allmächtigen und dreifaltigen Gott, ihn mir als einen Mann vorzustellen, welcher eine Frau in menschlicher Weise schwängert, um Gottes Sohn Mensch werden zu lassen. Göttliche Abstammungen dieser Art konnten Vorstellungen der alten Ägypter oder der zahlreichen griechischen Göttersagen sein, aber doch nicht christliche Glaubenswahrheiten im 20. Jahrhundert!

[**J.**]  Ich gebe zu, die Frage nach der biologischen Jungfrauengeburt ist seit Jahrhunderten und auch heute noch im Widerstreit der Meinungen.

[**H.**] Warum eigentlich, in Anbetracht unseres heutigen Wissens über die Zeugung eines Menschen? Zur Zeit Christi wurde die Zeugung als etwas vollkommen Männliches verstanden. Der Mann legte seinen Samen in die Frau, aus dem Samen wuchs in der Gebärmutter ein Kind. Der Samen war bereits das Kind, die Frau nur die Brutstätte für den Samen. Mit diesem Wissen wurde bei vielen Berühmtheiten der damaligen Zeit ihr Ursprung bei Gottheiten gesucht, welche ihre jungfräulichen Mütter geschwängert hatten. Erst in der zweiten Hälfte des 19. Jahrhunderts wurde die Vorstellung, der Mann sei der alleinige Erzeuger eines Kindes und die Frau nur das »Brutgefäß«, abgelöst durch die von Oscar Hertwig mit Hilfe des Mikroskopes an Seeigeleiern erworbene Erkenntnis, dass ein Mensch erst durch die Vereinigung der Eizelle der Frau mit dem Samen des Mannes entsteht.[41]

[**J.**]  Die antike und mittelalterliche Vorstellung von der alleinigen Zeugung eines Menschen durch den Mann macht vielleicht verständlich, warum bis in die jüngste Zeit hinein der Glaubenssatz der Jungfrauengeburt von vielen Verantwortlichen in der Kirche als biologisches Faktum verstanden wurde; bis hin zu der Vorstellung, Gott habe physisch seinen Samen in Gestalt seines Sohnes in den Schoß einer Jungfrau gelegt.

[**H.**] Das kann nicht der einzige Grund sein. Vielleicht sind auch Probleme im Verständnis von Gott und der Dreifaltigkeit die Ursache.

[**J.**] Das halte ich für unwahrscheinlich. Denn bereits in den sechziger Jahren des vergangenen Jahrhunderts wurde von namhaften Theologen das biologische Verständnis der Jungfrauengeburt abgelehnt,beispielsweise vom damaligen Konzilstheologen Joseph A. Ratzinger:

> »Denn die Gottessohnschaft Jesu beruht nach dem kirchlichen Glauben nicht darauf, daß Jesus keinen menschlichen Vater hatte; die Lehre vom Gottsein Jesu würde nicht angetastet, wenn Jesus aus einer normalen menschlichen Ehe hervorgegangen wäre. Denn die Gottessohnschaft, von der der Glaube spricht, ist kein biologisches, sondern ein ontologisches Faktum; kein Vorgang in der Zeit, sondern in Gottes Ewigkeit: Gott ist immer Vater, Sohn und Geist; die Empfängnis Jesu bedeutet nicht, daß ein neuer Gott-Sohn entsteht, sondern daß Gott als Sohn in dem Menschen Jesus das Geschöpf Mensch an sich zieht, sodaß er selber Mensch ist.«[42]

Auch der katholische Theologieprofessor Karl Rahner sah ausreichend Gründe, die Jungfrauengeburt nicht biologisch, sondern theologisch zu verstehen.[43] Und der damalige Konzilstheologe Hans Küng fasste die theologische und exegetische Begründung der Ablehnung des biologischen Verständnisses der Jungfrauengeburt, wie auch die Abgrenzung zu den Göttersagen der Antike, wie folgt zusammen:

> »Das Symbol des göttlichen Kindes, geboren aus der Jungfrau, ist dem Alten Testament nicht bekannt. In der berühmten Immanuel-Wahrsagung des Propheten Jesaja (7,14) ist nur von einer ›jungen Frau‹ (hebr.: alma) die Rede, die einen Sohn gebären wird, dem sie den Namen ›Immanuel‹ (Gott mit uns) gibt. In der griechischen Übersetzung allerdings wird ›alma‹ (fälschlicherweise) mit ›parthénos‹ (Jungfrau) wiedergegeben. So ist das Glaubenssymbol der Jungfrauengeburt schließlich in die beiden Kindheitsgeschichten Jesu in den Evangelien von Matthäus und Lukas eingewandert. ...

Bei den beiden Kindheitsgeschichten Jesu in den Matthäus- und Lukas-Evangelien (im Markus- und Johannesevangelium wird nichts über die Geburt Jesu berichtet) handelt es sich, so die heutige Bibelwissenschaft, um historisch ungesicherte, stark legendäre Erzählungen, um theologisch motivierte Bekenntnis- und Verkündigungsgeschichten. Sie besagen: Jesus ist der Messias Israels, der neue Mose.

Man kann nicht bestreiten, daß die Jungfrauengeburt ein in der Antike von Ägypten bis nach Indien verbreiteter Mythos ist. Dennoch sind folgende Unterschiede signifikant:

Der Heilige Geist wird nicht als zeugender Partner oder Vater, sondern als wirkende Kraft der Empfängnis Jesu verstanden.

Die Ankündigung und Annahme des Empfängnisgeschehens bei Maria vollzieht sich in einem völlig unerotischen, vergeistigten Kontext, im Wort, ohne eine Vermischung von Gott und Mensch. Maria erscheint als begnadetes Menschenwesen.

Diese Erzählung ist kein Bericht von einem biologischen Faktum, sondern ist die Deutung von Wirklichkeit mit Hilfe eines Ursymbols. Ein sehr sinnträchtiges Symbol für die Aussage: Mit Jesus ist von Gott her ein wahrhaft neuer Anfang gemacht worden. Ursprung und Bedeutung von Jesu Person und Geschick erklären sich nicht alleine aus dem innerweltlichen Geschichtsablauf, sondern sind für den glaubenden Menschen letztlich aus dem Handeln Gottes zu verstehen.«[44]

[**H.**] Aber trotz dieser Eindeutigkeit in den Aussagen dieser katholischen Theologieprofessoren, von denen einer immerhin Papst wurde, glauben einige Verantwortliche in der Kirche immer wieder fordern zu müssen, bei Christus an die biologische Vaterschaft Gottes zu glauben. Ja, der katholischen Theologieprofessorin Uta Ranke-Heinemann wurde noch im Jahre 1987 vom Bischof des Bistums Essen genau wegen dieser Frage die Lehrbefugnis entzogen.

[**J.**] Diese Begründung für den Entzug der Lehrbefugnis halte ich für mehr als fadenscheinig. Vielleicht suchte man als bischöfliche Männergesellschaft damals nur einen Grund, um eine herausragende und dazu noch kritische wissenschaftlich tätige katholische Theologin, das heißt eine Frau, loszuwerden.

[**H.**] Diese Begründung verharmlost meiner Meinung nach ein tiefsitzendes Problem! Denn wenn man den Glauben an die Jungfrauenschaft Marias fordert, unterstellt man zugleich Gottvater menschliches Handeln.

[**J.**] Das stimmt, aber vielleicht können manche nur so an Christus als Sohn Gottes glauben.

[**H.**] Welches Verständnis der Dreifaltigkeit verbirgt sich hinter der Forderung zu glauben, dass Gottes Sohn durch eine biologisch-menschliche Zeugung von Gottvater auf diese Erde geschickt wurde? Wo bleibt bei dieser Vorstellung die Zeitlosigkeit der Existenz des Gottessohnes in Einheit mit Gottvater und dem Heiligen Geist? Falls Gott menschlich gehandelt hätte, er also der biologische Vater von Christus wäre, warum hat er dann überhaupt seinen Sohn in unsere Welt geschickt, um die Menschen zu erlösen, wo er als Gottvater ja bereits persönlich und in menschlicher Weise tätig gewesen wäre?

[**J.**] Ich denke, es würdigt Gott und seine Allmacht in einem weit größeren, der menschlichen Begrenztheit entsprechendem Maße, einzugestehen, dass wir, gerade weil wir an Gott und die Göttlichkeit von Christus glauben, nicht wissen und auch nicht wissen können, wie Gottes Sohn durch Gott Mensch wurde! Ich denke, für manche ist dieses Geheimnis so unerträglich, dass sie sich ein Bild machen müssen in Form eines biologischen Zeugungsaktes und diesen mit einer Parthenogenese auch noch wissenschaftlich zu begründen versuchen.

[**H.**] Aber dieses Bild geht doch voll an unserem Glauben, an unserer Vorstellung von dem ewig bestehenden, allmächtigen Gott und seiner Verschiedenheit und Einheit in Form der Dreifaltigkeit von Gottessohn, Gottvater und Gott Heiliger Geist vorbei! Wird das Geheimnis der Menschwerdung des Gottessohnes nicht drastisch zerstört, wenn wir unsere

Erfahrungen des menschlichen Geschlechtsaktes auf Gott übertragen, indem wir ihn zu einem Erzeuger Christi im biologischen Sinne machen? Kann solch ein Bild uns überhaupt eine Vorstellung von der Menschwerdung Christi vermitteln?

[J.] Ich meine »nein«! Im Übrigen halte ich es für unsinnig, die Jungfrauenschaft Marias, gleich wie verstanden, zu einem zentralen Thema unseres Glaubens zu machen.

[H.] Nicht vor der Antwort kneifen! Denn diese berührt unseren Glauben an Gottes Allmacht, wie auch an seine Liebe zu den Menschen. Nur wegen dieser Liebe ist der zeitlos und ewig existierende Gottes-Sohn in Christus Mensch geworden, und zwar durch seine Allmacht, durch die Allmacht Gottes, mit welcher der Gottessohn eins ist. Die Vorstellung eines menschlichen Zeugungsaktes ist zwar verführerisch, wird aber dieser Allmacht Gottes kaum gerecht. Auch der Glaube an die Liebe Gottes verleitet, bei der Menschwerdung Christi an einen menschlichen Zeugungsakt zu denken. Aber auch diese menschliche Vorstellung wird meines Erachtens göttlicher Liebe nicht gerecht.

[J.] Aber wenn Du Dir das Bild eines liebenden Gottes machen willst, dann kannst Du als Mensch doch nichts anderes, als menschliche Erfahrungen zu übertragen – so das Bild von Gottvater, so das Bild von der Jungfrau Maria als Mutter Christi. Du musst doch zugeben, dass diese Bilder hilfreich sind, die Geheimnisse unseres Glaubens zu umschreiben.

[H.] Das hat aber auch Grenzen. Ein Beispiel aus unserer menschlichen Erfahrung: Liebende genießen die Einmaligkeit der immer wieder erzielten geistigen und körperlichen Einheit. Solch eine Liebe zwischen Mann und Frau ist unerklärlich, unverständlich, jenseits jeglicher objektivierbarer Maßstäbe. Man stelle sich nun vor, ein Dritter würde jetzt alle Einzelheiten der körperlichen Einheit filmen, mit Bildern belegen, als Dokument und Erklärung für diese Einmaligkeit. Diese Bilder könnten zwar den Geschlechtsakt festhalten, doch aber nicht die Einmaligkeit, die Unerklärlichkeit der

Liebesbeziehung. Derartige Versuche sind von vornherein zum Scheitern verurteilt, weil das tiefe Erleben einer Liebe zu den Geheimnissen zwischen zwei Menschen gehört.

Wenn die bildhafte Beschreibung der Liebe zwischen Mann und Frau bereits unsinnig ist, weil sie den Wesensgehalt dieser Liebe nicht ausdrücken kann, um wie viel mehr sind die Versuche unsinnig, das Geheimnis der Menschwerdung des Gottessohnes als Ausdruck der Liebe Gottes zu uns Menschen mit einem menschlichen Zeugungsakt zu beschreiben!

[**J.**] Vielleicht ist der Drang, alle Einzelheiten von Gottes Fügung mit menschlichen Bildern ausleuchten zu müssen, ein Zeichen von menschlicher Schwäche und Hilflosigkeit gegenüber der Allmacht Gottes, vertuscht mit dem Versuch, Gott menschliches Verhalten zu unterstellen.

[**H.**] Oder ganz anders, eine Übersprungreaktion, um einer anderen Lehre des Neuen Testamentes nicht ins Auge sehen zu müssen!

[**J.**] Welche meinst Du?

[**H.**] Maria dürfte zu den ärmsten Geschöpfen der damaligen Zeit gehört haben. Christus ist eben nicht aus einer Ehe hervorgegangen, sondern Maria war ledig, als sie schwanger wurde. Dieses hieß damals zumindest Ausstoßung, unter Umständen sogar Tod durch Steinigung. Wahrscheinlich hatte nur das durch die Fremdherrschaft geltende römische Recht Maria vor dem Schlimmsten bewahrt. Doch ausgestoßen wurde sie, man verweigerte ihr die Herberge, sie musste im Stall übernachten und gebären.

[**J.**] So besehen war die Menschwerdung Christi ein laut tönender Paukenschlag mitten hinein in das Moralverständnis der damaligen Zeit: Christus als Kind einer vorehelichen Beziehung, von Gott zu seinem Sohn ausgewählt!

[**H.**] Genau das! Aber auch von heutiger Gültigkeit! Wie viele ledige schwangere Frauen sind in unserem Kulturkreis in den vergangenen Jahrhunderten von Männern, gerade auch von Männern der Kirche, aber auch von Frauen in gleicher Weise behandelt worden wie Maria von ihren Zeitgenossen, sind ausgestoßen worden, weil ihre Schwangerschaft den Moralvorstellungen dieser Männer oder Frauen nicht entsprachen, sind mit ihrem Kind in den Tod getrieben worden, weil sie in ihrer Not keinen anderen Ausweg mehr wussten?

[**J.**] Solcher Art Moralbegriffe, welche Hintergrund von psychischer und physischer Gewalt gegen ledige schwangere Frauen gewesen sind, haben nichts, aber auch wirklich nichts mit einer christlichen Lebenseinstellung gemeinsam!

[**H.**] Gut, dass Du dieses so betonst. Denn allein schon das Leiden der mit Christus schwangeren Maria weist auf die Fragwürdigkeit vieler unserer Moralvorstellungen hin.

[**J.**] Noch ein weiterer Gedanke! Wird durch die Schwangerschaft Marias nicht die Leiblichkeit der Frau gerade auch aus christlicher Sicht zu einem besonderen Gut – und alle Phasen der Liebe, von dem Kennenlernen über die körperliche Vereinigung bis hin zu Bereitschaft und Glück der Empfängnis, Schwangerschaft und Geburt zu einem besonderen, einem Gott-nahen Erleben, sowohl für den Mann als auch für die Frau – im Sinne des Alten wie auch des Neuen Testamentes?

[**H.**] Na ja, diesem Gott-nahen Erleben, wie Du es nennst, steht die Verpflichtung zum Zölibat bei Priestern und Nonnen entgegen. Gerade der Zölibat wird von der Amtskirche mit dem besonderen Bezug der Geweihten zu Gott und Christus begründet. Damit wird durchaus der Eindruck vermittelt, dass Zölibatäre etwas Besseres darstellen als Liebende, als Vater und Mutter.

[**J.**] Wir werden uns über den Zölibat sicherlich noch gesondert auseinandersetzen (siehe Kap. 4.5).

[**H.**] Das wird sicherlich auch abhängig sein von der jeweiligen Veranlagung. Nicht jeder Mann ist fähig, eine Frau zu lieben, nicht jeder kann oder will Vater oder Mutter werden, die Verantwortung für Kinder übernehmen. Entsprechend wird er argumentieren, allein schon aus Selbstschutz!

[**J.**] Lass uns über ein ganz anderes Thema sprechen! Was sagst Du zu den zwei bedeutenden Glaubenssätzen, welche die Kirche zu Maria erlassen hat? Der eine legt die »unbefleckte Empfängnis Marias« als Glaubensgut fest:

> »... Die Lehre, daß die allerseligste Jungfrau Maria im ersten Augenblick ihrer Empfängnis auf Grund einer besonderen Gnade und Auszeichnung von seiten des allmächtigen Gottes im Hinblick auf die Verdienste Jesu Christi, des Erlösers der ganzen Menschheit, von jedem Makel der Erbsünde bewahrt blieb, ist von Gott geoffenbart und muß deshalb von allen Gläubigen fest und unabänderlich geglaubt werden.«[45]

Der andere beinhaltet die Himmelfahrt Marias:

> »... Die unbefleckte, immerwährend jungfräuliche Gottesmutter Maria ist, nachdem sie ihren irdischen Lebenslauf vollendet hatte, mit Leib und Seele in die himmlische Herrlichkeit aufgenommen worden.«[46]

[**H.**] Diese Dogmen sprechen den irdischen Beginn und das irdische Ende Marias an und ergänzen die biografischen Angaben zu Maria, soweit sie aus den Evangelien bekannt sind. Beide Dogmen unterliegen in Sprache und Beiwerk dem jeweilig herrschenden Zeitgeist. Aber ihre beiden wesentlichen Inhalte sind als logische Folgerungen gedacht, formuliert aus dem Glauben an Maria als Mutter Christi, des Christus, welcher dem Glauben gemäß durch göttliche Fügung Gottes Sohn ist. Zwar scheinen die Belege für den Inhalt beider marianischen Dogmen im Neuen Testament äußerst dürftig zu sein,[47] aber das ist möglicherweise auch dem Zeitgeist der Evangelisten geschuldet.

[**J.**] Stellen die beiden marianischen Dogmen für Dich Glaubenshürden dar?

[**H.**] Wohl kaum, denn das, was mit den Dogmen ausgesagt werden soll, verdeutlicht bildhaft ihre besondere Rolle als

Mutter Christi. Nämlich, dass ihr Leben und Leiden vom Anfang bis zum Ende menschlich wie auch in besonderer, einmaliger Weise begnadet war und den mütterlichen Hintergrund zum Leben und Leiden des göttlichen Christus bot.

Mehr wage ich aus den Dogmen nicht herauszulesen, und dieses auch nur aus dem Glauben an Christus heraus, nicht im Sinne unseres Wissens. Denn die marianischen Dogmen fügen dem Geheimnis der Menschwerdung des Gottessohnes kein Mehr an Wissen zu, sondern sind weitere Umschreibungen von Geheimnissen betreffend seiner Mutter Maria, nicht mehr und auch nicht weniger.

[**J.**] Aber weil diese Dogmen Geheimnisse umschreiben, sind sie doch wichtig im Verständnis des Gesamtzusammenhanges der Menschwerdung Christi!

[**H.**] Du sprichst das wesentliche Problem an. Die marianischen Dogmen verdeutlichen aus meiner Sicht den menschlichen Drang, Geheimnisse lüften zu wollen. Wir wollen Fakten schaffen, wollen formulieren und festlegen, damit wir eine Basis haben, die logisch ist; denn alles andere, ein Geheimnis, welches wir mit unserem Verstand nicht erfassen, nicht durchdringen können, macht uns unsicher, fordert von uns das Eingeständnis unseres Unvermögens, macht uns klein. Und das kann quälend sein, auch für Theologen, auch für Päpste. So behelfen wir uns mit Umschreibungen. Doch auch diese Umschreibungen können das eigentliche Geheimnis nicht aufdecken, liefern keine Erklärungen, kein Mehr an Wissen. Die Ehrlichkeit gebietet es uns, dieses einzugestehen.

[**J.**] Die Dogmen enthalten doch klare Kernaussagen! Willst Du diese kleinreden?

[**H.**] Nein, auf keinen Fall. Aber ähnlich wie unser Glaube an Maria als Mutter des göttlichen Christus entspringen diese Kernaussagen der marianischen Dogmen nicht unserem Wissen. Sie vermehren auch nicht unser Wissen. Es sind Glaubenssätze auf der Grundlage der Aussagen der Evangelisten und der nachfolgend von Menschen getroffenen Schlussfolgerungen aus diesen Aussagen. Und diese Glaubenssätze, seien sie auch noch so wortreiche Beschreibungen, stellen letztlich nichts anderes dar als die Umschreibung von Geheimnissen, zu denen wir als Menschen trotz unserer Vernunft und Erkenntnisfähigkeit keinen anderen Zugang haben als nur durch unseren Glauben. Denn wir wissen nichts, weder über Gott, noch über unser Leben nach dem Tode, noch über den Himmel.

[**J.**] Deine Unterscheidung zwischen Wissen und Glauben hört sich ziemlich ernüchternd an.

[**H.**] Zugegeben, ja. Aber der Glauben kann weiterführender sein als das Wissen. Wir glauben an Gott, an ein Leben nach dem Tode, an das Jenseits. Doch dieses sind Geheimnisse und bleiben Geheimnisse, gleichgültig wie erfindungsreich, wie bescheiden oder wie anmaßend wir sie umschreiben. Wir Menschen sind halt nur Menschen, deren Wissen beschränkt ist und auf Erden beschränkt bleiben wird und die deswegen glauben müssen. Aber auch glauben dürfen!

[**J.**] Ich denke, dass Letzteres allen Verantwortlichen in der Kirche klar ist.

[**H.**] Ich habe Zweifel. Denn welche Unsicherheit bei der Verkündigung der marianischen Dogmen bestanden haben muss, wird aus den Texten heraus deutlich. Hier wird verkündet und befehligt, aber nicht eingeladen zu glauben. Zwar werden im jeweiligen Vorspann der Formulierungen der Glaubenssätze die Entstehungsgeschichten der Dogmen ausführlich erörtert und hierdurch eine Begründung angestrebt, aber eine Einladung für Zweifler ist dieses nun wahrlich nicht. Ganz im Gegenteil! Strafen werden gerade demjenigen angedroht, der zweifelt oder widerspricht:

> »... Keinem Menschen sei es also erlaubt, diese Unsere Erklärung, Verkündigung und Definition ungültig zu machen, ihr in verwegener Kühnheit entgegenzutreten oder sie zu bekämpfen! Sollte sich aber jemand unterfangen, es dennoch zu tun,

so möge er wissen, daß er den Zorn des Allmächtigen Gottes und der heiligen Apostel Petrus und Paulus auf sich herabruft.«[48]

[**J.**] Diese Art von Formulierung dürfte dem Zeitgeist geschuldet sein.

[**H.**] Dennoch frage ich mich, ob eine solche Vorgehensweise nicht im Gegensatz steht zu dem Auftrag Christi an Petrus, Menschenfischer [Lk 5,10] zu sein. Was wäre denn den Päpsten an der von ihnen auch im Text der Dogmen beanspruchten Autorität verlorengegangen, wenn sie die Zweifler gewürdigt und ihnen die Kirche als Zufluchtsort angeboten hätten, um dort ihre inneren Kämpfe zwischen dem Wissen um menschliche Begrenztheit, dem Wunsch zu glauben und der in den marianischen Dogmen gewählten Formulierungen von Geheimnissen auszutragen?

Die sprachliche Eindeutigkeit dieser Formulierungen zusammen mit den Strafandrohungen verstärken bei mir den Eindruck, dass der Anschein geweckt werden sollte, als seien die Geheimnisse, welche die Zeugung von Maria, ihren Tod und ihr Leben nach dem Tode betreffen, durch die Dogmen nunmehr kein Geheimnis mehr, sondern aufgeklärt.

[**J.**] Nochmals, ich glaube, wir sollten den Einfluss des Zeitgeistes gerade auch auf Päpste und Kardinäle nicht unterschätzen. Unbewusst übernehmen manche die Sprache ihrer Zeit, oder bekämpfen deren Strömungen, weil diese ihnen Angst machen und sind dadurch noch mehr dem Zeitgeist verhaftet. Nur wenige besitzen die Kraft, Kritikern und Zweiflern nicht feindselig gegenüberzutreten, sondern sie als wertvoll zu würdigen und sie einzuladen. Einer, der diese Stärke besaß, war vielleicht Papst Paul VI. Denn seine Empfangsrede anlässlich der Eröffnung des Zweiten Vatikanischen Konzils ist lesenswert:

»Von diesem römisch katholischen Zentrum aus ist niemand, von Prinzips wegen, uneinholbar; auf der Linie dieses Prinzips können und müssen alle erreicht werden. Für die katholische Kirche ist niemand fremd, niemand ausgeschlossen, niemand fern. Diesen Unseren universellen Gruß richten Wir auch an Euch, Menschen, die Ihr Uns nicht kennt; Menschen, die Ihr Uns nicht versteht; Menschen die Ihr Uns nicht für Euch nützlich, notwendig und freundlich glaubt; und auch an Euch, Menschen, die Ihr, für sich denkend so Gutes zu tun, Uns anfeindet! Ein aufrichtiger Gruß, ein besonderer Gruß, aber voll von Hoffnung; und heute, glaubt es, voller Wertschätzung und Liebe.«[49]

[**H.**] Was kann man sich als Gläubiger mehr wünschen, als dass diese Worte auch heute noch für alle innerhalb und außerhalb der Kirche gelten und Frucht tragen!

[**J.**] Sicher, das ist die eine Seite der Medaille! Doch bei allem Entgegenkommen gegenüber Zweiflern – es dürfte für jeden einsichtig sein, dass die Amtskirche, und hier an vorderster Front der Papst, Glaubenssätze vorgeben müssen, ansonsten würde der Glauben zerfransen und die Kirche sich selber aufgeben.

[**H.**] Andererseits, die Ehrlichkeit gegenüber den Gläubigen und die Bescheidenheit vor Gott gebietet es, Glaubenssätze nicht als unser Wissen darzustellen und einzugestehen, dass Glaubenssätze menschliche Formulierungen sind, deren Ziel die Vermittlung eines Geheimnisses, deren Schwäche jedoch unser Nichtwissen und unsere sprachliche Begrenztheit sind. Gerade deshalb haben wir die Pflicht, kritische und zweifelnde Mitglieder der Glaubensgemeinschaft einzuladen, die Kernaussagen der Glaubenssätze, besonders auch solche, welche erst etwa 2000 Jahre nach Christi Geburt verkündet wurden, zu verstehen und ihnen auch zu erlauben, diese Kernaussagen in ihre eigenen, für sie verständlicheren Worte zu kleiden.

[**J.**] Hast Du Zweifel, dass diese Verpflichtung nicht ausreichend von der Amtskirche wahrgenommen wird?

[**H.**] Ja, denn anders ist für mich die derzeitige Lage der Kirche nicht erklärbar.

Aber nochmals zurück zu Maria! Dass die Evangelisten und die Christen der Urgemeinde Maria als Mutter Christi gewürdigt haben, gerade auch entgegen dem damals herrschenden Zeitgeist, zeigt, dass die Urchristen dieses besondere Zeichen verstanden haben: Christus wurde nicht geboren durch eine Frau der anerkannten Gesellschaft, sondern von einer schlichten Frau, die in einmaliger Weise Gottes Gnade empfangen hat, welche aber gerade wegen ihrer unehelichen, das Moralempfinden ihrer Zeitgenossen zutiefst verletzenden Schwangerschaft von der Gesellschaft ausgestoßen wurde. Genau diese besondere Würdigung Marias durch die Urchristen zeigt deren besondere Stärke, zeigt deren Neuanfang in der Würdigung der Frau als Mutter, zeigt deren Kraft, sich unabhängig machen zu können von gesellschaftlichen Zwängen und althergebrachten Moralbegriffen. Ich halte das für großartig und beispielgebend, gerade auch für die Kirche von heute!

## 3.5 Das Opfer Christi

[**J.**]  Welche Rolle spielt für Dich das Opfern?

[**H.**] Das ist abhängig davon, was unter dem Begriff ›Opfern‹ verstanden wird! Wenn »Opfern« die Aufforderung beinhaltet, Ansprüche von vermeintlichen Göttern oder von Menschen selbstlos zu erfüllen, kommen mir solche Aufforderungen verdächtig vor! Nicht nur, weil unendlich viel Missbrauch damit getrieben worden ist, sondern auch aus anderen Erwägungen. Was wurde nicht alles geopfert: Tiere, Zeit, Geld, Arbeit, Eigentum, Liebe und Partnerschaft, nicht selten sogar das Leben! Mit der Verherrlichung des Sich-Aufopferns sind zahllose Menschen in den Tod getrieben worden – häufig nur, um mit dieser Opferbereitschaft die religiösen Wahnvorstellungen, Ideologien, Machtgelüste, Geldgier oder auch Faulheit der Opfererheischenden zu befriedigen. Beispielsweise in den zahlreichen Kriegen der Vergangenheit; jetzt aktuell, im Atomkraftwerk Fukushima! Arbeiter und Techniker opfern sich auf, zu retten was noch zu retten ist und erleiden dabei eine schwerstens schädigende Strahlendosis. Für wen opfern die sich auf? Nur für ihre unschuldigen Mitmenschen? Oder auch für die Fehlentscheidungen, für die Nachlässigkeiten, für die Gewinngier der Betreiber dieser Atomkraftwerke? Was wäre, wenn die Personen, welche die Schäden durch ihre Entscheidungen im Vorfeld des Erdbebens und des Tsunami verursacht haben, wenn diese Personen sich nicht durch die Suche nach »Opferwilligen« ihrer Verantwortung entledigen könnten, sondern die Suppe, die sie sich eingebrockt haben, auch persönlich auslöffeln müssten, beispielsweise, indem sie sich selbst »aufopfern« mit Tätigkeiten vor Ort? Sähe dann manche Entscheidung der Betreiber nicht ganz anders aus?

[**J.**] Ich muss Dir Recht geben. Der Begriff ›Opfern‹ besitzt eine zweischneidige Bedeutung. Dennoch ist das Sich-Aufopfern für jemanden anderen zu würdigen!

[**H.**] Ich sehe hier nicht nur einen Missbrauch, sondern auch eine Verwirrung der Begriffe ›Opfern‹ und ›Verzichten‹. Ich opfere einer Göttlichkeit, aber ich verzichte zugunsten eines anderen Menschen.

[**J.**] Opfergaben sind doch auch in unserer Kirche nichts Fremdes!

[**H.**] Ich weiß. Aber jeglicher Verherrlichung menschlichen Opferns halte ich entgegen: Die Tatsache, dass mir mein Leben, meine Begabungen, mein Geschlecht geschenkt wurden, verpflichtet mich, verantwortlich mit meinem Leben, mit meiner Veranlagung, mit meiner Zeit umzugehen. Mein Leben aufzuopfern ist für mich eine Art von Flucht aus dieser Verantwortung.

Gleiches gilt für die Gaben dieser Erde. Sie sind dem Gläubigen Geschenke des Schöpfers. Sie dem Schöpfer zurückzuschenken, sie ihm zu opfern, halte ich für unsinnig. Im menschlichen Bereich wäre die Verweigerung solcherart Geschenke Dummheit, Undank, würde verletzen, trennen. Welche Auswirkungen hat solch ein Verhalten in der Beziehung zwischen Gott und den Menschen? Hier kann man nur auf die Barmherzigkeit Gottes hoffen.

[**J.**]  Du lehnst also menschliche Opfergaben ab?

[**H.**] Ja, eindeutig! Doch meine Meinung ist geprägt von meinem Gottesverständnis, von Gott als Schöpfer dieser Erde, als Schöpfer des Menschen, als Gottvater im Sinne des Gebetes »Vaterunser«, als Gott-Sohn, eins mit dem Gottvater, welcher Mensch geworden ist und sich für die Menschen im Kreuzestod geopfert hat. Wohlgemerkt, hier hat sich Gottes Sohn in Wesenseinheit mit Gottvater für uns Menschen geopfert. Wollen wir als kleine Menschen diesem göttlichen Opfer unsere Dankbarkeit entziehen durch die Ablehnung der Geschenke Gottes, das heißt der Opferung unseres eigenen Lebens oder der Früchte der Erde? Das ist für mich nicht nachvollziehbar!

So habe ich auch ein differenziertes Verhältnis zum Martyrium: es ist anerkennenswert, ja bewundernswert, wenn ein Mensch seine Überzeugungen im Glauben an Gott, an Christus, an die Menschenrechte, an den Frieden trotz Androhung von Gewalt nicht verleugnet, auch dann nicht, wenn diese Gewalt bis hin zu seinem Tode führt. Hier hat der Menschensohn Christus Vorbildfunktion.

Unverständnis bis hin zur entschiedenen Ablehnung hege ich, wenn das Martyrium der Eigenliebe, der Selbstquälerei, dem Masochismus, der Befriedigung von religiösen oder ideologischen Wahnvorstellungen, der Erfüllung von traditionellen und rituellen Gewohnheiten oder den Machtgelüsten dient. So halte ich die Selbstgeißelung für vollkommen unchristlich; auch den Zölibat, wenn vom jeweiligen Menschen gefordert wird, Gottes Geschenk, eine Frau lieben und Kinder zeugen zu können, abzulehnen und diese Ablehnung nicht seiner Veranlagung entspricht, sondern für ihn eine Quälerei darstellt, von manchen auch als »unblutiges Martyrium« bezeichnet. Wer solch ein Martyrium fordert, widerspricht Gottes Schöpferwillen, hat meiner Meinung nach vom christlichen Martyrium wenig verstanden. Der Begriff ›Martyrium‹ pervertiert zum wahngetriebenen Verbrechen, wenn die Selbstbefriedigung sich nicht auf die Selbstzerstörung beschränkt, sondern zum Ziel hat, das Leben anderer in die eigene Zerstörung hineinzuziehen, zu vernichten.

[**J.**] Opfergaben des Menschen an eine von ihm gefürchtete wie immer beschriebene Gottheit gibt es doch seit den Urzeiten; Pflanzenopfer, Tieropfer, Menschenopfer, dargebracht in der Hoffnung, hierdurch diese Furcht einflößende Gottheit zu versöhnen mit den Menschen.

[**H.**] Doch diese mit dem Opfer zu besänftigende Gottheit entspricht nicht meinem christlichen Verständnis von Gott. Der christliche Gott hat dem Menschen nicht nur das Leben, seine Begabungen, sein Geschlecht, die Erde mit ihrer Natur und die 10 Gebote als Lebensregeln geschenkt, sondern auch seine Liebe, ausgedrückt in seinem Sohn und dessen Menschwerdung und Martyrium am Kreuze. Christus erlitt als Mensch diesen Tod für sein Bekenntnis, der »Messias« zu sein, als Gottessohn starb er für uns Menschen.

[**J.**] Sollen wir nicht Christus nachfolgen, auch in dem Sich-Aufopfern?

[**H.**] Christus ist nicht gestorben, damit wir unser Leben vernichten oder unsere Welt verleugnen, indem wir das Martyrium suchen, um ihm nachzufolgen, sondern er ist gestorben, um uns von unserer Schuld zu erlösen!

[**J.**] Aber die Nachfolge Christi wird doch als wesentliches Ziel christlichen Lebens gepriesen!

[**H.**] Nachfolge Christi heißt für mich, das Opfer Christi für unser menschliches Leben zu verinnerlichen. Zu diesem Leben gehört, dass es jeden Menschen, auch Päpste und Bischöfe, schuldig werden lässt. Zwar bieten uns die

10 Gebote die sicherste Leitschnur für unser Leben. Aber in unserem Leben sind wir nicht nur mit Entscheidungen zwischen »Gut« und »Böse« konfrontiert, sondern haben auch zu wählen zwischen weniger Gut und mehr Gut, zwischen weniger Böse und mehr Böse, sogar auch zwischen gleich Bösem. Gerade im Dilemma zwischen Böse und Böse werden wir schuldig, gleich wie wir uns entscheiden. Und genau hier, bei den Sünden, zu welchen das Leben uns praktisch zwingt oder auch verführt, genau hier greift das Opfer Christi, das Opfer des Gottessohnes für uns Menschen, für die Sünden der Menschen. Im Glauben an dieses Opfer können wir für unsere Sünden um Vergebung bitten, nicht nur für Sünden, geschehen im Dilemma, sondern auch für Sünden, die wir tun, ohne von den Lebensumständen hierzu gezwungen worden zu sein.

[**J.**] Dieses überwältigende Geschenk der Gottesliebe dürfte wohl jedem Christen bekannt sein. Aber auch die Bitte im Gebet Christi an Gottvater: »Vergib uns unsere Schuld, wie auch wir vergeben unseren Schuldigern.« Diese Bitte um Vergebung, gerichtet an Gott, und die Barmherzigkeit Gottes, personifiziert durch den Kreuzestod Christi, soll Leitlinie sein für unser Verzeihen, für unsere Barmherzigkeit gegenüber unseren Mitmenschen.

[**H.**] Genau so! Wie unsinnig erscheinen aus diesem Verständnis heraus dann noch Opfergaben! Für wen? Für was? Warum? Als Menschen können wir die Liebe Gottes nicht anders erwidern als nur durch Dankbarkeit, dankbar, indem wir all seine Geschenke, unser Leben, unsere Liebesfähigkeit, unsere Begabungen, die Mitmenschen und die Schätze der Erde bewusst annehmen und mit diesen Geschenken, mit dem Leben unserer Mitmenschen, mit der belebten und unbelebten Natur so verantwortungsvoll umgehen, wie es uns eben nur möglich ist.

[**J.**] Opfergaben an Gott stehen für Dich also im Widerspruch zum Christentum?

[**H.**] Ja, eindeutig! Doch Opfergaben dürfen nicht verwechselt werden mit Verzicht. Ich verzichte, um zu schenken. Ich verzichte, um zu gewinnen. Durch Verzicht kann ich Unterschiede ausgleichen, befrieden, Freude auslösen. Durch Verzicht gewinne ich Freiräume für diejenigen Aufgaben und Ziele, die mir wichtig erscheinen, für Menschen, die ich liebe, für den Genuss an Dingen, die mir besondere Freude bereiten und nicht zuletzt für das Wohlergehen der menschlichen Gemeinschaft. So ist der Verzicht auf viele Partner zugunsten eines besonders geliebten Partners für das Leben ein unbeschreiblicher Gewinn, kein Opfer, sondern eine durch Gefühl, Liebe und Vernunft gesteuerte Entscheidung für das Glück.

Für Menschen, denen die Liebesfähigkeit nicht in die Wiege gelegt worden ist, kann der Verzicht auf Ersatzhandlungen durchaus ein Gewinn sein für ihre Arbeit und ihre Arbeit einen Gewinn darstellen für die menschliche Gemeinschaft. Man verzichtet auf einen Teil seines Geldes, seines Eigentums, seiner Zeit, seiner Arbeit zugunsten Notleidender, eines Projektes, einer Gruppe Gleichgesinnter, einer Religionsgemeinschaft, eines Staates. Man spendet und stiftet. Und dieses mit Gewinn für sich selbst und für die Mitmenschen, für ein wertvolleres Leben.

Der derzeitige Drang zum »Age of less« verdeutlicht diesen Wunsch. Alles dieses sind keine Opfer, sondern vernunft- oder sinngesteuerte Handlungen, die Verzicht zum Inhalt haben, um alleine oder in Gemeinschaft zu gewinnen. Ein Opfer ist etwas anderes, ist der Versuch des Menschen, seine Götter oder Götzen wohlzustimmen. Das bleibt uns Christen durch Christus erspart. Denn das einzige und für uns Christen entscheidende Opfer hat Gottvater mit seinem Sohn, hat der Gottessohn aus Liebe zu uns Menschen vollbracht.

[**J.**] Ich kann Deinen Argumenten nichts Wesentliches entgegnen. Der Kreuzestod Christi hat sicherlich einen Paradigmenwechsel in Hinblick auf das Opfern herbeigeführt, aber auch dem Symbol des Kreuzes eine andere, eine zusätzliche Bedeutung gegeben. War das Kreuz bekannt

- in vorchristlicher Zeit als Symbol für den Bezug zwischen irdischem und göttlichem Leben;
- in Asien als Radkreuz wie auch als Hakenkreuz, welche Licht, Sonne, den Ablauf des Jahres und des Lebens darstellen;
- als Schleifenkreuz der ägyptischen Hieroglyphe ›Anch‹, ein Zeichen für das ewige Leben der Pharaonen (von den koptischen Christen als ihr Kreuzeszeichen übernommen);
- als keltisches Sonnenrad mit dem Kreuz des keltischen Gottes Taranis, der Gott des Himmels und des Donners;
- als Kreuz der vier edlen Wahrheiten der Buddhisten,

so stellt das Kreuz der Christen, ein Marterinstrument für Christus, für den Menschensohn dar. Die »Todesstrafe für einen, der sich aus Sicht der Römer Macht aneignen wollte. Das sagt auch der Titel über dem Kreuz aus ›Jesus von Nazareth, König der Juden‹.«[50] Welch ein Unterschied, aber auch, welch eine Verwandtschaft in der Bedeutung der Kreuze: über das Kreuz zum überirdischen Leben!

[**H.**] Aber es gab auch das Kreuz der Inquisition, der Kreuzfahrer, der Conquistadores, das Kreuz der Taiping-Bewegung in China, das Hakenkreuz der Nazis in Deutschland und Europa. Das Kreuzeszeichen wurde missbraucht, wurde zum Symbol für den Massenmord, auch das Kreuz Christi.

## 3.6 Die Hoffnung auf Ewigkeit

[**H.**] Wäre es gut, ewig zu leben? Nicht altern zu können, nicht altern zu müssen?

[**J.**] Ich glaube nein! Auf Erden ist nur das Begrenzte wertvoll!

[**H.**] Aber wer kennt nicht die Angst vor dem Alter? Wer kennt nicht Menschen, die sich an ihre Jugend klammern, mit

80 Jahren sich als 50-Jährige wähnen, sich schminkend maskieren, verstecken, sich selbst betrügen müssen? Eine Verleugnung des Heute, eine Flucht vor dem Morgen, die Angst vor dem Ende?

[**J.**] Sei nicht überheblich! Jeder Jüngere möchte älter sein, jeder Ältere jünger. Das halte ich für natürlich.

[**H.**] Welche Wahl haben wir denn? Entweder sind wir dem Altern gnadenlos ausgesetzt oder wir sterben vorzeitig, mit oder ohne Hand an uns zu legen!

[**J.**] Uns belastet doch nicht eine vermeintliche Wahl, sondern vielmehr das Wissen, mit zunehmendem Alter verzichten zu müssen. Und dieser erzwungene Verzicht ist bei Lichte besehen doch nichts anderes als das Vorspiel des Sterbens!

[**H.**] Und dieses Wissen erzeugt Angst – und diese Angst vor der Zukunft kann es schwierig machen, die Gegenwart zu genießen.

[**J.**] Wir haben jedoch auch die Möglichkeit, die Todeserwartung anzunehmen, den Genuss des Lebens unmittelbar zu verbinden mit dem Wissen um seine Endlichkeit!

[**H.**] Das stimmt. Wie häufig lernen erst todkranke Menschen, bewusst mit der Zeit ihres Lebens umzugehen! Das Sterben vor Augen fällt häufig der Satz: »In Kenntnis meiner Erkrankung gehörten die letzten Jahre zur schönsten Zeit meines Lebens!«

[**J.**] Kostbar ist nur das begrenzt Verfügbare. Durch die Begrenztheit gewinnt es an Wert, wird wertvoll!

[**H.**] Es gibt auch eine andere Sichtweise. Steve Jobs, der überdurchschnittlich erfolgreiche Mitbegründer von Apple soll sinngemäß gesagt haben, das Beste, was das Leben hervorgebracht hat, ist der Tod. Er macht neuem Leben, neuen Entwicklungen Platz.

[**J.**] Auch diesen Gedanken halte ich für richtig.

[**H.**] Wie soll dann die Auferstehung und die Himmelfahrt verstanden werden? Als Widerspruch zur endgültigen Vernichtung jeden Menschenlebens durch den Tod? Als Ausweg aus der Todesangst? Und für jeden möglich? Ein Weg der Massen? Oder doch einmalig für jeden und dadurch wertvoll?

[**J.**] Beides! Mit Christus als Wegbereiter, mit den Bildern der Ostergeschichte! Verführerisch, angesichts des eigenen Lebens und der Todesangst, und auch einprägsam!

[**H.**] Aber auch wahr?

[**J.**] Kein Mensch weiß es, aber wir können glauben, der Ostergeschichte einen Sinn entnehmen, jeder für sich, für das eigene Leben. Denn sicher ist, dass ein jeder seinen eigenen Tod sterben muss! Das ist Naturgesetz! Man nimmt mit zunehmender Alterung, durch Krankheit, entweder langsam oder auch plötzlich Abschied von dieser Welt, mit seinem Körper, seiner Seele, seinem Verstand – ein ganz persönliches Erleben. So ist für jeden der Tod ein einmaliges Ereignis und damit so wertvoll wie die Zeugung, die Geburt, wie das eigene Leben!

[**H.**] Und danach?

[**J.**] Auch hier wissen wir nur, dass wir nichts wissen. Uns ist aber bewusst, dass jeder für sich selber glauben muss, was danach folgt; er kann glauben entweder an ein Nichts, an ein ewiges Erlöschen, an ein Weiterleben nur in der Erinnerung der Hinterbliebenen, an eine persönliche Wiedergeburt auf Erden oder an das Weiterleben seines Innersten, seiner Seele.

[**H.**] Auferstehung und Himmelfahrt? Sind das die Bilder, mit denen die Evangelisten versuchten, das Weiterleben dieses Innersten von Christus, geborgen in seiner Göttlichkeit zu beschreiben? Die Rückkehr des Menschensohns in die Unendlichkeit und Allmächtigkeit der Dreifaltigkeit? Damit wir Zuversicht gewinnen, dass auch bei uns unser Innerstes und damit genau das weiterleben wird, was unseren irdischen Körper zu einer einzigartigen Person macht?

[**J.**] Was sonst sollte durch die Erzählung der Auferstehung und das Bild der Himmelfahrt ausgesagt werden!

[**H.**] Wie unbeschreiblich einzigartig müsste dann unser Leben auch nach dem irdischen Tode sein!

[**J.**] Bereits hier auf Erden erfahren wir, dass unser Geist, unsere Vorstellungen sich nicht an Raum und Zeit fesseln lassen. »Die Gedanken sind frei.«

[**H.**] Vielleicht ist das die Vorerfahrung einer nach dem Tode nicht mehr durch den Körper beschränkten Unabhängigkeit unseres Ichs.

[**J.**] Durchaus! Eine Lebendigkeit, welche jedem von uns die Möglichkeiten bietet zur unbeschränkten Nähe und Gemeinschaft mit denjenigen, die wir auf Erden lieben, aber auch mit Gott in seiner Dreifaltigkeit, mit meinem Schöpfer, mit demjenigen, der für meine menschliche Unzulänglichkeit und Fehlerhaftigkeit auf Erden gestorben ist, mit demjenigen, der meinem geistigen Leben, meinem Verstand durch das Geschenk der Einsicht Richtung und Weisheit verliehen hat!

[**H.**] Demnach könnte das Streben nach einer diesseitigen, irdischen Gemeinschaft mit Gott gleichsam das Einüben sein der erhofften, dauerhaften Gemeinschaft mit Gott in der jenseitigen, der kommenden Welt?

[**J.**] Die »Auferstehung der Toten« umschreibt diesen Schritt in die Dauerhaftigkeit, in das ewige Leben. Es ist eine Gemeinschaft, von der wir als Menschen rein gar nichts wissen, durch unsere irdische Begrenztheit auch nichts wissen können, von der wir aber durch Christus glauben dürfen, dass er sie erreicht hat, dass er uns vorangegangen ist, nach seinem Kreuzestod, mit seiner bildhaft geschilderten Himmel-fahrt.

[**H.**] Diese Vorstellung liegt jenseits jeglichen naturwissenschaftlich-medizinischen Wissens um unsere körperliche Begrenztheit und Vergänglichkeit.

[**J.**] Doch gerade diese Vergänglichkeit erscheint mir als eine wesentliche Voraussetzung für das Jenseits! Denn auch auf Erden streben wir nicht mit Haut und Knochen, sondern mit unserem Inneren nach einer dauerhaften, nach einer ewigen Gemeinschaft.

[**H.**] Das stimmt! Durch die Erfahrung der Vergänglichkeit entsteht die Sehnsucht nach Dauerhaftigkeit, nach Ewigkeit. Wie häufig berührt dieser Drang zur Ewigkeit Liebende gerade in den Augenblicken ihres höchsten gemeinsamen Glückes! Wie belastend kann die Angst vor Trennung sein! Dieses Liebesglück und diese Trennungsangst erleben wir, erleiden wir mit unserem Inneren. Wie sehr hoffen wir auf die Dauerhaftigkeit dieser Liebe, ganz ohne Ängste!

[**J.**] Der Glaube an ein Leben nach dem Tode gibt die Hoffnung, dass auch nach dem Zerfall unseres irdischen Körpers wir dauerhaft in einer Gemeinsamkeit mit denen sein können, welche wir lieben, dass wir mit Gott und bei Gott sein können!

[**H.**] Fantastisch, solch eine Vorstellung, solch ein Glaube!

# 4. Kirche als Gemeinschaft

## 4.1 Warum die Kirchenspaltungen?

[**J.**] Der Auftrag Christi gemäß dem Matthäusevangelium heißt:

> »Ich aber sage dir: Du bist Petrus, und auf diesen Felsen werde ich meine Kirche bauen, und die Mächte der Unterwelt werden sie nicht überwältigen. Ich werde dir die Schlüssel des Himmelreichs geben; was du auf Erden binden wirst, das wird auch im Himmel gebunden sein, und was du auf Erden lösen wirst, das wird auch im Himmel gelöst sein.« [Mt 16,18–19]

[**H.**] Siehst Du damit die Organisation »Kirche« und ihre hierarchische Struktur begründet?

[**J.**] Wer diesen Auftrag Christi ernst nimmt, sollte keine Schwierigkeiten haben mit dem Bekenntnis: »Ich glaube an die eine, heilige, katholische und apostolische Kirche.«

Was wir heute als Kirche erleben, ist das Ergebnis der Erfüllung dieses Auftrags über 2000 Jahre hinweg. Allein die katholische Kirche stellt heute mit etwa 1,2 Milliarden Mitgliedern die größte religiöse Vereinigung auf unserer Erde dar. Unter dem Primat des Bischofs von Rom umfasst sie 23 Teilkirchen mit eigenem Ritus, darunter die römisch-katholische Kirche und die mit der katholischen Kirche wiedervereinigten (unierten) orthodoxen Kirchen. Zumindest was diese Zahlen angeht, ist der Auftrag Christi bis heute erfolgreich ausgeführt worden. Eine erstaunliche, bewundernswerte, eine unvergleichliche Leistung!

[**H.**] Das ist sicherlich unbestreitbar. Aber angesichts der Hochs und Tiefs dieser Kirche habe ich Schwierigkeiten, sie als heilig zu betrachten, in ihrer Entwicklung die Handschrift Gottes zu sehen.

[**J.**] Warum eigentlich? Wenn man glaubt, dass Gott über seinen Sohn diese Kirche gegründet hat, in Nachfolge zum »Bundesvolk« der Israeliten, mit der Berufung der Apostel und mit den vier Evangelien, in denen die Evangelisten Zeugnis geben von der Botschaft des Gottessohnes und des Menschen Jesus Christus, warum sollte das Schicksal dieser Kirche über die Jahrhunderte hinweg nicht auch von Gott beeinflusst worden sein?

[**H.**] Aber die Kirchengeschichte lehrt auch (siehe Kap. 5.2), dass über Jahrhunderte hinweg weniger die Evangelien als vielmehr die Machtgier Maßstab für die Handlungsweisen der Verantwortlichen in der Kirche gewesen sind.

[**J.**] Das ist zwar tief zu bedauern und sollte auch heute eine eindeutige Lehre für die Amtskirche sein, erscheint mir aber nachrangig zu der eigentlichen Aufgabe der Kirche. Ihr ist die Botschaft Christi in den Evangelien anvertraut, gleichsam als Grundkapital, welches es zu bewahren und zu vermehren gilt. Und das hat sie doch nicht schlecht gemacht!

[**H.**] Wenn unter Vermehren nicht nur der Machtzuwachs, d.h. die Anzahl der Gläubigen und der politische und wirtschaftliche Einfluss verstanden wird, sondern auch die Nachfolge Christi, dann habe ich Zweifel.

[**J.**] Was verstehst Du in diesem Zusammenhang unter Nachfolge Christi?

[**H.**] Die Verwendung der Evangelien als Orientierungshilfe für die Beziehung zu Gott und Christus wie auch als Maßstab für die alltäglich sich aufdrängenden Entscheidungen. Hier habe ich Zweifel, ob die Amtskirche so erfolgreich gewesen ist, wie man auf Grund ihrer Größe annehmen könnte.

[**J.**] Ich finde, Deine Zweifel berühren die einmal weniger, einmal mehr fragwürdigen Entscheidungen der Amtsträger in den vergangenen Jahrhunderten. Aber diese Entscheidungen sind doch zu trennen von der Substanz der Kirche.

[**H.**] Wenn ich das Selbstverständnis der Amtsträger richtig verstehe, dürften diese Deine Bemerkung nicht gerne hören.

[**J.**] Warum eigentlich? Die Kirche wurde gegründet durch Christus und trägt nach dem Glaubensbekenntnis [Gotteslob Nr. 356] und seit der Konzilien von Nicäa (325) und Konstantinopel (381) folgende eindeutige Merkmale:

– sie ist einig, weil Christus nicht nur seinen Vater darum gebeten, sondern diese Einigkeit auch all denen, die an ihn glauben, aufgetragen hat: »Aber ich bitte nicht nur für diese hier, sondern auch für alle, die durch ihr Wort an mich glauben. Alle sollen eins sein: Wie du, Vater, in mir bist und ich in dir bin, sollen auch sie in uns sein, damit die Welt glaubt, dass du mich gesandt hast. Und ich habe ihnen die Herrlichkeit gegeben, die du mir gegeben hast; denn sie sollen eins sein, wie wir eins sind, ich in ihnen und du in mir. So sollen sie vollendet sein in der Einheit, damit die Welt erkennt, dass du mich gesandt hast und die Meinen ebenso geliebt hast wie mich.« [Joh 17,20–23];

– sie ist heilig, nicht wegen der zahlreichen Päpste, Bischöfe, Ordensleute, Mütter, Väter und Kinder, welche an Christus geglaubt und die mal mehr, mal weniger seine Botschaft gewahrt und befolgt haben, sondern weil diese Kirche eins ist mit Christus, »... wie wir eins sind, ich [Christus]in ihnen [die Kirche] und Du [Gottvater] in mir« [Joh 17,21–22], weil die Kirche somit den »Leib Christi« [Paulus, 1Kor 12] verkörpert, »... so wie da, wo Jesus Christus ist, auch die katholische Kirche ist«[51];

– sie ist katholisch, weil Christus diese Kirche für alle Menschen gegründet hat: » ... Mir ist alle Macht gegeben im Himmel und auf der Erde. Darum geht zu allen Völkern, und macht alle Menschen zu meinen Jüngern; tauft sie auf den Namen des Vaters und des Sohnes und des Heiligen Geistes und lehrt sie, alles zu befolgen, was ich euch geboten habe. Seid gewiss: Ich bin bei euch alle Tage bis zum Ende der Welt.« [Mt 28,18–20]; und weil Christus in jeder Form von Kirche zugegen ist: »Weiter sage ich euch: Alles was zwei von euch auf Erden gemeinsam erbitten, werden sie von meinem himmlischen Vater erhalten. Denn wo zwei oder drei in meinem Namen versammelt sind, da bin ich mitten unter ihnen.« [Mt 18,19–20];

- sie ist apostolisch, weil das personelle Fundament dieser Kirche die Apostel waren, denen Christus den Auftrag gegeben hat: »... Geht hinaus in die ganze Welt, und verkündet das Evangelium allen Geschöpfen!« [Mk 16,15]

Somit ist der Name »eine heilige, katholische und apostolische Kirche« nicht nur die äußere Anschrift, sondern auch das durch die Evangelien festgelegte Programm dieser Kirche Christi.

[**H.**] Willst Du damit den sogenannten mystischen Leib der Kirche umschreiben?

[**J.**] Nur andeuten. Aus meiner Sicht wirklich gut beschrieben wurde diese mystische Dimension der Kirche in der Dogmatischen Konstitution »Lumen Gentium« des Zweiten Vatikanischen Konzils:

> »1.1 Die Kirche ist ja in Christus gleichsam das Sakrament, das heißt Zeichen und Werkzeug für die innigste Vereinigung mit Gott wie für die Einheit der ganzen Menschheit.«

Und weiter:

> »1.3 ... Der Geist wohnt in der Kirche und in den Herzen der Gläubigen wie in einem Tempel [vgl. 1Kor 3,16; 6,19], in ihnen betet er und bezeugt ihre Annahme an Sohnes statt [vgl. Gal 4,6; Röm 8,15–16.26]. Er führt die Kirche in alle Wahrheit ein [vgl. Joh 16,13], eint sie in Gemeinschaft und Dienstleistung, bereitet und lenkt sie durch die verschiedenen hierarchischen und charismatischen Gaben und schmückt sie mit seinen Früchten [vgl. Eph 4,11–12; 1Kor 12,4; Gal 5,22]. Durch die Kraft des Evangeliums läßt er die Kirche allezeit sich verjüngen, erneut sie immerfort und geleitet sie zur vollkomme-

nen Vereinigung mit ihrem Bräutigam. Denn der Geist und die Braut sagen zum Herrn Jesus: ›Komm‹ (vgl. Offb 22,17). So erscheint die ganze Kirche als ›das von der Einheit des Vaters und des Sohnes und des Heiligen Geistes her geeinte Volk‹«.[52]

[**H.**] Nochmals, es ist für mich nicht glaubwürdig, die Amtsträger mit ihren guten wie auch fehlerhaften Entscheidungen zu trennen von der übrigen Kirche. Beides muss als Einheit betrachtet werden. Und als solche erscheint mir die Frage notwendig und berechtigt, ob die Kirche die Weisungen Christi umgesetzt, ihre mystische Dimension in der Welt ausreichend verdeutlicht hat! »An ihren Früchten sollt ihr sie erkennen.« [Mt 7,16] Wenn man diesen Maßstab anwendet, muss man doch zweifeln! Allein schon wegen der Kreuzzüge, der Inquisition, der Ermordung von Andersdenkenden.

Über Jahrhunderte hinweg waren weniger die 10 Gebote und die frohe Botschaft Christi vorherrschend, als vielmehr das Streben nach Macht, Geld und die Eitelkeit treibender Kräfte für das Überleben der Kirche maßgeblich gewesen. Sicher, wer weiß, ob die Kirche im machtpolitischen Wettbewerb mit Patriarchen, Kaisern, Königen, Fürsten und dem Islam ohne Gewaltausübung überlebt hätte. Dennoch, aus heutiger Sicht wurden vermeintliche Bedrohungen von innen und außen allzu häufig nur als Vorwand benutzt, um sich nicht mit kritischen Einwänden, berechtigten Anklagen und weiterführenden Reformvorschlägen auseinandersetzen zu müssen, um die eigenen Machtstrukturen, das eigene Vermögen zu festigen und zu vermehren. Und so wurden unter dem Zeichen des Kreuzes Kreuzzüge gegen Andersgläubige wie auch gegen die orthodoxen Christen geführt, Kritiker als Ketzer und Hexen verbrannt und Heiden mit Waffengewalt missioniert (siehe Kap. 5.2).

[**J.**] Diesem dunklen, verbrecherischen Teil der Geschichte unserer Kirche stehen aber ihre vielen großen theologischen und philosophischen Köpfe der damaligen Zeit entgegen!

## 4. Kirche als Gemeinschaft

[**H.**] Was hat es geholfen? Der Preis für diese unermessliche Schuld der Kirche waren die Kirchenspaltungen. Von denen gibt es eine stattliche Anzahl, beginnend mit dem morgenländischen Schisma im Jahre 1054. Aus machtpolitischen Gründen spaltete sich die christliche Kirche in die römisch-katholische Kirche und die griechisch-orthodoxe Kirche auf. Diese Spaltung ist bis heute erhalten geblieben, ohne dass für Außenstehende die Gründe hierfür einsichtig wären.

[**J.**] Aber ist es nicht erstaunlich, dass das Glaubensgut dieser beider Kirchen trotz der fast ein Jahrtausend dauernden Trennung immer noch weitgehend einheitlich ist? Kann man darin nicht die überzeugende Kraft der Evangelien sehen?

[**H.**] Durchaus! Doch es blieb nicht bei dieser einen Trennung. Machtkämpfe innerhalb der Kurie der römisch-katholischen Kirche ergaben das abendländische Schisma (1378–1417) mit den zahlreichen Gegenpäpsten, welches erst mit dem Konzil von Konstanz (1417) zumindest formal beendet wurde.

[**J.**] Das ist immerhin eine schlussendlich gute Entwicklung gemäß der Weisung und dem Wunsche Christi!

[**H.**] Aber in diesen Jahrhunderten zeigte die katholische Kirche alle Anzeichen einer extremen Verwahrlosung. Denk an das so fragwürdige Tun der Päpste wie Innozenz IV., Nikolaus III., Klemens V., Klemens VI., Bonifaz VIII., Kalixtus III., Sixtus IV., Innozenz VIII., Alexander VI., Leo X., Klemens VII., Paul III., Julius III., Pius IV., Gregor XIII., Klemens VIII. und so weiter! Du kannst die Einzelheiten der Biografien von diesen und weiteren fragwürden Päpsten in jeder Kirchengeschichte nachlesen.[53] Beherrschend für diese Päpste war

- die Gier nach Selbstbereicherung durch Ausbeutung der Gläubigen;
- das eigene zügellose Leben;
- die Begünstigung der eigenen Kinder, Verwandten und Freunde für besonders lukrative kirchliche Ämter;
- die Korruption, welche vor dem Verkauf kirchlicher Ämter nicht Halt machte;

– der Verkauf von religiösen Werten und Diensten, wie von Ablassbriefen zur Verkürzung des Fegefeuers, von Seelenmessen, Wallfahrten, Prozessionen, von Reliquien.

Diese Verwahrlosung führte zu den Bewegungen der Erneuerung – zuerst im Inneren aus der Kirche heraus und für die Kirche, und dann, als die Amtsträger diese Reformationsbewegung mit aller Macht zu ersticken versuchten, gegen die Amtskirche und mit der Gründung von christlichen reformierten Konfessionen,

– beginnend mit dem Theologen John Wycliff (ca. 1330–1384) in England;

– dem Theologen Jan Hus (ca. 1369–1415) und den nach ihm benannten Hussiten in Prag;

– dem Augustinermönch Martin Luther (1483–1546) und der Gründung der evangelisch-lutherischen Kirchen;

– dem Priester Ulrich Zwingli (1484–1531) und der reformierten Kirche in der Schweiz und

– dem Juristen Johannes Calvin (1509–1564) mit der Bewegung der »Calvinisten« über die Grenzen der Schweiz hinaus, im Besonderen nach Frankreich hinein mit den »Hugenotten«.

[**J.**] Machst Du Dir die Begründung der Reformation nicht etwas zu einfach? Denk doch alleine nur daran, welche Reichtümer die zum protestantischen Glauben übergetretenen Landesherren durch die Enteignung der katholischen Kirchen und Klöster gewinnen konnten!

[**H.**] Verwechsle nicht Ursache mit Wirkung! Die Säkularisierung im Zuge der Reformation war Folge, treibende Kraft für die Verbreitung, aber keine Ursache der Reformation. Andererseits waren die Ursachen der Spaltung in Mitteleuropa vollkommen andere als in England. Hier bewirkte der Streit um die Rechtmäßigkeit der Ehen von Heinrich VIII. von England mit dem Papst 1529 die Abspaltung der anglikanischen Kirche.

[**J.**] Doch auch dieser gelang es, das römisch-katholische Glaubensgut über die Jahrhunderte hinweg weitgehend zu erhalten, ohne sich hierbei den Neuerungen der Reformatoren vollkommen zu verschließen. Ist das nicht ein weiterer Beleg für die Überzeugungskraft der Evangelien?

[**H.**] Sicherlich. Alle Reformatoren haben dazu beigetragen, den christlichen Glauben vor dessen Verwahrlosung durch die damaligen Amtsträger zu bewahren, an vorderster Front Martin Luther. Angesichts seiner fast übermenschlichen Leistung für das Christentum, trotz aller seiner Fehler, trotz seiner Polemik gegen Hexen und Juden ist er eine der weit herausragenden Persönlichkeiten in der Nachfolge Christi.

[**J.**] Mittlerweile haben wir doch alle, ich bin mir sicher, auch die Amtskirche, genügend Abstand zu den fragwürdigen Päpsten des Mittelalters!

[**H.**] Aber leider gehören Kirchenspaltungen nicht nur der mittelalterlichen Vergangenheit an!

[**J.**] Aber Du musst doch zugestehen, dass seit Mitte des 19. Jahrhunderts beträchtliche Aktivitäten zur Erneuerung der Kirche und zur Förderung der Einheit der Christen auflebten![54]

[**H.**] Dennoch trennten sich Ende des 19. Jahrhunderts die Altkatholischen Kirchen von der römisch-katholischen Kirche und gründeten eigenständige Gemeinden vorwiegend in Deutschland, Holland, der Schweiz, Österreich, Tschechien und Polen. Grund war im Wesentlichen der Widerspruch zum Dogma der Unfehlbarkeit [Pius IX.: Pastor aetemus, 1. Vatikanisches Konzil; 18.07.1870]. Die Altkatholiken sind mittlerweile in Form der Utrechter Union mit der anglikanischen Kirche verbunden.

[**J.**] Eine relativ kleine Glaubensgemeinschaft! Und deren Glaubensinhalte sind doch weitgehend identisch geblieben mit denjenigen der römisch-katholischen Kirche.

[**H.**] Damit nicht genug! Im 20. Jahrhundert waren die Beschlüsse des Zweiten Vatikanischen Konzils (1962–1965) Anlass zur Gründung der Priesterbruderschaft St. Pius X.

[Fraternitas Sacerdotalis Sancti Pii X.] durch den Erzbischof M. Lefebvre im Jahr 1970. Ziel dieser Bruderschaft ist es, die Beschlüsse des Vatikanischen Konzils zur Ökumene, Religionsfreiheit, Kollegialität der Bischöfe, zum Judentum und zur Reform der Liturgie rückgängig zu machen.

[**J.**] Dem hat doch Papst Johannes Paul II. einen Riegel vorgeschoben! Nachdem die Bischöfe dieser Bruderschaft vom Vatikan unerlaubt vier Bischöfe geweiht hatten, wurden sie am 1. Juli 1988 exkommuniziert.

[**H.**] Gott sei Dank! Denn diese Exkommunikation ist nachvollziehbar, besonders angesichts der Verlautbarungen von führenden Mitgliedern der Priesterbruderschaft Pius X., in denen die Menschenrechte abgelehnt, rechtsgerichtete Diktatoren gewürdigt, die Einführung der Todesstrafe empfohlen, der Holocaust geleugnet, die Gleichberechtigung von Frauen, der weltanschaulich neutrale Staat und die Aufklärung und ihre Philosophie abgelehnt werden.[55]

[**J.**] Andererseits muss die Kirche Getrenntes auch wieder versuchen zu vereinigen. Anlass war wohl das Bekenntnis von Bischof B. Fellay von der Priesterbruderschaft:

> »Wir sind stets willens und fest entschlossen, katholisch zu bleiben und alle unsere Kräfte in den Dienst der Kirche Unseres Herrn Jesus Christus zu stellen, die die römisch-katholische Kirche ist. Wir nehmen ihre Lehren in kindlichem Gehorsam an. Wir glauben fest an den Primat Petri und an seine Vorrechte. Und darum leiden wir sehr unter der gegenwärtigen Situation«.

Die Aufhebung der Exkommunikation am 21. Januar 2009 im Namen von Papst Benedikt XVI. war wahrscheinlich von dieser Zielsetzung geprägt.[56]

[**H.**] Für mich vollkommen unverständlich! Denn die Priesterbruderschaft hat, soweit bekannt, weder einen Antrag gestellt, die illegalen Weihen ihrer Bischöfe zu legalisieren, noch öffentlich Abstand von ihren Zielen und Verlautbarungen genommen, geschweige denn sich hierfür entschuldigt. Warum dann erst die Exkommunikation?

[**J.**] Durch die Exkommunikation glaubte man wohl, die aufsässigen Bischöfe zur Ordnung rufen zu können.

[**H.**] Die Fragwürdigkeit dieser Entscheidung des Vatikans wird besonders deutlich, wenn man sich einige der aus meiner Sicht schwachsinnigen Äußerungen von namhaften Vertretern der Priesterbruderschaft vor Augen führt:

Bischof M. Lefebvre:
»Der Atheismus beruht auf der Erklärung der Menschenrechte. Die Staaten, die sich seither zu diesem offiziellen Atheismus bekennen, befinden sich in einem Zustand dauernder Todsünde.«[57]

Bischof R. Williamson:
»Dort [in Auschwitz; H.-H. S.] wurden keine Juden in den Gaskammern getötet! Das waren alles Lügen, Lügen, Lügen! Die Juden erfanden den Holocaust, damit wir demütig auf Knien ihren neuen Staat Israel genehmigen. ... Die Juden erfanden den Holocaust, Protestanten bekommen ihre Befehle vom Teufel, und der Vatikan hat seine Seele an den Liberalismus verkauft.«[58]

F. Schmidberger, Oberer des deutschen Distriktes:
»Die christliche Gesellschaftsordnung gründet auf dem Naturrecht, das seinerseits in jeden Menschen hineingelegt und objektiv in den 10 Geboten Gottes ausgedrückt ist. Sie weiß sich darüber hinaus der von Gott allein gestifteten Religion, der heiligen Kirche, mit ihrem Glaubensgut und ihrem Gnadenschatz verpflichtet. ...

Da es nur eine wahre, von Gott gestiftete Religion gibt, verbietet sie [die christliche Gesellschaftsordnung; H.-H. S.] falsche Religionen und Kulte, oder duldet sie allenfalls nach den Regeln der Klugheit, ohne ihnen jemals ein Naturrecht auf Existenz zuzugestehen. Der christliche Staat fördert nach Kräften das Wirken der Kirche, er schützt und verteidigt sie, da das Verfolgen des zeitlichen Gemeingutes ohne den göttlichen Glauben und die Gnade praktisch unmöglich ist. ...

Die Strafe hat zunächst einen vindikativen (rächenden) Charakter, um die zerstörte Ordnung wiederherzustellen. Sie birgt sodann in sich einen medizinischen Gesichtspunkt: sie will den Verbrecher bessern, bekehren. ... Die Todesstrafe für Schwerstverbrecher (Mord, Drogenhandel) trägt diesen rächenden Charakter in sich und führt viele Schuldige nach dem Zeugnis von Gefängnisseelsorgern zur Bekehrung. Sie ist darüber hinaus ein wichtiges Mittel der Abschreckung.«[59]

[**J.**] Soll man wegen solcher unverantwortlicher Äußerungen von einigen Bischöfen und Verantwortlichen der Priesterbruderschaft eine dauerhafte Spaltung der Kirche riskieren?

[**H.**] Aber durch die Aufhebung der Exkommunikation ist doch das Problem nicht gelöst. Denn danach äußerte Bischof Tissier de Mallerais, dass er und seine Anhänger sich nicht mit der Wiederaufnahme in die Kirche Roms zufriedengeben wollen: »Wir werden unsere Positionen nicht ändern, sondern Rom bekehren.«[60] Ich frage mich, was hat den Papst bewegt, welches Ziel hat die Amtskirche mit der Aufhebung der Exkommunikation dieser Bischöfe und Mitglieder der Priesterbruderschaft verfolgt? Diese Frage stellt sich besonders in Kenntnis der unermesslich großen Schuld unserer Kirche gegenüber den Juden und Andersgläubigen und der hieraus sich ergebenden Verpflichtung für eine bessere Zukunft.

[**J.**] Offensichtlich scheint zumindest Papst Benedikt XVI. nichts von den antisemitischen Äußerungen der Priesterbruderschaft gewusst zu haben. Wie schreibt Peter Seewald in seinem Interviewbuch mit Papst Benedikt XVI.: »Da es (das Williams-Interview vom November 2008) bis dahin unveröffentlicht war, konnte auch niemand im Vatikan etwas von den darin geäußerten Sätzen wissen.«[61]

[**H.**] Unwissen über die menschenverachtenden Verlautbarungen ihrer Vertreter darf man ausschließen, denn entgegen anderslautender Behauptungen der Pressestelle des Vatikans wurde berichtet, dass der schwedische Bischof Arborelius den zuständigen Stellen in Rom Monate vor der Aufhebung der Exkommunikation die Holocaustleugnung durch Bischof Williamson mitgeteilt hat.[62]

[**J.**] Unterstellst Du damit dem Vatikan, gelogen zu haben?

[**H.**] Ich bezweifele, dass bewusst gelogen wurde, befürchte stattdessen Unfähigkeit der Verantwortlichen.

[**J.**] Wenn Du den Entscheidungsträgern im Vatikan eine solche Unfähigkeit unterstellst, untergräbst Du damit nicht das Vertrauen in die Entscheidungen des Vatikans?

[**H.**] Du darfst wieder nicht Ursache und Wirkung miteinander verwechseln. Ursache für den Vertrauensverlust sind die Entscheidung und die Verlautbarungen des Vatikans, nicht die Reaktionen der Gläubigen. Ich denke, es bewährt sich auch hier die Regel: »Vertrauen ist gut, Kontrolle ist besser!«

[**J.**] Vielleicht war Rechtsunsicherheit Grundlage der Entscheidung!

[**H.**] Willst Du damit andeuten, dass Bischöfe, welche aus Gründen des größten vorstellbaren Ungehorsams, nämlich der nicht von Rom genehmigten Weihe von Bischöfen, exkommuniziert wurden und welche nachfolgend den größten Massenmord in der Menschheitsgeschichte leugnen, zur Tötung als Strafe aufrufen, die Menschenrechte ablehnen, dass es gegen solche Menschen keine kirchenrechtliche Handhabe gäbe, die Exkommunikation zumindest aufrechtzuerhalten? Wenn das wirklich so wäre, was ich erheblich bezweifele, dann wird es alleine schon aus diesem Grund höchste Zeit, alle, aber auch alle Paragrafen des kanonischen Rechts auf ihren Wert und ihre Berechtigung im Sinne der Evangelien überprüfen zu lassen und die notwendigen Veränderungen durchzuführen.

[**J.**] Ich glaube doch, dass trotz aller Unfähigkeit und Dummheit in der Vorgehensweise das Bestreben nach Einheit der Christen eine treibende Kraft für die Entscheidung gewesen ist.

[**H.**] Die Einheit der katholischen Kirche mit der Piusbruder-schaft und ihren Bischöfen? Sollte diese Entscheidung das äußere Zeichen darstellen einer gleichen Gesinnung zwischen den Entscheidungsträgern im Vatikan und den Vertretern der Pius-Bruderschaft? Das kann ich mir nicht vorstellen, das will ich nicht glauben!

Andererseits, wenn die Einheit der Kirche den Amtsträgern in der Kirche wirklich wichtig ist, warum ist man so erlahmt in dem Bestreben der Annäherung zu den protestantischen Kirchen?

[**J.**] Deine Argumente gegen die Aufhebung der Exkommunikation der Bischöfe der Piusbruderschaft in allen Ehren. Aber haben wir in der Kirche nicht viel dringlichere Probleme zu lösen? Warum ist für Dich die Affäre mit der Piusbruder-schaft so wichtig?

[**H.**] Weil aus meiner Sicht diese Entscheidung einmal mehr einen der Gründe beleuchtet, die zur Erkrankung unserer Kirche geführt haben. Uns fehlen die kritischen Köpfe bei den Kardinälen und bei den Bischöfen, die beispielsweise in der Lage gewesen wären, die Aufhebung der Exkommunikation der Bischöfe der Priesterbruderschaft abzulehnen oder zu verhindern. Und uns fehlt eine angemessene Kontrolle der Tätigkeit von Bischöfen und Kardinälen. Warum hat man den Aufruf von 220 katholischen Theologieprofessoren, welche sich im Jahre 1989 aus Anlass der Ernennung von Joachim Kardinal Meisner zum Erzbischof von Köln gegen die autoritäre Praxis von Bischofsernennungen gewandt haben, nicht aufgegriffen und die Richtlinien zur Auswahl von Bischofskandidaten geändert? Muss die Kirche erst solch einen dramatischen Schaden erleiden, durch die Aufhebung der Exkommunikation der Piusbrüder, durch das offenkundige Versagen der Bischöfe bei der Verhinderung von Kinderschändungen durch Priester, dass auch der gutgläubigste Mensch erkennt, dass die Methoden, mit welchen Bischofs-kandidaten und Kardinäle ausgesucht werden, auf den Prüfstand gehören und dass Bischöfe und Kardinäle einer wirksamen Kontrolle bedürfen?

[**J.**] Du rührst an den Machtstrukturen der Kirchenorganisation!

[**H.**] Keinesfalls! Denn wer diese Strukturen zerstört, das sind nicht die Laiengläubigen, sondern die Amtsträger selbst, und zwar durch ihr Verhalten, durch ihre mangelnde Einsicht in zwingende Notwendigkeiten, durch das Übergehen der Einwände der Theologieprofessoren, eines wesentlichen und hochkompetenten Teiles unserer Kirche. Ist es dann nicht allzu verständlich, wenn man als Gläubiger an der Ernsthaftigkeit und Rechtschaffenheit der Kurie zweifelt, sich sogar von der Amtskirche distanziert?

[**J.**] Wir wissen, in der Kirche vergegenwärtigt sich Christus, die Einheit der Christen ist sein ausdrücklicher Wunsch. Versteh doch, wenn dieser Wunsch im Falle der Piusbruderschaft das Handeln bestimmt hat und nicht so sehr die Vernunft.

[**H.**] Ich wäre doch heilfroh, wenn die Amtskirche ihrer Verpflichtung zur inneren Einheit in ausreichendem Maße nachkommen würde! Aber wie werden denn Bischofsämter besetzt? Durch gemeinschaftliche Suche nach dem besten Kandidaten und unter Berücksichtigung der Wünsche der betroffenen Gläubigen? Oder wie sind die Lehrinstruktionen allein in den letzten Jahrzehnten verfasst worden? Unter Einbezug der Fachkompetenz der wissenschaftlich tätigen, gerade auch kritischen Theologen? Oder vielleicht doch nur eigenmächtig von einer Person oder einer kleinen Gruppe von Personen?

Was da herausgekommen ist, kann jeder sehen, hören oder lesen. Beispielsweise, wenn neuernannte Bischöfe dadurch bekannt werden, dass ihnen »Hochglanzkitsch«, »selbstverliebte Rituale«, »leere Worthülsen« und ein »klerikaler Dünkel« nachgesagt werden, dass ihnen vorgeworfen wird, die Kirche zu einer Gemeinschaft der »Nachbeter und

Kopfnicker« umformen zu wollen oder wenn angeprangert wird, dass sie einerseits Pfarreien finanziell und personell verarmen lassen und andererseits ihre persönlichen Ansprüche mit kostspieligen Neu- und Umbauten auf Kosten der Kirche befriedigen?[63]

[**J.**] In der Kirche ist es halt so, wie im übrigen »richtigen« Leben! Auch in den Leitungsgremien der Wirtschaft oder der Politik wirst Du neben den Leistungsträgern auch Versager, Blender, Angeber, Heuchler antreffen können.

[**H.**] Aus der Wirtschaft weiß ich: je weniger das persönliche Vorbild, je weniger lebensnah der Inhalt der Ratschläge, je weniger Ehrlichkeit, je mehr Rituale und Theater, je mehr Selbstlob, umso unglaubwürdiger wird der Vorgesetzte. Angewandt auf die Kirche: umso scharfkantiger erfolgt die Trennung in »wir hier oben« und »denen da unten«, umso weniger ist die Kirche glaubwürdig, umso mehr entfernt sie sich von Christus, umso weniger ist sie die Gegenwart Christi auf Erden.

[**J.**] Wie in der Wirtschaft, so ist es auch in der Kirche: du musst die Menschen in ihrer Vielfalt, ihren Stärken und Schwächen annehmen, auch Bischöfe und Priester. Auch wenn das Bodenpersonal der Kirche Christi häufig genug krass versagt haben mag, Du wirst kein anderes, kein besseres, keine anderen Menschen auf dieser Erde finden.

[**H.**] Aber man kann die Regeln verbessern, um Fehlverhalten und Fehlentscheidungen einzudämmen. Darum geht es.

[**J.**] Mag sein, dass Du Recht hast! Aber ich befürchte, Deine Kritik läuft wie so vieles in der Kirche ins Leere. Oder siehst Du etwa in der Amtskirche auch nur das geringste Anzeichen des Nachdenkens über Regelveränderungen?

[**H.**] Ist es dann verwunderlich, wenn unter den Gläubigen Aktionsbündnisse unter dem Motto »Wir sind Kirche« oder »Kirche von unten« gegründet, wenn Reformen genau der Amtskirche und zwar aller ihrer Teile gefordert werden?

Bereits 1995 sammelte die Initiative »Wir sind Kirche« 1,5 Millionen Unterschriften, die die Abschaffung der Zölibatspflicht, eine Änderung der kirchlichen Sexualmoral und die Zulassung von Frauen ins Priesteramt verlangten.[64] Nichts von alledem ist von der Amtskirche aufgegriffen worden. Zwischenzeitlich haben weitere tausende Priester ihr Amt niedergelegt, um zu heiraten. Alleine in dem Zeitraum zwischen 1964 und 2004 sollen es mindestens 70.000 gewesen sein.[65] Das bedeutet, die Kirche verliert pro Jahrzehnt mindestens 17.500 Priester wegen Heirat. Viele Tausende von Gläubigen haben die Kirche verlassen, deren Lehrinstruktionen zur Sexualmoral werden von ihnen kaum noch ernst genommen, in den Ländern Nordamerikas und Europas wollen nur noch wenige Menschen ihrer Berufung als Priester Folge leisten und die Kirchen und Pfarreien sind dort weitgehend verwaist.

Soll sich so die Entwicklung unserer Kirche weiter fortsetzen, oder steht endlich jemand auf und weckt die Amtsträger, öffnet ihnen die Augen, lässt sie erkennen, dass viele ihrer geliebten Traditionen, Lehrmeinungen und Verhaltensweisen heute nicht mehr der Wirklichkeit, nicht mehr den wissenschaftlichen Erkenntnissen einer bestmöglichen Entscheidungsfindung, nicht mehr der Forderung nach Wahrhaftigkeit genügen?

[**J.**] Mit Deiner Kritik an Einzelfällen schließt Du auf die Amtskirche als Ganzes. Diese Vorgehensweise halte ich für ungerecht, ungerecht gegenüber den vielen rechtschaffenen und gläubigen Bischöfen. Grundlegend ist für mich das Kirchenverständnis: Ich sehe die Kirche als den weiterlebenden Christus auf Erden. Eine Gemeinschaft im Sinne von: »Ohne Gläubige keine Kirche, ohne Geweihte keine Kirche!« Aus diesem folgen nicht einseitige, sondern beidseitige Verpflichtungen. Keiner darf den anderen zur Seite schieben, sich selbst erhöhen.

Ich sehe die Kirche auch als eine Gemeinschaft von Menschen mit allen ihren Fehlern und Schwächen. Das gilt im

Besonderen für die Päpste, die Nachfolger Petri, eines Apostels, der wie bekannt, Christus in seiner schwersten Stunde dreimal verleugnet hat. Und Nachfolger Petri, die gleich wie Petrus gehandelt haben, gibt es zuhauf. Gleiches gilt auch für Bischöfe, Nachfolger der übrigen Apostel. Unter ihnen war auch ein Judas Ischariot. Aber er war nur einer von zwölf Aposteln.

[**H.**] Gerade wegen dieser menschlichen Schwächen halte ich Kritik in der Kirche und an der Kirche für überlebensnotwendig. Wer Kritikern in der Kirche die Redlichkeit abspricht, versündigt sich an der Kirche, denn nur durch Kritik kann Fehlverhalten offenbar werden, nur durch Kritik können Fehlentwicklungen gebremst, notwendige Reformen gedacht und umgesetzt werden, nur durch Kritik kann immer wieder zum Kern, zu den »Grundorientierungen« der christlichen Botschaft zurückgefunden werden.[66]

[**J.**] Kürzlich hat der evangelische Theologieprofessor und Bischof Heinrich Bedford-Strohm den Wert der innerkirchlichen Kritik wie folgt ausgedrückt: »Das Wesen des Christentums besteht darin, das Bestehende in Frage zu stellen, anstatt einen ewig gültigen Wertekanon zu formulieren.«[67] Ich denke, damit trifft er zwar die Botschaft Christi, setzt sie aber gleichzeitig auch der Gefahr aus, ihre Beständigkeit zu verlieren.

[**H.**] Schau Dir die derzeitige Lage unserer Kirche an. Glaubst Du allen Ernstes, sie sei so fehlerlos, über jede Kritik erhaben, frei jeglicher Lüge? Die Fakten sprechen eine andere Sprache. Und wer hat die Fakten der Öffentlichkeit zugänglich gemacht? Die Veröffentlichungen in den Medien haben genau die Wirkung, der Kirche den Spiegel vorzuhalten, damit sie aus ihren Fehlern lernen kann und die notwendigen Reformen anstößt. Dass diese Veröffentlichungen wehtun, nicht nur dem einzelnen Gläubigen, sondern gerade auch den Verantwortlichen, den Päpsten und Bischöfen, ist nachvollziehbar, aber hoffentlich auch heilsam.

Und nochmals, wenn ich in der Kirche den lebenden Christus auf Erden sehe und wenn das Fehlverhalten von Mitgliedern der Amtskirche durch Kritiker offenbar wird, dann darf ich Kritik an den Zuständen in der Kirche auch verstehen als eine Fügung Gottes. Ich kann nachempfinden, dass dieser Gedanke autoritätsgläubigen wie auch autoritätsheischenden Menschen in der Kirche Schwierigkeiten bereitet, aber ich verstehe Kirche eben nicht als eine Diktatur, sondern wie bereits dargestellt, als eine Gemeinschaft im Geiste Christi.

## 4.2 Warum die Vertuschung von Kinderschändungen?

[H.] Seit Mitte der achtziger Jahre des letzten Jahrhunderts werden von den amerikanischen Gerichten die Beteiligungen von Mitgliedern der katholischen Kirche am Kindesmissbrauch aufgearbeitet. Soweit bisher Zahlen verfügbar sind, haben in dem Zeitraum zwischen 1950 und 2005 in den USA etwa 4500 Priester insgesamt etwa 13.000 Kinder und Jugendliche geschändet, davon waren etwa 80% männlich. Das entspricht einem Anteil von etwas über 4% Kinderschändern unter den Priestern, wobei eine beträchtliche Dunkelziffer hinzugerechnet werden kann. In der »Normalbevölkerung« wird der Anteil von Pädophilen bei etwa 1% vermutet. Von den der Kinderschändung überführten Priestern missbrauchten 52% ihre Opfer durch oralen oder analen/vaginalen Geschlechtsverkehr; 44% der Priester waren Mehrfachtäter, ca. 50% der Täter waren zur Tatzeit in einem Alter von unter 35 Jahren.[68]

[J.] Fast unglaublich, welche Schicksale sich hinter diesen nüchternen Zahlen verbergen! Es ist nicht nachvollziehbar, warum Bischöfe dieses geduldet, geheim gehalten, vertuscht und durch Versetzung der pädophilen Priester als Seelsorger in andere Gemeinden sogar noch begünstigt haben.

[**H.**] Damit nicht genug! Die Enthüllungen in den USA führten zu weltweiten Aufklärungsbestrebungen. Diese wurden größtenteils nicht ausgelöst durch die Verantwortlichen in der Kirche, sondern, ähnlich wie in den USA, durch die Opfer und die öffentlichen Medien. Die Untersuchungen ergaben weitere erheblich belastende Ergebnisse in ungeahntem Ausmaß, beispielsweise in Irland, Australien, Kanada, Belgien, Frankreich, Großbritannien, Holland.[69]

[**J.**] Zumindest in Deutschland wurde die aktuelle Aufklärung der Kinderschändungen durch einen Pater, durch den Jesuiten Klaus Mertes, angestoßen, welcher als Rektor des Canisius-Collegs in Berlin mit dem Schreiben vom 28. Januar 2010 ehemalige Schüler nach Missbrauchsvorfällen an seiner Schule befragte.[70]

[**H.**] Das ehrt diese Person, mindert jedoch nicht das weltweite Versagen der Amtskirche, im Besonderen der Bischöfe bei der Verfolgung und Verhütung von Kinderschändungen.

[**J.**] Du musst doch zugestehen, dass jede Organisation versucht, eklatante Probleme intern zu lösen und dadurch öffentlich erkennbaren Schaden von ihr abzuwenden – so auch die katholische Kirche.

[**H.**] Die katholische Kirche ist nicht irgendeine Organisation. Sie fühlt sich, bezeichnet sich selbst als fortlebender Christus auf Erden. Beschämt müssen wir zur Kenntnis nehmen, dass dieser Kirche die Kraft fehlte, Kinderschändungen, begangen durch ihre Priester, öffentlich zu brandmarken, zu verfolgen und zu verhindern.

[**J.**] Dass den Amtsträgern der Kirche die Aufrechterhaltung des äußeren Scheins wichtiger war als die Verhinderung dieser Verbrechen ist doch menschlich, besonders, wenn wir an die strengen moralischen Regeln denken, deren Einhaltung diese Amtsträger in ihren Lehrmeinungen von den Laiengläubigen abverlangen.

[**H.**] Wie menschlich, zeigte eine unter dem Druck der Öffentlichkeit im Februar 2010 durchgeführte erste Umfrage. Fast alle deutschen Bistümer haben Kindesmissbrauch durch Täter in ihren Reihen eingestanden, 3 Bistümer [Limburg, Regensburg und Dresden-Meißen] verweigerten die Aussage.[71] Erst danach wurde auch in unserem Land offenbar, welches erschreckende Ausmaß Kinderschändungen durch Priester angenommen hatte. Eine Übersicht ist in Wikipedia zusammengestellt.[72]

[**J.**] Bei aller Einsicht und Scham sollten wir uns vor Übertreibungen hüten. In Deutschland haben sich in den letzten Jahren doch alle Bistümer redlich bemüht, die Zahlen kinderschändender Priester und ihrer Opfer zu ermitteln.

[**H.**] Ich hoffe, Du hast recht. Zumindest ist auf Grund der bislang vorliegen Daten das Ausmaß recht gut abzuschätzen. Denn die Erzdiözese München und Freising hat eine unabhängige Rechtsanwaltskanzlei [Westpfahl, Spilker, Wastl] mit der Untersuchung von Missbrauchsfällen durch Priester und andere kirchliche Mitarbeiter in ihrem Bistum beauftragt. Das Ergebnis dieser Untersuchung ist niederschmetternd:[73]

– zwischen den Jahren 1945 und 2009 waren 159 Priester wegen sexueller und körperlicher Übergriffe auf Kinder »auffällig« geworden;

– seitens der Diözese waren in erheblichem Umfang Akten vernichtet oder durch Lagerung in Privatwohnungen »einem manipulativen Zugriff« ausgesetzt gewesen. Auf Grund dessen muss zusätzlich zu den dokumentierten Fällen eine »beträchtliche Dunkelziffer« angenommen werden;

– in den dokumentierten Fällen waren die Taten der Priester mit »verharmlosender« und »beschönigender« Sprache beschrieben worden, sodass man das Tatgeschehen und die Auswirkungen auf die Opfer nur erahnen konnte;

– die Opfer und ihre körperlichen und seelischen Verletzungen waren bis zum Inkrafttreten der Leitlinien der Deutschen Bischofskonferenz zum Umgang mit Fällen sexuellen Missbrauchs im Jahre 2002 nicht beachtet worden.

[**J.**] Was bleibt uns anderes übrig, als, wie bereits gesagt, beschämt diesen Bericht zur Kenntnis zu nehmen, besonders, wenn man die Zahlen hochrechnet für alle Bistümer Deutschlands und die Dunkelziffer mit einschließt. Man kann nur hoffen, dass aus diesem Geschehen die richtigen Lehren gezogen werden.

[**H.**] Die Lehren sind offenkundig. Denn die Ursachen für dieses Fehlverhalten der Erzdiözese München und Freising ergeben sich aus dem Bericht der Anwälte der Rechtsanwaltskanzlei. Diese sprechen von

– einem »fehlinterpretierten klerikalen Selbstverständnis«,
– einem »rücksichtslosen Schutz des eigenen Standes« der Priester und
– dem »besonderen Erpressungspotential, dem homosexuell veranlagte Kleriker, darunter auch ranghohe Personen, ausgesetzt gewesen seien«.

[**J.**] Es ist zu würdigen, dass Reinhard Kardinal Marx diese schonungslose Untersuchung angeordnet hat.

[**H.**] Sicher, aber man darf darüber hinaus nicht vergessen, dass auch er als Bischof von Trier seiner Fürsorgepflicht für die dort durch Geistliche geschändeten Kinder nicht in ausreichendem Maße nachgekommen ist. Seinem Nachfolger Bischof Stephan Ackermann war es überlassen, unter dem Druck der Öffentlichkeit im Bistum Trier die Kinderschändungen durch Priester systematisch aufzuarbeiten. Erst unter diesem öffentlichen Druck wurde das gesamte Ausmaß des Missbrauchs und der Schändung von Kindern durch Priester und Ordensleute offenbar. Es wurde aber auch der grausame Tatbestand bekannt, dass die meisten dieser Kinder gewissermaßen zweimal geschändet worden sind, einmal durch den pädophilen Priester und danach durch den zuständigen Bischof, indem dieser seiner Fürsorgepflicht für diese Kinder in seinem Bistum nicht nachkam, indem die geschändeten Kinder nicht angehört, häufig sogar verunglimpft wurden und weitere Kinder nicht geschützt, sondern den Tätern ausgesetzt worden sind, weil diese erneut mit seelsorglichen Aufgaben betraut worden waren. Angesichts der Faktenlage muss man fragen, ob sich auch nur ein einziger Bischof in Deutschland von dieser Schuld freisprechen kann!

[**J.**] Ich kann mir nicht vorstellen, dass ein Bischof so blind wäre, nicht die Schuld der Amtskirche zu sehen. Das Schuldbekenntnis von Bischof Bode für die Schändung der Opfer durch das Verhalten der Bischöfe zeugt doch von dieser Einsicht.[74]

[**H.**] Aber warum haben dann nicht alle Bischöfe dem Beispiel der Erzdiözese München und Freising oder der Jesuiten in Berlin folgend sofort externe Gutachter mit der Untersuchung beauftragt? Hat man nicht bedacht, dass nur so der Zerstörung der Glaubwürdigkeit der Kirche Einhalt geboten werden kann? Dass ohne solch eine unabhängige Aufklärung Interessenskonflikte Einfluss nehmen könnten? Dass die Gefahr besteht, dass Zweifel an der Glaubwürdigkeit, an den ehrlichen Absichten bleiben, mit der bitteren, weil vielleicht ungerechten, aber dennoch verständlichen Folgerung des Generalverdachtes? Und wie haben sich hier die zuständigen Kurienkardinäle, haben sich hier die verantwortlichen Päpste über die letzten Jahrzehnte verhalten? War das beispielhaft, so wie ein Christ sich verhalten soll, nach einem allgemeingültigen Maßstab, der glaubwürdig gegenüber jedermann vertreten werden könnte?

[**J.**] Im Jahre 2001 wurden die Regeln bezüglich des Umgangs mit Kindesmissbrauch vom Vatikan doch neu gefasst. Sie sind dargestellt im Dekret der Kongregation für die Glaubenslehre:

> »Der Schutz der Heiligkeit der Sakramente ... sowie die Sorge um die Einhaltung des sechsten Gebotes des Dekalogs durch die zur Nachfolge des Herrn Berufenen erfordern, daß die Kirche in der Ausrichtung auf das Heil der Seelen, ›das in ihr

[der Kirche; H.-H. S.] immer das oberste Gesetz sein muß‹ (Codex Iuris Canonici, can. 1752), aus ihrer pastoralen Sorge heraus einschreitet, um den Gefahren eines Verstoßes dagegen vorzubeugen … .

Straftaten gegen die Heiligkeit des Bußsakramentes, nämlich:

– die Lossprechung des Mitbeteiligten bei einer Sünde gegen das sechste Gebot des Dekalogs …

– die Verführung zu einer Sünde gegen das sechste Gebot des Dekalogs bei der Anhörung oder bei Gelegenheit oder unter dem Vorwand der Beichte, wenn diese darauf abzielt, mit dem Beichtvater selbst zu sündigen …;

– Straftat gegen die Sitten, nämlich: die von einem Kleriker mit einem Minderjährigen im Alter von weniger als 18 Jahren begangene Straftat gegen das sechste Gebot des Dekalogs …

sind der Kongregation für die Glaubenslehre als Apostolischem Gerichtshof vorbehalten.

Sooft der Ordinarius oder der Hierarch wenigstens eine wahrscheinliche Kenntnis einer vorbehaltenen Straftat hat, muß er dies der Kongregation für die Glaubenslehre mitteilen, sobald die Vorerhebung durchgeführt wurde. Die Kongregation wird – sofern sie den Fall nicht aufgrund besonderer Umstände an sich zieht – dem Ordinarius oder dem Hierarchen entsprechende Weisungen übermitteln, durch sein eigenes Gericht alles weitere durchzuführen. …

Fälle dieser Art unterliegen dem päpstlichen Geheimnis.«[75]

[**H.**] Aus heutiger Sicht war es eine krasse Fehlentscheidung der Glaubenskongregation, Kinderschändungen durch Priester dem päpstlichen Geheimnis zu unterstellen.

Welcher Geist aus dieser Anordnung spricht, wird aus einem Schreiben von Castrillón Kardinal Hoyos deutlich – als Präfekt der »Kongregation für den Klerus« immerhin einer der höchsten Würdenträger im Vatikan. Knapp fünf Monate nach der Veröffentlichung des Dekretes beglückwünschte Castrillón Kardinal Hoyos – wie er berichtet hat, in Absprache mit Papst Johannes Paul II. –, den französischen

## 4. Kirche als Gemeinschaft

Bischof Pierre Pican von Bayeux-Lisieux für seine Entscheidung, einen Priester in seinem Bistum nicht wegen Pädophilie anzuzeigen. Dieser Priester wurde später zu 18 Jahren Gefängnis verurteilt, der Bischof zu drei Monaten Gefängnis auf Bewährung, da er den Priester trotz Kenntnis seiner pädophilen Vergehen erneut in der Seelsorge eingesetzt hatte.[76]

Das Schreiben des Kardinals hat folgenden Inhalt:

»Kongregation für den Klerus. Aus dem Vatikan, am 8. September 2001.

An Seine hochwürdigste Exzellenz Msgr. Pierre Pican, Diözesanbischof von Bayeux-Lisieux

Ich schreibe Ihnen in der Eigenschaft des Präfekten der Kongregation für den Klerus, beauftragt zur Mitsorge in der Verantwortung des gemeinsamen Vaters für alle Priester der Welt. Ich spreche Ihnen meine Anerkennung dafür aus, daß Sie einen Priester [René Bissey; H.-H. S.] nicht bei der zivilen Behörde angezeigt haben. Sie haben richtig gehandelt, und ich freue mich, einen Mitbruder im Episkopat zu haben, der vor den Augen der Geschichte und aller Bischöfe der Welt das Gefängnis der Anzeige seines Priester-Sohnes vorgezogen haben wird. Tatsächlich ist die Beziehung zwischen den Priestern und ihrem Bischof keine berufsständische, sondern sie ist eine sakramentale, die sehr spezielle Bande geistlicher Vaterschaft begründet. Diese Thematik wurde vom letzten Konzil und von den Bischofssynoden der Jahre 1971 und 1991 sehr umfassend neu behandelt. Der Bischof hat andere Möglichkeiten, zu handeln, wie die katholische Bischofskonferenz Frankreichs kürzlich in Erinnerung gerufen hat, aber man kann von einem Bischof nicht verlangen, ihn selbst anzuzeigen. In allen zivilen Rechtsordnungen wird den Angehörigen die Möglichkeit eingeräumt, nicht zu Lasten eines direkten Verwandten auszusagen. In Eurem Kontext erinnern wir uns des Wortes vom heiligen Paulus: ›Im ganzen Prätorium und bei allen übrigen ist offenbar geworden, daß ich

um Christi willen im Gefängnis bin. Und die meisten der Brüder sind durch meine Gefangenschaft zuversichtlich geworden im Glauben an den Herrn und wagen umso kühner, das
Wort Gottes furchtlos zu sagen.‹ (Phil 1,13–14) Diese Kongregation wird Kopien dieses Schreibens an alle Bischofskonferenzen übermitteln, um die Brüder im Episkopat auf diesem
sehr heiklen Gebiet zu ermutigen. Indem ich Sie noch meiner
brüderlichen Verbundenheit im Herrn versichere, grüße ich
Sie mit Ihrem Weihbischof und Ihrer ganzen Diözese, Darío
Kardinal Castrillón Hoyos; Fernando Guimarães, Bürochef.«[77]

[**J.**] Für mich ist dieses Schreiben, dieser Schutz von pädophilen Priestern durch einen der höchsten Amtsträger im
Vatikan ein Skandal und weder mit dem christlichen Glauben noch mit Vernunft zu erklären.

Aber entschuldigend sei die Mutmaßung von Pater A.
Pytlik (www.internetpfarre.de) angeführt:

>»Offenbar gab es vor dem Jahr 2001 bei Fällen klerikalen sexu
>ellen Mißbrauchs Minderjähriger, die im Falle des Falles auch
>noch an der Kongregation für den Klerus landeten, Meinungs
>verschiedenheiten unter den Kardinälen, ob schuldig befun
>dene Priester sowohl nach staatlichem als auch nach kirchli
>chem Recht oder nur von Seiten der Kirche zur Rechenschaft
>gezogen werden sollten. Möglicherweise war bei manchen
>Bischöfen die frühere kanonistische Ausbildung und die dies
>bezügliche Logik eines Privilegs für katholische Kleriker (›pri
>vilegium fori‹), nur von einem kirchlichen Gericht zur Rechen
>schaft gezogen zu werden, auch später noch verwurzelt.«[78]

[**H.**] Dieses Schreiben des Kardinals bestätigt meiner Ansicht
nach die Folgerungen der Rechtanwaltskanzlei in München,
was die Ursachen für die Vertuschung von pädophilen Verbrechen von Priestern anbetrifft. Für mich ist es darüber
hinaus eine weitere Begründung, das Selbstverständnis der
Kleriker, im Besonderen der Bischöfe und Kardinäle radikal zu ändern. Denn warum war den Bischöfen die Anord-

nung der Glaubenskongregation »Fälle dieser Art unterliegen dem päpstlichen Geheimnis«, und warum war ihnen die Aufrechterhaltung des äußeren Scheins der Kirche maßgebender als das Hirtenamt, als die Fürsorgepflicht für die kindlichen und jugendlichen Opfer, als deren Menschenrechte? Warum war für sie der Gehorsam zum Vatikan maßgebender als die 10 Gebote? Nachfolger der Apostel in der Nachfolge zu Christi? Wer kann das jetzt noch uneingeschränkt glauben?

[**J.**]  Du musst zugestehen, dass auch die Kirchenleitung vergleichsweise schnell dazugelernt hat und jetzt aktiv mithilft, Kinderschändungen zu vermeiden.

[**H.**]  Das kann man von zwei Seiten betrachten. Als die Gerichte in den USA begannen, Bischöfe und Bistümer wegen ihrer Rolle in der Vertuschung von Kinderschändungen zu hohen Entschädigungszahlungen zu verurteilen – derzeit beläuft sich die Summe dieser Entschädigungszahlungen auf etwa 2 Milliarden Dollar –, wurde vom Vatikan in einer »Verständnishilfe« unter anderem dargelegt:

> »Die staatlichen Gesetze hinsichtlich der Anzeige von Straftaten bei den zuständigen Behörden sind immer zu befolgen.
>
> Während der Voruntersuchungen und bis zum Abschluß des Falls kann der Bischof vorbeugende Maßnahmen verhängen, um die Gemeinschaft – die Opfer eingeschlossen – zu schützen. In der Tat behält der Ortsbischof immer selbst die Vollmacht, Kinder zu schützen, indem er die Aktivitäten eines jeden Priesters seiner Diözese einschränkt. Das ist Teil seiner ordentlichen Amtsgewalt, die er in jeglichem notwendigen Umfang einsetzen soll, damit Kinder nicht zu Schaden kommen. Diese Vollmacht kann nach Ermessen des Bischofs vor, während und nach jedem kirchenrechtlichen Vorgang ausgeübt werden.«[79]

Die andere Seite ist: Die Bistümer hatten in den USA vorgesorgt, indem sie ihre Priester gegen Entschädigungsforderungen für Kinderschändungen versichern ließen. So war beispielsweise der Betrag von 660 Millionen Dollar, welchen alleine die Erzdiözese Los Angeles für ihre Verfehlungen in Sachen Kinderschändung im Rahmen eines gerichtlichen Vergleiches zu zahlen hatte, zu gut einem Drittel [227 Millionen Dollar] abgedeckt durch Versicherungsleistungen![80] Wer kann da noch uneingeschränkt glauben, dass die verantwortlichen Amtsträger gute Hirten sind, d.h. sich vorrangig der Seelsorge für ihre Gläubigen verpflichtet fühlen?

[**J.**] Ich möchte einen versöhnlichen Gesichtspunkt ansprechen. Wie so häufig bei Verfehlungen in den vergangenen Jahrhunderten, so kommen auch jetzt in unserer Kirche deutliche Zeichen der Hoffnung auf, des Umdenkens, des Nachdenkens, für einen Neuanfang. So bekannte im März 2010 Papst Benedikt XVI. in seinem Hirtenbrief an die Katholiken Irlands die besondere und tiefe Schuld der Kirche und stellte gerade auch die Mitschuld der Bischöfe an diesen Verbrechen eindeutig heraus. Darüber hinaus gab er den Bischöfen die klare Anweisung, auch mit den staatlichen Organen bei der Verfolgung von pädophilen Klerikern zusammenzuarbeiten. Er schrieb:

> »... 11. An meine Brüder im Bischofsamt
>
> Es kann nicht geleugnet werden, daß einige von Euch und Eurer Vorgänger bei der Anwendung der seit langem geltenden Normen des Kirchenrechts gegenüber dem Verbrechen des Kindesmißbrauchs zeitweise schwer versagt haben. Schwere Fehler wurden bei der Behandlung von Vorwürfen gemacht. Ich nehme zur Kenntnis, wie schwierig es war, das Ausmaß und die Komplexität des Problems zu begreifen, zuverlässige Informationen zu erhalten und die richtigen Entscheidungen im Lichte widersprüchlicher Expertenratschläge zu treffen. Nichts desto trotz muß zugegeben werden, daß schwerwiegende Beurteilungsfehler und Versäumnisse im Führungsverhalten gemacht wurden. Dies alles hat Eure Glaubwürdig-

keit und Euer Wirkungsvermögen ernsthaft unterminiert. Ich schätze Eure vorgenommenen Anstrengungen, um vergangene Fehler zu korrigieren und sicherzustellen, daß sie nicht wieder passieren. Abgesehen von der vollständigen Umsetzung der Normen des Kirchenrechts im Umgang mit Fällen von Kindesmißbrauch setzt bitte Eure Zusammenarbeit mit den zivilen Behörden in den Bereichen ihrer Kompetenz fort. Natürlich sollen die Ordensoberen es genauso halten … .«[81]

Für Deutschland berichtete »Die Zeit« am 30. März 2010:

»… in einem Bußritus im Rottenburger Dom bat der württembergische Bischof Gebhard Fürst um Vergebung für die Missbrauchsfälle in der katholischen Kirche: Man müsse sich eingestehen, dass ›Strukturen der Kirche ein Wegschauen begünstigt und die Verantwortlichen in der Kirche leichtfertig über die Schuld hinweggesehen hätten‹.«[82]

Und im August 2010 wurden die Anweisungen des Papstes von der Deutschen Bischofskonferenz in die Missbrauchs-Leitlinien eingearbeitet:

»26. Sobald tatsächliche Anhaltspunkte für den Verdacht eines sexuellen Missbrauchs an Minderjährigen vorliegen, leitet ein Vertreter des Dienstgebers die Informationen an die staatliche Strafverfolgungsbehörde und – soweit rechtlich geboten – an andere zuständige Behörden (z.B. Jugendamt i.S.d. § 8a SGB VIII, Schulaufsicht) weiter. Rechtliche Verpflichtungen anderer kirchlicher Organe bleiben unberührt.

27. Die Pflicht zur Weiterleitung der Informationen an die Strafverfolgungsbehörde entfällt nur ausnahmsweise, wenn dies dem ausdrücklichen Wunsch des mutmaßlichen Opfers (bzw. dessen Eltern oder Erziehungsberechtigten) entspricht und der Verzicht auf eine Mitteilung rechtlich zulässig ist. In jedem Fall sind die Strafverfolgungsbehörden einzuschalten, wenn weitere mutmaßliche Opfer ein Interesse an der strafrechtlichen Verfolgung der Taten haben könnten.

28. Die Gründe für den Verzicht auf eine Mitteilung bedürfen einer genauen Dokumentation, die von dem mutmaßlichen Opfer (gegebenenfalls seinen Eltern bzw. Erziehungsberechtigten) zu unterzeichnen ist.«[83]

[**H.**] Genauso wichtig wie neue Richtlinien zum Schutz vor Kinderschändungen durch Priester sind für mich Einsicht, Buße, Umkehr und Reformwillen bei den Bischöfen. Hierzu gehört das Schuldbekenntnis, welches am 28. November 2010 Bischof Franz-Josef Bode in Osnabrück abgelegt hat: »Um des Ansehens der Kirche willen wurden Täter geschützt und Opfer ein zweites Mal geopfert.« Und weiter wurde berichtet: »... der Bischof spricht von den Schattenseiten seiner Kirche und einer Atmosphäre, die die Verschleierung solcher Taten oft ermöglichte. Immer wieder betont Bode, dass die Kirche sich erneuern müsse«.[84]

Ähnlich verlief der Bußakt am 14.03.2011 zu Beginn der Frühjahrsvollversammlung der deutschen katholischen Bischöfe. So wurde berichtet:

> »Es war Zollitsch, der dem bischöflichen Kniefall von Paderborn wichtige Worte beigab, indem er von eigenem Versagen und eigenen Sünden sprach; indem er bekannte, dass das Wissen um den Missbrauch schwer auf ihm laste; indem er eingestand, dass selbst das Zeichen der Reue ›diese Schuld niemals ungeschehen machen kann‹. Der sexuelle Missbrauch gehört nach seinen Worten auch zur Realität der Kirche, die sexuelle Gewalt an so vielen jungen Menschen, ›die doch eigentlich Schutz und Förderung durch das kirchliche Leben erwarten durften und verdient hatten‹.«[85]

Doch wie wurde Christian Weisner von der kritischen Kirchenvolksbewegung »Wir sind Kirche« zitiert: »... es habe ... auch Bischöfe gegeben, die von einer ›Medienkampagne‹ gegen die Kirche gesprochen haben ... . ... längst nicht alle Bischöfe sähen eine Mitschuld bei der Institution Kirche.«[86]

[**J.**] Unbelehrbare junge wie auch alte Führungskräfte gibt es in jeder Organisation. Das ist sicherlich nichts Kirchenspezifisches.

[**H.**] Doch werden die Opfer durch solche unbelehrbaren Bischöfe nicht noch ein drittes Mal geschändet? Wäre es nicht ein weiteres deutliches Hoffnungszeichen für die Wiederherstellung der Glaubwürdigkeit der Amtskirche, wenn der Papst diese Bischöfe zumindest öffentlich zurechtweisen, im Falle von Uneinsichtigkeit auch zügig ihres Amtes entheben würde?

[**J.**] Es wäre ein wichtiger Vertrauensbeweis in die Zukunft der Kirche. Aber dieser darf nicht darüber hinwegtäuschen, dass Bischöfe weiterhin über kirchenrechtliche Möglichkeiten der Geheimhaltung oder Vertuschung von Verbrechen verfügen. Wie schreibt Pater A. Pytlik:

> »Während ein Opfer oder ein durch die heiligen Weihen oder einen anderen Auftrag nicht direkt in die hierarchische Ordnung der Kirche eingebundener Katholik sicherlich auch einen Bischof beim Staat gewissenhaft anzeigen darf, so sind jedoch Kleriker und kirchliche Mitarbeiter jedenfalls moralisch im besonderen an die kirchliche Gerichtsbarkeit und an die hierarchische Ordnung der Kirche gebunden. ... Ob also ein Verdacht im Falle eines katholischen Bischofs ausreichend ist und ob dieser dann auch bei den staatlichen Strafverfolgungsbehörden [im Falle nicht bestehender staatlicher Anzeigepflicht] anzuzeigen ist, haben aufgrund der unveränderlichen hierarchischen Ordnung der Kirche sicherlich nicht Mitarbeiter oder Untergebene des betreffenden Bischofs zu entscheiden, sondern im letzten einzig und alleine der Papst. Dies ergibt sich auch aus can. 1405 § 1 CIC: ›Nur der Papst selbst ist zuständig für die in can. 1401 erwähnten Verfahren ... von Bischöfen, bei letzteren aber nur in Strafsachen‹.«[87]

[**H.**] Ich glaube nicht, dass diese rechtlichen Lücken bedrohlich für die Zukunft unserer Kirche sind! Denn auch bei einem wie immer gearteten erneuten Versagen eines Bischofs besteht die Zuversicht, dass die unterschiedlichen öffentlichen Medien weiterhin diejenige Kontrolle ausüben, diejenige Durchschaubarkeit herstellen, diejenige Verantwortung für die Opfer, für die Geschädigten und damit auch für unsere Kirche wahrnehmen, welche weder die Bischöfe in Bezug auf die ihnen unterstellten Priester noch die Kurie in Bezug auf ihre Bischöfe über Jahrzehnte hinweg gewillt oder fähig waren zu leisten. Ich denke, man kann in dieser Arbeit der Medien durchaus Gottes Fügung sehen, zumindest dann, wenn man an Gott glaubt!

[**J.**] Bei aller Entrüstung und Forderung nach Reformen und Veränderungen dürfen wir den Auftrag Christi nicht vergessen, jedem Menschen zu verzeihen, der sein Fehlverhalten bereut. Und so mancher, der einmal im persönlichen Kontakt mit pädophilen Menschen stand, hat erfahren, wie viele von ihnen unter ihrer Veranlagung leiden, sich quälen, sich selber vernichten wollen.

[**H.**] Das ist aber nur die eine Seite der Medaille. Die andere Seite ist, dass die Kultur des Verzeihens, besonders ausgeprägt innerhalb der Priesterschaft und zwischen Bischöfen und Priestern, maßgeblich zu dem Verbrechen der Pädophilie und ihrer Vertuschung beigetragen hat:

> »Der von den katholischen Bischöfen der Vereinigten Staaten in Auftrag gegebene Bericht des John Jay College of Criminal Justice aus dem Jahre 2004 erkannte in der ›unangebrachten Bereitschaft zu vergeben‹ einen der Hauptgründe dafür, dass katholische Geistliche ihren sexuellen Neigungen ungehindert nachgehen konnten. Diese Tatsache und der Respekt vor den Opfern klerikaler Gewalt verbieten jeden theologisch und psychologisch naiven Umgang mit dem Begriff der Verzeihung. Auch einem Brandstifter gegenüber sind Verzeihung und Mitgefühl gefordert. Aber bedeutet dies, dass ich ethisch richtig handle, wenn ich ihn mit einer Streichholzschachtel in der Hand in den Wald zurückschicke?«[88]

**145**

## 4. Kirche als Gemeinschaft

[**J.**] Wie siehst Du die Zukunft?

[**H.**] Man kann die Sache von zwei Seiten her sehen: Die eine Seite hat allgemeingültige Züge und wurde von Wilhelm Busch treffend wie folgt beschrieben:

> »Wenn wer sich wo als Lump erwiesen,
> so schickt man in der Regel diesen
> zum Zweck moralischer Erhebung
> in eine andere Umgebung.
> Der Ort ist gut, die Lage neu,
> der alte Lump ist auch dabei.«[89]

Die Kehrseite wird von uns allen gestaltet. Wir, das heißt die Laiengläubigen, dürfen mit unserer Forderung nicht nachlassen, dass die Amtskirche, und hier besonders der Papst und die Bischöfe, die notwendigen Lehren aus dem Skandal der Vertuschung des Kindesmissbrauchs in der katholischen Kirche zu ziehen haben. Hier reicht es nicht, mit der Staatsanwaltschaft eng zusammenzuarbeiten. Hier reicht es nicht, wenn Bischöfe um Vergebung bitten und Missbrauchskommissionen gegründet werden. Es muss auch die Frage gestellt werden, welche Strukturen die Ansammlung von pädophil veranlagten Menschen unter den Geweihten und die Vertuschung ihrer Verbrechen durch die Bischöfe begünstigt haben. Die Analysen dieser Verbrechen in den USA und im Erzbistum München sprechen eine eindeutige Sprache. Jegliche Relativierung dieser Analysen, der Verbrechen, der Rolle der Amtskirche, so verständlich sie im Sinne des Bestrebens, die eigene Person, die eigene Organisation und deren Strukturen zu schützen, auch sein mögen, dienen nicht der Kirche, sondern deren Gegnern und schaden der Kirche in einem kaum zu überschauenden Maße.

[**J.**] Aber das ist doch Deine Außensicht als Laiengläubiger. Wie sieht die Innensicht aus?

[**H.**] Noch eindeutiger! Nach K. Remele interpretiert der Dominikaner, Kirchenrechts- und Missbrauchsexperte Pater

Thomas Doyle alle aktuellen Reue- und Buße-Aktivitäten der Bischöfe

> »als bloß vordergründige, individualistisch verkürzte und sozialpsychologisch unterbelichtete Symptombehandlung, die die partiell unheilvolle Macht kirchlicher Strukturbedingungen ausblendet ... . Die Hauptschuld an den zahlreichen Missbrauchsfällen trage eine von Klerikalismus geprägte, mittelalterlich-feudale Kirchenstruktur, jenes geschlossene, hierarchische, in Geheimhaltung eingehüllte und durch die Macht der Angst aufrechterhaltene System.«[90]

[**J.**] Das heißt, der Papst hat eine fast übermenschlich große Aufgabe zu bewältigen, diese Struktur radikal zu verändern, damit unsere Kirche zukunftsfähiger wird und auch, damit solche Verbrechen wie die massenhafte Vertuschung von Kinderschändungen sich nicht wiederholen werden.

[**H.**] Richtig! Wenn wir für die Kirche beten wollen, dann für den Papst, dass er die Kraft hat, gegen den Widerstand der ewig Gestrigen, der Selbstgerechten in der Amtskirche neue Strukturen aufzubauen und dass hierzu Bischöfe berufen werden, die zu mutigen Nachfolgern der Apostel gezählt werden können.

[**J.**] Ich glaube, dass dieser Mut schon erkennbar ist. Denn beispielsweise haben alle katholischen Bischöfe Deutschlands mit Prof. Chr. Pfeiffer den Leiter eines weitgehend unabhängigen Kriminologischen Forschungsinstitutes mit der Aufklärung der Fälle von Kindesmissbrauch durch Priester und deren Ursachen betraut, geschehen im Zeitraum der letzten 50 Jahre in Deutschland.[91] Das zeigt doch Einsicht und den Willen zur Umkehr!

[**H.**] Wollen wir hoffen, dass die Ergebnisse dieser Studie nicht geheim gehalten werden und weniger als Entschuldigung, sondern mehr als Grundlage für eine Veränderung der Strukturen der Kirche, des Selbstverständnisses von Priestern und Bischöfen und auch des Zwangszölibates dienen werden.

## 4.3 Werden Reformen verweigert?

[**H.**] Ich hoffe, dass die Neuregelungen zur Verhinderung von Kindesmissbrauch nur ein erster Anfang sind für die Reform unserer Kirche: Dringend notwendig, aber keinesfalls hinreichend!

[**J.**] Ich habe ein ungutes Gefühl, wenn im Strom der Entrüstung über die Vertuschung der Kinderschändungen die Kirche jetzt vollkommen umgekrempelt werden soll.

[**H.**] Von Umkrempeln kann bislang doch keine Rede sein, noch nicht einmal von einer Reform. Reform würde bedeuten, dass solche Entwicklungen in der Kirche beseitigt werden, welche zwar aus den vergangenen Jahrhunderten begründbar sind, sich heutzutage aber als schädlich für unsere Kirche erwiesen haben.

[**J.**] Sprichst Du damit das Memorandum an, welches ursprünglich von 144 katholischen Theologieprofessoren in den deutschsprachigen Ländern verfasst wurde?

[**H.**] Ja! Dieses Memorandum haben mittlerweile mindestens 311 katholische Theologieprofessorinnen und -professoren unterzeichnet.[92] In diesem Memorandum rufen die Unterzeichner eindringlich zu Reformen in der Kirche auf. Der Text ist unmissverständlich:

> »Gut ein Jahr ist vergangen, seit am Berliner Canisius-Kolleg Fälle von sexuellem Missbrauch an Kindern und Jugendlichen durch Priester und Ordensleute öffentlich gemacht wurden. Es folgte ein Jahr, das die katholische Kirche in Deutschland in eine beispiellose Krise gestürzt hat. Das Bild, das sich heute zeigt, ist zwiespältig: Vieles ist begonnen worden, um den Opfern gerecht zu werden, Unrecht aufzuarbeiten und den Ursachen von Missbrauch, Verschweigen und Doppelmoral in den eigenen Reihen auf die Spur zu kommen. Bei vielen verantwortlichen Christinnen und Christen mit und ohne Amt ist nach anfänglichem Entsetzen die Einsicht gewachsen, dass

tief greifende Reformen notwendig sind. Der Aufruf zu einem offenen Dialog über Macht- und Kommunikationsstrukturen, über die Gestalt des kirchlichen Amtes und die Beteiligung der Gläubigen an der Verantwortung, über Moral und Sexualität hat Erwartungen, aber auch Befürchtungen geweckt: Wird die vielleicht letzte Chance zu einem Aufbruch aus Lähmung und Resignation durch Aussitzen oder Kleinreden der Krise verspielt? Die Unruhe eines offenen Dialogs ohne Tabus ist nicht allen geheuer, schon gar nicht wenn ein Papstbesuch bevorsteht. Aber die Alternative: Grabesruhe, weil die letzten Hoffnungen zunichte gemacht wurden, kann es erst recht nicht sein.

Die tiefe Krise unserer Kirche fordert, auch jene Probleme anzusprechen, die auf den ersten Blick nicht unmittelbar etwas mit dem Missbrauchsskandal und seiner jahrzehntelangen Vertuschung zu tun haben. Als Theologieprofessorinnen und -professoren dürfen wir nicht länger schweigen. Wir sehen uns in der Verantwortung, zu einem echten Neuanfang beizutragen: 2011 muss ein Jahr des Aufbruchs für die Kirche werden. Im vergangenen Jahr sind so viele Christen wie nie zuvor aus der katholischen Kirche ausgezogen; sie haben der Kirchenleitung ihre Gefolgschaft gekündigt oder haben ihr Glaubensleben privatisiert, um es vor der Institution zu schützen. Die Kirche muss diese Zeichen verstehen und selbst aus verknöcherten Strukturen ausziehen, um neue Lebenskraft und Glaubwürdigkeit zurückzugewinnen.

Die Erneuerung kirchlicher Strukturen wird nicht in ängstlicher Abschottung von der Gesellschaft gelingen, sondern nur mit dem Mut zur Selbstkritik und zur Annahme kritischer Impulse – auch von außen. Das gehört zu den Lektionen des letzten Jahres: Die Missbrauchskrise wäre nicht so entschieden bearbeitet worden ohne die kritische Begleitung durch die Öffentlichkeit. Nur durch offene Kommunikation kann die Kirche Vertrauen zurückgewinnen. Nur wenn Selbst- und Fremdbild der Kirche nicht auseinanderklaffen, wird sie glaubwürdig sein. Wir wenden uns an alle, die es noch nicht aufgegeben haben, auf einen Neuanfang in der Kirche zu hoffen und sich dafür einzusetzen. Signale zu Aufbruch und Dialog, die einige Bischöfe während der letzten Monate in Reden, Predigten und Interviews gesetzt haben, greifen wir auf.

Die Kirche ist kein Selbstzweck. Sie hat den Auftrag, den befreienden und liebenden Gott Jesu Christi allen Menschen zu verkünden. Das kann sie nur, wenn sie selbst ein Ort und eine glaubwürdige Zeugin der Freiheitsbotschaft des Evangeliums ist. Ihr Reden und Handeln, ihre Regeln und Strukturen – ihr ganzer Umgang mit den Menschen innerhalb und außerhalb der Kirche – stehen unter dem Anspruch, die Freiheit der Menschen als Geschöpfe Gottes anzuerkennen und zu fördern. Unbedingter Respekt vor jeder menschlichen Person, Achtung vor der Freiheit des Gewissens, Einsatz für Recht und Gerechtigkeit, Solidarität mit den Armen und Bedrängten: Das sind theologisch grundlegende Maßstäbe, die sich aus der Verpflichtung der Kirche auf das Evangelium ergeben. Darin wird die Liebe zu Gott und zum Nächsten konkret.

Die Orientierung an der biblischen Freiheitsbotschaft schließt ein differenziertes Verhältnis zur modernen Gesellschaft ein: In mancher Hinsicht ist sie der Kirche voraus, wenn es um die Anerkennung von Freiheit, Mündigkeit und Verantwortung der Einzelnen geht; davon kann die Kirche lernen, wie schon das Zweite Vatikanische Konzil betont hat. In anderer Hinsicht ist Kritik aus dem Geist des Evangeliums an dieser Gesellschaft unabdingbar, etwa wo Menschen nur nach ihrer Leistung beurteilt werden, wo wechselseitige Solidarität unter die Räder kommt oder die Würde des Menschen missachtet wird.

In jedem Fall aber gilt: Die Freiheitsbotschaft des Evangeliums bildet den Maßstab für eine glaubwürdige Kirche, für ihr Handeln und ihre Sozialgestalt. Die konkreten Herausforderungen, denen sich die Kirche stellen muss, sind keineswegs neu. Zukunftsweisende Reformen lassen sich trotzdem kaum erkennen. Der offene Dialog darüber muss in folgenden Handlungsfeldern geführt werden.

1. Strukturen der Beteiligung: In allen Feldern des kirchlichen Lebens ist die Beteiligung der Gläubigen ein Prüfstein für die Glaubwürdigkeit der Freiheitsbotschaft des Evangeliums. Gemäß dem alten Rechtsprinzip ›Was alle angeht, soll von allen entschieden werden‹ braucht es mehr synodale Strukturen auf allen Ebenen der Kirche. Die Gläubigen sind an der Bestellung wichtiger Amtsträger (Bischof, Pfarrer) zu beteiligen. Was vor Ort entschieden werden kann, soll dort entschieden werden. Entscheidungen müssen transparent sein.

2. Gemeinde: Christliche Gemeinden sollen Orte sein, an denen Menschen geistliche und materielle Güter miteinander teilen. Aber gegenwärtig erodiert das gemeindliche Leben. Unter dem Druck des Priestermangels werden immer größere Verwaltungseinheiten – ›XXL-Pfarren‹ – konstruiert, in denen Nähe und Zugehörigkeit kaum mehr erfahren werden können. Historische Identitäten und gewachsene soziale Netze werden aufgegeben. Priester werden ›verheizt‹ und brennen aus. Gläubige bleiben fern, wenn ihnen nicht zugetraut wird, Mitverantwortung zu übernehmen und sich in demokratischeren Strukturen an der Leitung ihrer Gemeinde zu beteiligen. Das kirchliche Amt muss dem Leben der Gemeinden dienen – nicht umgekehrt. Die Kirche braucht auch verheiratete Priester und Frauen im kirchlichen Amt.

3. Rechtskultur: Die Anerkennung von Würde und Freiheit jedes Menschen zeigt sich gerade dann, wenn Konflikte fair und mit gegenseitigem Respekt ausgetragen werden. Kirchliches Recht verdient diesen Namen nur, wenn die Gläubigen ihre Rechte tatsächlich geltend machen können. Rechtsschutz und Rechtskultur in der Kirche müssen dringend verbessert werden; ein erster Schritt dazu ist der Aufbau einer kirchlichen Verwaltungsgerichtsbarkeit.

4. Gewissensfreiheit: Der Respekt vor dem individuellen Gewissen bedeutet, Vertrauen in die Entscheidungs- und Verantwortungsfähigkeit der Menschen zu setzen. Diese Fähigkeit zu unterstützen, ist auch Aufgabe der Kirche; sie darf aber nicht in Bevormundung umschlagen. Damit ernst zu machen, betrifft besonders den Bereich persönlicher Lebens-

entscheidungen und individueller Lebensformen. Die kirchliche Hochschätzung der Ehe und der ehelosen Lebensform steht außer Frage. Aber sie gebietet nicht, Menschen auszuschließen, die Liebe, Treue und gegenseitige Sorge in einer gleichgeschlechtlichen Partnerschaft oder als wiederverheiratete Geschiedene verantwortlich leben.

5. Versöhnung: Solidarität mit den ›Sündern‹ setzt voraus, die Sünde in den eigenen Reihen ernst zu nehmen. Selbstgerechter moralischer Rigorismus steht der Kirche nicht gut an. Die Kirche kann nicht Versöhnung mit Gott predigen, ohne selbst in ihrem eigenen Handeln die Voraussetzung zur Versöhnung mit denen zu schaffen, an denen sie schuldig geworden ist: durch Gewalt, durch die Vorenthaltung von Recht, durch die Verkehrung der biblischen Freiheitsbotschaft in eine rigorose Moral ohne Barmherzigkeit.

6. Gottesdienst: Die Liturgie lebt von der aktiven Teilnahme aller Gläubigen. Erfahrungen und Ausdrucksformen der Gegenwart müssen in ihr einen Platz haben. Der Gottesdienst darf nicht in Traditionalismus erstarren. Kulturelle Vielfalt bereichert das gottesdienstliche Leben und verträgt sich nicht mit Tendenzen zur zentralistischen Vereinheitlichung. Nur wenn die Feier des Glaubens konkrete Lebenssituationen aufnimmt, wird die kirchliche Botschaft die Menschen erreichen.

Der begonnene kirchliche Dialogprozess kann zu Befreiung und Aufbruch führen, wenn alle Beteiligten bereit sind, die drängenden Fragen anzugehen. Es gilt, im freien und fairen Austausch von Argumenten nach Lösungen zu suchen, die die Kirche aus ihrer lähmenden Selbstbeschäftigung herausführen. Dem Sturm des letzten Jahres darf keine Ruhe folgen! In der gegenwärtigen Lage könnte das nur Grabesruhe sein. Angst war noch nie ein guter Ratgeber in Zeiten der Krise. Christinnen und Christen sind vom Evangelium dazu aufgefordert, mit Mut in die Zukunft zu blicken und – auf Jesu Wort hin – wie Petrus übers Wasser zu gehen: ›Warum habt ihr solche Angst? Ist euer Glaube so klein?‹«[93]

[**J.**] Ich zweifle, ob das Memorandum die Verantwortlichen in der Kirche zu Veränderungen ermutigt. Die Schilderung der Probleme ist dafür zu schlagwortartig, auch zu einseitig, Begründungen für die Reformen werden kaum erwähnt. Zum anderen kommt nicht allen Forderungen des Memorandums die gleiche Bedeutung für die Weiterentwicklung der Kirche zu. Hier sehe ich einen Mischmasch von unterschiedlichen Interessen, die sich artikuliert haben.

[**H.**] Das ist zum einen sicherlich der notwendigen Kürze geschuldet. Aber andererseits, wie sonst hätten die Autoren aufrütteln können, gerade auch die Verharrenden, die Vorsichtigen, die Selbstgerechten, diejenigen, die den Eindruck machen, als wären die Beschlüsse des Zweiten Vatikanischen Konzils unliebsame Vergangenheit?

Gut ist die große Anzahl an Theologieprofessoren, welche mutig ein eindeutiges Signal geben zum Aufbruch und damit zur Hoffnung. Und das zu einem Zeitpunkt, an welchem die Glaubwürdigkeit unserer Amtskirche so zerstört worden ist wie seit Jahrhunderten nicht mehr!

[**J.**] Dieses Memorandum kommt aber auch so manchem gelegen, der sich bei den Amtsträgern durch plumpe Polemik zu profilieren versucht. Besonders aus der konservativen Ecke sind mir da eher peinliche Kommentare bekannt geworden. Schlagworte wie beispielsweise »Phrasenparade«, »Mottenkiste liberaler Kirchenkritik«, »Etikettenschwindel«, »konservatives Beharren auf anachronistische[n] Positionen«[94] disqualifizieren meiner Ansicht nach zwar vorrangig den Schreiber, schaden jedoch auch dem Anliegen derjenigen, die begründete Kritik an diesem Memorandum erheben. Zu diesen gehören beispielsweise auch die Autoren und die bislang über 14.000 Unterzeichner der Petition »Pro Ecclesia« vom 8. Februar 2011. Deren Wortlaut heißt:

»Für die Kirche und den Glauben in unserem Land haben wir, die Unterzeichner, diese Petition verfasst. Wir legen sie vor, um zu bekräftigen, dass der Glaube an den Dreifaltigen

Gott, wie ihn uns die Apostel und ihre Nachfolger überliefert haben, lebendig ist.

Nachdem sich einige Spitzenpolitiker der CDU vor wenigen Wochen mit einem Offenen Brief an die Bischöfe gewandt haben, haben nun über 200 Theologieprofessoren ein Memorandum mit ähnlichen und noch weiter gehenden Forderungen unterzeichnet.

Wir wollen darauf ebenfalls öffentlich antworten und mit dieser Petition an unsere Bischöfe dem verzerrten Bild von der Kirche in der Öffentlichkeit entgegentreten.

Diese Forderungen an die Bischöfe fügen der Kirche großen Schaden zu. Gläubige werden verunsichert, getäuscht und in die Irre geführt. Diesem unredlichen Verhalten von Theologen und Politikern treten wir entgegen, indem wir uns deutlich und vernehmbar an die Seite unserer Bischöfe stellen und unsere Einheit mit dem Heiligen Vater, Papst Benedikt XVI., bekunden. Darum richten wir an Sie, liebe Bischöfe, die folgenden Bitten:

1. Treten Sie bitte diesen Forderungen von Politikern, Theologieprofessoren, Pressevertretern und anderen mit aller Entschiedenheit entgegen. Die Katholiken, die sich in ihrem Alltag fortwährend mit solchen Anwürfen konfrontiert sehen, brauchen den sicht- und hörbaren Beistand ihrer Hirten.

2. Bitte geben Sie den Priestern und Priesteramtskandidaten ein deutliches Signal der Unterstützung, dass der Zölibat, die Lebensform, auf die sie sich vorbereiten oder die sie gewählt haben, kein altmodisches Auslaufmodell, sondern die dem Priester angemessene Lebensform ist. Gerade jetzt, in dieser schweren Zeit, brauchen die Priester den Rückhalt ihrer Bischöfe.

3. Stellen Sie bitte als Hirten sicher, dass Forschung und Lehre an den Theologischen Fakultäten und Instituten bei allem Respekt vor der notwendigen Freiheit der Wissenschaft im Einklang mit der Lehre der Kirche erfolgt. Wir brauchen Dozenten und Professoren, die den Glauben intellektuell redlich untermauern und unserer säkularisierten Gesellschaft auch im wissenschaftlichen Diskurs an den Universitäten etwas zu sagen haben.

4. Zeigen Sie sich bitte auch für die Studentinnen und Studenten in allen Bereichen der Theologie (Priesteramtskandidaten, Lehramtsanwärter, angehende Pastoral- und Gemeindereferenten) verantwortlich. Geben Sie ihnen durch Bestellung geeigneter Seelsorger ein deutliches Signal, dass ein Theologiestudium nur mit der Kirche – niemals aber gegen die Kirche – sinnvoll sein kann.

5. Halten Sie bitte die Liturgie in Ihrem Bistum im Blick. Sorgen Sie dafür, dass liturgische Experimente beendet werden. Wir Gläubigen haben ein Recht auf eine Liturgie, wie sie in den Riten der Kirche festgelegt ist. Der Priester ist nicht Herr der Liturgie, sondern ihr Diener. Liturgie ist Ausdruck der Einheit der Kirche. Wer die Einheit des Betens der Kirche aufkündigt, bringt die Einheit der Kirche selbst in Gefahr.

6. Geben Sie bitte ein deutliches Bekenntnis zu Ehe und Familie im Sinne der Kirche. Bei allem Respekt vor der Entscheidung des Einzelnen, andere Lebensformen zu wählen, soll aber in der Gesellschaft deutlich werden, dass die christliche Ehe ein Sakrament ist. Gleichgeschlechtliche und nichteheliche Partnerschaften können der Ehe niemals gleichgestellt sein.

7. Der angekündigte Dialog darf kein Dialog zwischen den obersten Etagen von Elfenbeintürmen sein. Es ist eine gute Sache, miteinander zu reden. Doch die Grundfesten der Kirche dürfen im Dialog nicht zur Disposition gestellt werden.

Wir legen Ihnen diese Bitten vor und sind der festen Überzeugung, bei Ihnen, wie der Volksmund sagt, offene Türen einzurennen. Dennoch haben wir diese Bitten an Sie formuliert, um unsere Solidarität mit Ihnen, den Priestern in unseren Gemeinden und gläubigen Katholiken im Land deutlich zu machen. Es ist nicht unsere Absicht, Unerfüllbares zu verlangen. Die Wirklichkeit, die das Leben der Kirche in unserem Land prägt, ist auch uns sehr wohl bewusst. Nehmen Sie diese Petition als Ausdruck unserer Sorge entgegen. Wir versichern Sie unseres Gebetes für Ihr schweres Hirtenamt in dieser Zeit.«[95]

[**H.**] Ist das ein Kontrastprogramm zum Memorandum der Theologieprofessoren?

[**J.**] Ja und Nein! Denn aus der Aktion des Memorandums und der Reaktion der Petition kann man auch einiges Gemeinsames herauslesen; zum Beispiel den deutlichen Hinweis an die Bischöfe, den Elfenbeinturm zu verlassen und in Zusammenarbeit mit den Theologen und Gläubigen neue Strukturen, neue Grundlagen für die Glaubensausübung zu finden, ohne die Grundfesten der Kirche zu verlassen!

[**H.**] Das benötigt, zuallererst selbstkritisch zu erarbeiten, was zu diesen Grundfesten gehört und was nicht!

[**J.**] So empfinde ich es auch. Zu hoffen ist, dass diese Gemeinsamkeit von den Bischöfen als Anstoß gesehen wird, Reformen einzuleiten.

[**H.**] Das ist fraglich. Denn der Sprecher der deutschen Bischöfe, Pater Hans Langendörfer, antwortete:

> »Mit ihrem Memorandum wollen zahlreiche Professorinnen und Professoren der Katholischen Theologie zum Gespräch über die Zukunft von Glauben und Kirche in Deutschland beitragen. Zu diesem Gespräch haben die deutschen Bischöfe eingeladen. Es benötigt anregende und weiterführende Einsichten und Überlegungen. Es ist ein gutes Signal, dass sich auch die Unterzeichner daran beteiligen wollen. Seit über zwanzig Jahren gibt es einen strukturierten Dialog der deutschen Bischöfe mit den Fachleuten der verschiedenen Fächer der Theologie. Er hat sich bewährt und ist für beide Seiten vorteilhaft.
>
> Das Memorandum trägt im Wesentlichen häufig diskutierte Ideen nochmals zusammen. Insofern ist es nicht mehr als ein erster Schritt. In einer Reihe von Fragen steht das Memorandum in Spannung zu theologischen Überzeugungen und kirchlichen Festlegungen von hoher Verbindlichkeit. Die entsprechenden Themen verlangen dringend eine weitere Klärung. Man benötigt ja mehr als nur ein Entgegenkommen der Bischöfe, um den in der Tat schwierigen Herausforderungen der Kirche in Deutschland zu begegnen.

Die Kirche in Deutschland sucht mit neuer Lebendigkeit danach, wohin sie ihr Pilgerweg heute führt. Fehler und das Versagen der Vergangenheit sollen, genauso wie die Defizite und Reformerfordernisse der Gegenwart, besprochen und anerkannt werden. Sperrigen Themen ist dabei nicht zu entkommen. Angst ist in der Tat kein guter Ratgeber. Im Dialog dürfen akademische Weitsicht und intellektueller Scharfsinn, die eine besondere Chance der akademischen Theologie sind, nicht fehlen. Die kommende Vollversammlung der Deutschen Bischofskonferenz will ihrerseits Vorschläge erarbeiten, die hoffentlich anregend und weiterführend sein werden.«[96]

[**J.**] Dieser Kommentar kann durchaus verstanden werden als eine Befürwortung des Memorandums, als eine Erklärung, die Dringlichkeit einer grundlegenden Reform der Kirche erkannt zu haben und diese zügig in Angriff nehmen zu wollen!

[**H.**] Oder auch als ein wortgewandtes Vertagen, ein »auf die lange Bank schieben«, ein diplomatisches Ausweichen, weil das mutige Eintreten für Reformen für einen Bischof recht unangenehm werden könnte.

[**J.**] Wir werden es sehen! Auf jeden Fall soll nun keiner in der Amtskirche später einmal sagen, die geschilderten Probleme hätten nicht existiert, oder die Lösungsvorschläge wären nicht problemorientiert, nicht eine Grundlage für das Ringen um konkrete Beschlüsse gewesen!

[**H.**] Wie immer gilt auch hier: »An ihren Früchten sollt ihr sie erkennen.« [Mt 7,16] Denn die Zeit drängt. Jedes weitere Zögern, jedes Beharren in den alten Zuständen, jedes Verleugnen der Zustände unserer Kirche, jede pauschale Ablehnung der Vorschläge der mutigen Theologen lässt unsere Kirche weiter in die Tiefe sinken!

[**J.**] Aber es gibt bereits Widerstand auch unter den Bischöfen. In der Verlautbarung der »freien katholischen Enzyklopädie« heißt es:

»Der Kölner Kardinal Joachim Meisner wirft den Theologen vor, dass sie sich gegen das Naturrecht stellen: ›Wo leben die denn?‹ Heinz Josef Algermissen, der Bischof von Fulda, sagte, dass kein sentire cum ecclesia [Mitempfinden mit der Kirche; H.-H. S.] bei dieser Erklärung vorliege. Bischof Felix Genn [Münster] hat am 11. Februar eine klare Ablehnung der Erklärung veröffentlicht und klargestellt. Unter anderem lehnte er die ›Frauenweihe‹ mit Verweis auf das lehramtliche Nein von Papst Johannes Paul II. ab. ›Dies ist für die kirchliche Lehrverkündigung und die damit Beauftragten verbindlich‹, so Genn wörtlich.«[97]

[**H.**] Sind diese Bischöfe wirklich davon überzeugt, dass ihre Aussagen zeigen könnten, dass sie fähig wären, die tiefsitzenden Probleme der Amtskirche zu erkennen, geschweige denn zu lösen, dass ihre Aussagen für ihr »Mitempfinden«, ihre Glaubenstiefe, Einsicht, Seelsorge und Verantwortung für die gesamte Kirche als lebender Christus auf Erden sprechen?

[**J.**] Du machst es Dir mit der Kritik zu leicht. Wenn man der Tradition verhaftet ist, sie sogar als einen wesentlichen Bestandteil der Entwicklung des eigenen Lebens und seines Glaubens verinnerlicht hat und wenn man zugleich absoluten Gehorsam geschworen hat, dann sind die Hürden hoch, wird es schwer, Fehlentwicklungen, und seien sie auch noch so groß, im Fortleben der Tradition zu erkennen oder Freiheitsräume für Veränderungen gewahr zu werden, geschweige denn zu nutzen.

Lies beispielsweise den Kommentar von Walter Kardinal Kasper zum Memorandum:

»Das Memorandum deutscher katholischer Theologinnen und Theologen ›Ein notwendiger Aufbruch‹ lässt aufhorchen. Denn kein vernünftiger Mensch und kein wacher Christ wird bestreiten, dass die katholische Kirche in Deutschland einen Aufbruch bitter nötig hat und dass die Dinge nicht einfach so weiter gehen können, wie sie sich im Augenblick darstellen. Die Phänomene der Krise sind allzu deutlich. Niemand kann auch ernsthaft bestreiten, dass den Lehrerinnen und Lehrern der Theologie in dieser Situation eine besondere Verantwortung zukommt und dass sie sich dazu zu Wort melden können und sollen.

Als einer, der selbst fast dreißig Jahre lang im akademischen Dienst tätig war – und das sehr gerne – und der diesem wichtigen Dienst mit dem Herzen und mit dem Verstand auch seither verbunden geblieben ist, muss ich aber offen sagen, dass mich das Memorandum maßlos enttäuscht hat. Es hat mich deshalb enttäuscht, weil ich mir von Theologen mehr, nämlich einen substanziellen theologischen Beitrag erwartet hätte. Den brauchen wir, aber den finde ich in dem Memorandum nicht.

Ich frage mich nämlich, wie man als Theologe, und das heißt als Wissenschaftler der rational verantwortet von Gott reden soll, von der gegenwärtigen Situation und ihren Nöten sprechen kann, ohne das zu nennen, was Johann Baptist Metz schon vor Jahren die Gotteskrise genannt hat. Statt dessen bleibt das Memorandum in einer von ihm selbst voll zu Recht kritisierten Selbstbeschäftigung stecken. Glauben denn die Unterzeichner im Ernst, dass die Kirchenfragen die existenziellen Fragen der Menschen heute sind? Oder ist es nicht eher umgekehrt, dass nämlich die Kirchenkrise eine Folge der Gotteskrise ist? Das gilt auch von den schrecklichen und beschämenden Missbrauchsfällen, die nochmals erwähnt werden und die wir gewiss nicht totschweigen dürfen.

Die Unterzeichner fordern mit Recht einen offenen Dialog. Doch dazu hätte ich gerne ihren theologischen Beitrag gehört. Aber was sie in ihrem Memorandum in den Dialog einbringen, ist alles längst bekannt und von vielen anderen Gruppierungen schon fast bis zum Überdruss gesagt. Deshalb habe ich aufgehorcht, als sie von der Freiheitsbotschaft des Evangeliums sprachen. Ich dachte: Ja, das wär's. Aber was dann folgt, sind Menschen- und Freiheitsrechte, die wichtig sind, über die aber in unserer freiheitlichen Gesellschaft auch ohne theologisches Zutun Konsens herrscht. Dass sie auch in der Kirche gelten müssen, ist für mich selbstverständlich. Das Evangelium von der Freiheit, wie Paulus es verstand, hat aber weit mehr und anderes zu sagen, das gerade heute für den Umgang mit Erfahrung von unverschuldetem Leid, himmelschreiendem Unrecht, Gewalt, Einsamkeit, Schuld, Tod hilfreich wäre. Doch eine ernsthafte theologische Argumentation, welche von der Freiheit des Evangeliums ausgeht, suche ich in dem Memorandum vergebens.

Damit will ich mich nicht vor den konkreten Fragen drücken. Gefordert werden unter anderem verheiratete Priester, Frauen im kirchlichen Amt und Anerkennung gleichgeschlechtlicher Partnerschaften. Das alles sind Anliegen, welche nicht nur in der katholischen Kirche, sondern auch in der weltweiten Ökumene lebhaft diskutiert und großenteils auch praktiziert werden. Wie bekannt ist, habe ich in den letzten zehn Jahren reichlich Gelegenheit gehabt, mich dazu weltweit in anderen Kirchen umzusehen und Erfahrungen zu sammeln.

Deshalb frage ich mich, wie es denn sein kann, dass es der deutschen katholischen Theologenschaft offenbar verborgen geblieben ist, dass Kirchen, welche sich für die Frauenordination und für die Anerkennung gleichgeschlechtlicher Partnerschaften entschieden haben, gerade deswegen in einer viel tieferen Krise stecken als die katholische Kirche in Deutschland; sie stehen teilweise am Rande der Spaltung oder haben sich bereits gespalten. Und bei aller Hochachtung und Freundschaft mit den evangelischen Kirchen in unserem Land, die alle diese Forderungen längst erfüllt haben, darf man doch fragen, ob sie denn besser dastehen, wenn es um die alles entscheidende Frage, die Bezeugung des Glaubens in der Welt von heute geht.

Die Zölibatsfrage ist, wie die Historiker besser wissen als ich, geschichtlich gesehen heute nicht zum ersten Mal ein heißes Eisen. Bekanntlich habe ich mich zusammen mit anderen Theologen vor etwa vierzig Jahren dafür eingesetzt, dass diese Frage überprüft wird. Was offensichtlich aber weniger bekannt ist, ist die Tatsache, dass diese Überprüfung in der Tat stattgefunden hat. Die Frage ist international exegetisch wie historisch mit Ergebnissen diskutiert worden, die es seriöser Weise wissenschaftlich nicht mehr erlauben, die alten Argumente einfach zu wiederholen. Nicht weniger als drei ›Weltbischofssynoden‹ haben sich mit der Frage befasst und darüber mit überwältigenden Mehrheiten abgestimmt. Wenn man, wie es zu Recht geschieht, eine Rechtskultur verlangt, dann gehört dazu auch, dass man, wie es im weltlichen Bereich selbstverständlich ist oder zumindest sein sollte, keine lähmende Dauerdiskussion führt, sondern Entscheidungen auch dann anerkennt, wenn man selbst vielleicht eine andere Lösung bevorzugt hätte.

Da ich zehn Jahre lang Bischof einer großen Diözese war, weiß ich selbstverständlich um die Not und um die Erosion vieler Gemeinden. Aber es zeugt von purem Provinzialismus, zu meinen, dieses Problem bestehe nur in Deutschland und es lasse sich auf dem Weg einer deutschen Sonderregelung lösen. Jeder, der schon in westeuropäischen Nachbarländern unterwegs war, von Lateinamerika, Afrika und Asien ganz zu schweigen, weiß ganz anderes zu sagen. In ganz Europa sind wir Zeugen eines rapiden soziologischen und demographischen Wandels, bei dem nur ein hoffnungs- und zukunftsloser falscher Konservativismus meinen kann, bisherige Pfarreistrukturen mit viri probati künstlich am Leben halten zu können. Dass auch die in den deutschen Diözesen gegenwärtig praktizierte Lösung mit großflächigen Pfarreieinheiten nicht das letzte Wort sondern nur eine für die Priester wie für die Gemeinden stressige Übergangslösung sein kann und die entsprechenden Pastoralpläne schon bald Makulatur sein werden, sei nur nebenbei erwähnt.

Mehr zukunftsträchtige Phantasie und Blick über den deutschen Tellerrand hinaus könnten weiterhelfen. Da stellen sich Fragen an die Art der dem wirklichen Leben der Kirche weithin entfremdeten theologischen Ausbildung, an Religionsunterricht und die bei uns daniederliegende Katechese (wozu ich in den USA und in Italien nachahmenswerte Beispiele finde), zu neuen Seelsorgestrukturen (in Frankreich gibt es dazu interessante Initiativen) und reicht bis zum persönlichen von Freude geprägten Glaubenszeugnis und nicht zuletzt, was man als Theologe ja wohl auch sagen darf, zum Gebet.

Damit komme ich zum Schluss auf das theologische Grundproblem, das ich in dem Memorandum so vermisst habe, auf die Gotteskrise zurück. Der Zölibat lässt sich nur begründen, wenn ich alles auf die eine Karte – Gott und sein Reich – setze. In jedem anderen Fall muss man den zölibatär Lebenden für verrückt erklären. Die Gotteskrise hat jedoch nicht nur zur Zölibatskrise, sondern zur Gläubigen- und Gemeindekrise geführt. Wenn in Deutschland im Schnitt der Prozentsatz regelmäßiger Kirchgänger seit 1950 um über zwei Drittel zurückgegangen ist, dann ist das für mich eine Zahl, die längst aufrütteln müsste und die den wirklichen Grund dessen aufzeigt, was man den Priestermangel nennt. Radikal kann ich nur die Lösung nennen, die an dieser radix, an dieser Wurzel ansetzt und, statt oberflächlich an der Stellschraube Zölibat zu drehen, sich für eine radikale Glaubenserneuerung einsetzt.

Dafür sind wir dringend auch auf theologischen Sachverstand angewiesen. Die theologischen Kolleginnen und Kollegen sind herzlich eingeladen, dazu nach Kräften mitzuhelfen.«[98]

Ich sehe in diesem Artikel nicht die geringste Andeutung eines Zweifels, ob der vom Vatikan eingeschlagene Weg, ob die vergangenen Entscheidungen der Bischöfe zu den sich zunehmend verschärfenden aktuellen Problemen der Kirche, angesprochen im Memorandum, nicht doch fehlerhaft, wenn nicht sogar vollkommen falsch sein könnten.

[**H.**] Das ist leider auch mein Eindruck! In dem Kommentar von Kardinal Kasper sehe ich keinen Hinweis, die Gründe für die drastische Priesterarmut, für das Verwaisen der Kirchengemeinden, für den Zweifel an der Glaubwürdigkeit der Amtskirche, für die religiöse Verarmung unserer Jugend, für die zunehmende Ablehnung unserer Kirche im Verhalten und in den bisherigen Entscheidungen der Amtsträger zu suchen. Darüber hinaus kann ich keinen einzigen konkreten Gegenvorschlag zu den wesentlichen Forderungen des Memorandums erkennen.

[**J.**] Gegenvorschläge würden bedeuten, neue Wege zu wagen. Damit setzt man sich der Gefahr aus, sich gegen den Strom der Gehorsamen, der Schmeichler, der Vertuschenden oder der Selbstgerechten in den eigenen Reihen zu stellen. Solche mutigen Menschen sind äußerst selten, nicht nur in der Amtskirche, sondern in jeder wie immer gearteten Organisation.

[**H.**] Ich habe große Zweifel, dass sich in der Kirche solch ein Bischof finden wird. Denn wie werden Bischöfe in ihr Amt berufen? Eben weil sie sich als gehorsam und unterwürfig erwiesen haben. Sie werden eingesetzt, damit sie die bestehende Struktur der Kirche lobpreisen, ihr Amt als Teil der Kirche verherrlichen oder verherrlichen lassen und das vermeintliche und tatsächlich Böse außerhalb der Kirche anprangern!

[**J.**] Das ist die in sie gesetzte Erwartung, damit ihre amtskirchliche Pflicht!

[**H.**] Aber diese Pflicht auszuüben tut in der freiheitlichen Welt nicht weh, ist nicht besonders mutig! Und innerhalb der Amtskirche fördert es die Karriere.

Wo soll – angesichts des bestehenden Auswahlprinzips für Bischöfe – der Mut herkommen, den ewig Gestrigen, den Selbstgerechten in den eigenen Reihen zu widersprechen? Wo soll die Kraft herkommen, das Böse gerade innerhalb der Kirche mit Worten zu nennen, das kanonische Recht dort, wo notwendig, der Wirklichkeit anzugleichen, überholte Traditionen der Kirche über Bord zu werfen? Wo soll die Weisheit wachsen, die eigene Veranlagung und Prägung nicht als Maßstab für andere Menschen zu verwenden? Woher soll die innere Freiheit kommen, in der Kirche neue Wege zu wagen?

Wo soll die Stärke herkommen, zu bekennen, wo man bislang geirrt hat?

Solch ein Mut, solch ein Weg birgt Risiken in sich, den öffentlichen Tadel durch die Kurie, den Karriereknick, die Amtsenthebung oder den Entzug der Lehrbefugnis; das Risiko, im wahrsten Sinne des Wortes einen Kreuzweg gehen zu müssen.

[**J.**] Vielleicht tun sich die Nachfolger der Apostel damit besonders schwer!

[**H.**] Wie schwer, kann man dem Kommentar von Walter Kardinal Kasper entnehmen. Für mich ist es eine der hilflosesten Botschaften im Zusammenhang mit den aktuellen Reformbemühungen. Etwas polemisch zusammengefasst, schreibt Walter Kardinal Kasper, die Autoren des Memorandums fordern Änderungen, welche die Amtskirche schon längst und wiederholt abgelehnt hat. Statt solcher Forderungen sollten sich die Autoren des Memorandums lieber für eine Erneuerung des Glaubens und für ein verstärktes Beten einsetzen.

[**J.**] Die Erneuerung des Glaubens ist doch nun wirklich ein erstrebenswertes Ziel!

[**H.**] Aber wie soll diese stattfinden, wenn die sinkende Glaubwürdigkeit der Kirchenleitung ein wesentliches, wenn nicht sogar das größte Hindernis für diese Erneuerung des Glaubens darstellt!

[**J.**] Deine Bemerkung ist mir zu schlagwortartig, zu polemisch! Andererseits, die sinkende Glaubwürdigkeit der Amtskirche ist sicherlich unstrittig. Die Frage ist nur, wie diese Glaubwürdigkeit wiederhergestellt werden kann!

[**H.**] Dazu muss man eine ehrliche Ursachenforschung betreiben. Meiner Ansicht nach hat unsere Kirche eben nicht so sehr durch die böse Welt, sondern weitaus mehr durch die zunehmende Erstarrung der Gedanken- und Glaubenswelt der Amtsträger, durch deren Fehlentscheidungen und durch das Fehlverhalten vieler Bischöfe in dramatischer Weise Schaden genommen!

Ohne die Korrektur dieser Fehlentwicklungen, ohne drastische, schmerzhafte Reformen der Entscheidungsfindung in der Amtskirche, ohne ein Überarbeiten mancher Lehrmeinungen im Licht der wissenschaftlichen Erkenntnis wird die Glaubwürdigkeit der Kirche noch weiter absinken, werden immer weniger Jugendliche den Drang verspüren, die Grundzüge unseres Glaubens kennenzulernen und werden immer weniger Priester geweiht werden, welche den Jugendlichen diese Grundzüge vermitteln könnten! Woher sonst sollte eine Erneuerung des Glaubens kommen als durch eine Zunahme von Priestern? Wie sonst sollte die Zahl guter Priester zunehmen als durch Abschaffung des Zwangszölibates und durch die Zulassung von Frauen zur Priesterweihe?

[**J.**] Ich kann im Kommentar von Kardinal Kasper keine Alternative hierzu erkennen!

[**H.**] Ich leider auch nicht! Ich frage mich: Glaubt Kardinal Kasper wirklich, dass seine Haltung, es bleibt alles beim Alten, weil die Alten in der Kirchenleitung es so entschieden haben, einen suchenden Menschen davon überzeugen könnte, dass die Kirche sich reformieren, wieder an Glaubwürdigkeit zunehmen könnte?

[**J.**] Aber ohne diese Amtsträger in der Kirche wird kein Mensch je eine Erneuerung in der Kirche erreichen können. Somit gilt es, beide Seiten zu überzeugen, die Unterzeichner des Memorandums von der Notwendigkeit der Zusammenarbeit mit den Amtsträgern und die Amtsträger nicht nur von der Notwendigkeit für einschneidende Reformen in der Kirche, sondern auch davon, dass die Unterzeichner würdige und kompetente Partner für die Planung dieser Reformen sind und ihre Forderungen ernst genommen werden müssen. Wie sagte Bedford-Strohm: »Kritik ist der größte Dienst, den Theologie der Kirche erweisen kann, denn das hilft ihr, sich zu bewegen und zu erneuern!«[99]

[**H.**] Richtig! Ansonsten ist zu befürchten, dass alle Anstrengungen in Sackgassen enden. Nur durch eine Zusammenarbeit aller Seiten können die wirklich wichtigen und dringlichen Reformvorhaben benannt und angestoßen werden. Hier wäre hilfreich gewesen, wenn Amtsträger wie Kardinal Kasper nicht nur auf die im Memorandum bestehenden Lücken hingewiesen, sondern diese auch mit konkreten Reformvorschlägen ausgefüllt hätten!

[**J.**] Vielleicht erfolgt dieses bereits hinter den Kulissen. Denn trotz aller begründeten Zweifel an der Reformfähigkeit der Kirche hoffe ich auf Veränderungen, und meine Hoffnungen überwiegen meine Zweifel. Meine Hoffnung ist begründet durch das Vertrauen in Christi Worte:

> »Weiter sage ich euch: Alles was zwei von euch auf Erden gemeinsam erbitten, werden sie von meinem himmlischen Vater erhalten. Denn wo zwei oder drei in meinem Namen versammelt sind, da bin ich mitten unter ihnen.« [Mt 18,19–20]

Es ist auch begründet durch die Kirchengeschichte. In den gut 2000 Jahren seit Christi Geburt hat die Fügung Gottes immer wieder Menschen ausgewählt, die in der Lage waren, Erstarrung wie auch Verwahrlosung gerade auch in der Amtskirche durch mutige Reformen zu beheben. Nur hierdurch hat die Kirche überleben können. Vielleicht ist der Mut der großen Zahl von Theologen, welche das Memorandum unterschrieben haben und damit versuchen, die erstarrte Kirche aufzurütteln, wieder einmal ein solcher Anstoß.

[**H.**] Ich vertraue auf den Veränderungsdruck, den die derzeitige Lage der Kirche auf die Verantwortlichen ausübt, die zunehmende Priesterarmut, den Mangel an Glaubwürdigkeit durch das zum Teil krasse Versagen bei nicht wenigen Amtsträgern und den Mut und die Entschlossenheit zu Veränderungen bei vielen Gläubigen. Hier sehe ich durchaus den Geist Gottes am Werk.

[**J.**] Eigentlich hatten bereits die Konzilsväter des Zweiten Vatikanischen Konzils die Einsicht in die Notwendigkeit von

Veränderungen. Hier heißt es sehr demütig in der Pastoral-konstitution »Gaudium et Spes« Kap. 43:

> »Auch in unserer Zeit weiß die Kirche, wie groß der Abstand ist zwischen der von ihr verkündeten Botschaft und der menschlichen Armseligkeit derer, denen das Evangelium anvertraut ist. Wie immer auch die Geschichte über all dies Versagen urteilen mag, wir selber dürfen dieses Versagen nicht vergessen, sondern müssen es unerbittlich bekämpfen, damit es der Verbreitung des Evangeliums nicht schade. Die Kirche weiß auch, wie sehr sie selbst in ihrer lebendigen Beziehung zur Welt an der Erfahrung der Geschichte immerfort reifen muß.«[100]

[**H.**] Der Protest, mit welchem die Weltöffentlichkeit auf die Aufhebung der Exkommunikation der Piusbruderschaft reagiert hat, die Abscheu, mit welcher die Vertuschung der durch Priester verübten Kinderschändungen gestraft wurde, der Austritt von zigtausenden von Priestern aus dem Priesterberuf, die drastische Abnahme von Priesterweihen in den Industrieländern, die traurige Zahl an Bischöfen, die sich durch ihre Worte und ihr Verhalten für ihr Amt disqualifiziert haben, die große und zunehmende Zahl an Kirchenaustritten, sind das alles nicht laute Weckrufe an die Amtskirche zur Reform aller ihrer Teile?

[**J.**] Sicherlich! Und ich sehe die Kirche bereits aufwachen! Sehe die zunehmende Erkenntnis, dass die Amtskirche die Pflicht hat, gerade auch durch ihr Tun fortlaufend zu beweisen, dass sie Christus nachfolgt.

[**H.**] Insekten mit ihrem Chitin-Panzer müssen sich häuten, ansonsten sterben sie im Stadium ihrer jeweiligen Entwicklung; Organismen mit einem Knochenskelett müssen dieses fortlaufend der Beanspruchung durch äußere Einflüsse anpassen und umbauen, ansonsten sind sie zu Siechtum und Tod verdammt.

Dieses Gesetz des Lebens gilt im Grundsatz auch für jede menschliche Organisation, so auch für die Kirche. Wenn deren Verantwortliche es versäumen, ihre Entscheidungsstruktur, ihre Lehrinstruktionen, das kanonische Recht und auch die Traditionen den neuen Erkenntnissen, der Wirklichkeit, den Notwendigkeiten anzupassen, wird Stillstand und Siechtum der Kirche die Folge sein.

## 4.4 Wird die Einheit verhindert?

[**H.**] In meinem Alltag nimmt die Ökumene bereits jetzt einen beträchtlichen Raum ein, teils geduldet vom jeweiligen Ortsbischof, teils in Form des Ungehorsams der Kirchenbasis. Und mit der weiter abnehmenden Zahl an Priestern ist abzusehen, dass das christliche Gemeindeleben zukünftig weitgehend durch die gelebte Ökumene bestimmt wird.

[**J.**] Das ist an sich nichts Schlechtes. Denn das griechische Wort »Oikumene« bedeutet »Erdkreis« im Sinne der gesamten bewohnten Erde. So versteht sich die katholische Kirche seit dem Konzil von Nicäa (325) als ökumenische, das heißt die gesamte Erde umspannende Kirche Christi. In diesem Sinne wurden ja auch die ökumenischen Konzilien einberufen.

[**H.**] Nicht nur die katholische Kirche, auch die evangelischen Kirchen haben sich die Ökumene auf die Fahne geschrieben. Dort wurde die ökumenische Bewegung offiziell anlässlich der ersten Weltmissionskonferenz im Jahre 1910 gestartet. Es folgte 1948 die Gründung des Ökumenischen Rates der christlichen Kirchen [ÖRK, Weltkirchenrat, World Council of Churches, WCC], an dem derzeit 349 Mitgliedskirchen in mehr als 120 Ländern teilhaben.

[**J.**] Die katholische Kirche zählt zwar sonderbarerweise nicht zu den Mitgliedern des ÖRK, sendet aber seit 1961 durch Verfügung von Papst Johannes XXIII. offizielle Beobachter zu den Vollversammlungen des ÖRK. Des Weiteren waren an allen Arbeitssitzungen des Zweiten Vatikanischen Konzils Vertreter der protestantischen und orthodoxen Kirchen zugelassen worden. Mit dem Ende des Zweiten Vatikanischen Konzils, d.h. seit 1965, besteht die Gemeinsame Arbeitsgruppe der katholischen Kirche und des ÖRK, welche dem Gespräch und der Beratung zwischen den beiden Kirchenorganisationen dient. So ist die katholische Kirche mittlerweile Vollmitglied in den Kommissionen »Glauben und Kirchenverfassung« und »Weltmission und Evangelisation« des ÖRK.[101]

[**H.**] Frauen haben an der ökumenischen Bewegung einen maßgeblichen Anteil, beispielsweise durch ökumenische Vereinigungen wie den »Weltgebetstag der Frauen [WGT]« mit 12 Mitgliedsverbänden, unter ihnen die »Katholische Deutsche Frauengemeinschaft [KFD]« und der »Katholische Deutsche Frauenbund [KDFB]« sowie die »Gemeinschaft Evangelischer Kirchen in Europa [GEKE, Community of Protestant Churches in Europe (CPCE), Communion d'Eglises protestantes en Europe (CEPE)]«.

[**J.**] Diese Entwicklung der Ökumene von ihrem Anfang etwa Mitte des 19. Jahrhunderts bis heute ist erfreulich. Papst Johannes XXIII. hatte einen maßgeblichen Anteil daran, war einer der stärksten Förderer.[102]

[**H.**] Mittlerweile erleben wir jedoch, dass nicht mehr die Amtskirchen die treibenden Kräfte für die Ökumene darstellen, sondern stattdessen die Laiengläubigen – am zunehmenden Ungehorsam der Kirchenbasis abzulesen. Es ist zu befürchten, dass Kirchenbasis und Amtskirche zunehmend auseinanderdriften werden, besonders innerhalb der katholischen Kirche.

[**J.**] Das mag stimmen. Die Verlautbarungen mancher Bischöfe sind der Ökumene nicht förderlich gewesen. Ich denke, dass bei denen die Angst vorherrscht, dass Priester zu sehr ökumenisch denken und handeln. So wächst die Zahl an Teilnehmern des gemeinsamen Abendmahles und die Teilnahme von Protestanten an der Eucharistie steigt an. Für so manchen Bischof, wie man den Äußerungen entnehmen kann, sind das reine Schreckensnachrichten.

[**H.**] Diese Angst wird die Entwicklung der Ökumene nicht bremsen können. Beispielsweise sehe ich als katholischer Christ überhaupt kein Problem darin, wenn evangelische Christen in unserer heiligen Messe zugegen sind und mit uns und in Kenntnis unseres Glaubens an der Eucharistie teilnehmen. Für mich gilt hier als Maßstab das Bewusstsein der Anwesenheit Christi. Ich hätte auch kein Problem, wenn unser Ortsbischof einem evangelischen Pfarrer die Fürsorge für eine verwaiste katholische Pfarrei auftragen würde. Besser ein evangelischer Pfarrer, als wie jetzt so häufig, überhaupt kein Priester und als Folge dessen die religiöse Vereinsamung der Gemeinden! Und warum sollte ein evangelischer Pfarrer nicht die Priesterweihe und ein katholischer Pfarrer nicht die Ordination durch die evangelische Kirche erhalten? Beide Maßnahmen sind für sich gesehen sinnvoll und gerechtfertigt und würden die Kirche als lebenden Christus auf Erden stärken.

Und als Zukunftsvision: ich hätte auch kein Problem damit, wenn ein katholischer Bischof, der sich als eitel und unfähig erwiesen hat, des Amtes enthoben und ins Kloster geschickt wird und stattdessen ein bewährter evangelischer Bischof vom Papst auf dessen Stelle berufen wird. Das Umgekehrte könnte gleichermaßen von den Berufungsgremien der evangelischen Kirche und in Abstimmung mit dem Papst stattfinden. Dies wäre ein ausgezeichnetes Verfahren, Personalprobleme beider Kirchen zu bereinigen.

[**J.**] Dein lästerndes Gedankenspiel dürfte die Ängste der Amtskirche nur verstärken. Denn eine solche Vorgehensweise entspricht sicherlich nicht dem derzeitigen Selbstverständnis der katholischen Kirche, gerade auch im Verhältnis zu anderen christlichen Kirchen! Dieses Selbstverständnis wurde jüngst durch die Erklärung »Dominus Iesus« der Glaubenskongregation dargelegt:

»Es gibt also eine einzige Kirche Christi, die in der katholischen Kirche subsistiert und vom Nachfolger Petri und von den Bischöfen in Gemeinschaft mit ihm geleitet wird. Die Kirchen, die zwar nicht in vollkommener Gemeinschaft mit der katholischen Kirche stehen, aber durch engste Bande, wie die apostolische Sukzession und die gültige Eucharistie mit ihr verbunden bleiben, sind echte Teilkirchen. Deshalb ist die Kirche Christi auch in diesen Kirchen gegenwärtig und wirksam, obwohl ihnen die volle Gemeinschaft mit der katholischen Kirche fehlt, insofern sie die katholische Lehre vom Primat nicht annehmen, den der Bischof von Rom nach Gottes Willen objektiv innehat und über die ganze Kirche ausübt.

Die kirchlichen Gemeinschaften hingegen, die den gültigen Episkopat und die ursprüngliche und vollständige Wirklichkeit des eucharistischen Mysteriums nicht bewahrt haben, sind nicht Kirchen im eigentlichen Sinn; die in diesen Gemeinschaften Getauften sind aber durch die Taufe Christus eingegliedert und stehen deshalb in einer gewissen, wenn auch nicht vollkommenen Gemeinschaft mit der Kirche. Die Taufe zielt nämlich hin auf die volle Entfaltung des Lebens in Christus durch das vollständige Bekenntnis des Glaubens, die Eucharistie und die volle Gemeinschaft in der Kirche.«[103]

[**H.**] Ich frage mich, warum das »gültige Episkopat« als Kriterium für »Kirche im eigentlichen Sinne« und für die Trennung zu den anderen christlichen Kirchen angesehen wird.

[**J.**] Unter »gültigem Episkopat« wird verstanden die vom Papst genehmigte Weihe eines Priesters zum Bischof durch einen Bischof.[104] Dieses gültige Episkopat scheint zurück bis zum 12. Jahrhundert historisch belegt, davor jedoch nicht eindeutig sicher zu sein. Im Konzil von Trient (1545–1563) wurden die Regeln für dieses gültige Episkopat festgeschrieben.[105]

In der evangelischen Kirche ist diese apostolische Sukzession durchbrochen worden durch Martin Luther, indem er im Jahre 1542 als Nichtbischof den Theologen Nikolaus von Amsdorf zum Bischof von Naumburg weihte.[106]

[**H.**] Ich halte die apostolische Sukzession als Begründung für die Kirchentrennung für vorgeschoben. Denn auch wenn man annimmt, dass von den Aposteln bis hin zu den heutigen Bischöfen der katholischen Kirche die Bischofsweihen jeweils durch Handauflegung erfolgt sind und wenn man diese apostolische Sukzession bei den Bischöfen der evangelischen Kirche zumindest in Deutschland nicht als gegeben ansieht, dürfte das vom Grundsatz her kein Hinderungsgrund für eine Vereinigung beider Kirchen sein. Denn beide Kirchen könnten ihre jeweiligen Bedingungen für die Wahl und die Ernennung von Bischöfen bei den Bischöfen der anderen Kirche erfüllen, die katholischen Bischöfe somit ihre evangelischen bischöflichen Kollegen durch Handauflegung mit Genehmigung des Papstes in die apostolische Sukzession aufnehmen. Damit wäre aus Sicht der katholischen Kirche der Bruch der apostolischen Sukzession in der evangelischen Kirche wieder geheilt. Wo ein Wille ist, wäre demnach auch ein Weg. Die Frage ist, gibt es diesen Willen überhaupt? Wenn ja, warum ist er nicht in die Erklärung »Dominus Iesus« eingeflossen?

[**J.**] Die Erklärung »Dominus Iesus« führt noch einen anderen wesentlichen Grund für die Trennung der Kirchen an, nämlich die »ursprüngliche und vollständige Wirklichkeit des eucharistischen Mysteriums«. Wie der Name schon sagt, ist die Eucharistie ein Geheimnis. Wir glauben, dass Christus durch das Sakrament in der Gestalt von Brot und Wein anwesend ist. Dieser Glaube trennt katholische Christen von den evangelischen Christen.

[**H.**] Warum eigentlich? Die Anwesenheit Christi in der Gestalt von Brot und Wein ist mit naturwissenschaftlichen Methoden nicht nachweisbar, übersteigt menschliche Vorstellungskraft, ist ein Geheimnis. Je mehr man versucht, sich in dieses Geheimnis hineinzuversetzen, dessen Tragweite zu verstehen, desto größer wird dieses Geheimnis. Je mehr man jedoch versucht, dieses Geheimnis mit Worten oder mit

Begriffen festzulegen, umso mehr schränkt man dessen Sinntiefe ein. Somit täte etwas mehr Bescheidenheit in der Deutung dieses sakramentalen Geheimnisses der Ehrfurcht vor diesem Sakrament gut. Und diese Ehrfurcht würde auch dazu führen, die Verpflichtung ernster zu nehmen, welche der Kirche durch den Kreuzestod Christi zugewachsen ist, nämlich im wahrsten Sinne des Wortes jeden Getauften, der an dieses Geheimnis der Gegenwart Christi glaubt, zur Eucharistie einzuladen.

[**J.**]  Diese Einladung würde auch kirchenrechtlich begründet sein. Denn wie heißt es im Codex des kanonischen Rechtes: »Can. 912 – Jeder Getaufte, der rechtlich nicht daran gehindert ist, kann und muß zur heiligen Kommunion zugelassen werden.«[107]

[**H.**]  Wo sind dann noch die grundsätzlichen Hürden einer nahen Gemeinschaft zwischen katholischen und evangelischen Christen?

[**J.**]  Die Hürden sehe ich in der mangelnden Bereitschaft beider Seiten zur Gemeinschaft. Zu lange, zu sehr wurde das Trennende betont und das Gemeinsame verschwiegen. Es braucht Zeit, bis das Bewusstsein für das Gemeinsame nicht nur bei den Laiengläubigen, sondern auch bei den Mitgliedern der Amtskirchen so weit gewachsen ist, dass es auch uneingeschränkt gelebt werden kann.

[**H.**]  Dieses Bewusstsein ist zwar eine notwendige, aber nicht hinreichende Voraussetzung. Zwingend notwendig ist der Wille zur Einigkeit. Wenn der sich entwickelt, gibt es auch einen Weg! Hier ist meiner Ansicht nach keine christliche Kirche, auch kein Papst frei in der Entscheidung! Christus hat die Einheit gewollt. Er betete zu Gottvater:

> »Aber ich bitte nicht nur für diese hier, sondern auch für alle, die durch ihr Wort an mich glauben. Alle sollen eins sein: Wie du, Vater, in mir bist und ich in dir bin, sollen auch sie in uns sein, damit die Welt glaubt, dass du mich gesandt hast. Und

ich habe ihnen die Herrlichkeit gegeben, die du mir gegeben hast; denn sie sollen eins sein, wie wir eins sind, ich in ihnen und du in mir. So sollen sie vollendet sein in der Einheit, damit die Welt erkennt, dass du mich gesandt hast und die Meinen ebenso geliebt hast wie mich.« [Joh 17,20–23]

[**J.**] Die heutige Wirklichkeit sieht leider noch etwas anders aus?

[**H.**] Auch ich bezweifle, dass die Amtskirchen dieser von Christus auferlegten Verpflichtung so gut wie möglich nachgekommen sind. Oder glaubt jemand wirklich, dass beispielsweise die Erklärung »Dominus Iesus« eine Einladung zur Gestaltung der Ökumene sei?

[**J.**] Ich denke, Deine Frage schießt über das Ziel hinaus. Sollte etwa der Papst die Unterschiede der katholischen Kirche zu den übrigen christlichen Kirchen nicht aufführen dürfen, nur der Einheit wegen? Das wäre doch Selbstverleugnung, welche keinem dienen würde. Nein, die Unterschiede müssen klar dargestellt werden, aber auch die Wege, diese Unterschiede zu überbrücken. Meiner Meinung nach fehlt es daran in der Erklärung »Dominus Iesus«.

[**H.**] Genau darin liegt die Schwäche. Der ehemalige katholische Theologieprofessor und Franziskaner Leonardo Boff, der sich gegen die Erstarrung der Kirche, für die Zuwendung für die Armen, gegen den Dogmatismus gewandt hat und dem gerade deswegen die Lehrbefähigung entzogen wurde, sagte kürzlich:

> »Aber die institutionelle Kirche – insbesondere unter diesem Papst – weist fundamentalistische Züge auf, wenn sie für sich reklamiert, dass nur sie die Kirche Christi sei und anderen Kirchen den Titel Kirche abspricht. Damit bringt sie zum Ausdruck, dass andere Religionen nicht zur Erlösung des Menschen fähig sind. Es ist die Wiederbelebung der mittelalterlichen Idee, wonach es außerhalb der Kirche keine Erlösung gibt. Das ist eine nicht zu überbietende Arroganz und beleidigt alle anderen.«[108]

[**J.**] Dieses Urteil halte ich für fragwürdig. Vielleicht ist es nur ein Ausdruck der verletzten Eitelkeit eines von der Amtskirche gemaßregelten Theologieprofessors.

[**H.**] Es liegt doch in der Hand der Kurie, allen voran des Papstes, durch ihre Taten und Entscheidungen die Antwort auf diese Frage zu liefern, den Vorwurf von L. Boff zu entkräften.

[**J.**] Wir werden es an der weiteren Entwicklung der Ökumene sehen: »An ihren Früchten sollt ihr sie erkennen.« [Mt 7,16]

[**H.**] Mich erinnert die Verlautbarung der Glaubenskongregation zur Ökumene in peinlicher Weise an Erfahrungen in der Wirtschaft, wenn die Aufsichtsräte zweier Firmen deren Fusion beschließen. Häufig werden dann von dem Management dieser beiden Firmen aus Angst vor dem Verlust von Posten, Macht und Einfluss Papiere über Papiere produziert, welche darstellen, dass eine solche Fusion dem Gründungsgedanken, der Firmenkultur, dem Selbstverständnis, den strategischen Zielen der eigenen Firma zuwiderlaufen würde. Für Außenstehende ist das meist ein klares Eingeständnis der eigenen Schwäche, der Zweifel an dem eigenen Wert.

[**J.**] Wie lösen Firmen dieses Problem? Wie könnte die Amtskirche diese Sackgasse vermeiden?

[**H.**] Im Regelfall beauftragen die Besitzer oder an deren Stelle die Aufsichtsräte der Firmen speziell in Fragen von Firmenfusionen geschulte Berater. Für die Kirche könnte man sich Ähnliches vorstellen, vielleicht sogar unter Einbezug der von der Kirche abgestraften kritischen Theologen.

[**J.**] Dieser Vorschlag klingt aber ziemlich weltfremd!

[**H.**] Es wäre aber ein enormer Schub in Richtung Glaubwürdigkeit. Andererseits, er ist genauso weltfremd wie die Hoffnung, dass unterwürfige Vertreter der Amtskirche, welche nur die allseits bekannten Sprüche zur Ökumene aufsagen, auch nur die geringste Reform in Richtung einer Einigung bewerkstelligen könnten!

[**J.**] Jetzt wirst Du aber arg polemisch! Aber ich gestehe zu, so unrecht hast Du nicht. Wie auch immer, die christlichen

Kirchen haben eine klare Verpflichtung. Wie ermahnte der Apostel Paulus die Gemeinde in Korinth:

> »Ich ermahne euch aber, Brüder, im Namen Jesu Christi, unseres Herrn: Seid alle einmütig und duldet keine Spaltungen unter euch; seid ganz eines Sinnes und einer Meinung. Es wurde mir nämlich, meine Brüder, von den Leuten der Chloë berichtet, dass es Zank und Streit unter euch gibt. Ich meine damit, dass jeder von euch etwas andres sagt: Ich halte zu Paulus – ich zu Apollos – ich zu Kephas – ich zu Christus. Ist denn Christus zerteilt? Wurde etwa Paulus für euch gekreuzigt? Oder seid ihr auf den Namen des Paulus getauft worden?« [1 Kor 1,10–13]

[**H.**] Angesichts der derzeit noch bestehenden Kirchenspaltungen ist es doch wohl offenkundig, dass die Führungsmannschaften der christlichen Kirchen dem Wunsch Christi, diesen Ermahnungen des Apostels Paulus nicht ausreichend – wenn überhaupt – nachgekommen sind.

Andererseits, die Gläubigen der christlichen Konfessionen haben den Auftrag Christi verstanden, die Lehren aus den Jahrhunderten der Trennung, der Zwietracht, der Glaubenskriege und der gegenseitigen Verunglimpfung mit all ihren schrecklichen Folgen gezogen und sind enger zusammengewachsen, enger, als es den Amtsträgern in den jeweiligen Kirchen lieb zu sein scheint.

## 4.5 Ist der Priestermangel selbst verschuldet?

[**J.**] Im Codex des kanonischen Rechts ist dargelegt, was eine Priesterweihe und eine Bischofsweihe darstellen und welche Aufgaben mit ihnen verbunden sind:

> »Can. 1008 – Durch das Sakrament der Weihe werden kraft göttlicher Weisung aus dem Kreis der Gläubigen einige mit-

tels eines untilgbaren Prägemals, mit dem sie gezeichnet werden, zu geistlichen Amtsträgern bestellt; sie werden ja dazu geweiht und bestimmt, entsprechend ihrer jeweiligen Weihestufe die Dienste des Lehrens, des Heiligens und des Leitens in der Person Christi des Hauptes zu leisten und dadurch das Volk Gottes zu weiden.

Can. 1009 – § 1. Die Weihen sind Episkopat, Presbyterat und Diakonat. – § 2. Sie werden erteilt durch die Handauflegung und das Weihegebet, welches die liturgischen Bücher für die einzelnen Weihestufen vorschreiben.«[109]

Darüber hinaus werden für die Weihen die Voraussetzungen festgelegt:

»Can. 1012 – Spender der heiligen Weihe ist der geweihte Bischof.

Can. 1013 – Keinem Bischof ist es gestattet, jemanden zum Bischof zu weihen, wenn nicht zuvor der päpstliche Auftrag feststeht.

Can. 1024 – Die heilige Weihe empfängt gültig nur ein getaufter Mann.

Can. 1037 – Ein unverheirateter Weihebewerber für den ständigen Diakonat und ebenso ein Weihebewerber für den Presbyterat dürfen zur Diakonenweihe erst zugelassen werden, wenn sie nach dem vorgeschriebenen Ritus öffentlich vor Gott und der Kirche die Zölibatsverpflichtung übernommen bzw. die ewigen Gelübde in einem Ordensinstitut abgelegt haben.«

[**H.**] Gleich bedeutsam wie die formalen Regeln ist das Selbstverständnis der Priester und Bischöfe! Fühlen diese sich als etwas »Besseres« im Vergleich zu den übrigen Menschen dieser Erde? Sind die Nichtgeweihten Menschen zweiter Klasse?
[**J.**] Eindeutig festgelegt ist, dass nur ein Geweihter im Auftrage Christi und in der Nachfolge der Apostel die Kraft

hat, die Sakramente der Buße, der Eucharistie, der Firmung und der Krankensalbung zu spenden. Durch diese sichtbare Handlung bewirkt der Geweihte gemäß unserem Glauben eine unsichtbare Wirklichkeit Gottes. Daraus folgt, dass ein Geweihter eine besondere Funktion erfüllt in Bezug zu Christus. Für Gläubige ist der Geweihte damit in einer herausgehobenen Stellung.

[**H.**] Der Kirchenrechtler Gero P. Weishaupt hält dem aber entgegen:

> » ... das Zweite Vatikanum hat bekanntlich den ›Laienstand‹ – oder theologisch besser: das allgemeine Priestertum – hervorgehoben und gerade dessen Würde und Wichtigkeit für die Kirche unterstrichen.« Es dürfe nicht der Eindruck entstehen, als ob ein Laie »weniger wert sei als der Priester«: »Nein, beide sind vollwertige Berufungen und Stände, wenngleich verschieden und mit unterschiedlichen Aufgaben.«[110]

[**J.**] Das durch die Weihe ermöglichte sakramentale Wirken eines Priesters muss von seiner Person strikt getrennt gesehen werden. Denn wie bekannt, macht das allzu Menschliche auch vor diesem Beruf nicht halt. Vom Missbrauchsbeauftragten der Deutschen Bischofskonferenz, Bischof Stephan Ackermann, wird hierzu berichtet:

> »Anders als früher glaube er heute nicht mehr, ... dass derjenige, der getauft und zum Priester geweiht wurde, wirklich automatisch schon bei Jesus angekommen sei und dass sein Hunger nach Leben dadurch gestillt sei: ›Christ sein und Priester sein heißt Kommen und Gehen, heißt unterwegs sein. Und immer wieder begegnet uns dabei auch die Gefahr, abzudriften.‹ Gerade die Ereignisse der letzten Zeit machten deutlich, dass es viel an fehlgeleitetem Hunger nach Nähe und Macht auch bei Priestern gebe. Offensichtlich befänden sich auch Priester in der Gefahr, den Hunger nach Leben anderswo zu stillen als in der Beziehung zu Jesus Christus.«[111]

[**H.**] Mit dem »Hunger nach Leben« spricht Bischof Ackermann sicherlich auch den Zölibat an. Ich bezweifle, dass der Pflichtzölibat mit dem Priestertum oder mit dem Christentum begründbar ist.

[**J.**] Meiner Ansicht nach sind Priesterweihe und Bischofsweihe klar zu trennen vom Zölibat. Das eine hat mit dem anderen nichts zu tun. Durch den Zölibat wird ein Priester nicht zum besseren Priester und durch eine Ehe nicht zu einem schlechteren Priester.

[**H.**] Wer das behauptet, hat möglicherweise dafür persönliche Gründe.

Andererseits, solange die Amtskirche die Verpflichtung zum Zölibat für katholische Priester aufrechterhält, wäre ein Mann, welcher die Veranlagung verspürt, eine Frau zu lieben und mit ihr eine Familie zu gründen, schlecht beraten, den Zölibat einzugehen, um seiner Berufung zum Priester zu folgen.

[**J.**] Richtig! Damit würde er das Geschenk der Liebesfähigkeit ablehnen und der mit diesem Geschenk verbundenen Aufforderung Gottes [Gen 1,28] widersprechen. Es ist unwahrscheinlich, dass ein reifer Mensch, der mit seiner Liebesfähigkeit verantwortlich umgehen will, bereit ist, die Verpflichtung zum Zölibat einzugehen. Solche Menschen dürften daher für den Priesterberuf weitgehend verloren sein.

[**H.**] Das heißt im Umkehrschluss aber auch, dass jeder sich vor Gott und den Menschen schuldig macht, welcher Menschen, die Priester werden wollen, entgegen deren Veranlagung zum Zölibat überredet.

[**J.**] Ganz meiner Meinung! Die etwa 70.000 Priester, welche allein im Zeitraum von etwa 40 Jahren ihr Priesteramt niedergelegt haben, weil sie ihrer Veranlagung entsprechend eine Frau lieben gelernt hatten,[112] geben einen Hinweis darauf, wie viele Priesterkandidaten zum Zölibat überredet wurden.

[**H.**] Diese Zahlen zeugen aber auch davon, dass Gottes Geschenk der Liebesfähigkeit wirksamer sein kann als der von Menschen auferlegte Pflichtzölibat.

[**J.**] Andererseits kann ein Leben durch den Zölibat dann an Wert gewinnen, wenn der Mann eben nicht für eine Frau geschaffen wurde, sondern indifferent oder homosexuell veranlagt ist.

[**H.**] Steht damit der Pflichtzölibat im Gegensatz zum Sakrament der Ehe?

[**J.**] Ich hoffe nicht, habe aber Zweifel. Der Zölibat ist bekanntermaßen eine nichtsakramentale, menschengemachte kanonische Regelung. Dagegen sind die Ehe und die Priesterweihe Sakramente.

[**H.**] Aber die alltägliche Praxis zeigt es: diejenigen Priester und Bischöfe, welche das Sakrament der Ehe, das heißt, die Treue zu der von ihnen geliebten Frau und zu den gemeinsamen Kindern höher bewerteten als den Zölibat, wurden aus der Priesterschaft ausgeschlossen und mussten den steinigen Weg des beruflichen Neuanfangs gehen. Und diejenigen Priester, welche ihre Frau und ihre Kinder verleugneten, als sie von der Kirche vor die Entscheidung gestellt wurden, entweder sich von ihrer Frau und ihren Kindern zu trennen oder das Priesteramt niederzulegen, diese Priester durften weiter im Amt bleiben. Und derartige Verleugnungen von Frau und Kindern sind sogar noch unterstützt worden, indem die Kirche Alimente für die Kinder zahlt. Genaue Angaben über die Anzahl derartiger Kinder gibt es nicht, aber sie soll in die Tausende gehen. Wie kann die Kirche diese Praxis rechtfertigen?

[**J.**] Ich empfinde diese Regelung als eine tiefe Missachtung, ja als eine Verhöhnung der Liebe zwischen Mann und Frau und damit des Ehesakramentes, kaum zu begründen mit der Priesterweihe und dem Priesteramt. Auch das Sakrament der Priesterweihe wird durch diese Regelung beschädigt. Sie hat meines Erachtens mit dazu beigetragen, dass die Glaubwürdigkeit der Amtskirche mit ihrem Verständnis des Ehesakramentes und der von ihr vertretenen Sexualmoral daniederliegt.

Doch vielleicht beginnt sich hier die Sichtweise der Kirche zumindest geringfügig zu ändern. So wurde bekannt, dass Papst Benedikt XVI. die Regeln für die Laisierung von Priestern vereinfacht hat, indem den Bischöfen in dieser Hinsicht mehr Befugnisse gewährt wurden. Wie kommentierte Claudio Kardinal Hummes [Präfekt der Kongregation für den Klerus] diese neue Regel: »... Kinder eines Ex-Priesters hätten ›das Recht auf einen Vater, der in den Augen Gottes und vor seinem eigenen Gewissen in einer korrekten Lage ist‹. Einer der Gründe für die neuen Richtlinien sei es, ›diesen Menschen zu helfen‹.«[113]

[**H.**] Es ist naheliegend, dass Menschen, welche indifferent oder homosexuell veranlagt sind, eher zum Zölibat hin drängen, in dieser Veranlagung vielleicht auch einen weiteren Hinweis Gottes sehen für die Berufung zum Priester.

[**J.**] Die Ermittlungen der Ökumenischen Arbeitsgruppe »Homosexuelle und Kirche« sprechen für diese Annahme:

> »Viele Priesterkandidatentreten nicht mit dem sicheren Erfahrungswissen ihrer sexuellen Veranlagung in das Priesterseminar ein. Nur ein Teil der Bewerber gibt an, bereits sexuell-genitale Praxis gehabt zu haben. Häufig wird die entsprechende reife Geschlechtsidentität [homo- wie heterosexuell] erst Jahre später ausgeprägt«.[114]

[**H.**] Macht die Erkenntnis der Ökumenischen Arbeitsgruppe nicht hellhörig? Männer im Alter zwischen 18 und 25 Jahren sollten normalerweise ihre sexuelle Entwicklung bereits abgeschlossen haben. Sind somit am Priesterseminar neben indifferent oder homosexuell veranlagten Männern viele in sexueller Hinsicht unreife Männer, also Spätentwickler zu finden? Wie kann man von solchen Menschen den Zölibat abverlangen? Ist das nicht unverantwortlich, unchristlich?

[**J.**] Ich glaube, solche Fragen muss der Leiter des jeweiligen Priesterseminars entscheiden. Ich hoffe aber, dass nur lebenserfahrene Priester, die keine Scheuklappen tragen, mit dieser Funktion beauftragt werden. Alles andere würde sich als Bumerang entwickeln, würde der Kirche nur schaden.

Was die homosexuelle Veranlagung betrifft, so dürfte diese nicht nachteilig für den Priesterberuf sein, zumindest gemäß den Erfahrungen von Wunibald Müller [Leiter des Recollectiohauses in der Abtei Münsterschwarzach, einer zentralen Therapieeinrichtung der Kirche]:

> »Schwule Priester sind ›die besten Priester‹. Weil sie mit ihren speziellen Begabungen, mit ihrer ausgeprägten Kreativität und Sensibilität hervorragend für die Seelsorge geeignet sind, sich zum Priesteramt berufen fühlen.«[115]

[**H.**] In der Priesterschaft der katholischen Kirche soll der Anteil schwuler Geistlicher nach Aussagen von katholischen Theologen in einer Größenordnung liegen zwischen 20%[116] und 40%[117], in den USA sogar bis zu 60%.[118]

[**J.**] Die große Spanne zeigt doch, wie schwierig es ist, gesicherte Daten über die Häufigkeit der Homosexualität bei Priestern zu erhalten. Das gilt gleichermaßen auch für die Typen der Homosexualität, wobei die Neigungs-Homosexualität mit ihrer andauernden und ausschließlichen Neigung zu gleichgeschlechtlichen erwachsenen Partnern wohl die wesentliche Rolle spielt.[119]

[**H.**] Ich verstehe nicht, was gegen homosexuell veranlagte Priester sprechen sollte? Menschen mit Neigungs-Homosexualität haben sich ihre Veranlagung nicht ausgesucht. Diese ist dem Menschen, wie die Heterosexualität, wie jede andere Veranlagung auch, in die Wiege gelegt worden. Ein Geschenk Gottes? Wer daran zweifelt, sollte aufhören, von Gott als Gottvater, dem Schöpfer des Himmels und der Erde zu reden!

[**J.**] Doch es gilt auch, dass wir unsere Veranlagungen so zu nutzen haben, dass sie unserem Wohle wie auch dem Wohle

unserer Mitmenschen dienen und keinem Menschen schaden.

[**H.**] Und warum sollte der Priesterberuf nicht eine der besten
Möglichkeiten der Nutzung einer homosexuellen oder sexuell indifferenten Veranlagung sein?

[**J.**] Ich möchte Dir zustimmen. Ängste bezüglich einer Neigung zur Pädophilie scheinen dabei unbegründet zu sein.
Denn gemäß den in den USA erhobenen Daten über die
Anzahl der durch Priester begangenen Kinderschändungen
gibt es keinen Anhaltspunkt, dass homosexuell veranlagte
Priester mehr als die anders veranlagten Priester beteiligt
gewesen wären.[120]

[**H.**] Die homosexuelle Veranlagung repräsentiert aber nur
einen kleinen Teil unserer Gesellschaft. Er wird je nach eigener
Orientierung zwischen 3% und 10% unter- oder überschätzt.
Und die Ausübung dieser Veranlagung beinhaltet eben nicht
die Liebe zu einer Frau und die Zeugung von Kindern.

Um die gesamte menschliche Erfahrungswelt in der Priesterschaft vertreten zu sehen, sollten daher auch heterosexuell veranlagte Menschen die Priesterweihe empfangen können, und das, ohne gegen Gottes Gebot [Gen 1,28] verstoßen,
ohne den Zölibat eingehen zu müssen, ohne sich verkrüm-
men zu müssen. Das heißt, heterosexuell veranlagte Menschen sollten sowohl das Sakrament der Ehe eingehen als
auch die Priesterweihe empfangen dürfen.

[**J.**] Dann müsste die Verpflichtung zum Zölibat als Voraussetzung zur Priesterweihe gestrichen werden. Kannst Du solch
eine Entscheidung erwarten von Päpsten und Bischöfen, welche auf Grund ihrer Veranlagung, ihrer Verpflichtung und
ihrer lebenslangen Prägung den Zölibat für »in vielfacher
Hinsicht dem Priestertum angemessen« halten? Wie heißt es
im Dekret Presbyterorum Ordinis:

»Die priesterliche Sendung ist nämlich gänzlich dem Dienst
an der neuen Menschheit geweiht, die Christus, der Überwin-

der des Todes, durch seinen Geist in der Welt erweckt, die ihren Ursprung ›nicht aus dem Blut, nicht aus dem Wollen des Fleisches noch aus dem Wollen des Mannes, sondern aus Gott‹ (Joh 1,13) hat. Durch die Jungfräulichkeit und die Ehelosigkeit um des Himmelreiches willen werden die Priester in neuer und vorzüglicher Weise Christus geweiht; sie hangen ihm leichter ungeteilten Herzens an, schenken sich freier in ihm und durch ihn dem Dienst für Gott und die Menschen, dienen ungehinderter seinem Reich und dem Werk der Wiedergeburt aus Gott und werden so noch mehr befähigt, die Vaterschaft in Christus tiefer zu verstehen.«[121]

[**H.**] Zugegeben, solch eine Entscheidung würde den Bischöfen abverlangen, zugunsten der Kirche auf ihre eigenen liebgewonnenen Vorstellungen und Überzeugungen bei der Weihe von Priesterkandidaten zu verzichten. Das dürfte äußerst schwierig sein.

Andererseits sollten sich alle Beteiligten bewusst sein, dass der Zwangszölibat gegen das Gebot Gottes, gegen das Gebot der Dreifaltigkeit und damit auch gegen das Gebot des Gottessohnes verstößt. Zudem ist der Zölibat ein eklatanter Verstoß gegen das Naturgesetz zur Erhaltung der Menschheit.

[**J.**] Als Begründung für den Zölibat wird doch die Bemerkung Christi »um des Himmelreiches willen« [Mt 19,12] herangezogen.

[**H.**] Für mich ist diese Begründung fragwürdig, denn damit wäre unterstellt, der menschgewordene Gottessohn hätte die Aufforderung Gottes in der Genesis einschränken wollen für diejenigen, die in den Himmel wollen, oder zumindest für solche Menschen, die heterosexuell veranlagt sind und Priester werden wollen.

[**J.**] Es besteht der Verdacht, dass die Häufung von pädophil veranlagten Menschen in der Priesterschaft ihren Grund habe im Zölibat. Kennst Du irgendeinen sachlichen Anhaltspunkt hierfür?

[**H.**] Nach Ansicht des in der Pädophilie einschlägig erfahrenen Mediziners Prof. Klaus M. Beier, Charité Berlin, fördert der Zölibat die Pädophilie in indirekter Weise:

> »Die pädophile Präferenz, dadurch definiert, dass der kindliche Körper als sexuell erregend wirkt, entsteht fast nur bei Männern. Bei Frauen tritt das sehr selten auf. Die Ursachen dafür kennen wir – wie bei vielen anderen chronischen Erkrankungen – nicht, nehmen aber ein Zusammenspiel von biologischen und psychosozialen Faktoren an ...
>
> Wer aufgrund seiner sexuellen Neigung eine starke Faszination durch den kindlichen Körper empfindet, weiß zugleich, dass eine sexuelle Verwirklichung mit Frauen keine Option darstellt. Der Schritt ins Zölibat ist dann leichter – und mit hoher Anerkennung verknüpft. Aus der Angst vor Ablehnung wird ein Gefühl großer Akzeptanz. Damit ist aber nicht notwendig eine Verhaltenskontrolle über die pädophilen Impulse verbunden, die nur bei entsprechendem Problembewusstsein erreicht werden könnte.«[122]

[**J.**] Und wie kann die Kirche dieses menschliche Problem ihrer pädophilen Priester lösen?

[**H.**] Auch hier gibt K. Beier als Therapeut aus seinem Erfahrungsschatz den Rat:

> »Nach meiner Erfahrung ist es bei betroffenen Geistlichen so: Sie suchen den Übergang in ein System mit klaren Regeln, das auch einen Bewältigungsmechanismus vorhält, nämlich einen großen Lenker, der Hoffnung gibt. Hochintelligente Pastoren Mitte vierzig hoffen da mitunter noch immer auf die Erlösung – ... . Sich im Gebet versenken, sich anderen nicht offenbaren. Wenn ein Klima bestünde, in dem kommuniziert würde, dass im Spektrum menschlichen sexuellen Erlebens auch die Pädophilie und die Hebephilie, die Präferenz für den jugendlichen Körper, vorkommt, dass man die Betroffenen aber nicht verurteilt, solange sie ihre Impulse kontrollieren, und ihnen gegebenenfalls hilft, dann würden mehr Geistliche

Hilfe annehmen. Wenn Sie aber die Neigung und damit verbundene Fantasien verdammen, bringen Sie die Betroffenen in eine nicht lösbare Situation.

Bei der internen Problembewältigung in der Kirche geraten sie leicht an einen Glaubensbruder, der ihnen auferlegt, durch Reue und Glauben das Problem in den Griff zu bekommen. Meines Wissens werden in beiden Kirchen Präferenzstörungen und die Auswirkung der neuen Medien auf diesen Bereich nicht offensiv angegangen, da ich aus Begutachtungsfällen auch um die Nutzung von kinderpornografischen Materialien durch Geistliche weiß … .«[123]

[**J.**] Gibt es auch strukturelle Probleme der Kirche, welche die Pädophilie begünstigen?

[**H.**] Viele Anhaltspunkte sprechen dafür. Auch aus interner Sicht! Hier sei beispielsweise K. Remele zitiert. Er berichtet von dem Dominikaner und Kirchenrechtsexperten Pater Thomas Doyle und dem Ex-Benediktiner und Psychotherapeuten Richard Sipe:

»Beide zählen zu den führenden Autoritäten auf dem Gebiet des sexuellen Missbrauchs in der katholischen Kirche. Beide sind davon überzeugt, dass zwischen Pflichtzölibat, Klerikalismus und sexueller Gewalt ein ursächlicher Zusammenhang bestehe.«[124]

[**J.**] Wenn der Zölibat pädophile Menschen anzieht, sind dann unter Priestern auch vermehrt Pädophile zu finden?

[**H.**] Die bisher bekannten Fakten sprechen für sich. Prof. Klaus M. Beier, Charité Berlin schreibt:

»In jedem Fall ist die Annahme gerechtfertigt, dass Pädophilie unter Geistlichen eher häufiger ist als in anderen Berufsgruppen. Legt man den Durchschnitt zugrunde, ein Prozent, kann man sich absolute Zahlen für einzelne Diözesen ausrechnen.«[125]

In den USA liegt der Anteil überführter Kinderschänder unter den Priestern im Zeitraum von 1950 bis 2005 bei gut 4% und damit höher als in der Normalbevölkerung, wenn dieser mit 1% angenommen wird.[126]

Das Ergebnis der Untersuchung in der Erzdiözese München und Freising durch eine unabhängige Rechtsanwaltskanzlei ergab,[127] dass zwischen den Jahren 1945 und 2009 allein 159 Priester wegen sexueller und körperlicher Übergriffe auf Kinder »auffällig« geworden waren. Wenn man die Dunkelziffer auf Grund der vernichteten oder manipulierten Akten mit einschließt (siehe Kap. 4.2) und berücksichtigt, dass die Aufdeckung der Verbrechen pädophiler Priester und Ordensleute in Pfarrgemeinden und Internaten nur die Spitze des Eisberges zum Vorschein gebracht hat, ist es mehr als wahrscheinlich, dass der Prozentsatz pädophiler Priester auch in Deutschland deutlich höher ist als in der Durchschnittsbevölkerung.

[**J.**] Bekannt ist, dass der Zölibat neben Armut und Gehorsam als eine Befolgung des evangelischen Rates und als eine ungeteilte Nachfolge Christi angesehen wird, jedoch kein zwingendes Erfordernis für den priesterlichen Beruf darstellt. Das wurde selbst vom Zweiten Vatikanischen Konzil im Dekret »Presbyterorum Ordinis« ausdrücklich dargelegt:

> »16. Die Kirche hat die vollkommene und ständige Enthaltsamkeit um des Himmelreiches willen, die von Christus dem Herrn empfohlen, in allen Jahrhunderten bis heute von nicht wenigen Gläubigen gern angenommen und lobenswert geübt worden ist, besonders im Hinblick auf das priesterliche Leben immer hoch eingeschätzt. Ist sie doch ein Zeichen und zugleich ein Antrieb der Hirtenliebe und ein besonderer Quell geistlicher Fruchtbarkeit in der Welt. Zwar ist sie nicht vom Wesen des Priestertums selbst gefordert, wie die Praxis der frühesten Kirche und die Tradition der Ostkirchen zeigt, wo es neben solchen, die aus gnadenhafter Berufung zusammen mit allen Bischöfen das ehelose Leben erwählen, auch

hochverdiente Priester im Ehestand gibt. Wenn diese Heilige Synode dennoch den kirchlichen Zölibat empfiehlt, will sie in keiner Weise jene andere Ordnung ändern, die in den Ostkirchen rechtmäßig Geltung hat; vielmehr ermahnt sie voll Liebe diejenigen, die als Verheiratete das Priestertum empfingen, sie möchten in ihrer heiligen Berufung ausharren und weiterhin mit ganzer Hingabe ihr Leben für die ihnen anvertraute Herde einsetzen.«[128]

[H.] Andererseits wurde der Zölibat auch eingeführt und aufrechterhalten, um das Vermögen der Kirche nicht an die Kinder der Priester zu verlieren und um die Möglichkeiten der familiären Ämternachfolge zu beschränken. Noch heute ist dieses im kanonischen Recht ablesbar:

> »Can. 282 – § 1. Die Kleriker haben ein einfaches Leben zu führen und sich aller Dinge zu enthalten, die nach Eitelkeit aussehen. § 2. Die Güter, die sie anläßlich der Ausübung eines Kirchenamtes erwerben und die übrig bleiben, nachdem für ihren angemessenen Unterhalt und die Erfüllung aller Pflichten des eigenen Standes gesorgt ist, sollten sie zum Wohle der Kirche und für Werke der Caritas verwenden.«[129]

[J.] Noch deutlicher schreibt das Zweite Vatikanische Konzil im Dekret »Presbyterorum Ordinis«:

> »Was die Priester, nicht anders als die Bischöfe, anläßlich der Ausübung eines kirchlichen Amtes erhalten, haben sie, unbeschadet eines Partikularrechts, in erster Linie für ihren standesgemäßen Unterhalt und für die Erfüllung ihrer Standespflichten zu verwenden; was aber davon übrigbleibt, mögen sie dem Wohl der Kirche oder caritativen Werken zukommen lassen. Sie dürfen das kirchliche Amt weder als Erwerbsquelle betrachten noch die Einkünfte daraus für die Vermehrung des eigenen Vermögens verwenden. Die Priester sollen darum ihr Herz nicht an Reichtümer hängen, jede Habgier meiden und sich vor aller Art weltlichen Handels sorgfältig hüten.«[130]

[**H.**] Welcher Priester, welcher Bischof befolgt diese Maßgabe? In der Zeitspanne meines Lebens ist mir nur ein einziger Bischof in Deutschland bekannt geworden, der diesen Geist der Bescheidenheit in seinen persönlichen Ansprüchen vorgelebt und hierdurch eine beeindruckende Stärke und Überzeugungskraft besonders für unsere Jugend ausgestrahlt hat: Bischof Franz Kamphaus in Limburg!

[**J.**] Andererseits gilt: die ernsthafte Befolgung dieser Abgabepflicht würde sich bei verheirateten Priestern nicht gut mit der Fürsorge für Ehefrau und Kinder vertragen.

[**H.**] Für den Zölibat gibt es auch kultische Wurzeln, die bis in die Antike zurückreichen. Wie schreibt der katholische Theologieprofessor Arnold Angenendt:

> »Die Forderung der Ehelosigkeit für alle Altardiener kommt von woanders her, aus dem Feld der kultischen Reinheit. Diese besagt: Heiliges darf nur ›rein‹ berührt werden. Als Inbegriff dafür stehen die ›reinen Hände‹. Unreinheit zieht man sich zu durch das Essen bestimmter Nahrungssorten, durch Berühren von Toten, besonders aber durch Beflecktwerden mit Sexualstoffen, mit Mannessamen sowie Menstruations- und Geburtsblut. Wir begegnen hier einem weltweiten Religionsphänomen, anzutreffen genauso in Japan wie in China, in Griechenland wie in Rom, insbesondere in Israel. Dem Alten Testament zufolge verunreinigen sowohl Mannessamen wie Menstruationsblut und wirken ansteckend. Befleckend wirkt auch ehelicher Beischlaf: Es müssen ›sich beide in Wasser baden‹ (Lev 15,18). Ebenso ist die Frau nach der Geburt ›unrein‹ und bedarf eines ›Sühnopfers‹ (Lev 12,2–7).«[131]

[**J.**] Aber durch Christus sieht A. Angenendt diese kultische Wurzel gleichsam abgehackt:

> »Demgegenüber vollzog Jesus einen totalen Bruch. Er verabsolutierte die zuletzt schon im Alten Testament angebahnte Umwandlung der kultischen Reinheit in Ethik: Rituelle

Waschungen machen Hände nicht rein, unreine Speisen werden durch den Darm ausgeschieden, der Kontakt mit unreinen Menschen, ob nun mit Dirnen, Zöllnern, Sündern (Mk 7,1–6) oder einer blutflüssigen Frau (Mt 9,20–22), befleckt nicht. Reinheit und Unreinheit steigen allein aus dem Herzen auf, kommen aus den guten und bösen Gedanken. Das ist im Vergleich zu aller Religionswelt ein revolutionärer Durchbruch.«[132]

[**H.**] Wie immer auch die geschichtliche Entwicklung des Zölibates gesehen wird, welche Gründe auch immer für seine Aufrechterhaltung über die Jahrhunderte hinweg vorgelegen haben oder angeführt worden sind, das alles ist Vergangenheit. Die heutige Zeit sieht anders aus, fordert Veränderungen. Bereits im Februar 1970 richteten neun katholische Theologen, darunter die damaligen Theologieprofessoren Joseph Ratzinger, Walter Kasper, Karl Lehmann, Karl Rahner und Otto Semmelroth ein Memorandum an die deutschen Bischöfe:

»In ihrem Brief stellten die Theologen klar, dass sie nicht prinzipiell gegen das Zölibat seien. Ein eheloses Priestertum müsse ›als echte und reale Möglichkeit bestehen bleiben‹. Es stelle sich aber die Frage, ob die bisherige Form priesterlichen Lebens so bleiben müsse. Zwar könne der Papst in dieser Frage das letzte Wort haben, dies entbinde die Bischöfe aber nicht von der Verantwortung, sich über die Zukunft des Zölibats Gedanken zu machen. ›Sie sind keine Beamten des Papstes oder lediglich Exekutoren des päpstlichen Willens‹, sondern ›mindestens anzuhörende Ratgeber‹ des Pontifex.

Angesichts der öffentlichen Debatte um das Zölibat sollte die Kirche offensiv mit dem Thema umgehen, schrieben die Theologen. Der Zwang zur Ehelosigkeit sei ein Grund für den Priestermangel und die nachlassende Begabung vieler Kandidaten. ›Die bisherige Zölibatsgesetzgebung kann jedenfalls nicht zum absoluten Fixpunkt der Überlegungen gemacht werden.‹ Die Kirche sei in der Pflicht, die eigenen Gesetze zu überprüfen, wenn sie, wie beim Zölibat, unerwünschte Folgen hätten. Diese Fragen sollten von Rom gemeinsam mit den Bischöfen der Weltkirche geklärt werden.«[133]

[**J.**] Diesem damaligen Aufruf unter Beteiligung unseres jetzigen Papstes kann man auch heute vollinhaltlich zustimmen!

[**H.**] Doch was ist zwischenzeitlich in der Frage des Pflichtzölibates geschehen? Nichts, aber auch gar nichts hat sich in den letzten 40 Jahren verändert!

[**J.**] Willst Du damit ein Handeln wider die eigene Erkenntnis andeuten? Ein Versagen aller Beteiligten, aller Verantwortlichen in der Amtskirche?

[**H.**] Wie sollte man anders antworten können als mit einem traurigen »Ja«, denn zwischenzeitlich ist die Anzahl der Priester derart dramatisch gesunken, dass die Kirche ihre Pflicht zur Seelsorge, wenn überhaupt, nur noch punktuell und dann auch nur noch mangelhaft ausüben kann. So hatte sich in Deutschland allein in dem Zeitraum zwischen den Jahren 2001 und 2008 die Zahl der Priester um knapp 10% verringert. Ganz anders war die Entwicklung bei den Bischöfen. Deren Zahl war etwa um fast 10% angewachsen.[134] Für mich ist dies ein Zeichen für die Flucht aus der Seelsorge, in die Ämter, in die Karriere des Bischofsamtes.

[**J.**] Ich kann Dir nicht widersprechen. Schau Dir die Messfeier von so manchem Bischof an, bei der drei, vier, fünf oder mehr Geistliche kozelebrieren, während gleichzeitig aus Priestermangel in vielen seiner Kirchengemeinden keine Messfeiern mehr am Sonntag stattfinden können. Das ist ein deutliches Beispiel für die von Dir angesprochene Flucht aus der Seelsorge. Unter solchen Gegebenheiten muss man schon nach den eigentlichen Aufgaben des Bischofsamtes fragen. Denn Christus hat nur das Weihesakrament begründet, und erst die Amtskirche hat es unterteilt in drei ansteigenden Stufen der Diakonenweihe, der Priesterweihe und der Bischofsweihe.

[**H.**] Ich halte diese Art von Stufung für sinnvoll, denn sie entspricht der menschlichen Erfahrung, die Führung und Verantwortlichkeiten einer Organisation hierarchisch zu gliedern, um diese funktionsfähig zu halten.

Andererseits, sie ist nur solange sinnvoll, wie die anfallende Arbeit die Funktionen und die Anzahl der Funktionsträger bestimmt. Eine Vermehrung der Funktionsträger über diesen Bedarf hinaus, ein sogenannter Wasserkopf, ist immer ein deutliches Zeichen für eine schlecht organisierte, häufig auch erkrankte Organisation.[135]

[**J.**] Im kanonischen Recht heißt es auch:

> »Can. 1024 – Die heilige Weihe empfängt gültig nur ein getaufter Mann.«[136]

Es ist bekannt, dass Päpste und Bischöfe keine Frauen zur Priesterweihe zulassen wollen. Diese Entscheidung wurde von Papst Paul VI. begründet mit den Worten:

> »Sie [die Kirche; H.-H. S.] hält daran fest, daß es aus prinzipiellen Gründen nicht zulässig ist, Frauen zur Priesterweihe zuzulassen. Zu diesen Gründen gehören: das in der Heiligen Schrift bezeugte Vorbild Christi, der nur Männer zu Aposteln wählte, die konstante Praxis der Kirche, die in der ausschließlichen Wahl von Männern Christus nachahmte, und ihr lebendiges Lehramt, das beharrlich daran festhält, daß der Ausschluß von Frauen vom Priesteramt in Übereinstimmung steht mit Gottes Plan für seine Kirche.«[137]

Papst Johannes Paul II. bestätigte diese Begründung ausdrücklich.[138]

[**H.**] Für mich ist diese Begründung nicht nachvollziehbar! Als Grund anzugeben, dass die Apostel nur Männer gewesen seien, halte ich für wenig stichhaltig, kaum glaubwürdig. Übertragen würde es bedeuten, dass die Sozialstruktur, die erhebliche gesellschaftliche Benachteiligung der Frau, die Ess- und Kleidungsgewohnheiten, die technische und die

medizinische Entwicklung, welche zur Zeit Christi herrsch-
ten, auch heute noch für die Kirche, im Besonderen für die
Priester maßgebend wären. Eine solche Festlegung würde ich
für schwachsinnig halten.

[**J.**] Welche Chancen würden sich aus Deiner Sicht mit der
Priesterweihe von Frauen für die Kirche eröffnen?

[**H.**] Frauen als Priester würden die Priesterschaft substan-
ziell, das heißt sowohl intellektuell wie auch im Bereich der
Einfühlung in die Nöte der Menschen, in der Seelsorge erheblich bereichern, würden einen wesentlichen Gegenpol darstellen zu dem Einfluss der zahlreichen homosexuell oder
indifferent veranlagten männlichen Priester, würden vielleicht auch die Gefahr vermindern, dass pädophil veranlagte
Priester Kinder schänden, würden den Frauen in der Kirche
eine gleichgeschlechtliche priesterliche Zuwendung ermöglichen.

Klar, das Leben der Päpste und Bischöfe wäre dadurch
nicht einfacher. Frauen sind halt weniger prinzipiell, haben
weniger Gockelhahn-Gehabe als Männer, sind weniger gel-
tungsbedürftig, weniger mit Ämtern zu locken, dafür mehr
problemorientiert. Und sie können auch kämpfen, mit ihren
Mitteln, auch gegen Päpste, siehe Hildegard von Bingen.
Doch weil das so ist – gleichsam aus Angst vor den Frauen –
den Frauen das Recht auf eine Priesterweihe vorzuenthal-
ten, damit für mehr als 50% der Gläubigen in der Kirche
keine Möglichkeit der Priesterweihe zu eröffnen, sie wegen
ihres Geschlechtes auszuschließen, sie zu diskriminieren,
das halte ich im wahrsten Sinne des Wortes für unchristlich.

[**J.**] Du unterstützt also die Forderung des aktuellen Memorandums der großen Zahl katholischer Theologieprofessoren, Frauen die Priesterweihe zu ermöglichen?[139]

[**H.**] Ja, eindeutig! Und zwar nicht nur wegen des Anspruches
auf Gleichberechtigung, nicht nur, weil Frauen andere, in
vielfacher Hinsicht wahrscheinlich auch bessere Priester
wären als Männer es sein können, sondern rein auch aus der

blanken Not heraus! Angesichts der erschreckenden Priesterarmut in den industrialisierten Ländern, welche das kirchliche Leben über weite Landstriche hinweg praktisch zum
Erliegen gebracht hat, angesichts der zahlreichen an Priestern verwaisten Kirchengemeinden, der Massen an Jugendlichen, welche wegen der Priesterarmut keine Berührung
mehr mit dem christlichen Glauben haben, angesichts der
geringen Anzahl von Priesterkandidaten, angesichts dieser
verhängnisvollen Lage, in welcher sich unsere Kirche befindet, halte ich jede Maßnahme für notwendig, welche hilft,
die Zahl guter, geeigneter Priester zu vermehren.

Die evangelische Kirche zeigt, dass Frauen in hervorragender Weise Seelsorger sein können, zeigt, dass die Ehe
eines Pfarrers ein substanzieller Beitrag zur Stärkung seiner
Tätigkeit als Seelsorger ist. Allein schon wegen dieser Fakten sehe ich den Papst und die Bischöfe in der Pflicht, über
ihren Schatten zu springen und sowohl Frauen zur Priesterweihe zuzulassen wie auch den Pflichtzölibat abzuschaffen. Das erfordert Entscheidungskraft und Mut. Ich meine,
dass man von Papst und Bischöfen als Nachfolger der Apostel beides erwarten sollte, wenn die Zukunft der Kirche und
die Einführung in die Glaubenswahrheiten unzähliger Menschen auf dem Spiel stehen. Allein durch die Abschaffung
des Pflichtzölibates würde der Aderlass von Tausenden von
Priestern gestoppt werden können, die pro Jahr ihren Beruf
wegen der Liebe zu einer Frau aufgeben, würden zahlreiche
heterosexuell veranlagte Männer ihrer Berufung zum Priester verantwortungsbewusst folgen können.

[**J.**] Es wäre wohl kurzfristig möglich, den Pflichtzölibat abzuschaffen. Für solch eine Entscheidung ist die Zeit reif – ein
Großteil der Laiengläubigen erwartet, ja fordert sogar die
Abschaffung. Bei der Zulassung der Frauenordination habe
ich meine Zweifel. Schau Dir die aktuellen Auseinandersetzungen in der anglikanischen Kirche an. Der katholischen
Kirche sollte solches erspart bleiben. Wer weiß, was eine

schnelle Zulassung der Frauenordination weltweit bewirken würde, denn das Problem der Priesterarmut ist weitgehend auf die Industrieländer in Nordamerika und West- und Mitteleuropa beschränkt. In Asien und Afrika ist dagegen eine Zunahme der Priester zu verzeichnen.[140]

[**H.**] In Asien und Afrika bleibt abzuwarten, welchen Einfluss die zunehmende Bildung der breiten Bevölkerung auf den Priesternachwuchs haben wird.

Aber auch die Einstellung zum Zölibat innerhalb der Priesterschaft ist territorial unterschiedlich, man schaue sich nur die »zölibatäre Praxis« der Priester in den afrikanischen Ländern an, welche sich in nicht wenigen Fällen darauf reduziert, nicht offiziell zu heiraten. Daher halte ich es schon allein auf Grund der Glaubwürdigkeit für besser, zumindest den Zölibat als eine Voraussetzung zur Priesterweihe abzuschaffen, und die Entscheidung darüber dem einzelnen Priester als eine seiner persönlichen Folgerungen aus der Priesterweihe zu überlassen.

Kann es für Papst und Bischöfe nicht eine Lehre sein, dass in Europa Kirchen, in denen kein Zwang zum Zölibat besteht, nicht an einem derartigen Priestermangel wie die katholische Kirche leiden? Schauen wir auf die anglikanische Kirche, die orthodoxe Kirche, die Altkatholiken, von den evangelischen Kirchen ganz zu schweigen.

[**J.**] In der katholischen Kirche versucht man zunehmend, das Problem der Priesterarmut in West- und Mitteleuropa durch die Ausleihung von Priestern aus beispielsweise Polen oder Indien zu beheben.[141]

[**H.**] Dadurch wird das Problem der Ortskirchen doch nicht an der Wurzel gelöst, sondern nur vertuscht.

[**J.**] Und was hältst Du von der Strategie, aus Gründen des Priestermangels die bestehenden Kirchengemeinden zu großen Pastoralverbünden zusammenzulegen?

[**H.**] Das ist nichts anderes als nur ein Notbehelf, eine Übersprungreaktion der Bischöfe, geboren aus dem Unvermögen, die die Zahl der Priester zu erhöhen, beispielsweise durch eine sofortige Aufhebung des Zwangszölibates.

Zudem halte ich die Art der Leitung dieser Pastoralverbünde für kontraproduktiv. Statt die anwachsenden Verwaltungsaufgaben professionellen Laien zu übertragen, müssen die wenigen Priester, die hierfür meist weder ausgebildet noch begabt sind, die Verwaltung erledigen. Das Ergebnis ist eine weitere drastische Verminderung ihrer seelsorgerlichen und priesterlichen Tätigkeit, was die negativen Auswirkungen des bereits schon bestehenden Priestermangels erheblich verschärft, die Motivation der wenigen Priester drastisch mindert und letztendlich das Leben in den Kirchengemeinden erheblich beeinträchtigt.

[**J.**]  Zurück zur eigentlichen Frage: »Ist der Priestermangel von der Amtskirche selbst verschuldet?«

[**H.**]  Meiner Meinung nach ja! Und zwar eindeutig – durch das starrsinnige Beharren auf den Pflichtzölibat! Damit hat die Amtskirche Gottes Gebot in der Genesis und das wesentliche Naturgesetz der Menschheit vom Grundsatz her verletzt, die Berufung zum Priestertum von unzähligen heterosexuell veranlagten und verantwortungsvollen Menschen vernichtet und durch die sich daraus ergebende Priesterarmut die Kirche in den heutigen, bedauernswerten Zustand geführt.

Was ansteht ist, dass die Amtsträger nunmehr wenigstens die Verpflichtung spüren, aus diesem schwerwiegenden Fehler die Lehren zu ziehen. Jedes weitere Zögern bei der Abschaffung des Pflichtzölibats verschärft den Priestermangel, verhindert ein Wiederaufleben der Glaubensschulung und der Glaubenstätigkeit, schadet den Gläubigen, schadet den Kirchengemeinden, schadet der gesamten Kirche und schadet auch der Glaubwürdigkeit der Amtsträger, wenn diese vollmundig für sich in Anspruch nehmen, die Verantwortung für die Zukunft der Kirche zu tragen und gute Hirten der Gläubigen zu sein.

# 5. Schutz des Menschenlebens

## 5.1 Anfang und Ende des irdischen Lebens

[**J.**] Das 5. Gebot »Du sollst nicht töten« fordert von jedem Menschen Respekt vor dem Leben, und zwar von seinem Anfang bis zu seinem Ende.

[**H.**] Nur wer ist sich schon bewusst, wie menschliches Leben entsteht, wann es beginnt, wodurch es bedroht wird, wie es im wahrsten Sinne des Wortes überleben kann?

[**J.**] Ich glaube, dass es gut ist, sich immer wieder vor Augen zu führen, in welchem Ausmaß jedes Menschenleben abhängig ist von Ereignissen, die wir nur zum Teil, aber heute schon viel mehr als früher, beeinflussen können, mit unseren alltäglichen Entscheidungen, direkt oder indirekt, für oder gegen menschliches Leben.

[**H.**] Das schließt ein, sich klar zu machen, in welchem erheblichen Ausmaß medizinische Kunst heute im Vergleich zu gestern Leben von der Zeugung bis hin zum Tod begleitet, schützt und rettet.

Menschliches Leben beginnt mit der Befruchtung, das heißt mit der Verschmelzung einer Eizelle mit einer Samenzelle. Dieser Vorgang ist ein glückliches Ereignis, abhängig wie auch bedroht von zahlreichen Faktoren wie der Lebensfähigkeit der Samenzelle, der Reife der Eizelle und den zur Befruchtung notwendigen anatomischen und physiologischen Gegebenheiten der Geschlechtsorgane von Mann und Frau. Die befruchtete Eizelle [Zygote] stellt die werdende menschliche Person dar mit all ihrer genetischen Veranlagung. Durch Zellteilung entsteht aus der Zygote ein Zellhaufen, Morula [Maulbeerstadium] genannt, aus dem sich das Keimbläschen [Blastula] und dann der Embryo entwickelt. Die Einnistung des Keimbläschens in die Gebärmutterschleimhaut ist ein kritischer Punkt des Überlebens. Ohne diese Einnistung stirbt der werdende Mensch. Es wird geschätzt, dass Keimbläschen mit einer Häufigkeit von 30–70% diese Einnistung nicht schaffen und lebend oder bereits tot mit der Abbruchblutung und dem Urin von der Frau ausgeschieden werden. Ein Grund für die fehlende Einnistung sind Störungen des Zusammenspiels derjenigen Hormone, welche die Gebärmutterschleimhaut für die Einnistung des Keimbläschens vorbereiten, beinflusst durch äußerst viele Faktoren, wie beispielsweise übermäßige physische und psychische Belastungen der Frau, durch Genussgifte wie Tabak, Alkohol oder Drogen, durch Umweltgifte, durch Hungersucht oder Fresssucht, oder auch durch Entzündungen der Gebärmutterschleimhaut, verursacht durch Infektionen oder durch abnormale Reaktionen des Immunsystems.

Die Schwangerschaft ist vielen Gefahren ausgesetzt: Störungen des Hormongleichgewichtes bei der Mutter, genetische Fehlveranlagungen des Embryos, Gifte, Infektionen, anormale Immunreaktionen, übermäßige körperliche Belastungen. Man schätzt, dass etwa 50% aller Schwangerschaften entweder durch einen meist unbemerkten spontanen Frühabort oder als klinisch erfasster spontaner Spätabort ihr vorzeitiges Ende finden. Spätaborte machen etwa 15–20% aller spontanen Aborte aus. Etwa 30% aller Frauen haben bereits einmal in ihrem Leben einen spontanen Abort erlitten.

Eine weitere erhebliche Gefahr für den Fetus sind herbeigeführte Aborte, wenn die Mutter sich gegen ihr Kind entscheidet, auf Druck des Kindesvaters oder Lebenspartners, der Familie, des sozialen Umfelds, oder verursacht durch wirtschaftliche Zwänge, oder beeinflusst durch die öffentliche Meinung, durch kinderfeindliche parteipolitische Ideologien oder erzwungen durch staatliche Gewalt. In Deutschland kommen auf 100 Geburten etwa 16 Abtreibungen.[142] Wie groß muss heutzutage die psychische Stabilität einer Frau sein, entgegen all solchen Widernissen ein Kind auszutragen, besonders dann, wenn sie alleingelassen wurde, zu den Alleinerziehenden gehört und dazu noch von der Gesellschaft ausgegrenzt oder aus religiösem Eifer als Schandmal angesehen wird?

Die Geburt: Durch ärztliche Kunst ist das Lebensrisiko der Geburt für Kind und Mutter auf ein absolutes Minimum gesenkt worden. Dennoch sterben zwischen 0,5 und 1 % der Föten zum Zeitpunkt der Geburt oder durch die Geburt.

Die Gefahren des Lebens nach der Geburt: Hunger, Infektionen, Krankheiten, Unfälle, Totschlag und Mord, seien sie selbstverschuldet oder bedingt durch die Umstände oder durch Aggressionen von einzelnen Menschen, Institutionen, Staaten, kriegerischen Ereignissen und auch Religionsgemeinschaften. Überall und jederzeit ist das Leben jedes einzelnen Menschen mehr oder weniger bedroht. Die Geschichte der Menschheit ist voll von Berichten über Massenmorde aus politischen, ideologischen, religiösen, rassistischen oder wirtschaftlichen Gründen.

Das Altern und das Sterben: Wie häufig werden unter dem geschmeidigen Titel »aktive Sterbehilfe« alte, hilfsbedürftige, kranke Menschen getötet aus Habgier, Egoismus, oder der mangelnden Bereitschaft zur Hilfe, zur Pflege?

## 5.2 Die Schuld der Vergangenheit
## [Kreuzzüge, Ketzer, Hexen]

[**J.**]  »Du sollst nicht töten!« Das Gebot ist eindeutig! Mahner und Vorbild für die Einhaltung dieses Gebotes und Hüter des Menschenlebens sollte die Kirche, sollten alle Christen sein!
[**H.**] Doch denken wir an die Kreuzzüge, an die Inquisitionsverfahren gegen Ketzer, gegen Hexen, an die Konquistadores in Amerika! Oder auch an den Taiping-Aufstand (1850–1864) in China, den wohl blutigsten Konfessions- und Bürgerkrieg in der Menschheitsgeschichte. Mehr als 20 Millionen

Menschen fielen in China der Gruppierung um Hung Hsiu-Chüan, einem zum Christentum konvertierten Mystiker, zum Opfer.

[**J.**] Doch das ist Gott sei Dank Vergangenheit! Heute haben die Verantwortlichen in der größten christlichen Kirche, der katholischen Kirche zurückgefunden zu dem 5. Gebot, nehmen es nunmehr als Grundlage für die moralische Bewertung aller Maßnahmen im Zusammenhang mit Eingriffen und Maßnahmen, die menschliches Leben betreffen.

[**H.**] Über Jahrhunderte hinweg war das nicht so, hat die Amtskirche das Töten von Menschen zugelassen, billigend in Kauf genommen, ja sogar dazu aufgerufen, wenn diese Menschen den Interessen der Kirche entgegenstanden: Beispielsweise die zahlreichen – je nach Zählweise bis zu 26 – Kreuzzüge, beginnend mit dem Aufruf von Papst Urban II. im Jahre 1095 in Clermont zur Befreiung Jerusalems und des Heiligen Landes aus der Hand der Muslime und endend mit dem Kreuzzug Nikopolis' 1396 gegen die Osmanen nach Aufruf durch Papst Bonifatius IX., bzw. durch den Gegenpapst Benedikt XIII. Die Kreuzzüge waren gerichtet gegen den Islam, gegen die Christen der byzantinischen Kirche, gegen Ketzer, wurden zum Schutz und zur Erweiterung des Machtbereiches der Päpste von diesen angestiftet. Und um die Gewalt zu verherrlichen, stellten die Päpste die Teilnahme an den Kreuzzügen als Bußgang dar, sicherten den Teilnehmern die Vergebung ihrer Sünden zu.[143] Die Judenpogrome mit der Abschlachtung ganzer Bevölkerungsgruppen aus Wahn und Habgier, im Gefolge der Kreuzzüge, trotz der Aufforderung von Papst Alexander II., die Juden zu schützen, jedoch unter der stillschweigenden Duldung nachfolgender Päpste, im Besonderen Urban II.[144] Oder die Enteignungen, Schändungen, Folterungen und Massenmorde sogenannter Ketzer [Häretiker] und Hexen im Rahmen der Inquisition.

[**J.**] Ich glaube, man wird dieser grausamen Geschichte nur gerecht, wenn man alle zeitbedingten Umstände, besonders auch die Verschmelzung von obrigkeitsstaatlichen, politischen und kirchlichen Ämtern und Interessen im »Heiligen Römischen Reich« bei der Beurteilung berücksichtigt.

[**H.**] Das ist in der geforderten Kürze nicht zu bewerkstelligen. Dennoch ist es eindrucksvoll, sich schlagwortartig die Rolle der Päpste bei der Jahrhunderte andauernden Inquisition vor Augen zu führen:

Papst Alexander III. legte 1179 in dem Beschluss § 27 des 3. Laterankonzils fest, dass Häretiker, ihre Verteidiger und diejenigen, welche ihnen Aufnahme gewähren, zu exkommunizieren seien und ihre Güter eingezogen werden sollten.[145]

In der Bulle »Ad abolendam diversam haeresium pravitatem«[146] definierte Papst Lucius III. die als Häretiker anzusehenden Gruppen, beauftragte die Bischöfe mit der Verfolgung dieser Gruppen – die sogenannte bischöfliche Inquisition – und ordnete an, dass Häretiker der weltlichen Gerichtsbarkeit übergeben werden sollten.

Papst Innozenz III. setzte in seinem Dekret »Vergentis in Senium« (1199) die Häresie mit der Beleidigung Christi gleich. Er legte mit dem 4. Laterankonzil die Regeln für ein Inquisitionsverfahren und für die Bestrafung fest. In diesem Zusammenhang ordnete er die Beschlagnahmung aller Güter nicht nur der Häretiker, sondern auch die ihrer Begünstiger, Beherberger, Verteidiger und Anhänger an.[147] In Abstimmung mit Papst Innozenz III. befahl Kaiser Friedrich II. im Jahre 1224 mit dem Edikt »Cum ad conservandum«[148] die Amtshilfe für diese Inquisitionsverfahren, da es eine von Gott verliehene Pflicht der höchsten weltlichen Gewalt sei, zum Schutz des Glaubens gegen Häretiker vorzugehen, von der Kirche überführte Häretiker dem Feuer zu übergeben oder sie auf andere Weise, z.B. durch Herausschneiden der Zunge, zu bestrafen. In einem weiteren Edikt wurde 1232 angeordnet, dass Häretiker nicht nur alle Güter, sondern auch alle Rechte verlieren. Weltliche Amtsinhaber wurden durch Eid und unter Androhung des Verlustes ihrer Amtsgewalt aufgefordert, alle von der Kirche als Häretiker bezeichneten Menschen auszurotten.[149]

Papst Gregor IX. berief im Jahre 1227 erstmals päpstliche Sonderbeauftragte – die sogenannte päpstliche Inquisition – als Inquisitoren, unter ihnen auch Konrad von Marburg, entband die Bischöfe von der Untersuchungspflicht und beauftragte mit dieser Ordensleute wie die Franziskaner, vorwiegend aber Dominikaner:

> »Wir ordnen an, dass ihr nachdem ihr die kirchlichen Würdenträger, den Klerus und das Volk zusammengerufen habt, ihr eine allgemeine Predigt haltet mit Sorgfalt nach Häretikern und Verdächtigen forscht. Und wenn ihr Schuldige und Verdächtige findet, und sie nach der Untersuchung nicht bereit sind, dem Mandat der Kirche bedingungslos zu gehorchen, dann geht gegen sie gemäß den Statuten vor, die von uns kürzlich gegen Häretiker erlassen worden sind.«[150]

Papst Innozenz IV. erlaubte in seiner Bulle »Ad Exstirpanda«[151] die Folter als Mittel zur Wahrheitsfindung:

> »Außerdem soll der Stadtherr oder städtische Amtsträger alle Häretiker, die er gefangen hat, ohne dass er ihnen jedoch bleibende körperliche Schäden zufügt oder sie dabei sterben, dazu zwingen, ihre Irrtümer ausdrücklich zu gestehen und andere Ketzer anzuklagen, die sie kennen.«

Des Weiteren legte er die Finanzierung der Inquisition fest: die Geldstrafen bzw. das Vermögen der Verurteilten sollten zu gleichen Teilen an die Stadtgemeinde, die weltlichen Amtsträger und die Bischöfe bzw. Inquisitoren gehen.

Papst Alexander IV. erlaubte 1254 den Inquisitoren die Aufsichtsführung bei der Folter und gestattete ihnen, sich gegenseitig die Absolution für ihr Handeln zu gewähren.[152]

Über mehrere Jahrhunderte betrieb die sogenannte päpstliche Inquisition ihr Unwesen. Für diese wurden von den einzelnen Päpsten immer wieder Ordensmitglieder und bevorzugt Dominikaner als Inquisitoren beauftragt, und manche von denen taten sich durch besondere Grausamkeiten hervor.

[**J.**] Erklärlich sind diese Verbrechen nur durch die damalige unheilvolle Verstrickung von religiöser und politischer Macht. Denn auch den Päpsten und Bischöfen des Mittelalters müssten die 10 Gebote und das Liebesgebot Christi bekannt gewesen sein. Mit der Durchsetzung von Glaubensvorstellungen Morde, überhaupt die Tötung eines Menschen zu begründen, stellt nicht nur aus heutiger Sicht für jede Kirche, auch für die christlichen Kirchen einen eklatanten Missbrauch, ein Verbrechen dar.

[**H.**] Die Grundlage ihres Handels sahen diese Päpste zum einen in der Tradition, d. h. in den vorangegangenen, gemessen an den 10 Geboten zweifelhaften und auch vollkommen unchristlichen Lehrinstruktionen ihrer Vorgänger, aber auch in den Schriften des Dominikanerpaters Thomas von Aquin:

> »Was die Ketzer anlangt, so haben sie sich einer Sünde schuldig gemacht, die es rechtfertigt, dass sie nicht nur von der Kirche vermittels Kirchenbannes ausgeschieden, sondern auch durch die Todesstrafe aus dieser Welt entfernt werden. Ist es doch ein viel schwereres Verbrechen, den Glauben zu verfälschen, der das Leben der Seele ist, als Geld zu fälschen, das dem weltlichen Leben dient. Wenn also Falschmünzer oder andere Übeltäter rechtmäßigerweise von weltlichen Fürsten sogleich vom Leben zum Tode befördert werden, mit wieviel größerem Recht können Ketzer unmittelbar nach ihrer Überführung wegen Ketzerei nicht nur aus der Kirchengemeinschaft ausgestoßen, sondern auch billigerweise hingerichtet werden.« (Summa theologica; IIa IIae q XI, a. 3)[153]

[**J.**] Wir müssen beschämt bekennen, dass auch ein bedeutender Kirchenlehrer wie Thomas von Aquin vom Zeitgeist derart verblendet war, dass er das 5. Gebot »Du sollst nicht töten!« als Maßstab für die Behandlung der Ketzer bewusst missachtete.

[**H.**] Muss man ihn deswegen in die Schar derjenigen einreihen, welche in unserer Menschheitsgeschichte als Schreibtischtäter verantwortlich waren für Massenmorde?

[**J.**] Ich bin mir unsicher! Aus heutiger Sicht ja, aber können wir unsere Sicht der Dinge, unsere heutigen ethischen Maßstäbe so ohne weiteres auf das Mittelalter übertragen? Können wir, um ein ähnliches Beispiel zu erwähnen, Martin Luther für seine damals der Zeit entsprechende Polemik gegen Hexen, gegen Türken, gegen Juden verurteilen?

[**H.**] Mit seiner Bulle »Summis desirandis affectibus« (1484) weitete Papst Innozenz VIII. die Inquisition auf sogenannte Hexen aus.[154] Hierbei übernahm er das Gedankengut der Hassschrift »Hexenhammer« [Malleus Maleficarum] des Dominikaners Heinrich Institoris,[155] welche hierdurch eine grausige Berühmtheit erlangte.

[**J.**] Im weiteren Verlauf der Geschichte nahm die Rolle der Kirche bei der Inquisition aber ab, zumindest in Mitteleuropa und im Zuge der Reformation. Und in Spanien und Portugal übertrugen die Päpste die Inquisition auf die weltlichen Machthaber, die sie dort und in ihren Kolonien mit Hilfe der Konquistadores mit besonderer Grausamkeit weiterführten. Zwar geschah dieses mit Duldung der Amtskirche, aber es zeigt, dass diese nicht die einzige treibende Kraft für diese Verbrechen gewesen ist.

[**H.**] Das kann die Päpste nicht entlasten. Denn in Italien übte die Amtskirche weiterhin die Inquisition selber aus. Die Verurteilung und Verbrennung von Giordano Bruno im Jahre 1600 für seine These des unendlichen Weltraumes und für seine Zweifel an Jesus Christus als Gottessohn, und das Inquisitionsverfahren gegen Galileo Galilei im Jahre 1633 für dessen astronomische Erkenntnisse sind hierbei zwei der herausragenden Verbrechen. Erst die Abschaffung des Kirchenstaates durch Napoleon im Jahre 1798 beendete die Möglichkeit der Amtskirche, mit Hilfe von Inquisitionsverfahren ihre Macht über Menschen zu missbrauchen.

[**J.**] Müssen wir die Einführung des Inquisitionsverfahrens nicht auch als einen Fortschritt ansehen? Im Mittelalter war bis zur Einführung des Inquisitionsverfahrens das germanische Akkusationsverfahren vorherrschend mit einem Kläger und mit Beweismitteln wie Gottesurteilen oder Reinigungseiden und den vom Angeklagten beigeholten Eideshelfern. Zusätzlich wurde das Informationsverfahren angewandt, bei welchem Gerüchte gegen eine Person zur Verurteilung ausreichten. Mit dem neuen Inquisitionsverfahren wurde nunmehr von einem obrigkeitlichen Ankläger, der zugleich Richtergewalt ausübte, die Wahrheit durch rationale Beweisführung unter Zuhilfenahme von Zeugen ermittelt und diese Wahrheitsermittlung protokolliert.

[**H.**] Ob das Inquisitionsverfahren eine Errungenschaft im Strafverfahren war, wage ich zu bezweifeln. Denn zum einen wurde beim Inquisitionsverfahren das gewünschte Geständnis meist auch durch Folter erzwungen. Zum anderen war weder eine Verteidigung zugelassen, noch bekamen die Angeklagten die Zeugen oder Denunzianten zu Gesicht. Die damalige bestmögliche Prozessordnung war das römische Recht. Dieses war in den Jahren 533 und 534 vom Kaiser Justitian I. im »Codex Justitianum« und in den zugehörigen zahlreichen Begleittexten und Novellen zusammengefasst worden, jedoch im frühen Mittelalter in Mittel- und Westeuropa weitgehend in Vergessenheit geraten. Doch ab etwa 1070 wurde das römische Recht wieder in ganz Italien – ausgehend vom Florentiner Codex und der Gründung der Rechtsschule in Bologna im Jahre 1088 –, dann in Frankreich (Universität Paris ca. 1150) und mit den Gründungen der Universitäten in Prag (1348), in Wien (1365) und in Heidelberg (1386) auch in Mitteleuropa als »Corpus Iuris Civilis« eingeführt. Papst Innozenz III. und Kaiser Friedrich II. müssten also im römischen Recht bewandert gewesen sein, als sie das Inquisitionsverfahren einrichteten, um gegen die Ketzer als Gefahr für das Heilige Römische Reich vorzugehen.

[**J.**] Der Historiker Agostino Borromeo hat im Auftrage des Vatikans nach Recherchen in dessen Archiven dargelegt, dass die Opfer der Inquisition weniger der katholischen Kirche als mehr den staatlichen Behörden anzulasten sind und auch, dass die Zahl der durch die kirchliche Inquisition Ermordeten geringer gewesen ist als bislang angenommen.[156]

[**H.**] Die von Agostino Borromeo zusammengefassten Ergebnisse der Historikerkommission bestätigen, dass kirchliche Inquisitionstribunale zwar vergleichsweise selten, aber dennoch eigenhändig Ketzer und Hexen gefoltert und Todesurteile vollstreckt haben. Das ist jedoch nur ein Teil der historischen Sachlage. Der andere Teil ist die Amtshilfe, welche die kirchliche Inquisition von dem Obrigkeitsstaat gefordert und welche dieser bereitwillig geleistet hat, das heißt, die Aburteilung der von den kirchlichen Inquisitoren überführten Ketzer durch weltliche Gerichte. Und sowohl in der Zeit der bischöflichen als auch der päpstlichen Inquisition war in den Fürstbistümern durch die personelle Einheit des kirchlichen und weltlichen Landesherrn diese Amtshilfe auch strukturell gesichert. Somit spiegeln die geschätzten Zahlen der durch weltliche Gerichte zu Tode gekommenen Ketzer und Hexen diese Amtshilfe für die Kirche wider. Unbestritten dürfte daher sein, dass Päpste, Bischöfe und Mönche über Jahrhunderte hinweg zur Tötung von Menschen aufgerufen und die Tötung von Menschen veranlasst haben, das Gebot »Du sollst nicht töten!« missachtet und durch »Folter, Verstümmelung und Tötung unendliches Leid über zahllose Menschen gebracht«[157] haben, um die weltliche und geistige Macht der Kirche zu bewahren.

## 5.3 Die Neubesinnung auf den Wert des Lebens

[**H.**] Es muss als ein Neuanfang gewertet werden: Angesichts der unermesslich großen Schuld, welche über die Jahrhunderte hinweg zahlreiche Päpste und deren Auftragnehmer auf sich geladen haben, verlautbarte das Zweite Vatikanische Konzil im Jahre 1965 in der Pastoralkonstitution »Gaudium et Spes«:

> »Kap 43: Auch in unserer Zeit weiß die Kirche, wie groß der Abstand ist zwischen der von ihr verkündeten Botschaft und der menschlichen Armseligkeit derer, denen das Evangelium anvertraut ist. Wie immer auch die Geschichte über all dies Versagen urteilen mag, wir selber dürfen dieses Versagen nicht vergessen, sondern müssen es unerbittlich bekämpfen, damit es der Verbreitung des Evangeliums nicht schade. Die Kirche weiß auch, wie sehr sie selbst in ihrer lebendigen Beziehung zur Welt an der Erfahrung der Geschichte immerfort reifen muß.«[158]

[**J.**] Auch die deutschen Dominikaner haben öffentlich ihre Schuld bekannt:

> »Deutsche Dominikaner waren nicht nur in die Inquisition verstrickt, sondern haben sich aktiv und umfangreich an ihr beteiligt. Historisch gesichert ist die Mitwirkung an bischöflichen Inquisitionen und an der römischen Inquisition. Unabhängig von den vielleicht manchmal nachvollziehbaren historischen Gründen für die Mitwirkung erkennen wir heute die verheerenden Folgen dieses Tuns unserer Brüder. Wir empfinden dies als ein dunkles und bedrückendes Kapitel unserer Geschichte. Dies gilt in gleicher Weise für die nachgewiesene Beteiligung des deutschen Dominikaners Heinrich Institoris an der Hexenverfolgung. Durch das Verfassen des ›Hexenhammers‹ [Malleus Maleficarum] unterstützte und förderte er die menschenverachtende Praxis der Hexenverfolgung.

Folter, Verstümmelung und Tötung haben unendliches Leid über zahllose Menschen gebracht; deutsche Dominikaner haben dazu, neben anderen, die Voraussetzung geschaffen. Die Geschichte dieser Opfer – namenlos und vergessen – können wir nicht ungeschehen machen. Wiedergutmachung ist unmöglich. Uns bleibt die Verpflichtung zur Erinnerung. Wir wissen, dass der Geist von Inquisition und Hexenverfolgung – Diskriminierung, Ausgrenzung und Vernichtung Andersdenkender – auch heute latent oder offen in Kirche und Gesellschaft, unter Christen und Nicht-Christen lebendig ist. Dem entgegenzutreten und sich für eine umfassende Respektierung der Rechte aller Menschen einzusetzen, ist unsere Verpflichtung, die wir Dominikaner den Opfern von Inquisition und Hexenverfolgung schulden. Das Provinzkapitel fordert alle Brüder unserer Provinz auf, unsere dominikanische Beteiligung an Inquisition und Hexenverfolgung zum Thema in Predigt und Verkündigung zu machen.«[159]

[**H.**] Dagegen war das Schuldbekenntnis von Papst Johannes Paul II. eher zaghaft und sehr allgemein:

»Wir vergeben und bitten um Vergebung! Während wir Gott loben, ... , können wir nicht umhin, die Untreue gegenüber dem Evangelium anzuerkennen, deren sich einige unserer Brüder besonders während des zweiten Jahrtausends schuldig gemacht haben. Wir bitten um Vergebung für die Spaltungen, die unter den Christen entstanden sind, für den Gebrauch der Gewalt, zu dem einige von ihnen im Dienst an der Wahrheit geschritten sind, und für die bisweilen eingenommenen Haltungen des Misstrauens und der Feindseligkeit gegenüber den Anhängern anderer Religionen.«[160]

[**J.**] Auch wenn bislang vom Vatikan zu den Verbrechen und zur Schuld der Päpste und Bischöfe an der Inquisition nicht mehr verlautbart worden ist, ein Schuldbekenntnis durch einen Papst für die Untaten vergangener Päpste zeugt von Einsicht in die Fehlbarkeit von Päpsten. Ich denke, dass dieses eine bewundernswerte Leistung von Papst Johannes Paul II. gewesen ist, die er sicherlich gegen viele Ewiggestrige und Uneinsichtige im Vatikan durchsetzen musste. Mit diesem Schuldbekenntnis hat Johannes Paul II. zur Glaubwürdigkeit der Kirche bei ihrem Neuanfang in der Würdigung des menschlichen Lebens wesentlich beigetragen! Und dieses ganz im Geiste des Schutzes der Menschenrechte, einem zutiefst christlichen Anliegen.

[**H.**] Bedauerlicherweise waren weder Päpste, noch Kardinäle und Bischöfe an der sich über die gesamte Kulturgeschichte der Menschheit erstreckenden Entwicklung der Menschenrechte maßgeblich beteiligt.

Um die wesentlichen Daten in Erinnerung zu rufen: Nach der Verkündung der Evangelien hat es fast 1500 Jahre gedauert, bis im Jahre 1525 erstmals die Bauern zu Memmingen in einer Niederschrift mit 12 Artikeln, gerichtet an den Schwäbischen Bund, die Forderung nach Menschenrechten erhoben.[161] Erst etwa 250 Jahre später folgten die Verkündung des »Bill of Rights« durch den Konvent von Virginia (1776), die »Declaration of Independence« der 13 Vereinigten Staaten von Amerika (1776), die Proklamation der »Bill of Rights« durch den amerikanischen Kongress (1789), die Verkündung der »Déclaration des Droits de l'Homme et du Citoyen« durch die französische Nationalversammlung (1789) und die Kodifizierung des Allgemeinen Preußischen Landrechtes durch Friedrich den Großen in Preußen bzw. seinen Nachfolger Wilhelm I. (1794).

Und noch weitere reichlich 150 Jahre und die grausigen Erfahrungen der beiden Weltkriege und des Völkermordes durch die Nazis hat es gebraucht bis zur Verabschiedung der Allgemeinen Erklärung der Menschenrechte durch die UN-Generalversammlung (1948).

Und diese Menschenrechte gelten gerade auch im Bereich der medizinischen Wissenschaften. Neben dem Eid des Hippokrates (440 v. Chr.) waren sie die Grundlage für die ethischen Regeln des Weltärztebundes für Versuche am Menschen, festgelegt in den 10 Punkten des Codex von Nürnberg (1947) und den Deklarationen von Genf (1948) und von Helsinki (1964, 1975, 1983, 1989, 1996 und 2000).[162]

[**J.**] Es ist offenkundig, dass die so unendlich lange Entwicklungsgeschichte der Menschenrechte kein Ruhmesblatt für die Amtskirche darstellt. Aber trotz aller berechtigten Kritik an die Adresse der Nachfolger der Apostel muss man auch anerkennen, dass in die Formulierung der Menschenrechte maßgeblich das christliche Menschenbild eingeflossen ist und dass Christen an deren Ausarbeitung entscheidend beteiligt waren.

[**H.**] Aber soweit mir bekannt ist, kein einziger Papst und kein einziger Bischof!

Dennoch, die Amtskirche hat aus ihren Verbrechen, Verfehlungen und Versäumnissen der Vergangenheit gelernt. Dies wird deutlich an der Eindeutigkeit und Bedingungslosigkeit, mit welcher heutzutage die Verantwortlichen in der Kirche für das menschliche Leben eintreten. Der Schutz des menschlichen Lebens gilt nunmehr grundsätzlich, gleichgültig in welcher Phase der Entwicklung es sich befindet, gleichgültig, ob Kriege als gerecht oder nicht angesehen werden. Hierfür, für diese Fügung Gottes, dürfen besonders wir Christen dankbar sein. So verbietet die Amtskirche unter Bezug auf das 5. Gebot:

– im Rahmen der von ihr an sich schon verbotenen In-vitro-Befruchtung die Tötung der überzähligen Embryonen;[163]
– die Präimplantationsdiagnostik [PID] zur Aussonderung und mit dem Sterben-lassen von Embryonen mit schweren monogenetischen Erbdefekten;
– die Pränataldiagnostik (PND): »Eine solche [vorgeburtliche; H.-H. S.] Diagnostik ... steht in schwerwiegender Weise im Gegensatz zum Moralgesetz, falls sie – je nachdem, wie die Ergebnisse ausfallen – die Möglichkeit in Erwägung zieht, eine Abtreibung durchzuführen. So darf

eine Diagnose, die das Bestehen einer Mißbildung oder einer Erbkrankheit anzeigt, nicht gleichbedeutend mit einem Todesurteil sein.«[164];

– jegliche Abtreibung von Embryonen und Feten;[165]

– jeglichen Krieg, es sei denn, man wurde angegriffen und muss sein eigenes Leben verteidigen. »Der Krieg ist in sich selbst irrational, und ... der ethische Grundsatz, Konflikte friedlich zu regeln, ist der einzige Weg, der des Menschen würdig ist.«[166] sowie

– jegliche aktive Sterbehilfe.[167]

[J.] Solch eine eindeutige Stellungnahme verdient doch eine hohe Würdigung! Besonders dann, wenn man sie vergleicht mit entgegenstehenden äußerst fragwürdigen religiösen wie auch politischen Kräften, die beispielsweise die Tötung von im Reagenzglas befruchteten menschlichen Eizellen aus moralisch-ethischen Gründen verbieten, die Abtreibung als Methode der Geburtenkontrolle jedoch zulassen oder sogar als Kriterium der Emanzipation der Frau werten, oder die das Töten von Todkranken und Sterbenden empfehlen und als Grund dafür Mitleid angeben.

[H.] Ich glaube, dass die Tötung eines Menschen, gleichwie begründet, immer auch ein ichbezogenes Motiv zum Hintergrund hat. Dieses kann berechtigt sein im Sinne der persönlichen Notwehr gegen eine Person, die mich töten will – oder der Verantwortung für einzelne Menschen oder eine Bevölkerung, deren Mitglieder mit dem Tode bedroht werden, aber auch zweifelhaft oder vollkommen unberechtigt. Alleine diese Bandbreite wirft die Frage auf, ob das Gebot »Du sollst nicht töten!« für Menschen außerhalb der Kirche immer zu befolgen ist. Ist es zu befolgen in Fällen, wie dem Krieg der Alliierten gegen die Naziherrschaft, oder auch im Krieg gegen eine mörderische Soldateska, beispielsweise im Kosovokrieg, oder im Irak, gegen einen Diktator, welcher die eigenen Landsleute in ihren Dörfern vergast? Oder auch anderswo an den Brandherden der Welt?

In jedem Krieg, auch in sogenannten gerechten Kriegen kommen Unschuldige zu Tode, nicht einzeln, nein in Massen! »Kollateralschaden« wird das von den Verantwortlichen genannt. Ist die Tötung von Unschuldigen zu rechtfertigen, um Schuldige zu vernichten und deren weiteres Morden zu verhindern? Ist die Tötung von Unschuldigen zugunsten des Lebens eines anderen zulässig? Ist solch eine Güterabwägung von Leben gegen Leben moralisch statthaft?

[**J.**] Die Amtskirche ist konsequent und sagt hierzu »Nein!«. Und ich halte diese Antwort für mutig, richtig und gut. Denn nach meiner Überzeugung wäre es grundfalsch, wenn die Amtskirche eine Güterabwägung von Leben gegen Leben vornehmen und damit das Töten relativieren würde, wenn sie das angestrebte Ziel beispielsweise eines Krieges, und sei dieses Ziel noch so berechtigt, höher einschätzen würde als den damit zwangsweise verbundenen Tod Unschuldiger. Mit solch einer Entscheidung würde die Kirche den Grundsatz »Du sollst nicht töten!« verlassen, sich selbst belasten, die Güterabwägung den Entscheidungsträgern abnehmen, es diesen leicht, vielleicht sogar zu leicht machen.

[**H.**] Du hast Recht! Diese Art von Güterabwägung ist nicht Aufgabe der Amtskirche, da sie weder an den Ursachen, noch an den Maßnahmen, oder an der Verhinderung direkt beteiligt ist, hier keine unmittelbare Verantwortung hat. Wenn sie eine Güterabwägung treffen würde, beispielsweise die Tötung von missgebildeten Embryonen im Reagenzglas, eine Abtreibung, oder einen Krieg für gut heißen würde, wäre sie Mitwirkende, dadurch unglaubwürdig, würde sich der Gefahr aussetzen, eigene Interessen zu verfolgen, sich auf eine schiefe Ebene zu begeben. Das Risiko, dabei selbst wieder ins Verbrechen zu rutschen, wäre zu groß.

[**J.**] Die Amtskirche hat die Verpflichtung, für das Leben, das ungeborene, das geborene wie auch das kranke und sterbende Leben einzustehen, moralische Maßstäbe zum Schutze dieses Lebens zu setzen, vor jedem Krieg, gleich welcher Art er auch ist und mit welcher Begründung er geführt wird, zu warnen, für die Unschuldigen, für die Schwächsten, für den Frieden mit allen ihren Mitteln zu kämpfen. Das ist ihre ureigene, ihr von Christus auferlegte Aufgabe!

[**H.**] Aber anders als die Amtskirche kann der einzelne Mensch, können wir als Laiengläubige uns nicht immer von Entscheidungen fernhalten, welche menschliches Leben existenziell betreffen.

[**J.**] Dennoch haben wir diese Maßstäbe, dieses Tötungsverbot als Richtschnur zu sehen, gerade auch dann, wenn wir in der Verantwortung stehen, Leben gegen Leben abwägen zu müssen, gleichgültig wann und wo.

[**H.**] Was ist, wenn beispielsweise

– der Massenmord durch Diktatoren abzuwägen ist mit dem Tod Unschuldiger und der Rettung vom Tod Bedrohter, falls militärisch eingegriffen wird;

– der Tod eines unschuldigen Fetus abzuwägen ist mit dem Überleben der Mutter bei der medizinisch indizierten Abtreibung;

– Schwangere beraten werden mit dem Ziel, die Schwangerschaft aufrechtzuerhalten, das Kind zu retten und dabei auch geduldet werden muss, dass sich Schwangere gegen ihr Kind entscheiden, man ggfs. diese Entscheidung als Beraterin sogar mittragen muss;

– das Risiko des Todes eines an Leukämie erkrankten Kindes durch eine intensive Chemotherapie in Kauf genommen werden muss, um ihm wie anderen an Leukämie erkrankten Kindern die Chance zu bieten, durch diese Chemotherapie geheilt zu werden.

Zahlreiche andere Beispiele könnten angeführt werden, in denen eine ähnliche Abwägung von Leben gegen Leben zu treffen ist. Diese Lebenswirklichkeit zeigt in drastischer Weise, dass wir Menschen nicht immer in der glücklichen Lage sind, zwischen »Gut« und »Böse« entscheiden zu können, sondern dass wir häufig genug in ein Dilemma geraten, zwischen weniger Böse und mehr Böse oder zwischen zwei gleich bösen Wegen entscheiden zu müssen. Hier können Enzykliken und Lehrinstruktionen der Amtskirche zwar Entscheidungshilfen sein, uns aber nicht die Entscheidungen abnehmen.

[**J.**] Letztlich muss ein jeder von uns selbst entscheiden, nach seinem Gewissen! Und letztlich sind wir nur diesem Gewissen und damit unserem Schöpfer gegenüber verantwortlich. Wie schreibt das Zweite Vatikanische Konzil in »Gaudium et Spes«:

> » ... Denn der Mensch hat ein Gesetz, das von Gott seinem Herzen eingeschrieben ist, dem zu gehorchen eben seine Würde ist und gemäß dem er gerichtet werden wird. Das Gewissen ist die verborgenste Mitte und das Heiligtum im Menschen, wo er allein ist mit Gott, dessen Stimme in diesem seinem Innersten zu hören ist. Im Gewissen erkennt man in wunderbarer Weise jenes Gesetz, das in der Liebe zu Gott und dem Nächsten seine Erfüllung hat. Durch die Treue zum Gewissen sind die Christen mit den übrigen Menschen verbunden im Suchen nach der Wahrheit und zur wahrheitsgemäßen Lösung all der vielen moralischen Probleme, die im Leben der Einzelnen wie im gesellschaftlichen Zusammenleben entstehen.«[168]

[**H.**] Doch auch die ernsthafteste Gewissensentscheidung kann uns gerade im Dilemma entgegenstehender gleichrangiger Werte nicht davor schützen, schuldig zu werden, gleichwie unsere Entscheidung im Einzelnen aussieht.

[**J.**] Genau dann hilft uns Christen unser Glaube an den Opfertod Christi, hilft uns die Hoffnung, das Vertrauen, die Gewissheit der Barmherzigkeit, der Vergebung.

[**H.**] Was wäre, wenn die Amtskirche den Gläubigen das Recht und die Pflicht zur Gewissensentscheidung absprechen würde – hätte sie dann nicht die von Christus durch seinen Opfertod ihr übertragene Aufgabe vollkommen verfehlt?

[**J.**] Meiner Ansicht nach eindeutig »Ja«. Daher sehe ich die Amtskirche, die Päpste, Bischöfe und Priester in der Pflicht, den Gläubigen die Gewissheit der Barmherzigkeit und der Vergebung durch Christus zu vermitteln und besonders im Bußgespräch dann Vergebung zu gewähren, wenn ein Mensch im Widerstreit moralischer Werte durch seine Entscheidung schuldig geworden ist und sich dieser Schuld bewusst ist.

[**H.**] Das muss meiner Meinung gerade auch dann gelten, wenn diese Schuld entsteht durch eine verantwortungsvolle Entscheidung im Konflikt gleichrangiger Werte, nämlich zwischen menschlichem Leben gegen menschliches Leben.

Die Amtskirche hat über Jahrhunderte hinweg eine unermesslich große Schuld auf sich geladen dadurch, dass sie sich unzählige Male gegen das menschliche Leben und für die irdische Macht entschieden und hierdurch menschliches Leben geopfert hat. Diese Schuld sollte meiner Meinung nach alle, aber wirklich auch alle, die in unserer Kirche Verantwortung tragen, Bescheidenheit, Demut und Barmherzigkeit lehren gegenüber jedem, der im Dilemma zwischen Leben und Leben schuldig geworden ist.

[**J.**] Das Verhalten und die Worte Christi können hier als Maßstab dienen. Wie berichtete der Evangelist Johannes:

> »Da brachten die Schriftgelehrten und die Pharisäer eine Frau, die beim Ehebruch ertappt worden war. Sie stellten sie in die Mitte und sagten zu ihm: Meister, diese Frau wurde beim Ehebruch auf frischer Tat ertappt. Mose hat uns im Gesetz vorgeschrieben, solche Frauen zu steinigen. Nun, was sagst du? Mit dieser Frage wollten sie ihn auf die Probe stellen, um einen Grund zu haben, ihn zu verklagen. Jesus aber bückte sich und schrieb mit dem Finger auf die Erde. Als sie hartnäckig weiterfragten, richtete er sich auf und sagte zu ihnen: Wer von euch ohne Sünde ist, werfe als Erster einen Stein auf sie. Und er bückte sich wieder und schrieb auf die Erde. Als sie seine Antwort gehört hatten, ging einer nach dem anderen fort, zuerst die Ältesten. Jesus blieb allein zurück mit der Frau, die

noch in der Mitte stand. Er richtete sich auf und sagte zu ihr: Frau, wo sind sie geblieben? Hat dich keiner verurteilt? Sie antwortete: Keiner, Herr. Da sagte Jesus zu ihr: Auch ich verurteile dich nicht. Geh und sündige von jetzt an nicht mehr!« [Joh 8,3–11]

[**H.**] Diesem Vorbild Christi stehen Beispiele entgegen, welche mich zutiefst abstoßen. Denken wir an das 9-jährige Kind in Recife, Brasilien, welches von seinem Vater vergewaltigt worden und mit Zwillingen lebensbedrohlich schwanger war. Die medizinisch indizierte Abtreibung wurde vom Erzbischof José Gomes Sobrinho mit der öffentlich verlautbarten Exkommunikation aller Beteiligten bestraft.[169] Erzbischof Sobrinho mag sich bei seiner Entscheidung auf das kanonische Recht gestützt haben. Er mag auch durch die Medien zu der Öffentlichkeit seiner Entscheidung verführt worden sein. Doch das ist nur der äußere Rahmen. Inhaltlich entspricht seine Entscheidung weder meinem Verständnis der Würdigung von verantwortungsvoller Güterabwägung noch meinem Verständnis von christlicher Barmherzigkeit. Aus meiner Sicht hat Erzbischof Sobrinho mit der Exkommunikation der Beteiligten die katholische Kirche in einem unmenschlichen, unbarmherzigen, und damit unchristlichen Licht erscheinen lassen. Handelt so ein glaubwürdiger Nachfolger der Apostel Christi? Wenn ja, wo ist dann der Unterschied zwischen ihm und einem gesetzestreuen Pharisäer?

## 5.4 Die Zukunft der Präimplantationsdiagnostik [PID]

[**J.**] Der Druck, welcher von Befürwortern wie auch Gegnern der Präimplantationsdiagnostik [PID] im Rahmen der In-vitro-Fertilisation [IVF] nicht nur in Deutschland aufgebaut wurde, ist mir ziemlich unverständlich, besonders, wenn man sich die Probleme vor Augen führt, die grundsätzlich wie auch je nach angewandter Methode mit der PID verbunden sind. Denn vorrangig besteht erst einmal die Frage, ob die In-vitro-Fertilisation moralisch zu rechtfertigen ist (siehe Kap. 6.5). Wenn nach Abwägung des Für und Wider einer In-vitro-Fertilisation [IVF] eine PID durchgeführt werden soll, dann ergibt sich sofort die Frage nach dem »Wie«.

[**H.**] In Deutschland wurde von Seiten des Bundesgerichtshofes der Weg geöffnet,[170] die Präimplantationsdiagnostik bei erwiesener Gefahr eines schweren genetischen Defektes durchzuführen, indem einem im Reagenzglas befruchteten Embryo im Blastozystenstadium eine pluripotente Zelle (die also soweit diffenziert ist, dass aus ihr kein Embryo mehr erwachsen kann) entnommen und auf Chromosomenanomalien untersucht wird. Sollte der Embryo einen so schwerwiegenden genetischen Defekt aufweisen, dass er während seiner weiteren Entwicklung sterben oder er später im Mutterleib abgetrieben werden sollte, darf er durch Nichtversorgung in der Petrischale sterben.

[**J.**] Nichtversorgung umschreibt doch nichts anderes als die Tötung des genetisch defekten Embryos. Doch auch solche menschliche Embryonen genießen den Schutz des 5. Gebotes. Demnach ist eine Güterabwägung nicht zwischen »Leben« und »Leben«, sondern zwischen Kinderwunsch und Tötung zu treffen. Ein unerfüllter Kinderwunsch kann meiner Ansicht nach nicht das Tötungsverbot »übertrumpfen«.

[**H.**] Das moralische Problem der Tötung eines Embryos ließe sich durch die Polkörperchen-Diagnostik umgehen. Die bereits vorliegenden Untersuchungen belegen, dass die Polkörperchen-Diagnostik verspricht, sich zu einer Alternative zur genetischen Untersuchung eines Embryos zu entwickeln. Unter Polkörperchen wird der Zellteil verstanden, welcher bei der 1. und 2. Reifeteilung der Eizelle als »Kern-Abfallprodukt« (1. und 2. Polkörperchen) entsteht und welcher 23 Chromosomen bzw. Chromatiden enthält. Unmittelbar nach der künstlichen Befruchtung, jedoch in einem Stadium, in welchem der Kern der Eizelle (weiblicher Vorkern) noch nicht mit dem Kern der Samenzelle (männlicher Vorkern) verschmolzen ist, also noch kein menschlicher Embryo vorliegt, werden die Polkörperchen mechanisch aus der Eizelle entfernt. Ergibt die Untersuchung der Polkörperchen-Chromosomen einen chromosomalen Schaden, kann die Eizelle vernichtet werden. Mit dieser Art der Präimplantationsdiagnostik ist somit keine Tötung eines Embryos verbunden, was ein qualitativer Vorteil gegenüber der bisher angewandten Technik wäre.

[**J.**] Wenn man die Tötung des Embryos bei der PID vermeiden kann, bleibt noch die Frage nach den Gefahren. Selektieren wir mit der PID nicht Wunschkinder?

[**H.**] Die Anwendung der Präimplantationstechnik – gleich ob die Polkörperchen-Diagnostik angewandt oder ein Embryo im Stadium einer Blastozyste untersucht wird –, stellt eindeutig eine genetische Selektion dar, auch wenn sie beschränkt wird auf die selten auftretenden schweren, monogenetischen Defekte. Aber gleichermaßen ist eine Abtreibung aus Gründen einer Fehlbildung des Embryos eine genetische Selektion. Hier sollten sich diejenigen, welche die PID verbieten und die Abtreibung gestatten wollen, nichts vormachen! Beide Selektionsmethoden beruhen auf technischen Eingriffen des Menschen im Gegensatz zu der natürlich auftretenden oder besser gesagt, der naturgegebenen genetischen Selektion.

Die natürliche genetische Selektion ist ein häufig vorkommender und biologisch notwendiger Prozess! Auch hier sollten wir uns nichts vormachen! Ein großer Teil der Embryonen mit schweren monogenetischen oder oligogenetischen Defekten unterliegt dieser natürlichen Selektion, indem die Einnistung der Blastozyste in die Gebärmutterschleimhaut nicht gelingt oder die Schwangerschaft nicht aufrechterhalten wird. Durch die PID wird diese natürliche

Selektion vorweggenommen oder gesichert, zumindest was solche Embryonen betrifft, welche einen erkennbaren, definierten monogenetischen Defekt aufweisen, der früher oder später zum Tode des Embryos führt.

[**J.**] Welches Ausmaß nimmt die Selektion auf Grund eines genetischen Defektes ein im Vergleich zu allen anderen auf den Menschen einwirkenden Selektionsprinzipien?

[**H.**] Die natürliche Selektion auf Grund eines genetischen Defektes ist nur ein Teilbereich der insgesamt fortwährend stattfindenden Selektion menschlichen Lebens. Früher waren Kinderkrankheiten und Infektionskrankheiten bedeutende Selektionsmechanismen. Seuchenzüge haben ganze Populationen hinweggerafft. Nur die Widerstandsfähigen überlebten. Heute, mit den Erfolgen der Medizin, gibt es zumindest in den Industrieländern diese Art von Selektionsdruck nur noch in beschränktem Maße. Stattdessen ist der Wunsch und der Wille zum Kind oder dessen Ablehnung ein unermesslich großes und einschneidendes biologisches Selektionsprinzip geworden. Denn mit der Einführung der künstlichen Empfängnisverhütung können Frauen und Paare weitaus besser als frühere Generationen die Zahl ihrer Kinder bestimmen, und damit Kinder auch ablehnen, ohne hierfür sexuell enthaltsam leben zu müssen.

Diejenigen, welche eigene Nachkommen ablehnen, selektieren sich selber im biologischen Sinne aus und das mit dem gleichen Ergebnis, als wenn sie selber, oder ihre Kinder als Embryos, nach der Geburt oder im fortpflanzungsfähigen Alter ohne Nachkommen, beispielsweise durch Infektionskrankheiten gestorben wären. Über die Generationen hinweg gesehen zählen biologisch nur diejenigen, die Nachkommen haben und sich weiter fortpflanzen. Das Erbgut aller anderen geht unter – ein hartes, sehr wirksames Naturgesetz!

[**J.**] Demnach stellt beispielsweise auch der Zölibat ein negativ wirkendes Selektionsprinzip dar.

[**H.**] Ja sicher, jeder Einfluss, der eine Entscheidung gegen ein Kind bewirkt, ist ein negatives Selektionsprinzip, ist eine Entscheidung gegen das menschliche Leben. Nicht von ungefähr hat Gott die Menschen beauftragt »… Seid fruchtbar und vermehrt euch … .« [Gen 1,28]

[**J.**] Somit ist heute der Kinderwunsch ein machtvolles positives Selektionsprinzip geworden!

[**H.**] Genau! Die Stärke des Selektionsprinzips »Kinderwunsch« wird besonders deutlich an der Verringerung der Geburtenrate um mehr als ein Drittel nach Einführung der künstlichen Empfängnisverhütung. Erstmals in der Menschheitsgeschichte haben wir es hier mit einem dominanten Selektionsprinzip zu tun, welches nicht exogen wie Seuchen schicksalshaft auf die Menschheit niederkommt, sondern abhängig ist von der Entscheidung jedes einzelnen Menschen, von seinem Willen für oder gegen ein Kind. Wenn wir also von der Selektion des Menschen durch den Menschen reden, dann sind aus biologischer Sicht die zahlenmäßigen Auswirkungen der PID im Vergleich zu den biologischen Folgen der Empfängnisverhütung zu vernachlässigen.

[**J.**] Doch die einmal zur »Routine« eingeführte Präimplantationsdiagnostik erleichtert die gezielte genetische Selektion einzelner Individuen. Durch die PID wird die Erfüllung des Wunsches nach einem »maßgeschneiderten Kind« in Bezug auf Geschlecht oder monogenetisch oder oligogenetisch bestimmte und erwünschte Eigenschaften eher möglich, oder auch der Wunsch nach einem »Retterbaby« als Zellspender für ein schwer erkranktes Geschwisterkind.

[**H.**] Ein maßgeschneidertes Kind ist grundsätzlich auch mit Hilfe der Abtreibung als Selektionsmethode zu erfüllen, doch mit erheblich mehr zeitlichem Aufwand und größerem gesundheitlichen Risiko für die Frau.

[**J.**] Wegen der geringeren technischen Probleme kann man also erwarten, dass die einmal gesetzlich erlaubte Verfügbarkeit der Präimplantationsdiagnostik, auch wenn sie derzeit

noch per Gesetz beschränkt sein sollte auf schwere genetische Defekte, zwangsläufig auf weitere Anwendungsbereiche
ausgeweitet wird und dass diese zusätzlichen Anwendungsbereiche in analoger Weise wie derzeit bei den schweren
genetischen Defekten juristisch rechtfertigt werden?

[**H.**] Ja, sicher! Wenn man die Gefahr der Ausweitung dieser
gezielten genetischen Selektion durch den Menschen abwen-
den will, kann man die PID verbieten. Nur dann sollte man
folgerichtig auch die Abtreibung eines Kindes mit Missbildungen untersagen. Ich glaube jedoch nicht, dass eine
Durchsetzung dieser Verbote zu verwirklichen ist. Falls in
einem Land dieses Verbot erfolgen sollte, gäbe es die Möglichkeit, in andere Länder auszuweichen, wo die Gesetze
bereits eine breitere Anwendung der PID zulassen oder
Abtreibungen auch ohne Beratungspflichten und ohne Fris-
ten, die Schwangerschaftsdauer betreffend, zulässig sind.

[**J.**] Ich versuche, mich einmal in die Lage eines Ehepaares
zu versetzen, welches mit einem versteckten genetischen
Defekt belastet ist, möglicherweise deswegen schon einige
Fehlgeburten ertragen musste. Wie kann sich dieses Paar den
Wunsch nach einem, in Bezug auf diesen genetischen Defekt,
gesunden Kind erfüllen, ohne dass ein anderes menschliches
Leben hierdurch zu Schaden kommt?

[**H.**] Ich sehe hierfür derzeit nur die Möglichkeit der PID unter
Verwendung der Polkörperchen-Diagnostik, es sei denn, man
lässt den Embryo in der Petrischale sterben, weil er spätes-
tens im Uterus auf Grund des genetischen Defektes sicher
gestorben wäre.

[**J.**] Wenn ich Dich richtig verstanden habe, ist die Polkörperchendiagnostik nur für einige Indikationsgebiete bereits
ausgearbeitet worden. Würde das bedeuten, dass Du für alle
übrigen monogenetischen Defekte derzeit keine Möglichkeit
siehst, durch eine PID den Kinderwunsch zu erfüllen?

[**H.**] Ja, zumindest dann, wenn man die Tötung von genetisch
defekten Embryonen vermeiden will.

[**J.**] Würde ein Verbot der PID die weitere Entwicklung der Polkörperchendiagnostik behindern? Was ist Deine Meinung? Würdest Du ein solches Verbot für ethisch gerechtfertigt halten?

[**H.**] Eine menschenwürdige Vermeidung der Zeugung von erbgeschädigten Kindern halte ich für eine Christenpflicht. Menschenwürdig heißt für mich, dass durch meine Entscheidung keinem menschlichen Leben gezielt Schaden zugefügt wird. Das bedeutet auch, dass einmal entstandenes menschliches Leben, auch wenn es behindert sein sollte, angenommen werden soll und nicht eliminiert werden darf. Auch das ist Christenpflicht! Wenn bei der Vermeidung der Zeugung erbgeschädigter Kinder eine medizinische Technik in menschenwürdiger Weise helfen kann, dann ist meines Erachtens der Einsatz dieser Technik ethisch gerechtfertigt. Da die Polkörperchendiagnostik diese Bedingung meines Erachtens erfüllt, aber bislang nur eingeschränkt anwendbar ist, sollten alle sinnvollen Forschungsanstrengungen unternommen werden, den Anwendungsbereich dieser Diagnostik zu erweitern.

[**J.**] Nochmals, Du empfiehlst die Zulassung der PID bei genetischen Defekten, solange hierbei kein menschliches Leben zerstört wird?

[**H.**] Eindeutig ja! Deren Anwendung würde die Vorteile bieten, dass Eltern mit versteckten genetischen Defekten in dieser Hinsicht gesunde Kinder mit medizinischer Hilfe zeugen könnten und hätte auch zur Folge, dass die Anzahl von Schwangerschaften mit missgebildeten Embryonen reduziert würde, damit auch deren Abtreibung.

[**J.**] Ich sehe zwei wesentliche Probleme. Zum einen wird das Wissen um die technischen Möglichkeiten der Verhinderung eines Kindes mit Missbildungen zu einer Intoleranz gegenüber missgebildeten Menschen führen. Hinzu kommt, dass viele, wenn nicht die meisten angeborenen Missbildungen Ursachen haben, welche wir nicht kennen und durch eine

Genanalyse auch nicht im Vorhinein erfassen können. Zum Weiteren könnte auch die Polkörperchendiagnostik missbraucht werden für die PID zur Herstellung »maßgeschneiderter« Kinder! Vor diesem Hintergrund kann ich das Verbot der PID durch die Kirche gut nachvollziehen als Teil ihrer Pflicht, menschliches Leben zu schützen, gleich in welchem Stadium der Entwicklung es sich befindet und wie beschädigt es auch sein mag.

[**H.**] Wir müssen aber auch zur Kenntnis nehmen, dass die PID Stand der Technik ist. Wir können das Rad nicht zurückdrehen, sondern nur der weiteren Entwicklung eine Richtung geben, bei welcher für alle Beteiligten die Menschenwürde und das Menschenrecht gewahrt bleiben. Daher gilt es, den Missbrauch durch gesetzliche Regelungen zu verhindern. Da beispielsweise in Deutschland zwar die PID, aber nicht die Polkörperchendiagnostik dem Embryonenschutzgesetz unterliegt, sind die Forschungsarbeiten auf dem Gebiet der Polkörperchendiagnostik nicht wesentlich beschränkt, könnten also auch dem Missbrauch dienen. Eine gesetzliche Regelung der PID müsste daher auch die Polkörperchendiagnostik einschließen, was den Missbrauch dieser Technik nicht völlig ausschließen, aber zumindest eindämmen kann.

[**J.**] Warum ist überhaupt eine gesetzliche Regelung notwendig, welche die PID erlaubt?

[**H.**] Es handelt sich um begründete Ausnahmefälle, um die Festlegung des Katalogs von genetischen Erkrankungen, bei welchen eine PID statthaft ist. Falls die PID nur durchführbar wäre, wenn durch Nichtversorgung in der Petrischale der genetisch defekte Embryo getötet wird, wäre diese für mich zulässig bei einer genetischen Erkrankung, welche mit Sicherheit zum Tod des Embryos im Mutterleib führt. In diesem Falle stände nämlich nicht der Kinderwunsch gegen das Leben des genetisch defekten Embryos zur Abwägung, sondern der Kinderwunsch gegen den Tod des genetisch defekten Embryos im Mutterleib.

[**J.**] Wenn ich Dich richtig verstanden habe, dann wäre diese Art von Güterabwägungen nicht mehr notwendig, wenn die Polkörperchen-Diagnostik auf alle wesentlichen monogenetischen Defekte ausgeweitet werden könnte. Denn dann würde die Notwendigkeit der Tötung von Embryonen bei der PID vollkommen entfallen. Aber eine derartige Ausweitung der Technik scheint noch ziemlich fraglich zu sein!

[**H.**] Das stimmt! Andererseits fragt man sich schon, welchen Sinn eine gesetzliche Regelung hat, welche die Tötung von genetisch defekten Embryonen in der Petrischale verbietet, die Tötung von missgebildeten Embryonen im Mutterleib aber erlaubt.

[**J.**] Erlaubt ist der falsche Ausdruck! Nicht nur das kirchliche Recht, sondern auch das staatliche Recht sieht die Abtreibung grundsätzlich als Unrecht an. Aber offensichtlich reicht das nicht! Man muss in Menschen auch das Bewusstsein für dieses Unrecht wecken. Abtreibung kann keine Methode der Geburtenkontrolle sein, gleichgültig mit welcher Zielsetzung.

[**H.**] Einverstanden! Doch es gibt auch Entscheidungen, in denen ein Leben gegen ein anderes Leben abzuwägen ist. Dies ist beispielsweise dann der Fall, wenn bei einer Schwangerschaft sowohl das Leben des werdenden Kindes als auch das der Mutter in Gefahr ist. Ist es überzeugend, ist es glaubwürdig, wenn der Tod von Mutter und Kind in Kauf genommen wird, weil ansonsten Unrecht ausgeübt würde? Denn wie schreibt Pius XI.:

> »Bezüglich der sogenannten ›medizinischen und therapeutischen Indikation‹ haben Wir schon erklärt, Ehrwürdige Brüder, wie sehr Wir es mitempfinden, daß mancher Mutter aus der Erfüllung ihrer Mutterpflichten große Gefahren für die Gesundheit oder gar das Leben entstehen. Aber was für ein Grund vermöchte jemals auszureichen, um die direkte Tötung eines Unschuldigen zu rechtfertigen? Denn darum handelt es sich hier. Mag man nun die Mutter oder das Kind töten, es

ist gegen Gottes Gebot und die Stimme der Natur: ›Du sollst nicht töten!‹ Gleich heilig ist beider Leben, das zu vernichten selbst die Staatsgewalt keine Befugnis hat. Ganz zu Unrecht wird diese Befugnis gegen Unschuldige aus dem Recht der Gewalt über Leben und Tod gefolgert, die doch nur Schuldigen gegenüber Geltung hat. Auch das Recht der gewaltsamen Verteidigung gegen einen ungerechten Angreifer kommt hier nicht in Frage. (Wer wollte wohl ein unschuldiges Kind einen ungerechten Angreifer nennen?) Und ein ›Notstandsrecht‹, das bis zur direkten Tötung eines Schuldlosen reichte, gibt es nicht. Daß sich um beider Leben, das der Mutter wie das des Kindes, gewissenhafte und erfahrene Ärzte bemühen, verdient alles Lob und alle Anerkennung; dagegen würde sich des edlen Namens und Lobes eines Arztes unwürdig erweisen, wer unter dem Vorwand, Heilmaßnahmen zu treffen, oder aus falsch verstandenem Mitleid auf den Tod des einen von beiden abzielte.«[171]

Entspricht es christlicher Verantwortung bei Entscheidungen im Dilemma gleichrangiger Werte, entspricht es der christlichen Hoffnung auf die Barmherzigkeit Gottes, wenn beide, Mutter und Kind, sterben sollen in Fällen, wo nur die Mutter zu Lasten des Kindes gerettet werden kann, wo das Kind im Entwicklungsstadium eines Embryos ohne Mutter keine wirkliche Überlebenschance hat?

Sicher, die Fortschritte in der Medizin haben die Häufigkeit derartiger Fälle erheblich vermindert, aber dennoch, solche oder ähnliche Entscheidungen stellen sich im Alltag immer wieder. Und für solche Entscheidungen ist, wie schon angesprochen, christliches Denken nach Abwägung gefragt. Und dieses unterscheidet sich qualitativ von dem Denken, von der Gesetzestreue der Pharisäer.

[**J.**] Du erwähnst konkrete Einzelfälle! Deren Bewertung darf nicht dazu führen, den gegebenen moralischen Standard über Bord zu werfen. Andererseits ist der Standard die Richtlinie, an der die Entscheidung für den Einzelfall ausgerichtet werden muss. Der Standard darf aber den Einzelfall nicht beherrschen, denn für jeden Einzelfall gilt nicht nur die Pflicht der Güterabwägung, sondern auch das christliche Gebot der Barmherzigkeit und Nächstenliebe.

[**H.**] Diese Art von Denken wird in Zukunft noch mehr als heute gefragt sein. Ich kann mir nicht vorstellen, dass die PID breit angewandt wird: sie ist technisch aufwendig, damit teuer und, soweit sie mit der Tötung von Embryonen verbunden ist, zusätzlich auch noch im Widerstreit grundsätzlich unterschiedlicher ethischer Überzeugungen. Dieses gilt auch für die Polkörperchen-Diagnostik. Gleich welche Technik bei der PID angewandt wird, sie hat eine genetische Beratung zur Grundlage, d.h. die Untersuchung der möglichen Eltern auf einen versteckten monogenetischen Defekt. Derartige Untersuchungen liegen in der Verantwortung von Paaren, die sich ein Kind wünschen, soweit bei ihnen ein begründeter Verdacht besteht.

In ähnlicher Weise tragen Frauen mit Kinderwunsch die Verantwortung, dass durch ihre gezielte Impfung vor der Schwangerschaft der Embryo gegen schädigende, zur Missbildung führende Virusinfektionen geschützt wird oder dass während der Schwangerschaft exogene embryotoxische Einflüsse wie Rauchen, Alkohol, Strahlen oder Umweltgifte vermieden werden. Diese Verantwortung für unsere Kinder ist jedoch nicht nur auf die Eltern beschränkt, sondern sie wird auch von der Gesellschaft, dem Staat mit seiner Gesundheitsfürsorge, und nicht zuletzt auch vom Arbeitgeber getragen.

[**J.**] Diese Verantwortung muss sich jedoch orientieren an Menschenwürde und Menschenrechten, im Besonderen an dem Lebensrecht auch des ungeborenen, gerade auch des behinderten Kindes. Hier fällt den Theologen unserer Kirche eine riesige Aufgabe zu, ethische Normen aufzustellen, welche den berechtigten Ansprüchen so weit wie möglich gerecht werden, ohne das Lebensrecht des Menschen, gerade auch des behinderten Menschen und ohne das Recht auf Selbstbestimmung der Eltern einzuschränken.

[**H.**] Fragwürdig wäre für mich, die Anwendung all dieser modernen Techniken, soweit sie dem Wohle aller betroffenen Menschen dienen und kein menschliches Leben gezielt zerstört wird, grundsätzlich abzulehnen mit der Begründung, der Mensch dürfe sich nicht zum Herrn machen über das menschliche Leben. Dann müssten ein Großteil der ärztlichen Behandlungsverfahren, beginnend mit Maßnahmen zur Förderung des Eisprungs, zur Sicherung einer Befruchtung und zur Aufrechterhaltung einer Schwangerschaft oder der Kaiserschnitt oder die Intensivbetreuung von Frühgeborenen oder die chirurgische oder medikamentöse Behandlung von Erkrankungen abgelehnt werden, denn sie alle sind Eingriffe in den von der »Natur« vorgegebenen Lebensablauf, sie alle entscheiden über menschliches Leben.

[**J.**] Es ist aber auch die Pflicht der Kirche, eindeutige Orientierungshilfen zu geben, an welchen sich Gewissensentscheidungen des Einzelnen, welche menschliches Leben betreffen, ausrichten können.

# 6. Liebe und Weitergabe des Lebens

## 6.1 Liebe als Geschenk des Himmels

[**J.**] Liebe fordert Ewigkeit! Diese Erfahrung hat wohl jeder gemacht, der einmal tief verliebt gewesen ist.

[**H.**] Was aber ist Liebe? Eine geistige, seelische, körperliche Zuwendung? Ein Aufgehen in dem anderen? Ein Schenken und Beschenktwerden, und das auch und immer wieder bis hin zum Gipfel der Lust?

[**J.**] Sicherlich alles dieses, aber sicherlich noch mehr – erkennbar daran, dass wir nur erahnen können, warum wir in den geliebten Menschen verliebt sind. Warum empfinden wir besondere Eigenschaften des Partners, seine Art zu denken und zu fühlen, die Ausdrucksformen seiner Sprache, seines Gesichtes und seines Körpers, den Duft seiner Haut, seine Begabungen und Fähigkeiten als anziehend, liebreizend, fühlen uns gerade deshalb zu ihm hingezogen? Warum ist eine solche Bindung stark und belastbar, manchmal sehr zum Ärger der umgebenden Personen? Warum verschweißt Druck von außen Liebende, lässt sie umso mehr lieben? Warum all dieses?

[**H.**] Der Zyniker wird sagen, das ist eine reine Wirkungsweise der Hormone!

[**J.**] Vielleicht auch! Aber warum wollen wir dann nur mit diesem einen Partner zusammen sein, empfinden ausschließlich mit ihm die Liebe als einmalig, suchen mit ihm deren Erfüllung, hoffen mit ihm auf dieser Liebe Ewigkeit? Warum dann die Sehnsucht zu einer geliebten Person? Wissen wir, warum sie uns quält? Glückliche Erfahrungen, Prägungen? Warum dann dieser Wunsch, immer häufiger, immer besser, immer enger, immer leidenschaftlicher geistig und körperlich mit dem geliebten Menschen verschmelzen zu können? Eine Kraft, die umso mehr wächst und stärker wird, je mehr sie Erfüllung findet. Sie überwindet Begrenzungen, sucht ihre Wege, genießt Erschöpfung und verstärkt sich selbst. Ein ganzes Leben lang, bis ins hohe Alter hinein!

[**H.**] Warum eine Liebesbeziehung zwischen genau diesem Mann und genau dieser Frau entsteht, ist für uns immer noch ein Rätsel! Doch warum eine Liebesbeziehung wächst, können wir heute in erster Näherung beantworten. Maßgebend sind die Glücksgefühle in der Liebe – das Zusammensein, die beidseitige Ergänzung, geistig, seelisch, körperlich, gerade auch durch Liebkosungen, ein wahres Orchester von Möglichkeiten, gipfelnd in der körperlichen Vereinigung, oder, nüchtern gesagt, in dem Geschlechtsverkehr. Wir wissen um dessen Einfluss auf die Psyche und Gesundheit der Liebenden. Teilweise ist diese Wirkung denjenigen Hormonen zuzuschreiben, die bei Liebenden im Gehirn vom Hypothalamus und von der Hypophyse ausgeschüttet werden. In Kenntnis dieser Hormonwirkungen verstehen wir besser, warum Liebe den Partnern den inneren Glanz, die Schönheit, Ausgeglichenheit, Güte und auch ein Mehr an Gesundheit verleiht. Und wann diese Hormone ausgeschüttet werden und wann nicht.

Es ist das Gefühl, selbst zu lieben, geliebt zu werden. Dieses Gefühl beeinflusst unseren Geist und unseren Körper. Dieser Einfluss kann in einzelne Bereiche zergliedert und diese können analysiert und gemessen werden. Darum wissen wir heute, dass glückliche Liebe
- die Paarbindung stärkt;[172]
- Hirnfunktionen verbessert und psychopathologische Reaktionen vermindert;[173]
- die Belastbarkeit verbessert und den Stressabbau erhöht;[174]
- den Blutkreislauf stabilisiert;[175]
- die Immunabwehr widerstandsfähiger macht;[176]

- das Risiko von bestimmten Krebserkrankungen zu vermindern scheint;[177]
- und die Chance auf ein langes Leben erhöht.[178]

[**J.**] Man darf also mit Fug und Recht sagen, dass die Liebe zwischen zwei Menschen als ein Geschenk Gottes auch deren körperlicher und geistiger Gesundheit dient?

[**H.**] Ja sicher, wer wollte das bestreiten? Die Kernaussagen der Schöpfungsgeschichte erfahren durch die wissenschaftliche Erkenntnis einen tiefen Sinn, auch für diejenigen, welche nicht an Gott glauben! Dem Gläubigen jedoch erschließt sich weitaus mehr! Er sieht Gottes Fügung hinter der Kraft, welche nicht nur das Fortleben der Menschheit sichert, so wie bei jeder anderen Kreatur auch, sondern welche das Feuer zwischen den Liebenden, zwischen dieser Frau und jenem Mann entfacht, welche die Vereinigung ihrer beider Körper immer wieder und ein ganzes Leben lang sichert, welche hilft, dass sie ihr seelisches und körperliches Glück genießen und aus diesem Glück heraus Kindern das Leben und ein Zuhause schenken können!

[**J.**] Sind Kinder nicht das schönste Ergebnis einer Liebe? Sind sie nicht Zeugen der Liebe, die in die Zukunft weisen? »Ich bin mit Liebe gezeugt worden!« Wer das von sich sagen kann, darf sich glücklich schätzen, hat für sein Leben den schönsten Ausgangspunkt, den man sich denken kann.

Andererseits, wie hart trifft es dann diese Menschen, wenn sie Gewahr werden, dass ihre Eltern sich trennen wollen, die Sehnsucht nach ewiger Zweisamkeit, das Vertrauen, die Liebe ihrer Eltern nicht von Dauer gewesen ist.

[**H.**] Die Gründe für Trennungen sind vielfältig. Wir alle wissen um die zerstörerischen Kräfte im Liebesleben. Es gibt einen langen Katalog der Auswirkungen von Gewohnheit, Abstumpfung, Teilnahmslosigkeit, Faulheit, Verweigerung, Scheinheiligkeit und Verlogenheit, Gewalt, Angst und Nötigung bis hin zur Vergewaltigung auf das Zusammenleben eines Paares und dessen seelische und körperliche Gesundheit. Wir wissen um die unzähligen Ursachen, die zur Trennung eines ehemals sich liebenden Paares führen, wissen um die Ängste und Nöte der Kinder aus solchen Beziehungen.

[**J.**] Sind solche zerstörerischen Kräfte ausschließlich selbstverschuldet, nur menschengemacht? Wenn die dauerhafte Liebe ein Geschenk Gottes ist, warum sollte dann die Trennung eines Paares nicht auch eine Fügung Gottes sein?

[**H.**] Ich versuche die Frage indirekt zu beantworten. Ich denke, es gibt kaum einen Menschen in einer dauerhaften Liebesbindung, der nicht die Zeiten kennt, in denen er glaubte, vor dem Abgrund der Trennung zu stehen, in denen tiefe Auseinandersetzungen und Verletzungen das Liebesfeuer fast zum Erlöschen gebracht hätten, die Ehe an einem seidenen Faden hing. Aber er erfuhr dann auch das Geschenk des Glücks der Wiederfindung, in den Armen des Partners oder der Partnerin, ohne nach rückwärts auf den gordischen Knoten der Auseinandersetzung zu schauen, ohne nach Schuld zu fragen, das Geschenk des Glücks, sich wieder verzeihend verschenken und damit einen Neuanfang wagen zu können.

Und wer kennt nicht die zahlreichen Paare, bei denen dieser Neuanfang nicht gelang! Ich habe Zweifel, dass solch ein Schicksal nur verursacht wird durch menschliche Schwäche oder durch zerstörerische Einflussnahme von außen. Wer an Gott glaubt, so meine ich, spürt dessen Hand nicht nur in Zeiten der leidenschaftlichen Liebe, sondern gerade auch dann, wenn diese Liebe zu zerbrechen droht. Wer sonst kann den Wunsch in einem Paar aufrechterhalten, trotz aller Auseinandersetzung zusammenbleiben zu wollen, beiden immer wieder die Kraft zu geben, stets einen Neuanfang zu wagen, in beiden immer wieder die Bereitschaft wecken, diesen Neuanfang geistig, seelisch und körperlich zu besiegeln?

[**J.**] Du berührst einen wesentlichen Punkt. In der Liebe ist trotz bester Absicht jeder alleine machtlos! Auch wenn die Zeichen des Auseinanderlebens, der wachsenden Abneigung, der Entfremdung, der drohenden Trennung zu spüren sind und man bestrebt ist, dagegen anzugehen, eine drohende Trennung kann nur dann abgewendet werden, wenn beide Partner das gleiche Ziel haben. Doch der Willen, das seelische Empfinden, die Bereitschaft des einen kann vom anderen nur begrenzt beeinflusst werden. Hier kommt die Fügung des Schicksals, Gottes Wirken, das Geschenk des Himmels, immer wieder ins Spiel.

[**H.**] Aber unterschätze dabei nicht den menschlichen Beitrag! Der Glaube an den Partner, das Vertrauen, das tägliche Bemühen, die Einheit mit ihm zu pflegen und sie zu schützen – wenn das beide tun, ist eine Gemeinsamkeit geschaffen, die durch Trennendes nur noch schwer zerstört werden kann. Doch ich gebe zu, all dieses ist eine notwendige, aber nicht hinreichende Voraussetzung für ein lebenslanges Liebesglück.

[**J.**] Im Buch der Genesis, Kapitel 2 [siehe Kap.3.1.1 Schöpfung] wird die Einheit wunderbar dargestellt. »... Das endlich ist Bein von meinem Bein und Fleisch von meinem Fleisch. ... Darum verlässt der Mann Vater und Mutter und bindet sich an seine Frau, und sie werden ein Fleisch.« [Gen 2,23–24]

[**H.**] Und für den Schutz dieser Einheit dient das sechste [»Du sollst nicht die Ehe brechen.«; Exodus 20,14] und das neunte Gebot [»Du sollst nicht nach der Frau deines Nächsten verlangen. ... «; Ex 20,17] im Alten Testament.

[**J.**] Christus hat dessen Kernaussagen bekräftigt:

> »Da kamen Pharisäer zu ihm, die ihm eine Falle stellen wollten, und fragten: Darf man seine Frau aus jedem beliebigen Grund aus der Ehe entlassen? Er antwortete: Habt ihr nicht gelesen, dass der Schöpfer die Menschen am Anfang als Mann und Frau geschaffen hat und dass er gesagt hat: Darum wird der Mann Vater und Mutter verlassen und sich an seine Frau binden und die zwei werden ein Fleisch sein? Sie sind also nicht mehr zwei, sondern eins. Was aber Gott verbunden hat, das darf der Mensch nicht trennen.« [Mt 19,3–6]

[**H.**] Das heißt für mich: Gott verbindet das Liebespaar und Gott trennt das Liebespaar. Trennung kann aber nicht nur durch Tod erfolgen, sondern auch durch das Entstehen und Wachsen einer gegenseitigen Abneigung bis hin zur Ablehnung, ja bis zum Hass. Die Frage ist, in welchem Ausmaß auch bei solcher Art von Trennung die Fügung Gottes einfließt? Wenn Gott verbindet und löst, dann bedeutet das aber auch: Kein Mensch darf eine Liebesbindung zwischen einem Mann und einer Frau lösen! Und andersherum: Kein Mensch darf Menschen zur Heirat zwingen!

[**J.**] Damit nicht genug! Christus erweitert den Schutz der Ehe, indem er die Trennung aus Willkür als Ehebruch bezeichnet und nur die Unzucht als Grund für eine Trennung des Paares zulässt:

> »Ich aber sage euch: Wer seine Frau entlässt, obwohl kein Fall von Unzucht vorliegt, liefert sie dem Ehebruch aus; und wer eine Frau heiratet, die aus der Ehe entlassen worden ist, begeht Ehebruch.« [Mt 5,32]

> »Da sagten sie zu ihm: Wozu hat dann Mose vorgeschrieben, dass man (der Frau) eine Scheidungsurkunde geben muss, wenn man sich trennen will? Er antwortete: Nur weil ihr so hartherzig seid, hat Mose euch erlaubt, eure Frauen aus der Ehe zu entlassen. Am Anfang war das nicht so. Ich sage euch: Wer seine Frau entlässt, obwohl kein Fall von Unzucht vorliegt, und eine andere heiratet, der begeht Ehebruch.« [Mt 19,7–9]

[**H.**] Unzucht umfasste nach damaligem Verständnis Ehebruch, Inzest, homosexuellen und zoophilen Geschlechtsverkehr,[179] also Gründe, welche auch heute noch als Zeichen einer zerbrochenen Liebe, einer zerbrochenen Ehegemeinschaft verstanden werden, wenn sie von einem Ehepartner begangen werden.

[**J.**] Andererseits schützt Christus direkt und ohne Umschweife auch diejenigen, welche aus Veranlagung, durch menschlichen Eingriff oder aus innerer Überzeugung unfähig oder nicht bereit für eine Ehe sind:

> »Da sagten die Jünger zu ihm: Wenn das die Stellung des Mannes in der Ehe ist, dann ist es nicht gut zu heiraten. Jesus sagte zu ihnen: Nicht alle können dieses Wort erfassen, sondern nur die, denen es gegeben ist. Denn es ist so: Manche sind von Geburt an zur Ehe unfähig, manche sind von den Menschen dazu gemacht und manche haben sich selbst dazu gemacht – um des Himmelreiches willen. Wer das erfassen kann, der erfasse es.« [Mt 19,10–12]

[**H.**] Diese Aussagen des Evangeliums sollten die Grundlage des Eheverständnisses unserer Kirche darstellen – auch der Ehelosigkeit. Warum mit diesen Worten Christi aber der Pflichtzölibat begründet wird, verschließt sich mir vollkommen.

[**J.**] Mir auch, wenn ich ehrlich bin. Denn dann hätte der menschgewordene Gottessohn der Aufforderung Gottes in der Genesis zumindest in Bezug auf heterosexuell veranlagte Menschen widersprochen (siehe Kap. 4.5). Und dieser Gott ist nach christlichem Glauben dreifaltig Gottvater, Gottessohn und Heiliger Geist.

Bleiben wir bei der Ehe. Aus katholisch-christlicher Sicht schreibt Wilhelm Rees:

> »Ehe wird verstanden als umfassende Lebens- und Liebesgemeinschaft von Mann und Frau, die sich gegenseitig als Person schenken und annehmen. Durch den personal freien Akt wird eine nach göttlicher Ordnung feste Institution begründet, die nicht mehr menschlicher Willkür unterliegt.«[180]

[**H.**] Vordergründig ist Ehe damit eine formale Verbindung von einem Mann und einer Frau, welche sich eine lebenslange Liebe versprechen und welche durch die beidseitig gewollte körperliche Vereinigung vollzogen wird. Hintergründig sehe ich darin die Annahme des »Geschenks des Himmels« durch die Liebespartner.

[**J.**] Ich finde es bemerkenswert, dass die Kirche anerkennt, dass dieses göttliche Geschenk – wie Du es nennst – jedem Liebespaar gewährt wird, gleichgültig ob sie Christen oder Mitglieder anderer Religionen oder Atheisten sind. So schrieb Papst Pius XI.:

> »Daraus erhellt ganz klar, daß die Ehe schon im Naturzustand, also lange bevor sie zur Würde eines eigentlichen Sakramentes erhoben wurde, von Gott so gestaltet war, daß sie ein unauflösliches Band auf Lebensdauer in sich begreift, ein Band, das infolgedessen durch kein weltliches Gesetz gelöst werden kann. Mag sich daher auch die sakramentale Natur von der Ehe trennen lassen, wie z.B. bei den Ehen zwischen Ungetauften, so muß doch auch bei einer solchen Ehe, die eine wahre Ehe ist, die Verbindung auf Lebenszeit bestehen bleiben und besteht tatsächlich. Denn sie ist von Urbeginn nach göttlichem Recht derart mit der Ehe verwachsen, daß sie keiner weltlichen Gewalt unterliegt.«[181]

[**H.**] Das schönste Ergebnis dieses göttlichen Geschenkes sind Kinder. Und alles das, was wir besprochen haben, was die Liebenden glücklich macht, dauerhaft verbindet und gesund hält, von der geistigen bis hin zur körperlichen Einheit, hat, zumindest von der Biologie aus gesehen, in den Kindern seinen Sinn. Denn sich dauerhaft liebende, glückliche, psychisch und körperlich gesunde Eltern sind die beste Grundlage für eine gedeihliche Entwicklung der Kinder.

[**J.**] In Anbetracht der Gefahren für die Kinder macht es damit Sinn, wenn Staat und Kirche Leitlinien festlegen, um das »Geschenk des Himmels« vor Missbrauch und damit die Ehe vor äußerer Einflussnahme und die Kinder vor Verwahrlosung zu schützen.

[**H.**] Das ist sicherlich richtig. Nur dürfen die Leitlinien nicht so beschaffen sein, dass sie eher eine Gefahr, denn eine Stütze für die dauerhafte Bindung eines Liebespaares und für das Wohl der Kinder darstellen.

[**J.**] Bezweifelst Du die gute Wirkung der staatlichen oder der kirchlichen Fürsorge?

[**H.**] Die letzten Jahrzehnte haben uns gelehrt, den Wert jeglicher Art von Leitlinien und Fürsorge nur an ihrem Ergebnis zu bemessen. Unbestreitbar ist eine zunehmende Orientierungslosigkeit in unserer Gesellschaft. Zu den treibenden Kräften für diesen Zustand gehören fragwürdige Vorbilder, die sich äußern in haltlosen und wertlosen Selbstdarstellungen. Sie kommen aus allen Bereichen des Lebens, den Medien, der Politik, der Wirtschaft und der Kirche. Sie alle sind beeinflusst wie auch ein Teil vom Zeitgeist, indem sie der Masse entsprechen – oder der Masse widersprechen –, vorrangig mit dem Ziel, Aufmerksamkeit zu erregen, die öffentliche Wahrnehmung ihrer Person zu steigern, vielleicht auch, um mit ihren vermeintlich wichtigen politisch, wissenschaftlich oder ethisch begründeten Forderungen Einfluss nehmen zu können. Mitten in diesem Interessengemenge steht die Familie und ist jeglicher Einflussnahme preisgegeben.

[**J.**] Und wie, glaubst Du, kann eine Familie sich vor dieser Einflussnahme schützen?

[**H.**] Entscheidend für die Familie, für das Wohl der Kinder ist einzig und allein, lieben sich die Eltern, lieben sie ihre Kinder, fühlen die Kinder diese Liebe, kümmern sich Mutter und Vater um ihre Kinder, werden den Kindern diese Werte, die Liebe zwischen Mutter und Vater, Fürsorge, Vertrauen, Ehrlichkeit, Menschenrechte wie auch Menschenpflichten vermittelt.

[**J.**] Liebe können weder Staat noch Kirche erzwingen! Aber die Kirche kann Werte vermitteln.

[**H.**] Richtig, aber die Kirche muss dafür Sorge tragen, dass ihre moralischen Maßstäbe wahrhaftig und lebenswirklich sind, Orientierungspunkte für das tägliche Handeln der Liebenden und ihrer Kinder darstellen und keine Regularien sind, die sinnlos die Menschen einengen und dem Liebespaar eher schaden denn nutzen.

## 6.2 Unauflöslichkeit der Ehe, Scheidung und Wiederheirat?

[**J.**] Die Unauflöslichkeit der Ehe wird als eine göttliche Ordnung angesehen, begründet besonders durch zwei fast gleichlautende Erklärungen Christi:

> »Am Anfang der Schöpfung aber hat Gott sie als Mann und Frau geschaffen. Darum wird der Mann Vater und Mutter verlassen, und die zwei werden ein Fleisch sein. Sie sind also nicht mehr zwei, sondern eins. Was aber Gott verbunden hat, das darf der Mensch nicht trennen.« [Mk 10,6–9];

> »... Wer seine Frau aus der Ehe entlässt und eine andere heiratet, begeht ihr gegenüber Ehebruch. Auch eine Frau begeht Ehebruch, wenn sie ihren Mann aus der Ehe entlässt und einen anderen heiratet.« [Mk 10,11–12]

> »Wer seine Frau aus der Ehe entlässt und eine andere heiratet, begeht Ehebruch; auch wer eine Frau heiratet, die von ihrem Mann aus der Ehe entlassen worden ist, begeht Ehebruch.« [Lk 16,18]

Mit der Forderung nach Unauflöslichkeit der Ehe schützt somit die Kirche jede Ehe gemäß der Maßgabe Christi.

[**H.**] Wenn man sich jedoch das kanonische Recht anschaut, bleiben aus meiner Sicht wichtige Fragen offen. Hier heißt es:

> »Die gültige und vollzogene Ehe kann durch keine menschliche Gewalt und aus keinem Grunde, außer durch den Tod, aufgelöst werden.«[182]

Entsprechend schrieb Pius VI.:

> »Mag sich daher auch die sakramentale Natur von der Ehe trennen lassen, wie z.B. bei den Ehen zwischen Ungetauften, so muß doch auch bei einer solchen Ehe, die eine wahre Ehe ist, die Verbindung auf Lebenszeit bestehen bleiben und

besteht tatsächlich. Denn sie ist von Urbeginn nach göttlichem Recht derart mit der Ehe verwachsen, daß sie keiner weltlichen Gewalt unterliegt.«[183]

Und Pius XI. formulierte:

»Ein jeder, der sein Weib entläßt und eine andere heiratet, der bricht die Ehe: und wer eine vom Manne Geschiedene heiratet, der bricht die Ehe. Diese Worte Christi treffen auf jede Ehe zu, auch auf die bloß natürliche. Denn jede wahre Ehe besitzt die Eigenschaft der Unauflöslichkeit, wodurch die Lösung des Bandes dem Gutdünken der Parteien und jeglicher weltlichen Gewalt entzogen ist.«[184]

Aber wer kann dann den krassen Widerspruch verstehen zu der kanonischen Regel, dass die Ehe zwischen einer getauften und einer ungetauften Person ungültig ist:

»Ungültig ist eine Ehe zwischen zwei Personen, von denen eine in der katholischen Kirche getauft oder in sie aufgenommen wurde und nicht durch einen formalen Akt von ihr abgefallen ist, die andere aber ungetauft ist.«[185]

Wer kann darüber hinaus die rechtlichen Möglichkeiten verstehen, die die Kirche sich selbst einräumt, um eine Ehe zu scheiden:

»Die nicht vollzogene Ehe zwischen Getauften oder zwischen einem getauften und einem ungetauften Partner kann aus einem gerechten Grund auf Bitten beider Partner oder eines Partners, selbst wenn der andere dem widerstrebt, vom Papst aufgelöst werden.« [Can. 1142]

Des Weiteren gilt:

»Die von zwei Ungetauften geschlossene Ehe wird auf Grund des Paulinischen Privilegs zugunsten des Glaubens jenes Partners, der die Taufe empfangen hat, dadurch von selbst aufgelöst, daß von jenem Partner eine neue Ehe geschlossen wird, sofern der ungetaufte Partner sich trennt.« [Can. 1143 – § 1]

[**J.**] Du musst der Kirche zubilligen, dass sie für sich rechtliche Möglichkeiten in Anspruch nimmt, die Forderung der Unauflöslichkeit der Ehe gemäß der Anordnung Christi zu unterlaufen, um den Glauben, um den Gläubigen zu schützen.

[**H.**] Aber ist das auch glaubwürdig? Wer kann verstehen, dass zwar Ehen aus Glaubensgründen gemäß dem Petrinischen oder Paulinischen Privileg geschieden oder für ungültig erklärt werden können, dass aber bei Ehebruch trotz andersartiger Aussage des Evangeliums [Mt 5,32; 19,7–9] nur eine »Trennung bei bleibendem Eheband« möglich ist?[186]

[**J.**] Warum betonst Du so sehr diese Widersprüche zwischen dem Evangelium, dem kanonischen Recht und der Lehrauffassung der Amtskirche?

[**H.**] Weil ich diese Widersprüche für bemerkenswert halte. Denn mit der Begründung, eine Ehe sei unauflöslich, bekommen Menschen, deren Ehe zerbrochen ist, von der katholischen Kirche eine sakramentale Wiederheirat versagt. Und bei einer zivilrechtlichen erneuten Heirat wird ihnen der Zugang zu den Sakramenten verwehrt.

[**J.**] Du musst die pädagogische Zielsetzung sehen, welcher hinter dem Gebot der Unauflöslichkeit der Ehe steht. Man trennt sich nicht so schnell, wenn man weiß, dass einem danach eine erneute kirchliche Hochzeit mit einem anderen Partner versagt ist. Das hilft den Ehepartnern, auch tiefe Probleme ihrer Ehe zu bewältigen, ganz im Sinne des »Geschenks des Himmels« und der Fürsorge für die Kinder.

[**H.**] Die Regeln um das Gebot der Unauflöslichkeit der Ehe haben aber auch ihre Kehrseite. Vor dieser darf man nicht die Augen schließen! Jährlich werden alleine in Deutschland etwa 180.000 Ehen geschieden (im Jahre 2010 waren es 187.027 Ehen). Pro Jahr führt das zu etwa 140.000 Scheidungskindern (im Jahr 2010 waren es 145.146).[187] Wie viele dieser Eltern sind durch eine Wiederheirat aus der Kirche ausgeschlossen worden? Wie viele Scheidungskinder erleben von dem sie betreuenden wiederverheirateten Elternteil die gesamte Abneigung gegen eine Kirche, die sie ausgestoßen hat? Wie vielen Kindern bleibt hierdurch die Heilsbotschaft der Kirche fremd? Auf Grund der Scheidungsraten dürften pro Generation allein in Deutschland die Zahlen in die Millionen gehen. Schließlich mündet alles in die Frage, ob der Kirche die Durchsetzung des so fragwürdigen kanonischen Rechts der Unauflöslichkeit der Ehe wichtiger ist als das Hirtenamt, das heißt die Verpflichtung der Kirche zur Seelsorge auch der wiederverheirateten Geschiedenen und ihrer Kinder?

[**J.**] Wiederverheiratete Geschiedene sind doch nicht vollkommen ausgeschlossen aus der Kirche. Joseph Kardinal Ratzinger hat betont:

> »Ihnen steht der weite Raum der Kommunion mit Gottes Wort offen, die Teilnahme am Gebetsleben der Kirche, an der Feier des Meßopfers (die auch ohne sakramentale Kommunion wirkliche Beteiligung am eucharistischen Geheimnis ist), die Beteiligung am caritativen Wirken der Kirche und an ihrem Ringen um mehr Gerechtigkeit in der Welt; der Ruf, als Träger des Evangeliums für ihre Kinder zu wirken, gibt ihnen einen wichtigen Auftrag; sie können und sollen an Gesinnung und Tat der Buße teilnehmen, die zu den Grundweisen christlicher und kirchlicher Existenz gehört.«[188]

[**H.**] Aber wen kann J. Ratzinger mit diesen Sätzen noch erreichen? Viele Gläubige haben der katholischen Kirche den Rücken gekehrt, eben weil diese ihnen eine sakramentale Wiederheirat versagt und den Zugang zu den Sakramenten verwehrt hat! Wie viele Kinder sind davon betroffen? Andererseits hat J. Ratzinger selbst die Barmherzigkeit für wiederverheiratete Geschiedene im Jahre 1972 eingefordert:

»Wird das Anders-Können hier nicht zur Pflicht der Barmherzigkeit, des recht verstandenen ›Evangeliums‹? Wo eine erste Ehe seit langem und in einer für beide Seiten irreparablen Weise zerbrochen ist; wo umgekehrt eine zweite Ehe sich über einen längeren Zeitraum hin als sittliche Realität bewährt hat und mit dem Geist des Glaubens, besonders auch in der Erziehung der Kinder, erfüllt worden ist (so dass die Zerstörung dieser zweiten Ehe eine sittliche Größe zerstören und moralischen Schaden anrichten würde), da sollte auf einem außergerichtlichen Weg auf das Zeugnis des Pfarrers und von Gemeindemitgliedern hin die Zulassung der in einer solchen zweiten Ehe Lebenden zur Kommunion gewährt werden.«[189]

Trotz dieser eindeutigen Stellungnahme gelten wiederverheiratete Geschiedene auch weiterhin als exkommuniziert. Ist der Kirche nicht wenigstens der Kinder wegen zu raten, diesen Gläubigen die Türe zur Kirche zu öffnen – zum Beispiel durch Auflösung ihrer ersten Ehe aus Glaubensgründen, und damit aus Gründen ähnlich denen, welche dem Petrinischen und dem Paulinischen Prinzip zugrunde liegen?

[**J.**] Dieses verlangt von den Amtsträgern der Kirche einen gewaltigen Sprung über die Hürden ihrer eigenen liebgewonnenen Traditionen, Überzeugungen und Festlegungen. Wie groß der Sprung sein mag, wird deutlich an den Verlautbarungen von Päpsten, verantwortlichen Kurienkardinälen und Bischofskonferenzen der letzten Jahrzehnte. Sie alle haben das geltende kanonische Recht bezüglich Scheidung und Wiederheirat bestärkt, haben dargestellt, dass dieses der göttlichen Ordnung entspreche.[190]

[**H.**] Alle Verantwortlichen haben aber unterlassen darzulegen, dass die Kirche für sich das Recht beansprucht, diese göttliche Ordnung aus Glaubensgründen durch das Petrinische und Paulinische Privileg zu durchbrechen. Und nicht nur das! Hin und wieder kann man erstaunt, wenn nicht sogar sprachlos darüber sein, wessen Ehe aus welchem Grund von der katholischen Kirche gemäß dem kanonischen Recht wegen mangelndem Ehekonsens[191] für ungültig, für nichtig erklärt wurde. Ist diese Art der Vorgehensweise vertrauenserweckend, ist sie glaubwürdig?

[**J.**] Eine Auflösung der Ehe ist etwas grundsätzlich anderes als die Nichtigkeitserklärung einer Ehe. Aber man kann sich des Eindrucks nicht erwehren, dass hier versucht wird, kirchenrechtlich Auswege für die Ehescheidung zu schaffen. Besser wäre, das Kirchenrecht der Wirklichkeit anzupassen.

Nochmals, ich glaube, es ist wichtig, sich zu vergegenwärtigen, dass das kanonische Recht von Menschen, welche dem jeweiligen Zeitgeist unterworfen waren, welche nicht frei waren vom Irrtum, für die Gläubigen der Kirche gemacht worden ist. Und in den frühen Jahren des Christentums galt es, diese Gläubigen der Kirche auch im Eherecht durch das Petrinische und Paulinische Privileg vor dem Abfall vom Glauben zu schützen.

[**H.**] Warum sollte dann dieses kanonische Recht mit gleicher Zielsetzung nicht ergänzt werden können, zugunsten des Glaubens von wiederverheirateten Geschiedenen und deren Kindern und damit zum Vorteil der Kirche? Warum kann die katholische Kirche nicht ähnlich vorgehen wie die orthodoxe Kirche?

[**J.**] Wäre das glaubwürdiger? Ähnlich wie die katholische Kirche bekennt sich auch die orthodoxe Kirche zu der von Gott gesegneten, dauerhaften Ehe und betrachtet eine zweite Ehe als mit der christlichen Norm unvereinbar. Im Unterschied zur katholischen Kirche toleriert sie jedoch nach einer Ehescheidung eine Zweit- bzw. Drittehe, wenn diese für eine bestimmte Person als die beste Lösung erscheint. Damit will die orthodoxe Kirche nicht die Zweitehe befürworten, sondern den Ausschluss Geschiedener und wiederverheirateter Geschiedener aus der Kirche verhindern. Die Scheidung wird verurteilt, nicht aber die Geschiedenen und Wiederverheirateten selbst. Die orthodoxe Kirche nennt dieses Prinzip »Oikonomia«. Das Wort bedeutet Vorsorge. Mit Hilfe der Oikonomia soll das Geheimnis der von Jesus Christus verkündeten und vorgelebten göttlichen Liebe in der Kirche fortwirken. Dieses Prinzip stellt fallbezogen den Menschen und seine Nöte in den Vordergrund, ohne dadurch die Allgemeingültigkeit der moralischen Maßgaben aussetzen zu wollen. Voraussetzung für die Wiederheirat ist in der orthodoxen Kirche die Buße mit einem mindestens auf zwei Jahre befristeten Ausschluss von der Eucharistie und mit einem besonderen Trauritus, in welchem das Bewusstsein der Sünde und Gnade zum Ausdruck kommt.[192]

[**H.**] Ich würde es für sinnvoll erachten, wenn die katholische Kirche bereit wäre, von der orthodoxen Kirche zu lernen. Was hätte Christus zum Beispiel bei einer Wiederheirat nach Scheidung in Folge von Ehebruch gesagt? Hätte er ohne Gnade die Anwendung des kanonischen Rechts der katholischen Kirche unterstützt oder gemäß den Regeln der orthodoxen Kirche Gnade vor Recht gewährt und eine Auflösung der Ehe und eine sakramentale Wiederheirat zugelassen? Ist in Anbetracht der Masse an Ehescheidungen nicht jeder Tag ohne eine Neuregelung der Frage der sakramentalen Wiederheirat Geschiedener ein verlorener Tag? Verloren in dem Sinne, dass dem primären Seelsorge-Auftrag unserer Kirche »Weide meine Lämmer, ... weide meine Schafe« [Joh 21,15–16] nicht im ausreichenden Maße Folge geleistet wurde mit dramatischen Folgen für die Kinder von wiederverheirateten Geschiedenen, für diese selbst und für die Kirche. Wie schrieb W. Rees:

> »Den Segen Gottes brauchen alle Eheleute. Ehepartner, deren Ehe gelingt, ebenso wie solche, die es schwer miteinander haben; diejenigen Geschiedenen, die ein Leben in Übereinstimmung mit der Lehre der Kirche führen, nicht weniger als diejenigen, die sich erneut zivil verheiratet haben, und versuchen eine christliche Ehe zu leben, nicht zuletzt auch im Blick auf die hervorgegangenen bzw. hervorgehenden Kinder.«[193]

[**J.**] Denk doch bitte einmal an die mystischen Dimensionen der Liebe und Ehe. Paulus hat sie im Epheserbrief dargestellt: Mann und Frau entsprechen Christus und seiner Kirche [Eph 5,21–33]. Ich kann mir nicht vorstellen, dass die Kirche diese Dimension aufgibt und die Ehescheidung zulässt.

[**H.**] Doch diese Dimension wird mit dem Zerbrechen einer Liebes- und Ehegemeinschaft zerstört! Dann sind sowohl die medizinisch-biologischen wie auch die mystischen Dimensionen dieser Ehe verflogen!

Für mich wird in erheblichem Maße die Glaubwürdigkeit der Kirche berührt, wenn sie nicht bereit ist, ähnlich wie bei dem Petrinischen und Paulinischen Privileg, eine Ehe aus einem anderen, zumindest gleich triftigen Grund wie zum Beispiel Ehebruch aufzulösen, noch dazu, wenn Christus selbst Ehebruch als Grund einer Scheidung sieht: »Ich sage euch: Wer seine Frau entlässt, obwohl kein Fall von Unzucht vorliegt, und eine andere heiratet, der begeht Ehebruch.« [Mt 19,9] Solch eine kirchliche Scheidung würde ich für wahrhaftiger und glaubwürdiger halten als die zunehmende Praxis, Ehen aus einem fragwürdigen, wenn nicht sogar geringfügigen Grund für nichtig zu erklären.[194] Wie fragwürdig die Praxis der Ungültigkeitserklärung von Ehen durch die Amtskirche geworden ist, wird aus einer zitierten Botschaft von Papst Benedikt XVI. deutlich:

> »Eine strenge Prüfung der Überzeugungen der Heiratswilligen könne verhindern, dass sie ›aus emotionalen Impulsen oder oberflächlichen Gründen eine Verpflichtung eingehen, die sie anschließend nicht einhalten können‹. Damit solle der ›Teufelskreis‹ aus dem ›quasi automatischen Eintritt in die Ehe‹ und der ›Annullierung der Ehe allein auf der Basis des Befunds des Scheiterns‹ unterbrochen werden, sagte der Papst.«[195]

## 6.3 Die Verantwortung für den Liebespartner

[**J.**] Durch das Gottesgeschenk unterscheidet sich die körperliche Vereinigung eines Liebespaares vom Deckakt der Tiere. Menschen lieben sich umfassend, wesentlicher Teil der Liebe ist die körperliche Vereinigung. Das schönste, wertvollste Ergebnis dieser Liebe sind Kinder. Eigene Kinder zu haben ist einer der großen Lebenswünsche von Menschen, welche zur Liebesgemeinschaft fähig sind.

[**H.**] Zugleich versucht aber auch jedes Liebespaar, die Anzahl seiner Kinder und den Abstand der Geburten soweit wie möglich in Einklang zu bringen mit den gemeinsamen Wünschen, den gesundheitlichen Gegebenheiten und den wirtschaftlichen Möglichkeiten. Alles andere wäre keine umfassende Liebe, sondern rücksichtslos und verantwortungslos, im wahrsten Sinne des Wortes unmenschlich und damit auch unchristlich.

[**J.**] Deine Aussagen sind mir zu einseitig. Kennst Du nicht Ehepaare, deren gemeinsamer Wunsch es ist, möglichst viele Kinder zu bekommen? Die sich hierbei keine großen Gedanken um ihre Gesundheit machen, weil diese auf Grund ihres Kinderwunsches durch Kinder nicht beeinträchtigt wird? Welche ihre Kinderzahl nicht den wirtschaftlichen Gegebenheiten, sondern die wirtschaftlichen Gegebenheiten ihrer Kinderzahl anpassen? Die sich hierbei und deswegen umfassend lieben und rücksichtsvoll und verantwortungsvoll miteinander und mit den Kindern umgehen?

Zugegeben, Familien dieser Art gab es in früheren Jahren häufiger, heute sind sie selten geworden.

[**H.**] Wir sind uns sicherlich einig, dass der sogenannte Kindersegen ein im wahrsten Sinne wunderbares Glück ist. Ich hoffe, wir können uns auch darin einig sein, dass Rücksichtslosigkeit in der Ehe nichts mit der Zahl der Kinder zu tun hat, sondern mit der Art, wie die Kinder entstanden sind. Schon ein Einzelkind kann rücksichtslos gegenüber dem Ehepartner gezeugt worden sein, viele Kinder eines Paares wiederum können mit großer Rücksichtnahme und in großer Liebe entstanden sein.

[**J.**] Einverstanden! Dennoch bleibt festzuhalten, dass der Kinderreichtum insgesamt nachgelassen hat und dass kinderreiche Familien seltener geworden sind.

[**H.**] Das ist richtig! Jedoch dürfen die zeitabhängigen Unterschiede in den Verhältnissen nicht ausgeblendet werden. Noch vor zwei, drei Generationen wurde der große Kinderreichtum einzelner Familien »aufgewogen«:

- Arbeitsmäßig durch die zahlreichen Tanten und Onkel, welche kinderlos blieben, weil sie aus wirtschaftlichen Gründen keine Familie gründen konnten oder durften und im Familienverbund gerade auch als Hilfe zur Versorgung der vielen Kinder verblieben, oder aber ins Kloster geschickt wurden.
- Zahlenmäßig durch eine hohe Kindersterblichkeit und durch den häufigen frühen Tod durch Infektionserkrankungen wie beispielsweise Tuberkulose und Grippe.

Die Zeiten der hohen Sterblichkeit haben sich Gott sei Dank geändert. Und aus den wirtschaftlichen Gegebenheiten und medizinischen Möglichkeiten von heute ist auch eine neue Verantwortung zwischen den Liebespaaren entstanden. Somit dürfen die Verhältnisse von gestern nicht mit denen von heute verwechselt werden. Damit wird man keiner Zeit gerecht und fördert nur Zweifel an der Glaubwürdigkeit von Argumenten.

[**J.**] Wie sieht denn die von Dir so betonte neue Verantwortung der Liebespaare aus?

[**H.**] Die neue Verantwortung beinhaltet, alle menschenwürdigen Möglichkeiten der heutigen Zeit zum Schutze des geliebten Partners zu nutzen. Denn rücksichtslos, verantwortungslos, unmenschlich und damit unchristlich handelt meiner Meinung nach derjenige, welcher in seiner Beziehung zum

Partner dessen Leben und dessen körperliche wie auch psychische Gesundheit aufs Spiel setzt!

[**J.**] Diese Art von Verantwortung ist doch Bestandteil der menschlichen Liebe, das heißt so alt, wie die Menschheit!

[**H.**] Gerade deswegen ist mir wichtig, die Liebe, die Wertschätzung und Pflicht zur Rücksichtnahme zwischen den Ehepartnern zu betonen. Wenn aus dieser Liebe und Wertschätzung heraus beide sich für viele Kinder entscheiden, ist es ein Glück für beide, für die Kinder und für die Gesellschaft. Und solch ein liebendes Miteinander ist eben nicht rücksichtslos, verantwortungslos, unmenschlich und unchristlich.

[**J.**] Solch ein liebendes Miteinander mit einem großen Kindersegen gab es gestern, gibt es heute und wird es auch morgen geben – aber halt nur wesentlich seltener.

[**H.**] Sicher! Beispielsweise gab es auch in biblischer Zeit die Verantwortung der Liebespartner und den aus der Liebe erwachsenen Kindersegen. Aber auch die Verstoßung der Ehefrau auf Grund der mosaischen Gesetze, die Ächtung, die Tötung durch Steinigung der unliebsamen, verleumdeten oder tatsächlich untreuen Schwangeren war Alltag.

[**J.**] Und genau gegen diese Unmenschlichkeit, gegen die so gesetzestreuen Pharisäer hat sich Christus mit aller Entschiedenheit gewandt. Seine Mutter war ledig, als sie mit ihm schwanger wurde. Vor diesem Hintergrund ist für mich in Fragen zu Ehe und Familie nicht das Alte Testament lehrreich, sondern das radikal mit der Sittenlehre des Alten Testamentes brechende Neue Testament.

[**H.**] Nur sollte man sich hüten, die gesellschaftlichen und kulturellen Bedingungen zur Zeit des Neuen Testamentes oder auch danach zusammenhanglos als Argument für die Beantwortung heutiger Fragestellungen zu benutzen. In den vergangenen Jahrhunderten gab es weder eine nennenswerte pränatale noch eine postnatale medizinische Betreuung von Mutter und Kind. Es gab auch keine Empfängnisverhütung in einem Ausmaß wie heute, welche es breiten Bevölkerungsschichten ermöglicht hätte, großen Einfluss zu nehmen auf die Anzahl ihrer Kinder oder den Zeitabstand zwischen den Geburten. Wo keine Liebe herrschte, waren Frauen dem Manne weitgehend schutzlos ausgesetzt. Und der Tod im Kindbett wie auch das Kindersterben waren alltägliche Erfahrungen.

Die medizinischen Möglichkeiten sind heute vielfältig. Die Zahl der Kinder ist nunmehr meist eine bewusste Entscheidung der Liebespartner. Daher sind kinderreiche Familien umso mehr zu würdigen. Doch mit diesen medizinischen Möglichkeiten ist auch den Liebespartnern eine größere Verantwortung übertragen worden, gerade auch dem Mann für die Frau, dort, wo gegeben, nicht deren Leben und deren körperliche wie auch psychische Gesundheit aufs Spiel zu setzen. Diese Verantwortung wahrnehmen zu können halte ich eben für das Segensreiche der modernen Empfängnisverhütung.

[**J.**] Wenn ein Ehemann diese Möglichkeiten nicht nutzt oder seiner Frau versagt, sie zu nutzen, hältst Du es dann für begründet, an seiner Liebe zu zweifeln?

[**H.**] Eindeutig ja! Denn wozu dient dann noch der Geschlechtsverkehr, den er ausübt? Doch wohl nicht der Liebe zu seiner Frau und dem Glücksgefühl seiner Frau! Ist solch ein Geschlechtsverkehr dann noch menschenwürdig? Rufen wir uns Beispiele in Erinnerung:

Menschenunwürdig

– war sicherlich das rassische Zuchtziel im Lebensborn e. V. der Nazis, umlagefinanziert durch SS-Mitglieder. Solche SS-Mitglieder, die mindestens vier Kindern mit ihrer eigenen oder mit mehreren rassisch als arisch eingestuften Frauen gezeugt hatten, waren von dem Mitgliedsbeitrag befreit;[196]

– sind die praktisch unbegrenzten Möglichkeiten des gekauften oder des ohne innere Bindung an den Partner kostenlos angebotenen Sex.

6. Liebe und Weitergabe des Lebens

Menschenunwürdig sind aber auch
- Kinderwünsche, welche Männer gegen den Willen ihrer Frau oder Frauen gegen den Willen ihrer Männer durchsetzen;
- Vergewaltigungen, gleich in welcher Form, auch in der Ehe;
- Ehen, die ausschließlich für die Zeugung eines Nachfolgers geschlossen werden, vergleichbar mit Haustieren, die man zum Deckakt zusammenbringt mit dem Ziel der Vermehrung.

Wie sagtest Du: Tiere betreiben den Deckakt. Dessen Ziel ist die Befruchtung des Muttertieres. Wildlebende Tiere planen nicht ihre Vermehrung, sondern in ihnen wird durch jahreszeitliche Einflüsse der Fortpflanzungstrieb geweckt und befriedigt in Abhängigkeit von den sich bietenden Möglichkeiten und der Durchsetzungskraft meist des männlichen Tieres. Das ist natürlich, wenn »natürlich« definiert wird als der naturgegebene Teil der Natur, welcher vom Menschen nicht beeinflusst wird.

[**J.**] An sich ist dieser Unterschied zwischen menschlicher Liebe und dem tierischen Deckakt trivial. Menschsein heißt eben nicht, sich so zu verhalten wie ein Tier, sondern sein Wissen, seine Erfahrung, seine Möglichkeiten, auch die medizinischen Möglichkeiten, so zu nutzen, dass sie der Liebe zu einem Partner dienen, ohne einem Menschen zu schaden.

[**H.**] Doch was ist, wenn man Partnerliebe nie erleben durfte, dieses Gottesgeschenk nicht erhalten oder es sogar abgelehnt hat? Erkennt man dann noch diesen Unterschied zwischen Mensch und Tier?

[**J.**] Bei manchen Lehren, Darstellungen und Ratschlägen, welche von mehr oder weniger Berufenen und Erfahrenen hierzu in die Öffentlichkeit gelangen, beschleichen auch mich Zweifel!

## 6.4 Regelungen der Empfängnis

[**H.**] Seit Menschengedenken wird versucht, die Empfängnis zu regeln bzw. zu verhüten, sowohl von denjenigen, welche ihrer Verantwortung gegenüber dem Liebespartner und den gemeinsamen Kindern gerecht werden wollen als auch von solchen, denen es nur um die Befriedigung ihres Geschlechtstriebes oder um die Nutzung dieses Triebes für den Gelderwerb geht.

[**J.**]  Gab es zu Zeiten Christi bereits eine Empfängnisregelung?

[**H.**] Ja sicher! Bereits im klassischen Altertum haben die Griechen und nach ihnen die Römer wie auch die Juden die Kunst gepflegt, die Empfängnis durch die Einnahme ausgewählter oestrogenhaltiger Pflanzen, Gewürze und Getreidesorten mit der täglichen Nahrung oder durch die intravaginale Einführung spermizider Pflanzensäfte zu steuern.[197]

[**J.**]  Ich halte es für bemerkenswert, dass in den Evangelien Christus der Liebe und Treue zwischen den Liebespartnern seine besondere Beachtung geschenkt hat und nicht dem Thema der Empfängnisregelung.

[**H.**] Unsere Amtskirche wäre gut beraten, wenn sie dieses verinnerlichen würde.

[**J.**]  Ich denke, mit Deiner Bemerkung schießt Du über das Ziel hinaus! Denk an die Zeit der Entstehung der Enzyklika »Humanae vitae«! Damals hatte sich die Empfängnisverhütung vollkommen unabhängig von dem, was man Liebe zwischen zwei Menschen nennen könnte, im Rahmen der sogenannten sexuellen Revolution gleichsam verselbständigt. Der gängige Spruch der 68er Generation: »Wer zweimal mit derselben pennt, gehört schon zum Establishement«, verdeutlicht nicht nur den Drang, sich der bigotten Prüderie vergangener Jahrzehnte zu entledigen, sondern auch Grundeinstellungen wie Liebe und Treue als spießbürgerliche Eigenschaften abzuwerten und lächerlich zu machen.

[**H.**] Treibende Kräfte der Studentenbewegung von 1968 waren aber eher die damaligen Gesellschaftsstrukturen, umschrieben beispielsweise mit dem Spruch »Unter den Talaren der Muff von 1000 Jahren«. Und mit der sexuellen Befreiung verband sich die Hoffnung, autoritäre Strukturen in der Gesellschaft abbauen oder einreißen zu können. Diesem Aufbegehren der 68er Generation auch gegen den weit verbreiteten »sexuellen Muff« kam die Entwicklung und Vermarktung der sogenannten Antibaby-Pille zugute.

[**J.**] Und eine Sexwelle folgte der anderen. Heute blicken viele von uns doch mit einer Mischung aus Belustigung, Kopfschütteln, Ablehnung, teilweise auch mit Verachtung auf die Verhaltensweisen und Forderungen der 68er Generation.

[**H.**] Wie auch immer, die medikamentöse Empfängnisverhütung begann in den 60er Jahren den Markt zu erobern. Heute gehört sie mit anderen Methoden zur Regulation der Empfängnis zu unserem gesellschaftlichen Alltag.

[**J.**] Trotzdem sind manche Kommentare zur Empfängnisverhütung immer noch so seltsam, dass man Zweifel haben kann, ob alle Menschen, welche über die Methoden der Empfängnisverhütung reden und urteilen, wissen und verstanden haben, worüber sie reden.

[**H.**] Dagegen hilft nur, diese Methoden kurz wie folgt zu beschreiben:

Die Empfängnisverhütung ist zu unterteilen in

- Verfahren ohne Behinderung des Befruchtungsvorganges
  - ohne Verhinderung des Eisprunges (sogenannte »natürliche« Methoden wie z.B. Enthaltsamkeit, Nutzung der empfängnisfreien Tage der Frau [ermittelt durch morgendliche Temperaturmessung, Führung eines Kalenders, Prüfung des Zervikalschleimes, tägliche Hormonmessungen im Urin], Nutzung der empfängnisarmen Stillzeit),
  - mit einer Verhinderung des Eisprunges [pharmakologische Methoden zur Verhinderung des Eisprunges durch

oral, parenteral oder lokal verabreichte Hormone, sogenannte hormonelle Kontrazeptiva].

– Verfahren mit Verhinderung des Befruchtungsvorganges
durch
  • chemische Substanzen [Verabreichung spermizider
    Substanzen lokal in die Vagina],
  • mechanische Hilfsmittel [Kondome für den Mann,
    Femidome, Scheidenpessare, Portiokappen für die
    Frau],
  • chirurgische Verfahren [Sterilisation beim Mann oder
    der Frau].

– Verfahren, bei welchen das Ei vor der Befruchtung, ein
befruchtetes Ei, die Blastozyste oder ein Fetus von der
Gebärmutter ausgestoßen oder entfernt werden
  • Kupferspirale,
  • Pille danach,
  • Abtreibung.

Für jede dieser Methoden liegt eine nach Schwangerschaften
pro 100 Frauenjahre berechnete statistische Sicherheit in
der Verhütung vor. Keine der Methoden gewährt einen vollkommenen Schutz, wenn man von den Verfahren zur Sterilisation und der Abtreibung absieht.

[**J.**] Für jede dieser Methoden gibt es auch moralische Bewer-
tungen. Denn solange es Anstrengungen des Menschen gibt,
die Empfängnis zu regeln oder zu verhüten, hat er sich auch
Gedanken über deren Statthaftigkeit gemacht.

[**H.**] Christus hat jedoch die Liebe und Treue der Ehepartner
und das Tötungsverbot betont. Die Empfängnisverhütung
wird in den Evangelien nicht erwähnt.

[**J.**] Ich denke, das zeigt die untergeordnete Rolle, welche bei
Christus und den Evangelisten die Empfängnisverhütung im
Vergleich zu den anderen Themen spielte und gibt uns auch
den Rahmen für eine moralische Bewertung aus christlicher
Sicht. Andererseits müssen wir die Frage der Bewertung
der Empfängnisverhütung in der damaligen Zeit abhängig

machen von der Beurteilung des damaligen Wissensstandes um die Zeugung eines Menschen.

[**H.**] Das stimmt! Bis in die zweite Hälfte des 19. Jahrhunderts hinein bestand die Vorstellung, dass der männliche Samen ein kleines menschliches Lebewesen sei, welches vom Mann in die Gebärmutter gelegt wird und dort auswächst zu einem Kind, ähnlich wie ein pflanzlicher Samen im Mutterboden. Daher wurden im Mittelalter die Onanie wie auch alle Methoden der Empfängnisverhütung fälschlicherweise als Vernichtung bzw. Abtreibung eines menschlichen Lebewesens angesehen. Kommentare von Amtsträgern und Theologen der Kirche aus dieser Zeit können daher zu diesem Thema für unsere heutigen moralischen Maßstäbe kaum herangezogen werden.

Biologische Grundlage unserer heutigen moralischen Bewertung von Methoden der Empfängnisverhütung ist die erst im Jahre 1875 von Oscar Hertwig erworbene Erkenntnis,[198] dass der männliche Samen in ein weibliches Ei einzudringen hat, damit ein Lebewesen entstehen kann. Daher stellen weder der menschliche Samen noch das menschliche Ei ein menschliches Lebewesen dar. Die Kenntnis dieser biologischen Zusammenhänge ist seit mehr als 100 Jahren Allgemeingut.

[**J.**] Ich nehme an, dass sowohl Papst Pius XI. für seine Enzyklika »Casti Connubii« zur Ehe und zur Empfängnisverhütung als auch Papst Paul VI. für seine Enzyklika »Humanae vitae« Kenntnis hatten von diesen biologischen Fakten. Wenn sie sich in ihren Enzykliken auf frühmittelalterliche und mittelalterliche Kirchenlehrer beziehen, mag das nur die Tradition verdeutlichen, in welcher beide Päpste mit ihrer philosophischen und theologischen Betrachtung der Ehe und der Sexualität stehen. Solch ein Bezug zur Tradition ist für mich erst einmal vertrauenserweckend, weil die Tradition das zusammenfassende Ergebnis der Jahrhunderte während Wahrheitssuche darstellt.

[**H.**] Ja und nein! Denn die Empfängnisverhütung ist nicht nur ein philosophisch-ethisches, sondern auch ein medizinisch-pharmazeutisches oder medizintechnisches Problem. Stellen wir uns einmal vor, ein Mediziner würde heute mit den medizinischen Kenntnissen des Mittelalters Lehrmeinungen begründen, Patienten behandeln – solch ein Mediziner wäre nicht glaubwürdig. Daher ist es für mich nachvollziehbar, dass besonders die Veröffentlichung der Enzyklika »Humanae vitae« in erheblichem Maße Unverständnis und Widerspruch bewirkt hat.

[**J.**] Dabei gebührt beiden Enzykliken, im Besonderen der Enzyklika »Humanae vitae«, das Verdienst, zu betonen, dass die Ehe eine besondere Lebensgemeinschaft zwischen Mann und Frau darstellt, in welcher

- ihre körperlich-sinnlichen und seelisch-geistigen Dimensionen untrennbar miteinander verbunden sind,
- die Ehepartner sich einander ganz schenken und lieben um des jeweiligen anderen selbst willen und nicht für das, was sie von ihm bekommen,
- die Ehepartner sich treu und ausschließlich bis ans Lebensende lieben und
- die eheliche Liebe auf die Weitergabe und den Erhalt menschlichen Lebens ausgerichtet ist.

In diesem Zusammenhang legte Pius XI. sogar dar:

> »... Die gegenseitige innere Formung der Gatten, das beharrliche Bemühen, einander zur Vollendung zu führen, kann man, wie der Römische Katechismus lehrt, sogar sehr wahr und richtig als Hauptgrund und eigentlichen Sinn der Ehe bezeichnen. Nur muß man dann die Ehe nicht im engeren Sinne als die Einrichtung zur Zeugung und Erziehung des Kindes, sondern im weiteren als volle Lebensgemeinschaft fassen ....«[199]

Und dadurch, dass Paul VI. die Ausführungen zur Würdigung der Ehe und Familie in seiner Enzyklika »Humanae vitae« ausdrücklich auf die Pastoralkonstitution »Gaudium et Spes« (7.12.1965) des Zweiten Vatikanischen Konzils bezieht,[200] bekommt dieser Teil der Enzyklika ein besonderes Gewicht, auch im Sinne einer bestmöglichen Wahrheitsfindung.

[**H.**] Beide Enzykliken beschränken jedoch die aus ihrer Sicht moralisch erlaubte Empfängnisverhütung auf sogenannte natürliche Methoden und verwerfen jegliche direkte Eingriffe des Menschen zur Verhinderung einer Befruchtung.

[**J.**] Damit sehen sich beide Päpste in der Tradition der Kirche. Papst Pius XI. schrieb hierzu:

> »... Da nun aber der eheliche Akt seiner Natur nach zur Weckung neuen Lebens bestimmt ist, so handeln jene, die ihn bei seinem Vollzug absichtlich seiner natürlichen Kraft berauben, naturwidrig und tun etwas Schimpfliches und innerlich Unsittliches ... .«

> »... Jeder Gebrauch der Ehe, bei dessen Vollzug der Akt durch die Willkür der Menschen seiner natürlichen Kraft zur Weckung neuen Lebens beraubt wird, verstößt gegen das Gesetz Gottes und der Natur, und die solches tun, beflecken ihr Gewissen mit schwerer Schuld ...« [Kapitel II.3.a, die Mißkennung des ersten Gutes, des Kindes].

> »... Auch jene Eheleute handeln nicht wider die Natur, die in ganz natürlicher Weise von ihrem Recht Gebrauch machen, obwohl aus ihrem Tun infolge natürlicher Umstände, seien es bestimmte Zeiten oder gewisse Mängel der Anlage, neues Leben nicht entstehen kann ... .«[201]

Und Papst Paul VI. formulierte:

> »11. ... Indem die Kirche die Menschen zur Beobachtung des von ihr in beständiger Lehre ausgelegten natürlichen Sittengesetzes anhält, lehrt sie nun, daß ›jeder eheliche Akt‹ von sich aus auf die Erzeugung menschlichen Lebens hingeordnet bleiben muß.

12. Diese vom kirchlichen Lehramt oft dargelegte Lehre gründet in einer von Gott bestimmten unlösbaren Verknüpfung der beiden Sinngehalte – liebende Vereinigung und Fortpflanzung –, die beide dem ehelichen Akt innewohnen. Diese Verknüpfung darf der Mensch nicht eigenmächtig auflösen ...

14. Gemäß diesen fundamentalen Grundsätzen menschlicher und christlicher Eheauffassung müssen Wir noch einmal öffentlich erklären: Der direkte Abbruch einer begonnenen Zeugung, vor allem die direkte Abtreibung – auch wenn zu Heilzwecken vorgenommen –, sind kein rechtmäßiger Weg, die Zahl der Kinder zu beschränken, und daher absolut zu verwerfen.

Gleicherweise muß, wie das kirchliche Lehramt des öfteren dargetan hat, die direkte, dauernde oder zeitlich begrenzte Sterilisierung des Mannes oder der Frau verurteilt werden.

Ebenso ist jede Handlung verwerflich, die entweder in Voraussicht oder während des Vollzugs des ehelichen Aktes oder im Anschluß an ihn beim Ablauf seiner natürlichen Auswirkungen darauf abstellt, die Fortpflanzung zu verhindern, sei es als Ziel, sei es als Mittel zum Ziel.

... Völlig irrig ist deshalb die Meinung, ein absichtlich unfruchtbar gemachter und damit in sich unsittlicher ehelicher Akt könne durch die fruchtbaren ehelichen Akte des gesamtehelichen Lebens seine Rechtfertigung erhalten.

15. Die Kirche hält aber jene therapeutischen Maßnahmen, die zur Heilung körperlicher Krankheiten notwendig sind, nicht für unerlaubt, auch wenn daraus aller Voraussicht nach eine Zeugungsverhinderung eintritt. Voraussetzung dabei ist, daß diese Verhinderung nicht aus irgendeinem Grunde direkt angestrebt wird.

16. ... Wenn also gerechte Gründe dafür sprechen, Abstände einzuhalten in der Reihenfolge der Geburten – Gründe, die sich aus der körperlichen oder seelischen Situation der Gatten oder aus äußeren Verhältnissen ergeben –, ist es nach kirchlicher Lehre den Gatten erlaubt, dem natürlichen Zyklus der Zeugungsfunktionen zu folgen, dabei den ehelichen

Verkehr auf die empfängnisfreien Zeiten zu beschränken und die Kinderzahl so zu planen, daß die oben dargelegten sittlichen Grundsätze nicht verletzt werden.«[202]

[**H.**] Leider verbindet man in der Öffentlichkeit vorrangig dieses Verbot der direkten Empfängnisverhütung mit den Enzykliken, nicht aber die besondere Würdigung der Ehe und Liebe.

[**J.**] Als Begründung für die Ablehnung jeglicher direkten, d.h. künstlichen Empfängnisverhütung werden in beiden Enzykliken angeführt:

– Gottes Auftrag »... Seid fruchtbar und vermehrt euch, bevölkert die Erde, unterwerft sie euch ...« [Gen 1,28] und

– die von der Natur und damit vom Schöpfer vorgegebenen empfängnisbereiten Tage im Zyklus einer Frau. Diese empfängnisbereiten Tage dürften nicht entgegen Gottes Auftrag durch Anwendung direkter Methoden der Empfängnisverhütung missbraucht werden.

[**H.**] Ich meine, diese Begründung ist äußerst fragwürdig und zwar aus mehreren Gründen: Wenn Gottes Auftrag so verstanden wird, dass keine direkte Empfängnisverhütung gestattet werden kann, müsste gleichermaßen auch die sogenannte natürliche Empfängnisverhütung verboten sein, denn sie hat das gleiche Ziel wie die direkte Empfängnisverhütung. Stattdessen erlaubt die Amtskirche in den Enzykliken die natürliche Empfängnisverhütung. Darüber hinaus müsste die Amtskirche allen Menschen, welche zur Ehe fähig sind, aus moralischen Gründen verbieten, die Ehe als Lebensform abzulehnen. Stattdessen macht die Amtskirche das Gelübde der lebenslangen Ehelosigkeit zur Voraussetzung für die Priesterweihe und für den Eintritt in einen Orden, obwohl mit diesem Gelübde Gottes Auftrag in toto zuwidergehandelt wird. Auch die Verfasser der Enzykliken, wie alle priesterlichen Mitglieder der katholischen Kirche, haben durch ihr Zölibat diesem göttlichen Auftrag widersprochen.

[**J.**] Vorsicht! Falls dieser Widerspruch ihrer Veranlagung entspricht, wäre das keine Ablehnung eines Gottesgeschenkes. Denn Paulus von Tarsus, der erklärtermaßen auch nicht zur Ehe fähig oder bereit war, erklärte hierzu: »Ich wünschte, alle Menschen wären (unverheiratet) wie ich. Doch jeder hat seine Gnadengabe von Gott, der eine so, der andere so.« [1 Kor 7,7]

[**H.**] Es gibt jedoch noch weitere Gründe für diese Fragwürdigkeit:

Die empfängnisbereiten Tage einer Frau wie auch die Einnistung des aus dem befruchteten Ei entstandenen Fruchtbläschens [Blastula] in die Gebärmutter sind im erheblichen Maße dem menschlichen Einfluss unterlegen. Hierzu gehören die Ernährung, wie beispielsweise bereits von den alten Griechen praktiziert,[203] die medizinische Versorgung, das soziale Umfeld und körperliche wie auch seelische Belastungen im Rahmen des Alltags, beim Sport, in der Familie und durch Ausbildung und Berufstätigkeit.

Frauen von heute kommen früher in die Geschlechtsreife und später in die Menopause und haben eine beträchtlich längere Lebenserwartung als in den Jahrhunderten zuvor. Alles das ist bedingt gerade durch menschliche Einflussnahme und damit nicht ›natürlich‹, wenn ›natürlich‹ definiert wird als nicht vom Menschen beeinflusst.

Auch bei der natürlichen Empfängnisverhütung ist die Erfassung der empfängnisfreien Tage der Frau kein natürlicher Vorgang, sondern mit einer menschlichen Tätigkeit zur Verhinderung der Empfängnis verbunden. Hier muss gemessen werden – die Körpertemperatur, die Zähigkeit des Zervikalschleimes, die Hormone im Urin. Und solche Messvorgänge im Vorfeld des Liebesspiels können durchaus in der Lage sein, ähnlich wie manche mechanischen Verhütungsmittel, abzustoßen, die Liebesbereitschaft abzuwürgen.

## 6. Liebe und Weitergabe des Lebens

[**J.**] Im Kern dreht es sich um die Frage, was ein natürlicher und was ein von Menschen beeinflusster Vorgang ist. Wenn »natürlich« beinhaltet, »nicht vom Menschen beeinflusst«, dann gibt es keinen natürlichen Vorgang beim Menschen, denn alles, von der Zeugung bis zum Tode, unterliegt beim Menschen der Einflussnahme durch Menschen. »Natürlich« kann aber auch den Gegensatz zu »künstlich« bedeuten. Eine natürliche Empfängnisverhütung wäre dann jede Methode, bei welcher der Befruchtungsvorgang nicht künstlich verhindert wird, eine künstliche Empfängnisverhütung würde dann Methoden mit direkter Behinderung des Befruchtungsvorganges umfassen.

[**H.**] Aber auch über die von Dir getroffenen Unterscheidungen kann man vortrefflich streiten. Die Frage ist, ob solch ein Streit überhaupt Sinn macht, eher Haarspalterei als ein konstruktiver Lösungsansatz ist. So wäre schon viel gewonnen, wenn man sich dem Problem ehrlicher, wahrhaftiger nähern würde. Warum, wird von zwei namhaften Theologen verdeutlicht:

Der katholische Moraltheologe Franz Böckle erwiderte einmal im Vorfeld der Veröffentlichung der Enzyklika »Humanae vitae« auf eine Bemerkung zur Regelung der Empfängnisverhütung in dem Sinne, dass jedes aktive Eingreifen verboten und nur die Enthaltsamkeit »natürlich« und deshalb erlaubt sei:

> »Das halte ich einfach nicht für tragbar, weil dahinter meiner Überzeugung nach ein falscher Naturbegriff besteht. Das ist etwa so, als wenn man, wie das in der ›Kölnischen Zeitung‹ noch im letzten Jahrhundert geschehen ist, gegen die Gasbeleuchtung im Namen der Schöpfungsordnung Gottes protestiert: Wenn Gott gewollt hätte, dass es in Köln nachts hell sei, dann hätte Gott eben andere Lichter gesetzt in der Nacht, aber es sei Frevel, wenn der Mensch Gaslichter aufstelle.«[204]

Und der Theologieprofessor Bernd Oberdorfer [Augsburg] führt zur Natürlichkeit des Menschen aus:

> »Es gehört zur ›Natur‹ des Menschen, seine Natur zu gestalten. Er tritt zu seinen ›natürlichen‹ Vorgaben in ein gestaltendes Verhältnis. Er ist von Natur aus ein kulturschaffendes Wesen. Andernfalls wären schon Lesen und Schreiben ›widernatürlich‹ … .«[205]

[**J.**] Die Frage ist wirklich, ob der Naturbegriff abwegig ist, auf den sich die Enzyklika stützt? Ich gebe zu, man kann hier den größten Schwachpunkt in der Begründung des Verbotes der künstlichen Empfängnisverhütung sehen.

[**H.**] Ich glaube, besonders auch deswegen, weil »natürlich« ein zu schwammiger Begriff ist. Besser wäre, von »naturgegeben« zu sprechen. Naturgegebenes wird vom Menschen zu seinem Vorteil, leider nicht selten auch zu seinem Nachteil umgestaltet. »Macht Euch die Erde untertan« ist der Auftrag gemäß der Genesis. Für diese Umgestaltung benutzt der Mensch seine Kenntnisse von den Naturgesetzen.

Aber ich sehe noch einen weiteren, wichtigen Grund für die Fragwürdigkeit dieses Verbotes: Die vorgelegte Begründung wird in beiden Enzykliken praktisch als über jeglichen Einwand und jegliche Kritik erhaben dargestellt, als unumstößlich, Gott-gegeben. Eine Güterabwägung in der Entscheidung für oder gegen eine direkte, d. h. künstliche Empfängnisverhütung wird nicht zugestanden. Warum glaubt man sich so sicher, dass ein Irrtum ausgeschlossen ist, wenn man bedenkt, dass die Enzyklika »Humanae vitae« verabschiedet wurde auf der Grundlage eines Gutachtens von nur fünf Kardinälen [unter ihnen Kardinal Karol Wojtyła, der spätere Papst Johannes Paul II.]?

[**J.**] Kann nicht auch ein Einzelner eine sogenannte Wahrheit verkünden? Ist die mangelnde Abstimmung mit fachkompetenten Theologen und Medizinern ein triftiger Grund, an der Wahrhaftigkeit der Aussage der Enzykliken zu zweifeln?

[**H.**] Ich glaube schon, denn soweit bekannt wurde, widersprach dieses »Minderheiten«-Gutachten den Ergebnissen der von Papst Johannes XXIII. eingesetzten päpstlichen Studienkommission (1963–1966) zu Fragen des Bevölkerungswachstums und der Geburtenregelung und der vom Papst Paul VI. in der gleichen Sache eingesetzten Bischofskommission. Die Bischofskommission sprach sich mehrheitlich dafür aus, dass Mittel zur Empfängnisverhütung an sich nicht verwerflich sind und die Wahl der Methode zur Empfängnisregelung der Gewissensentscheidung der Eheleute überlassen werden sollte.[206] Die Bischofskommission folgte damit sowohl der Studienkommission als auch der Pastoralkonstitution des Zweiten Vatikanischen Konzils vom 7. Dezember 1965.

[**J.**] In dieser Pastoralkonstitution heißt es aber auch:

> »In ihrem ganzen Verhalten seien sich die christlichen Gatten bewußt, daß sie nicht nach eigener Willkür vorgehen können; sie müssen sich vielmehr leiten lassen von einem Gewissen, das sich auszurichten hat am göttlichen Gesetz; sie müssen hören auf das Lehramt der Kirche, das dieses göttliche Gesetz im Licht des Evangeliums authentisch auslegt.«[207]

Somit wird das Lehramt der Kirche als maßgebend für das Gewissen angesehen.

[**H.**] Aber die Enzyklika »Humanae vitae« entstand weder auf der Grundlage einer Befragung der Bischöfe der gesamten Kirche, noch auf der Grundlage der Befragung der Mehrheit der Kardinäle, von einer Befragung kompetenter wissenschaftlich tätiger Theologen ganz zu schweigen. Die Enzyklika entstand also im eindeutigen Widerspruch zu den Regeln, wie sie für eine Wahrheitsfindung nach Stand der Wissenschaft eingehalten werden müssen und im Prinzip auch im Dogma der Unfehlbarkeit festgelegt wurden. Léon-Joseph Kardinal Suenens kommentierte diese Tatsache mit den vorsichtigen Worten:

»Psychologisch sehr wichtig ist, daß die Enzykliken und bedeutsameren Dokumente, die der Heilige Stuhl herausgibt, in den Augen aller als das Ergebnis einer vielseitigen Zusammenarbeit zwischen Rom und den Teilkirchen erscheinen.«[208]

Und Karl Kardinal Lehmann beurteilte rückblickend im Jahre 1993, dass die Entscheidungsfindung zur Enzyklika »Humanae vitae« nicht nur eine Brüskierung der Autorität der Kommissionsmehrheit, sondern auch ein Bruch mit der kollegialen Art der Wahrheitsfindung gewesen sei, wie sie auf dem Konzil eingeübt wurde.[209]

[**J.**] Ich gebe zu, die Enzyklika »Humanae vitae« hat die Kirche aufgewühlt. Daher gab es nach ihrer Veröffentlichung auch die notwendige Kritik, sogar auch von Seiten der Bischöfe. So empfahlen mehrere Bischofskonferenzen in ihren Stellungnahmen den Gläubigen, nach reiflicher Prüfung der Entscheidung ihres Gewissens bei der Wahl der Methode der Empfängnisverhütung zu folgen, beispielsweise die Deutsche Bischofskonferenz mit der sogenannten Königsteiner Erklärung:

> »Es wird gefragt, ob die Lehrtradition in dieser Frage für die in der Enzyklika getroffene Entscheidung zwingend ist, ob gewisse neuerdings besonders betonte Aspekte der Ehe und ihres Vollzuges nicht ihre Entscheidung zu den Methoden der Geburtenregelung problematisch erscheinen lassen. Wer glaubt, so denken zu müssen, muß sich gewissenhaft prüfen, ob er – frei von subjektiver Überheblichkeit und voreiliger Besserwisserei – vor Gottes Gericht seinen Standpunkt verantworten kann.«[210]

Des Weiteren verlautete die Österreichische Bischofskonferenz mit der sogenannten Maria-Troster Erklärung:

> »Da in der Enzyklika kein unfehlbares Glaubensurteil vorliegt, ist der Fall denkbar, daß jemand meint, das lehramtliche

Urteil der Kirche nicht annehmen zu können. Auf diese Frage ist zu antworten: Wer auf diesem Gebiet fachkundig ist und durch ernste Prüfung, aber nicht durch affektive Übereilung zu dieser abweichenden Überzeugung gekommen ist, darf ihr zunächst folgen. Er verfehlt sich nicht, wenn er bereit ist, seine Untersuchung fortzusetzen und der Kirche im übrigen Ehrfurcht und Gehorsam entgegenzubringen.«[211]

Die Belgische Bischofskonferenz veröffentlichte:

> »Wir müssen anerkennen, dass die letzte Entscheidung über den rechten Zeitpunkt, neues Leben weiterzugeben, bei den Eltern liegt und dass sie im Angesicht Gottes diese Entscheidung treffen müssen.«[212]

Und die Niederländische Bischofskonferenz forderte, entgegen den päpstlichen Festlegungen die Diskussion der katholischen Ehelehre und Zölibatsgesetzgebung weiter voranzutreiben.[213]

[**H.**] Aus meiner Sicht bedürfen diese Verlautbarungen der Bischöfe keiner weiteren Erklärungen und Ergänzungen. Für mich sind es Glaubenszeugnisse mutiger Bischöfe, welche versuchten, die Glaubwürdigkeit der Kirche in Bezug auf Sexualmoral so gut wie eben möglich zu schützen.

[**J.**] Es gab jedoch auch Kommentare, welche die Begründung für das Verbot der Empfängnisverhütung gemäß der Enzyklika »Humanae vitae« mit philosophischen und theologischen Argumenten zu untermauern suchten, wie beispielsweise von Giovanni B. Scala »Die Enzyklika ›Humanae vitae‹ – ein Plädoyer für die Würde und Verantwortung des Menschen«[214] oder von Josef Spindelböck »Eine moral-theologische Verteidigung von ›Humanae vitae‹.«[215] Auch von den Nachfolgern von Paul VI. wurden die Aussagen der Enzyklika »Humanae vitae« wiederholt und ohne Einschränkungen bekräftigt, im Besonderen von Johannes Paul II. in seiner Enzyklika »Evangelium vitae«.[216]

[**H.**] Papst Johannes Paul II. betonte in diesem Zusammenhang sogar, dass das Gewissen des Einzelnen dem Lehramt der Kirche unterstellt sei, insofern das Gewissen die Norm nicht aus sich selbst schöpft, sondern ihm die Norm durch das Lehramt der Kirche vorgegeben ist.[217]

[**J.**] Diese Äußerung entspricht inhaltlich voll der Pastoralkonstitution des Zweiten Vatikanischen Konzils, in der die Gläubigen »sich … leiten lassen von einem Gewissen, das sich auszurichten hat am göttlichen Gesetz; sie müssen hören auf das Lehramt der Kirche, das dieses göttliche Gesetz im Licht des Evangeliums authentisch auslegt.«[218]

[**H.**] Ich empfinde die Aussage von Papst Johannes Paul II. eher als eine Aufforderung zur Unterordnung und Entmündigung der Gläubigen. Ich habe Zweifel, ob das einer christlichen Auffassung von Gewissen als Grundlage christlicher Ethik entspricht. Denn wie schreibt das Zweite Vatikanische Konzil in »Gaudium et Spes«:

> »... Denn der Mensch hat ein Gesetz, das von Gott seinem Herzen eingeschrieben ist, dem zu gehorchen eben seine Würde ist und gemäß dem er gerichtet werden wird. Das Gewissen ist die verborgenste Mitte und das Heiligtum im Menschen, wo er allein ist mit Gott, dessen Stimme in diesem seinem Innersten zu hören ist. Im Gewissen erkennt man in wunderbarer Weise jenes Gesetz, das in der Liebe zu Gott und dem Nächsten seine Erfüllung hat. Durch die Treue zum Gewissen sind die Christen mit den übrigen Menschen verbunden im Suchen nach der Wahrheit und zur wahrheitsgemäßen Lösung all der vielen moralischen Probleme, die im Leben der Einzelnen wie im gesellschaftlichen Zusammenleben entstehen … .«[219]

[**J.**] Auch Joseph Kardinal Ratzinger hat sowohl in seiner Funktion als Präfekt der Glaubenskongregation [Donum vitae, 22.02.1987] als auch nach seiner Papstwahl[220] die Bedeutung der in der Enzyklika »Humanae vitae« dargelegten Lehren für die Führung einer Ehe nach Gottes Willen herausgestellt. Korrekturen der Auffassung seiner Vorgänger waren in diesen Botschaften nicht herauszulesen.

[**H.**] Welchen Wert misst Du den beiden Enzykliken bei? Was überzeugt Dich?

[**J.**] Für mich ergeben sich aus den besagten Enzykliken mehrere Schlussfolgerungen:

Beide Enzykliken würdigen die Ehe als Liebesbeziehung von Mann und Frau. In beiden Enzykliken wurden Befürchtungen von Entwicklungen geäußert, die damals bereits in der Gesellschaft offensichtlich, in ihrem heutigen Ausmaß aber nicht absehbar waren, wie die verminderte Wertschätzung der Ehe, die Trennung von Liebe und Geschlechtsverkehr, die öffentliche Vermarktung der Sexualität des Menschen, die Verwirrung und Verwahrlosung von Moralbegriffen und der Eingriff mancher Staaten in intime Entscheidungen von Ehepaaren. Denken wir nur an die Gesetze zur Einkind-Familie in manchen Ländern Asiens. Wahrscheinlich sind die Enzykliken aus Angst vor diesen Entwicklungen entstanden.

[**H.**] Doch beide Enzykliken haben diese Entwicklung nicht aufhalten können, auch wenn sie einen Gegenpol gesetzt, ein »Ja« zur Ehe und zum Leben gefordert haben. Rückblickend wurde dieses »Ja« von einigen Kirchenmännern gewürdigt, gerade auch das Verbot der Empfängnisverhütung und wurden die heutigen Entwicklungen stark angegriffen, wie beispielsweise von Christoph Kardinal Schönborn mit seinem Beitrag »Dreimal Nein zum Leben«,[221] von den nordischen Bischöfen,[222] wie auch von Bischof Christoph Casetti in der Schweiz.[223] Dies geschah aber wohlgemerkt aus der Haltung von Menschen heraus, die für sich, aus welchen Gründen auch immer, mit dem Zölibat die grundsätzliche Entscheidung getroffen haben, Gottes Auftrag, das Leben weiterzugeben, selbst nicht Folge zu leisten, selbst keine Verantwortung für eine Frau und für eigene Kinder zu übernehmen.

[**J.**] Das wird meist mit der Nachfolge Christi und »um des Himmelreiches willen« [Mt 19,12] begründet. Aber die Enzykliken haben mit ihren Forderungen nach dem »Ja« zum Leben zumindest diejenigen unterstützt, welche die Ehe und die Familie in Ehren gehalten haben und nicht dem Zeitgeist der 68er Generation gefolgt sind.

[**H.**] Auch hier möchte ich erhebliche Zweifel anmelden, denn bereits damals hat meiner Erfahrung nach das grundsätzliche Verbot der künstlichen Empfängnisverhütung und dessen Begründung mit dem vermeintlich »Natürlichen« der Glaubwürdigkeit der Enzyklika eher geschadet denn genutzt. Des Weiteren hat man sich mit dem Begriff des ›Natürlichen‹ angesichts des Pflichtzölibates auf einen ziemlich wackeligen Boden begeben. Denn dieser steht für Heterosexuelle nun wirklich im eklatanten Widerspruch zum Naturgesetz der Fortpflanzung. Den Priestern und Ordensleuten wird diese Verletzung des Naturgesetzes zur Pflicht gemacht, dagegen von Liebespaaren gefordert, die naturgegebenen Tage der Empfängnisbereitschaft nicht zu beeinflussen. Wenn überhaupt, dann wäre es besser gewesen, man hätte die Forderung nach natürlicher Empfängnisverhütung und das Verbot der künstlichen Empfängnisverhütung im Sinne einer Güterabwägung ethisch begründet als Orientierungshilfe für die Gewissensentscheidung jedes Einzelnen.

[**J.**] Aber beide Enzykliken billigen Ehepaaren das Recht zu, über die Anzahl ihrer Kinder und den Zeitabstand zwischen den Geburten eigenständig entscheiden zu können. Allein die Wege zu diesem Ziel, also die Frage nach der Technik der Empfängnisverhütung, wurden einer moralischen Bewertung unterzogen, die bis heute diskutiert wird. Denn bis heute gibt es leidenschaftliche Befürworter und Gegner des in der Enzyklika dargelegten Verbotes der künstlichen Empfängnisverhütung.[224]

[**H.**] Ich glaube nicht, dass heutzutage solche Diskussionen noch sinnvoll sind. Denn sie gehen am eigentlichen Ziel vorbei, die Ehe als Ort der Liebe zwischen Mann und Frau zu schützen, die Menschenwürde zu achten, die Bereitschaft, Kinder zu zeugen und großzuziehen, zu fördern. Grundlage der Ehe ist die stetige geistige und körperliche Einheit eines Liebespaares, sie stärkt, wie bereits dargestellt (siehe Kap. 6.1) den Zusammenhalt der Partner, deren psychische und körperliche Gesundheit, ist eine Quelle für Kinder, zudem eine wesentliche Voraussetzung für die gemeinsame Sorge um die Entwicklung dieser Kinder. Dieses gilt es zu fördern! Liebe fordert den rücksichtsvollen Umgang mit dem Partner. Hierzu dienen Mittel, welche die Empfängnis regeln. Das ist meines Erachtens die grundsätzliche ethische Begründung für deren Verwendung.

[**J.**] Das steht nicht im grundsätzlichen Widerspruch zur kirchlichen Lehrmeinung! Streitpunkt ist die Wahl der Mittel zur Empfängnisverhütung!

[**H.**] Lass uns doch als obersten Maßstab die 10 Gebote und das Gebot der Liebe anlegen! Oder anders ausgedrückt, lass uns fragen, ob durch die Anwendung einer Methode der Empfängnisverhütung, gleich ob eine »natürliche« oder eine »künstliche« Methode zur Wahl steht, ein Mensch an Leib oder Seele zu Schaden kommt! Mit diesem Maßstab können, gerade auch unter dem Gesichtspunkt der umfassenden Liebe zwischen einem Paar, meiner Ansicht nach folgende Schlussfolgerungen gezogen werden:

– Jegliche Methode, welche ein entstandenes Leben, also einen Dritten vernichtet, ist eine Tötung und verbietet sich. Dieses wird in beiden Enzykliken auch eindeutig ausgesagt.

– Ebenso verbietet sich jegliche Methode, welche die Gesundheit eines Partners oder beider wesentlich beeinträchtigt. Falls beispielsweise einer der Partner an einer ansteckenden, chronischen, ggfs. sogar lebensbedrohenden, durch den Geschlechtsverkehr übertragbaren Infektion leidet, halte ich es für moralisch verwerflich, wenn der Erkrankte keinen mechanischen Schutz verwendet, welcher das Risiko einer Infektion des gesunden Partners vermindert oder verhindert.

– Als lieblos und damit unmoralisch muss des Weiteren gelten, wenn einer der Partner eigenmächtig eine Methode der Empfängnisverhütung anwendet, im Besonderen,

• wenn er damit den Wunsch des anderen Partners nach einem Kind zunichtemacht oder

• wenn der andere Partner sich durch die Eigenmächtigkeit oder durch die Methode in seiner Würde verletzt sieht, oder

• wenn der andere Partner aus irgendeinem anderen Grund diese Methode nicht wünscht, sei es, dass ihm diese Methode abstoßend, unzuverlässig, angsteinflößend oder von seinem moralischen Empfinden her nicht annehmbar erscheint.

– Desgleichen muss als lieblos und damit unmoralisch gelten, wenn einer der Partner eine Empfängnisverhütung verweigert, obwohl der andere Partner sie wünscht.

Bei der Wahl der Methode der Empfängnisverhütung sind zusätzlich die mit der Anwendung verbundenen Risiken und Nutzen für den Partner zu berücksichtigen. So wissen wir beispielsweise

– dass die Einnahme von hormonalen Kontrazeptiva

• signifikant das Risiko etwa um die Hälfte vermindert, an einem Karzinom der Eierstöcke oder der Gebärmutterschleimhaut zu erkranken,

• andererseits möglicherweise geringfügig das Risiko erhöht, an Brustkrebs, Cervixkarzinomen oder Leberkarzinomen zu erkranken; ob die modernen, geringdosierten Kontrazeptiva auch dieses Risiko mit sich bringen, ist fraglich und Gegenstand großangelegter Studien;[225]

• das Risiko eines Auftretens von thromboembolischen Erkrankungen wie Lungenembolie, Herzinfarkt und

Schlaganfall erhöhen kann,[226] ähnlich, wie es von Schwangerschaften bekannt ist;

– dass der ordnungsgemäße Gebrauch von Kondomen deutlich das Risiko vermindert, schwerwiegende Erkrankungen verursachende Infektionserreger durch den Geschlechtsverkehr zu übertragen.[227]

Dieses Wissen muss unsere Entscheidung für oder gegen eine Methode der Empfängnisverhütung maßgeblich beeinflussen. Ansonsten machen wir uns mitschuldig an der Erkrankung, am Leiden oder sogar am Tod von Menschen.

[**J.**] Als bester Schutz gegen eine AIDS-Infektion gelten nicht Kondome, sondern außerhalb der Ehe die Enthaltsamkeit und in der Ehe die eheliche Treue. Willst Du das bestreiten?

[**H.**] Keinesfalls! Aber es ist andererseits genauso unbestritten, dass ein lückenloser und ordnungsgemäßer Gebrauch von Kondomen eine Ansteckung durch das tödliche AIDS-Virus vermeiden hilft. Bei Infektion eines Partners auf die Enthaltsamkeit und eheliche Treue hinzuweisen und Kondome zu verbieten würde bedeuten, der Feuerwehr zu verbieten, ein brennendes Haus zu löschen mit dem Argument, das Löschen macht keinen Sinn, man sollte lieber sorgsam mit den Streichhölzern umgehen.

[**J.**] Das stimmt. In solchen Fällen ist unsere christliche Verantwortung gefragt; hier halte ich die Verwendung von Kondomen für eine christliche Pflicht.

[**H.**] Doch die Ausübung dieser christlichen Pflicht wird von der Amtskirche verboten.

[**J.**] Ich sehe auch eine hoffnungsvoll stimmende Kehrseite. Vielleicht ist Dir in Erinnerung: Bischof Stephan Ackermann in Trier hat seinen Priester Stephan Hippler für die Seelsorge in Kapstadt freigestellt. Diese bischöfliche Entscheidung war mutig, denn Stephan Hippler, der dort ein AIDS-Zentrum leitet, hat die Verantwortlichen in der Kirche, im Besonderen den Papst, aufgefordert, das Kondomverbot aufzuheben. Er schreibt laut Zeit-online:

» ... Während in der Zentrale [römische Kurie; H.-H. S.] unein-
gestandene Ratlosigkeit herrscht, müssen wir an der Periphe-
rie erkennen, dass die Gebote der kirchlichen Sexualmoral
für jene Menschen, die sie strikt befolgen, einem Todesurteil gleichkommen können. Das gilt hier in Afrika vor allem
für Ehefrauen, deren Männer untreu sind. Dieser Kontinent
hat Tausende solcher Einzelschicksale zu erzählen, aber keiner hört zu, nicht einmal die Kirche, die eigentlich das Leben
unter allen Umständen schützen will. Wir lassen unsere Leute
im Stich – mit guten Intentionen, aber einem vernichtenden
Resultat. Denn Millionen von Aids-Toten in Afrika, das sind
auch Millionen von toten Katholiken. Aber die meisten Kir-
chenführer haben gelernt, zu schweigen und fragend nach
Rom zu blicken. Welchen Weg sollen wir gehen? ...

Das Zweite Vatikanische Konzil ruft uns Christen auf, die
Zeichen der Zeit zu erkennen, und HIV/Aids ist ein solches
Zeichen. Die einzige angemessene Antwort der Kirche wäre,
die Pandemie nicht mit moralischen Argumenten zu bekämpfen, sondern die infizierten Menschen mit Gottes bedingungs-
loser Liebe zu umfangen, mit einer Liebe, die nicht nur die
Kranken umsorgt, sondern offen ist für alle menschlichen
Realitäten. Und die aufhört, betroffene Menschen zu verurteilen. Die Theologen und Bischöfe sollten diesen Weg ehrlich und ernsthaft diskutieren, und zwar schnell, denn unsere
Brüder und Schwestern sterben, und wir laufen Gefahr, uns
an ihnen zu versündigen. Es darf einfach nicht sein, dass die
Kirchendisziplin höher steht als das Recht auf Leben! ... .«[228]

[**H.**] Solche bischöflichen Entscheidungen sind doch eher die
Ausnahme und nicht die Regel.

[**J.**] Du konzentrierst Dich zu sehr auf die fragwürdige Kehrseite der Enzyklika »Humanae vitae«, verursacht vielleicht
dadurch, dass hier eine kleine Gruppe von Verantwortlichen
in der Kirche ins Einzelne gehende Vorschriften auf dem
Gebiet der Medizin erlassen hat, ohne die Folgen ausreichend
zu bedenken. Angesichts des Wandels in der Gesellschaft, der Entstehung neuer Krankheiten und der fortlau-

fend neuen Erkenntnisse in der Medizin und medizinischen Psychologie war das wahrscheinlich ein Fehler. Denn das Ziel der Enzyklika war doch eigentlich, das »Geschenk des Himmels«, die Liebe zwischen Mann und Frau, zu schützen und zu fördern.

[**H.**] Fehler sind dafür da, erkannt und behoben zu werden.

[**J.**] Gibt es Aussagen darüber, ob die Enzyklika »Humanae vitae« in den vergangenen Jahrzehnten das Liebesleben der Menschen beeinflusst und in der Hinsicht etwas Positives bewirkt hat?

[**H.**] Laut Statistik verhüten in Deutschland 54% der Paare mit hormonalen Kontrazeptiva, 13,5% mit der Uterusspirale, 19% mit dem Kondom und knapp 7% durch Sterilisation. Nur rund 6,5% wählen andere Methoden. Im Jahre 2009 verhüteten in der Schweiz dagegen nur 21,7% der Paare mit hormonalen Kontrazeptiva, 13,2% mit der Uterusspirale, jedoch 27,4% mit dem Kondom, 0,4% mit Diaphragma/Spermizid, 17,2% durch Sterilisation und 4,2% mit natürlichen Methoden.[229]

Demnach wählen die Menschen im überwiegenden Maße künstliche Methoden der Empfängnisverhütung, wahrscheinlich gemäß dem Ratschlag ihres Arztes und dem eigenen Wohlbefinden. Somit spiegelt sich das Verbot der künstlichen Empfängnisverhütung in der Enzyklika »Humanae vitae« auch 40 Jahre nach ihrer Verkündung in kaum einer Weise im Verhalten der Menschen wider.

[**J.**] Hat die breite Anwendung der künstlichen Empfängnisverhütung wenigstens die Zahl der Abtreibungen deutlich gesenkt?

[**H.**] Das wird zwar postuliert,[230] ist aber fraglich. In Deutschland hat sich trotz Empfängnisverhütung die Zahl der Abtreibungen in den letzten 10 Jahren absolut und relativ zu der Anzahl der Geburten nur um ca. 10% vermindert und liegt derzeit relativ hoch bei etwa 16 Abtreibungen pro 100 Geburten.[231] In der Schweiz liegt dagegen die Abtreibungsrate bei etwa 13 auf 100 Geburten. Die Gesundheitspolitiker in der Schweiz führen diese relativ niedrige Abtreibungsrate auf eine gute Versorgung mit Empfängnisverhütungsmitteln zurück.[232] Grundsätzliche Unterschiede in der Versorgung beider Länder mit Verhütungsmitteln oder im Prozentanteil der Menschen, welche künstliche Verhütungsmittel anwenden, bestehen jedoch nicht.

[**J.**] Haben die Enzykliken wenigstens dazu beigetragen, dass der Wunsch zum Kind und die Geburten zugenommen oder weniger stark abgenommen haben?

[**H.**] Wir wissen es nicht! Jedoch gibt es Anhaltspunkte, dass die in den Enzykliken erlaubte natürliche Empfängnisverhütung, das heißt die geplante ›Liebe nach dem Kalender‹ für die Empfängnisbereitschaft der Frau, gerade auch bei ungewollter Kinderlosigkeit, nicht förderlich ist.[233]

[**J.**] Was wäre nun gewesen, wenn in der Enzyklika »Humanae vitae« auf der Grundlage der von Papst Paul VI. eingesetzten Bischofskonferenz und der Pastoralkonstitution des Zweiten Vatikanischen Konzils[234] die Bedenken gegen eine künstliche Empfängnisverhütung zwar dargelegt, zugleich aber auch die Güterabwägung und damit die Gewissensfreiheit der Gläubigen gewürdigt worden wären? Wäre dann die Zahl der Abtreibungen zurückgegangen und die Zahl der Geburten gestiegen?

[**H.**] Auch dieses wissen wir nicht! Das Vertrauen der Gläubigen in die Lehrmeinung der Kirche wäre jedoch gewachsen. Denn sicherlich hätte die katholische Kirche dann nicht diesen dramatischen Verlust ihrer Glaubwürdigkeit im Bereich der Sexualmoral erlitten. Ihr ist das Schlimmste geschehen, was überhaupt hat passieren können:

Wie die Statistik der Verwendung von künstlichen Verhütungsmitteln verdeutlicht, wird ihre Lehrmeinung zur Sexualmoral von der überwiegenden Zahl ihrer Gläubigen nicht mehr beachtet, einfach nicht mehr zur Kenntnis genommen. Und das Verbot, Kondome zu benutzen zur Verminderung der Infektionen mit lebensbedrohlichen Erkrankungen, wird moralisch wie auch wissenschaftlich als nicht nachvollziehbar angesehen; der Kirche wird sogar eine Mitschuld an dem Tod der Millionen von AIDS-Toten vorgeworfen.[235]

[**J.**] Das ist eine traurige Bilanz für eine in weiten Teilen gute Absicht, welche die Autoren mit ihren Enzykliken hegten.

[**H.**] Wie sagte Christus: »An Ihren Früchten werdet Ihr sie erkennen.« [Mt 7,16] Zudem waren die Autoren der Enzyklika »Humanae vitae« durch weise Köpfe aus den eigenen Reihen gewarnt worden: Von Patriarch Maximos wird berichtet, er habe sich in der Pastoralkonstitution des Zweiten Vatikanischen Konzils gegen die herrschende Lehrmeinung von Pius XI. gemäß der Enzyklika »Casti Connubii« wie folgt gewandt:

> »Haben wir nicht das Recht zu fragen, ob gewisse Einstellungen nicht das Produkt veralteter Ideen und vielleicht einer Junggesellenpsychose von Menschen sind, die mit diesem Teilbereich des Lebens nicht vertraut sind?«

Von Patriarch Maximos wird weiter berichtet, dass er vor der Verleugnung einer Kardinaltugend – der Klugheit – gewarnt habe, an der alle Moral zu messen sei, und dass er damals bereits die Kluft zwischen der offiziellen Lehre der Kirche und der gegenteiligen Praxis der überwältigenden Mehrheit christlicher Paare gesehen habe, auf Grund derer die Gläubigen sich gezwungen sehen, in Konflikt mit dem Gesetz der Kirche zu leben, abgeschnitten von den Sakramenten.[236]

[**J.**] In welchem Ausmaß haben die beiden Enzykliken, besonders die Enzyklika »Humanae vitae«, der Kirche denn wirklich geschadet?

[**H.**] Hierzu schreibt der katholische Moraltheologe Alfons Auer:

> »... dass mit der Enzyklika ›Humanae vitae‹ eine bestimmte Form verbindlichen lehramtlichen Sprechens über Fragen der sittlichen Lebensgestaltung unverkennbar an ihre Grenze gekommen ist und damit sich selbst in Frage gestellt hat.«[237]

Und der Theologieprofessor Hans Küng folgert, dass Paul VI. nicht aus rein sachlichen, theologischen Gründen zur Entscheidung in Bezug auf künstliche Empfängnisverhütung in der Enzyklika »Humanae vitae« gelangt sei, sondern eine Änderung des seit Jahrhunderten bestehenden Verbots der Empfängnisverhütung gescheut habe, weil er damit implizit Irrtümer seiner Amtsvorgänger eingestanden und Zweifel am Dogma der Unfehlbarkeit verstärkt hätte.[238]

[**J.**] Was bleibt ist die Hoffnung, sicherlich eines großen Teils der Gläubigen, dass die derzeitigen Amtsträger in der Kirche oder deren Nachfolger die Lehre aus diesen Fehlern der Vergangenheit ziehen und die Kraft zu einem Neubeginn haben werden.

[**H.**] Das würde aber bedeuten, dass sie über ihren eigenen Schatten springen und zurückfinden zur kollegialen Art einer fundierten, die Kritiker und Zweifler einschließenden Entscheidungsfindung, so wie sie nicht nur dem wissenschaftlichen Standard entspricht, sondern auch im Dogma der Unfehlbarkeit methodisch zugrunde gelegt wurde. Kann man das erwarten? Kann man erwarten, dass die Amtskirche die künstliche Empfängnisverhütung zukünftig »zulassen« wird?

[**J.**] Ja und nein! Nein, weil solch eine Neuregelung der Lehrmeinung von Päpsten wie Pius XI., Paul VI. und Johannes Paul II. krass entgegenstehen würde. Welcher Papst nähme die Verantwortung auf sich, solch einen Schritt zu wagen?

[**H.**] Darf man trotzdem hoffen, dass die Amtskirche die Gewissensfreiheit eines jeden Menschen, auch eines katholischen Christen, bei der Wahl solcher Methoden der Empfängnisverhütung respektiert, welche keinem Menschen schaden, welche Menschen sogar zu schützen helfen?

[**J.**] Ich glaube schon, denn so verstehe ich den Kommentar von Benedikt XVI. zur Benutzung von Kondomen zum Schutz vor tödlichen Virusinfektionen im Sinne einer Güterabwägung. Wie wurde er zitiert:

»Die bloße Fixierung auf das Kondom bedeutet eine Banalisierung der Sexualität, und die ist ja gerade die gefährliche Quelle dafür, dass so viele Menschen in der Sexualität nicht mehr den Ausdruck ihrer Liebe finden, sondern nur noch eine Art von Droge, die sie sich selbst verabreichen. Deshalb ist auch der Kampf gegen die Banalisierung der Sexualität ein Teil des Ringens darum, dass Sexualität positiv gewertet wird und ihre positive Wirkung im Ganzen des Menschseins entfalten kann. Es mag begründete Einzelfälle geben, etwa wenn ein Prostituierter ein Kondom verwendet, wo dies ein erster Schritt zu einer Moralisierung sein kann, ein erstes Stück Verantwortung, um wieder ein Bewusstsein dafür zu entwickeln, dass nicht alles gestattet ist und man nicht alles tun kann, was man will. Aber es ist nicht die eigentliche Art, dem Übel der HIV-Infektion beizukommen. Diese muss wirklich in der Vermenschlichung der Sexualität liegen.«[239]

[**H.**] Vielleicht wurde mit dieser für sich genommen überzeugenden Aussage ein erster Anfang für eine glaubwürdige und segensreiche Neuausrichtung gemacht. Hierbei können möglicherweise auch die bisherigen Erkenntnisse aus dem Missbrauchsskandal helfen. Denn laut Chr. Pfeiffer

»… legen die Befunde der vom John Jay College durchgeführten Untersuchung zu den USA eine erste Hypothese nahe: Dort hat sich nämlich gezeigt, dass es in den letzten drei Jahrzehnten zu einem starken Rückgang des sexuellen Missbrauchs durch Priester gekommen ist – und dies parallel zu einer wachsenden Liberalisierung im Umgang mit Sexualität ….«[240]

## 6.5 Die künstliche Befruchtung bei ungewollter Kinderlosigkeit

[**J.**] Darf sich ein ungewollt kinderloses Liebespaar den Kinderwunsch mit allen zur Verfügung stehenden ärztlichen Mitteln erfüllen?

[**H.**] Die Unfruchtbarkeit, d.h. die ungewollte Kinderlosigkeit, ist ein großes und weit verbreitetes Leiden. Als Zeugungs- und/oder Empfängnisunfähigkeit [Infertilität bzw. Sterilität] wurde dieses Leiden 1967 durch die Weltgesundheitsorganisation [WHO] als Krankheit anerkannt. Sie liegt vor, wenn bei einem Paar entgegen seinem ausdrücklichen Willen nach mehr als 24 Monaten und trotz regelmäßigen, ungeschützten Geschlechtsverkehrs keine Schwangerschaft eintritt.

[**J.**] Um eine Vorstellung von dem Ausmaß zu bekommen – wie häufig ist dieses Leiden?

[**H.**] In Mitteleuropa liegt die Zahl derer, welche sich verstärkt und längerfristig bemühen müssen, um ein Kind zu bekommen, bei ca. 25% bis 30% aller Männer und Frauen. Etwa 10% bis 15% der Paare benötigen länger als 2 Jahre, um Kinder zu bekommen, etwa 3% der Paare bleiben dauerhaft ungewollt kinderlos.[241] In dem letzten Jahrzehnt hat sich dieser Anteil zumindest in der Schweiz auf etwa 5% erhöht.[242]

[**J.**] Und was sind die Ursachen?

[**H.**] Die Ursachen liegen

– zu etwa 30–40% bei der Frau wegen mangelnder Empfängnisfähigkeit durch
  - eine primäre Unfruchtbarkeit (primär = das erste Kind wird gewünscht), welche meist unbekannter oder psychischer Natur ist oder
  - eine sekundäre Unfruchtbarkeit (sekundär= ein weiteres Kind wird gewünscht), häufig verursacht durch eine organische Fehlfunktion (der Eierstöcke, des Eileiters, der Gebärmutter oder des Muttermundes) oder

durch eine Erkrankung (Infektionen, Entzündungen, Stoffwechselstörungen, Hormonstörungen, Tumoren, Immunreaktionen)

- zu etwa 30 % bei dem Mann wegen mangelnder Zeugungsfähigkeit [Impotentia generandi, zum Beispiel durch mangelhafte Anzahl, unzureichende Beweglichkeit oder Erkrankung der Spermien] und/oder Begattungsfähigkeit [Impotentia coeundi, z.B. durch Schädigung oder Fehlentwicklung der Geschlechtsorgane, Hormonstörungen, Infektionen, Entzündungen],
- zu etwa 30–40 % sowohl beim Mann als auch bei der Frau, wobei mit etwa 15 % diejenigen Paare eingeschlossen sind, bei denen keine Ursachen für die Unfruchtbarkeit gefunden werden.

[**J.**] In welchem Ausmaß spielen Umweltgifte bei der ungewollten Kinderlosigkeit eine Rolle?

[**H.**] Umweltgifte scheinen die Entwicklung wie auch die Funktion der menschlichen Fortpflanzungsorgane wesentlich zu beeinflussen. Besonders wirksam sind solche Substanzen, welche eine hormonale Nebenwirkung aufweisen, sogenannte hormonaktive Stoffe, oder welche im Körper die Freisetzung von Hormonen bewirken.[243] Hierzu gehören

- pflanzliche Oestrogene [Phytoestrogene wie Lignane, Isoflavone] in pflanzlichen Nahrungsmitteln,[244]
- Weichmacher mit oestrogener Wirkung, im Besonderen Diethylhexylphthalat [DEHP] in Kunststoffen,[245]
- Pflanzenschutzmittel mit oestrogener Wirkung [polychlorierte Insektizide, Fungizide und Akarizide] in Früchten und Trinkwasser,[246]
- Chemikalien mit androgener Wirkung [Organozinnverbindungen als Stabilisatoren für Kunststoffe, als Flammschutzmittel, für den Sonnenschutz] besonders im Trinkwasser,[247]
- Arzneimittel mit oestrogener Nebenwirkung [orale Antidiabetika, Clenbuterol, ß-Sitosterol].

[**J.**] Von Befürwortern des Verhütungsverbotes in der Enzyklika »Humanae vitae« werden häufig die hormonalen Kontrazeptiva als Ursache für die zunehmende Unfruchtbarkeit angeführt, sicherlich auch, um einen naturwissenschaftlichen Grund für das Verbot der künstlichen Empfängnisverhütung anführen zu können.[248]

[**H.**] In Kontrazeptiva sind synthetische Oestrogene [wie z.B. 17alpha-Ethinylestradiol, Mestranol und 17beta-Estradiol-17-valerat] und/oder Progesterone enthalten. Die Rolle von synthetischen Oestrogenen im wiederaufbereiteten Trinkwasser auf Bildung und Funktion der männlichen Geschlechtsorgane ist umstritten. Es gibt durchaus Anhaltspunkte für eine Zunahme von femininen Missbildungen von Fischen in den Gewässern Schwedens durch synthetische Oestrogene.[249]

Andererseits waren synthetische Oestrogene nicht in der Galle von solchen wildlebenden Fischen nachweisbar, die gefangen worden waren in den Flüssen des dichtbesiedelten Rhein-Main-Gebietes. Stattdessen wurden in den Organen dieser Fische hormonaktive Stoffe wie Phytoestrogene, Pflanzenschutzmittel, Organozinnverbindungen und Weichmacher gefunden.[250] Untersuchungen an Sedimenten der Donau kamen zu ähnlichen Ergebnissen. Die Konzentrationen von synthetischen Oestrogenen lagen unter der Nachweisgrenze, während dagegen natürliche Oestrogene [Oestron] und Umweltgifte mit oestrogener Wirkung [Nonylphenol und Bisphenol A] nachgewiesen werden konnten.[251]

Entgegen vieler Befürchtungen scheinen daher synthetische Oestrogene im Trinkwasser, gewonnen aus Flüssen zumindest in Mitteleuropa, wenn überhaupt, nur eine geringe Bedeutung für die Verminderung der Zeugungsfähigkeit des Mannes zu besitzen. Dagegen stellen Umweltgifte mit oestrogener Wirkung eine tatsächliche Gefahr dar. Es bleibt aber noch zu klären, ob synthetische Oestrogene in Konzentrationen unterhalb der derzeitigen Nachweisgrenze von weniger als 1ng/l im Trinkwasser einen Einfluss ausüben könnten.[252]

[**J.**] Und welchen Einfluss haben Progesterone?

[**H.**] Es ist noch ungeklärt, welche Rolle der Nachweis synthetischer Progesterone oraler Kontrazeptiva im Abwasser von Kläranlagen für das Trinkwasser und die menschliche Gesundheit spielen.[253]

[**J.**] Wo sind wirkliche Gefahren für die menschliche Fortpflanzungsfähigkeit bereits erkennbar?

[**H.**] Nach derzeitigem Kenntnisstand ist dies eindeutig bei hormonaktiven Phytoestrogenen, Pflanzenschutzmitteln, Organozinnverbindungen und Weichmachern der Fall. So konnten deutliche Missbildungen der Geschlechtsorgane bei freilebenden Alligatoren in Florida auf die Kontamination des Wassers mit Pestiziden [Dicofol, DDT und Metaboliten von DDT] zurückgeführt werden.[254] Mittlerweile sind diese Krokodile vom Aussterben bedroht. Gleiches scheint für den Fischotter in der Schweiz zu gelten. Bei vielen Wildtierarten wurden zudem Missbildungen der männlichen Sexualorgane gefunden. Mit Chemikalien belastete Gewässer und Fische werden für diese Phänomene verantwortlich gemacht.[255]

[**J.**] Ist somit Vorsicht angebracht, voreilig die Schuld für die Zunahme der ungewollten Kinderlosigkeit auf die verbreitete Anwendung von hormonellen Kontrazeptiva zu schieben?

[**H.**] Ja, soweit dies derzeit bekannt ist.

[**J.**] Aber wie steht es um die Zeugungsfähigkeit des Mannes?

[**H.**] Es ist entsprechend der gegenwärtigen Datenlage unstrittig, dass die Zeugungsfähigkeit beim Manne abnimmt. Innerhalb der letzten 20 Jahre hat sich in den Industrieländern die durchschnittliche Konzentration der Spermien beim Mann halbiert. Zudem sind Fehlbildungen der männlichen Geschlechtsorgane (Hodenhochstand, Harnröhrenspaltung) und Tumoren (Hoden- und Prostatakarzinome) deutlich häufiger geworden.[256] In Deutschland wird die Zahl zeugungsschwacher Männer derzeit auf etwa 1,5 Millionen geschätzt.[257]

[**J.**] Und welche Ursachen werden hierfür als verantwortlich gesehen?

[**H.**] Beim Manne kann zwar alleine schon der zunehmende Stress eine weitgehende Erklärung für diese Veränderungen liefern,[258] doch auch hormonal aktive Umweltgifte könnten die Ursache sein. Ob die erheblichen regionalen Unterschiede in der Abnahme der Spermienqualität bei Männern in der Schweiz auf hormonal aktiven Umweltgiften beruhen, wird derzeit untersucht.[259]

[**J.**] Welche Rolle spielen psychologische als auch soziale Faktoren bei der ungewollten Kinderlosigkeit?

[**H.**] Die Diagnose einer Fertilitätsstörung belastet Frauen weitaus mehr als Männer. Frauen neigen eher dazu, die Ursache der Kinderlosigkeit auf ein eigenes Versagen zu beziehen und empfinden es viel schmerzlicher als Männer, bei dem Anblick von Schwangeren oder Kindern an die eigene Kinderlosigkeit erinnert zu werden. Depressivität und psychosomatische Auffälligkeiten können die Folge sein. Männer werden durch die ungewollte Kinderlosigkeit dann stärker berührt, wenn sie von ihrer mangelnden Fruchtbarkeit als Ursache wissen.[260]

[**J.**] Ein unerfüllter Kinderwunsch muss doch nicht auf Lebenszeit bestehen bleiben! Neben der Aussicht auf eine Spontanschwangerschaft gibt es die Möglichkeit der Aufnahme eines Pflegekindes oder der Adoption.

[**H.**] Diese Möglichkeiten sind bekanntermaßen sehr begrenzt. Doch die Reproduktionsmedizin bietet die Möglichkeit, den Kinderwunsch doch noch zu erfüllen. Allein die Hormonstimulation des Eisprungs ohne künstliche Befruchtung führt in etwa 30% zu erfolgreichen Schwangerschaften. Falls die Hormonstimulation erfolglos ist, besteht die Möglichkeit der künstlichen Besamung (Insemination) und der künstlichen Befruchtung (assistierte Reproduktion) – beides sind Methoden, bei welchen direkt in den biologischen Ablauf einer Befruchtung eingegriffen wird.

[**J.**] Ähnlich wie bei der Empfängnisverhütung wäre es gut, die wesentlichen Methoden der Reproduktionsmedizin summarisch aufzulisten, damit klar ist, worüber wir reden.

[**H.**] Alle Methoden der Insemination und der künstlichen Befruchtung haben zur Voraussetzung, dass Keimzellen des Mannes und/oder der Frau gewonnen werden. Folgende Methoden der Keimzellgewinnung stehen zur Verfügung:

- beim Mann
  - Masturbation bis zum Samenerguss. Im Ejakulat werden die Anzahl, die Beweglichkeit und der Anteil an missgebildeten Samenfäden geprüft und ggfs. die besonders beweglichen Samenfäden angereichert;
  - Samengewinnung aus dem Hoden (testikuläre Spermienextraktion, TESE) oder Nebenhoden (mikrochirurgische epididymale Spermienaspiration, MESA) durch einen chirurgischen Eingriff, falls beispielsweise durch Verschluss der samenabführenden Wege im Erguss keine lebenden Spermien enthalten sind;
  - die so gewonnenen und ggfs. aufbereiteten Samenfäden werden entweder direkt verwendet oder bis zur Verwendung tiefgefroren.

- bei der Frau
  - gezielte hormonelle Stimulation der Eierstöcke zur Reifung (durch das Follikel stimulierende Hormon, FSH) der die Eizelle enthaltenden Eierstocksfollikel und zur Auslösung des Eisprunges (durch das luteinisierende Hormon, LH);
  - Gewinnung der Eizellen durch Absaugen des Eileiterinhaltes mit Hilfe eines in die Gebärmutter eingeführten Katheters oder durch Absaugen der Follikelflüssigkeit durch einen transvaginal in die Bauchhöhle eingeführten Katheter;
  - direkte Verwendung der Eizellen oder Tiefgefrieren bis zur Verwendung.

Folgende Verfahren der Insemination und künstlichen Befruchtung werden angewandt:[261]

- intrauterine Insemination (IUI) ohne oder mit vorangegangener Hormonstimulation des Eisprungs:
  - 36 Stunden nach dem Auslösen des Eisprungs wird eine Kappe mit dem aufbereiteten, gewaschenen männlichen Samen des Partners vor den Muttermund der Frau gelegt, oder der Samen wird mit einem Katheter direkt in den Muttermundkanal (Cervix), in die Gebärmutterhöhle oder in die Eileiter deponiert;
  - die Erfolgsrate liegt je nach Grunderkrankungen bei 2–30%.
- In-vitro-Fertilisation (IVF):
  - reife Eizellen werden nach Hormonstimulation aus den Eierstöcken entnommen und bis zur Verwendung tiefgefroren (Kryokonservierung) oder sofort im Labor mit der aufbereiteten Samenflüssigkeit in einer Nährlösung (frisch gewonnen oder nach Kryokonservierung aufgetaut) zusammengebracht;
  - hat eine Befruchtung und Zellteilung stattgefunden, werden max. drei befruchtete Eizellen (im Morula- oder Blastula-Stadium der Entwicklung) in die Gebärmutter mit einem Katheter zurückgegeben (Embryonentransfer, ET),
  - die Erfolgsrate liegt bei etwa 27–30% Schwangerschaften und bei etwa 16% Geburten, bei Verwendung tiefgefrorener Keimzellen verringert sich die Geburtsrate auf etwa 9%.
- Intrazytoplasmatische Spermieninjektion (ICSI):
  - reife Eizellen werden nach Hormonstimulation aus den Eierstöcken entnommen;
  - eine Samenzelle wird in die zuvor entnommenen Eizellen mit Hilfe eines Mikromanipulators und einer ultradünnen Nadel injiziert;

- hat eine Zellteilung stattgefunden, werden max. drei befruchtete Eizellen (im Morula- oder Blastula-Stadium der Entwicklung) in die Gebärmutter zurückgegeben;
- die Erfolgsrate liegt bei etwa 29–31 % Schwangerschaften und bei etwa 16 % Geburten, bei Verwendung tiefgefrorener Keimzellen verringert sich die Erfolgsrate auf etwa 9 %.
- Gameten-Eileiter (Tuba Fallopia)-Transfer (GIFT):
  - reife Eizellen werden aus den Eierstöcken entnommen und zusammen mit der aufbereiteten Samenflüssigkeit in den Eileiter zurückgespült;
  - die Befruchtung findet im Körper der Frau statt.
- Schlüpfhilfe (Assisted Hatching):
  - Nach der Befruchtung teilen sich die Zellen des Embryos zunächst innerhalb einer festen Hülle (Zona pellucida). Mit einer laserunterstützten Mikromanipulation an der Zona pellucida wird versucht, dem heranwachsenden Embryo das Verlassen aus dieser Umhüllung und damit eine Einnistung in die Gebärmutterschleimhaut zu erleichtern.

Je nachdem, von wem die Eizellen oder Samenzellen für die künstliche Befruchtung stammen, wird unterschieden zwischen

- der homologen künstlichen Befruchtung, bei welcher Eizellen und Samenzellen von einem miteinander verbundenen Paar, den Eltern, stammen, oder
- der heterologen künstlichen Befruchtung, bei welcher die Eizelle und/oder die Samenzelle von einer dritten oder vierten Person [Eizellspenderin bzw. Samenzellspender] stammen.

[**J.**] Welche Risiken sind mit diesen unterschiedlichen Verfahren verbunden?

[**H.**] Die medizinischen Risiken der künstlichen Befruchtung betreffen im Wesentlichen die Frau und sind:

- Überreaktion der Eierstöcke auf die hormonelle Stimulationsbehandlung in Form von Zysten und Bauchwassersucht (Aszites), oder Stieldrehung der Eierstöcke;
- Mehrlingsrisiko
  • ca. 22% der Kinder nach IVF oder ICSI sind Mehrlinge (IVF ca. 22%, ICSF ca. 23%);
- Fehlgeburten
  • nur etwa 50% der Schwangerschaften nach IVF oder ICSI werden erfolgreich ausgetragen;
- Extrauterinschwangerschaften,
- Akutkomplikationen bei der Follikelpunktion, Infektionen als Spätkomplikationen,
- Kaiserschnitt,
- Schwangerschaftshochdruck (Eklampsie) bei Verwendung einer Eizellspende, d.h. einer Eizelle von einer dritten Person. Wie kürzlich durch Auswertung von 28 klinischen Studien bekannt wurde,[262] betrug die Rate an Schwangerschaftshypertonien bzw. Präklampsien nach Eizellspende 22,6%. In der Mehrzahl der Fälle musste die Schwangerschaft wegen der Lebensbedrohung der Mutter abgebrochen werden.

[**J.**] Gibt es irgendwelche Schäden bei den durch die künstliche Befruchtung entstandenen Kindern?

[**H.**] Soweit bekannt ist, nein! Über Gesundheitsschäden, welche mit der In-vitro-Befruchtung im Zusammenhang stehen könnten, wurde bei den erfolgreich geborenen Kindern bislang nicht berichtet. Andererseits ist die Rate der Fehlgeburten sehr hoch, wie bereits gesagt, sie liegt in einer Größenordnung von etwa 50%.

[**J.**] Welches Ausmaß nimmt die künstliche Befruchtung derzeit ein?

[**H.**] Im Jahr 1978 wurde das erste durch künstliche Befruchtung gezeugte Kind geboren. Bis zum Jahr 2005 sind weltweit rund drei Millionen Kinder auf diese Weise gezeugt worden, 200.000 Kinder allein im Jahr 2002, davon in Deutschland

(2003) etwa 20.000 Kinder, also etwa 2% aller im Jahr 2003 in Deutschland geborenen Kinder.[263] Mittlerweile dürften mehr als 4 Millionen Kinder durch Insemination oder künstliche Befruchtung gezeugt worden sein.

[**J.**] Der großen Anzahl künstlich gezeugter Kinder steht die moralische Bewertung der künstlichen Befruchtung von Seiten der katholischen Kirche gegenüber. Deren Glaubenskongregation vertritt in der Lehrinstruktion »Donum vitae«[264] folgende grundsätzliche Haltung:

Einführung, Abschnitt 2:

> »Daher erfordern Wissenschaft und Technik aus ihrer innersten Bestimmung heraus die unbedingte Achtung der grundlegenden Kriterien der Moral: Sie müssen also im Dienst der menschlichen Person stehen, ihrer unveräußerlichen Rechte sowie ihres wahren und ganzheitlichen Wohls gemäß dem Plan und dem Willen Gottes.... Eine Wissenschaft ohne Gewissen kann zu nichts anderem führen als zum Untergang des Menschen.«

Einführung, Abschnitt 4:

> »Die Fortschritte der Technik haben heute eine Zeugung ohne sexuelle Beziehung ermöglicht, und zwar mittels des Zusammenführens der Keimzellen in vitro, die zuvor von Mann und Frau gewonnen wurden. Aber das, was technisch möglich ist, ist nicht auch deshalb schon moralisch annehmbar. Die Besinnung der Vernunft auf die grundlegenden Werte des Lebens und der menschlichen Fortpflanzung ist infolgedessen unentbehrlich, um zu einer moralischen Wertung solcher Eingriffe der Technik am menschlichen Wesen schon von den ersten Stadien seiner Entwicklung an zu kommen.«

Des Weiteren in Teil 1, Abschnitt 5:

> »Die in vitro gezeugten Embryonen sind menschliche Wesen und Rechtssubjekte: Ihre Würde und ihr Recht auf Leben müs-

sen schon vom ersten Augenblick ihrer Existenz an geachtet werden.«

[**H.**] Aus meiner Sicht ist dieser Wertung des menschlichen Lebens der Glaubenskongregation vorbehaltlos zuzustimmen.

[**J.**] Die Lehrinstruktion »Donum vitae« geht aber noch weiter, indem sie im Einzelnen die technischen Methoden der künstlichen Befruchtung moralisch bewertet. Zur heterologen Insemination oder künstlichen Befruchtung heißt es in »Donum vitae«:

> »Die Zeugung einer neuen Person, durch die Mann und Frau mit der Macht des Schöpfers mitarbeiten, soll Frucht und Zeichen des gegenseitigen personalen Sich-Schenkens der Eheleute sein, ihrer Liebe und ihrer Treue. Die Treue der Eheleute in der Einheit der Ehe umfaßt die gegenseitige Achtung ihres Rechtes, daß der eine nur durch den anderen Vater oder Mutter wird. Das Kind hat ein Recht darauf, innerhalb der Ehe empfangen, ausgetragen, auf die Welt gebracht und erzogen zu werden: Gerade durch die sichere und anerkannte Beziehung zu den eigenen Eltern kann es seine eigene Identität entdecken und menschlich heranreifen. Die Eltern finden im Kind eine Bestätigung und Ergänzung ihrer gegenseitigen Hingabe: ...«

> »... Demnach ist moralisch unerlaubt die Befruchtung einer verheirateten Frau mit dem Samen eines von ihrem Ehemann verschiedenen Mannes; ebenso unerlaubt ist die Befruchtung der Eizelle, die von einer anderen Frau stammt, mit dem Samen des Ehemannes. Zudem kann die künstliche Befruchtung einer unverheirateten Frau, sei sie nun ledig oder verwitwet, moralisch nicht gerechtfertigt werden, wer auch immer der Spender ist. Der Wunsch, ein Kind zu haben, die Liebe der Eheleute, die eine anders nicht überwindbare Sterilität beheben möchte, stellen verständliche Beweggründe dar; aber subjektiv gute Absichten bringen die heterologe künstliche

Befruchtung weder mit den objektiven und unveräußerlichen Eigenschaften der Ehe noch mit der Achtung der Rechte des Kindes und der Eheleute in Einklang.«[265]

[**H.**] Wenn man die geistige und körperliche Gemeinsamkeit eines Liebespaares und ihre beständige Liebe und Treue als Grundlage für die Zeugung, Geburt und Entwicklung von Kindern sieht, muss man auch diesem Teil der Lehrinstruktion zustimmen.

[**J.**] Zur homologen künstlichen Befruchtung (Samenzellen und/oder Eizellen stammen von dem Mann bzw. der Frau einer Partnerschaft) wird aber ebenso ausgeführt:

»… Dennoch – in Übereinstimmung mit der traditionellen Lehre über die Güter der Ehe und die Würde der Person – bleibt die Kirche aus moralischer Sicht bei der Ablehnung der homologen In-vitro-Befruchtung; diese ist in sich unerlaubt und steht in Widerspruch zur Würde der Fortpflanzung und der ehelichen Vereinigung, selbst wenn alles getan wird, um den Tod des menschlichen Embryos zu vermeiden.«

»Die homologe künstliche Besamung innerhalb der Ehe kann nicht zugelassen werden, mit Ausnahme des Falls, in dem das technische Mittel nicht den ehelichen Akt ersetzen, sondern ihn erleichtern und ihm helfen würde, sein natürliches Ziel zu erreichen.…

Wenn das technische Mittel den ehelichen Akt erleichtert oder ihm hilft, seine natürlichen Ziele zu erreichen, kann es moralisch bejaht werden. Falls sich hingegen der technische Eingriff an die Stelle des ehelichen Aktes setzen sollte, ist er moralisch unerlaubt.

Die den ehelichen Akt ersetzende künstliche Besamung ist wegen der freiwillig bewirkten Trennung zwischen den beiden Bedeutungen des ehelichen Aktes verboten.«[266]

[**H.**] Das in dieser Lehrinstruktion ausgesprochene Verbot der homologen künstlichen Befruchtung halte ich für fragwürdig.

[**J.**] Warum? Begründet wird das Verbot der Insemination und der künstlichen Befruchtung nämlich im Wesentlichen mit dem Argument, dass die Zeugung eines Menschen gemäß göttlicher Ordnung das Ergebnis der geistigen und körperlichen Vereinigung zu sein hat und nicht das Ergebnis einer von Dritten beherrschten und angewandten Technik:

> »Die menschliche Person muss in die Zeichen der Einheit und der Liebe ihrer Eltern aufgenommen werden; die Zeugung eines Kindes muß deshalb die Frucht gegenseitiger Schenkung sein, die sich im ehelichen Akt verwirklicht, in dem die Eheleute – als Diener und nicht als Herren – am Werk der Schöpfer-Liebe teilnehmen. Der Ursprung einer menschlichen Person ist in Wirklichkeit Ergebnis einer Schenkung. Der Empfangene muß die Frucht der Liebe seiner Eltern sein. Er kann nicht als Produkt eines Eingriffs medizinischer Techniken gewollt oder empfangen werden: Dies würde bedeuten, ihn zum Objekt einer wissenschaftlichen Technologie zu erniedrigen. Niemand darf das Auf-die-Welt-Kommen eines Kindes den Bedingungen technischer Effizienz unterwerfen, die nach den Maßstäben von Kontrolle und Beherrschung bewertet werden.« ...

> »Die homologe FIVET [In-vitro-Befruchtung und embryonaler Transfer; H.-H. S.] wird außerhalb des Leibes der Eheleute mit der Hilfe der Handlungen dritter Personen durchgeführt, deren Kompetenz und technische Leistung den Erfolg des Eingriffs bestimmen; sie vertraut das Leben und die Identität des Embryos der Macht der Mediziner und Biologen an und errichtet eine Herrschaft der Technik über Ursprung und Bestimmung der menschlichen Person. Eine derartige Beziehung von Beherrschung widerspricht in sich selbst der Würde und der Gleichheit, die Eltern und Kindern gemeinsam sein muß.

Die Empfängnis in vitro ist Ergebnis einer technischen Handlung, die die Befruchtung vornehmlich bestimmt; sie ist nicht Ausdruck und Frucht eines spezifischen Aktes ehelicher Vereinigung; weder wird sie tatsächlich so herbeigeführt noch wird sie positiv angestrebt als Ausdruck und Frucht eines spezifischen Aktes der ehelichen Vereinigung.« ...

»Die Masturbation, mit deren Hilfe normalerweise der Same gewonnen wird, ist ein weiteres Zeichen für diese Trennung [des ehelichen Aktes von dem Vorgang der Befruchtung; H.-H. S.]; auch wenn sie in Hinblick auf die Fortpflanzung geschieht, bleibt diese Handlung ihrer Bedeutung auf die Vereinigung hin beraubt: ›denn es fehlt ihr ... eine von der sittlichen Ordnung geforderte geschlechtliche Beziehung, jene nämlich, die den vollen Sinn gegenseitiger Hingabe als auch den einer wirklich humanen Zeugung in wirklicher Liebe‹ realisiert.«[267]

[**H.**] Mir erscheint die Lehrinstruktion in sich logisch aufgebaut. Aber ich bezweifle, ob die gegebene Begründung für das Verbot der homologen künstlichen Befruchtung überzeugend ist. Das Verbot der Insemination und In-vitro-Befruchtung wird begründet mit der Schöpfungsordnung, das heißt, dem natürlichen oder genauer gesagt, dem naturgegebenen Vorgang der Zeugung. Dieser beinhaltet, dass durch die körperliche Vereinigung von Mann und Frau, d. h. durch den Koitus, der Samenerguss in der Scheide der Frau stattfindet und in dem Eileiter/der Gebärmutter der Frau der Samen die Eizelle befruchtet. Alle anderen Orte des Samenergusses und der Befruchtung der Eizelle sind wegen dieser Schöpfungsordnung laut »Donum vitae« verboten. Wenn ich die göttliche Ordnung als Grund angebe für das Verbot der künstlichen Befruchtung, muss ich in gleicher Weise auch jeglichen medizinischen Eingriff zur Entstehung oder Verlängerung des Lebens und zur Verzögerung des Todes verbieten, denn auch der Tod, gleich wann er geschieht, erfolgt gemäß der göttlichen Ordnung.

[**J.**] Dein formaler Vergleich mag seine Berechtigung haben, nur führt er meiner Ansicht nach an der Zielsetzung der Lehrinstruktion vorbei. Denn was will diese bezwecken? Für mich stellt sie eine hohe Würdigung des Geschlechtsverkehrs unter Liebenden dar, auch in Hinblick auf die Zeugung von Kindern. Welche wunderbare Verbindung können Liebende zwischen ihrem Kind und den Erinnerungen an die Glücksgefühle bei ihrer körperlichen Vereinigung knüpfen. Sieh es doch einmal von dieser Seite!

[**H.**] Mit diesem Verbot haben Menschen, welche auf natürlichem oder besser gesagt naturgegebenem Wege bereits ihren Kinderwunsch erfüllen konnten, sicherlich überhaupt kein Problem. Doch was ist mit denjenigen Paaren, welche trotz aller Bemühungen kinderlos geblieben sind und daran leiden? Wird die Lehrinstruktion auch diesen betroffenen Paaren gerecht? Wird die Lehrinstruktion dem Tatbestand gerecht, dass es Aufgabe eines jeden Mediziners ist, Leiden der Menschen zu verringern oder zu beheben, auch das Leiden an einer Kinderlosigkeit?

[**J.**] Das ist die positive Seite der künstlichen Befruchtung. Deren Kehrseite wäre, die künstliche Befruchtung könnte technisch vereinfacht werden und sich zu einer Routinemethode entwickeln, etwa so wie heutzutage der Kaiserschnitt. Jede Schwangere, die den Kaiserschnitt einer natürlichen Geburt vorzieht, kann ihn bekommen.

Stell Dir vor, jede Frau, welche ein Kind haben will, hätte die Wahl zwischen Geschlechtsverkehr oder künstlicher Befruchtung, heterolog oder homolog, könnte ganz nach Wunsch bedient werden mit Eizellen, Samenzellen oder befruchteten Eizellen, gegebenenfalls entnommen aus dem Gefrierschrank.

[**H.**] Die Gefahr einer solchen Entwicklung besteht durchaus. Aber daran wird auch die Kirche mit ihrer Lehrinstruktion nichts ändern können.

[**J.**] Aber die Kirche kann, nein sie muss auf dieses Problem aufmerksam machen, muss einen Standpunkt vertreten, welcher zumindest für die Gläubigen als Orientierung dienen kann.

[**H.**] Doch um dieses Ziel zu erreichen, darf man nicht das Kind mit dem Bade ausschütten! Für mich wird in der Lehrinstruktion »Donum vitae« überreguliert. Übertrage einmal den in der Begründung des Verbotes dargelegten Bezug auf die Schöpfungsordnung auf andere Bereiche des Lebens und der Krankheit, beispielsweise auf medizinische Eingriffe wie

- die Injektion von Hormonen zur Stimulation des Eisprungs, um eine Schwangerschaft zu ermöglichen;
- die Intensivmedizin bei Frühgeborenen und Schwersterkrankten;
- den Kaiserschnitt zur Geburtshilfe;
- chirurgische und medikamentöse Eingriffe bei angeborenen oder erworbenen Erkrankungen;
- chirurgische Eingriffe für kosmetische Ziele;
- Organverpflanzungen, besonders auch, wenn diese eine Verstümmelung des Körpers des Organspenders für eine Lebendspende zur Voraussetzung haben;
- medikamentöse Maßnahmen zur Verzögerung des Sterbeprozesses.

All diese Maßnahmen und Eingriffe dienen dem Leben in dem Sinne, dass sie das Naturgegebene zu Gunsten des Lebens beeinflussen, so wie auch die Insemination und die In-vitro-Befruchtung. Keine der aufgeführten Maßnahmen ist natürlich!

[**J.**] Auch bei diesen Maßnahmen, die Du erwähnt hast, muss immer wieder die Frage gestellt werden, wie weit der Mensch mit der medizinischen Forschung und Technik gehen darf, im Besonderen, wie weit ihm erlaubt ist, in die Schöpfungsordnung einzugreifen im Sinne des göttlichen Auftrages »Seid fruchtbar und vermehrt euch, bevölkert die Erde, unterwerft sie euch ...« [Gen 1,28]? Gesellschaftliche Akzeptanz einer Maßnahme kann keine Begründung für ihre ethische Rechtfertigung sein.

[**H.**] Ich sehe das in gleicher Weise. Wenn es aber als moralisch gerechtfertigt angesehen wird, dass der Mensch Empfängnis, Geburt, Leben, Krankheit und Sterben mit seiner technischen und pharmazeutischen Medizin im Sinne des Lebens beeinflusst, dann sollte ihm doch auch erlaubt sein, für das Leben zu wirken, indem er die Zeugung gemäß den vorgegebenen biologischen Gesetzmäßigkeiten unterstützt.

[**J.**] Auch hier gibt es Grenzen, und diese Grenzen hat die Amtskirche mit ihrer Lehrinstruktion »Donum vitae« deutlich aufgezeigt.

[**H.**] Die Amtskirche begründet diese Grenzen mit einer als absolut dargestellten göttlichen Ordnung. Ich frage mich, warum? Sind die Grenzen, die dem Menschen gesetzt sind, nicht besser durch die 10 Gebote und das Liebesgebot gezogen? Wäre eine Güterabwägung nicht der bessere Zugang für eine Entscheidung?

[**J.**] Offensichtlich hat die Amtskirche diese Gebote als unzureichend angesehen. Sonst hätte sie nicht die Lehrinstruktion »Donum vitae« veröffentlicht.

[**H.**] Aus meiner Sicht reichen die 10 Gebote und das Gebot der Liebe bereits aus, um eine Güterabwägung für eine künstliche Befruchtung zu treffen. Grundlage der Bewertung ist der Kinderwunsch eines Liebespaares. Er stellt prinzipiell einen wesentlichen Teil unserer Existenz als Menschheit dar. Zusätzlich ist besonders das Leiden der Frau an der ungewollten Kinderlosigkeit in Betracht zu ziehen. Das christliche Liebesgebot wie auch der ärztliche Auftrag fordert hier zur Hilfe auf.

Setzen wir einmal voraus, zur Erfüllung des Wunsches käme nur noch eine künstliche Befruchtung in Betracht, weil alle anderen Möglichkeiten sich als unwirksam erwiesen haben. Vergleiche ich nun die Techniken der künstlichen Befruchtung mit den Forderungen der 10 Gebote, dann kann ich folgende Schlussfolgerungen ziehen:

Methoden, welche gezielt einen Schaden für das erwünschte Kind, einen Schaden für die Mutter oder einen Schaden für ein anderes menschliches Leben bewirken, sollten verworfen werden. Daher sollte von vornherein die heterologe künstliche Befruchtung, d.h. die Verwendung von Keimzellen einer dritten Person aus folgenden triftigen Gründen als Möglichkeit ausscheiden:

- Weil die Rechte des zu erwartenden Kindes auf Eltern nicht oder nur mangelhaft verwirklicht werden können. Die Kenntnis ihrer Zeugungsart stellt viele, wenn nicht die meisten Kinder vor erhebliche psychische Probleme,[268] auch wenn ein derart gezeugtes Kind in Deutschland (gemäß § 1592 Nr. 1 BGB) als legitimes Kind des Ehemannes oder Partners der Mutter gilt, der die Vaterschaft zuvor anerkannt hatte, aber auch weil das Kind seine Ehelichkeit (gemäß § 1600 und § 1600d BGB) innerhalb einer Frist von 2 Jahren ab dem 18. Lebensjahr oder ab Kenntnis der Art seiner Zeugung anfechten kann.

- Weil, wie bereits dargestellt, die Eizellspende mit dem erheblichen lebensbedrohlichen Risiko des Schwangerschaftshochdrucks verbunden ist.[269] Gleichgültig, ob die Neigung zur Präklampsie vergesellschaftet ist mit der Kinderlosigkeit der betroffenen Frauen oder durch körperfremde Eizellen induziert wird, in Anbetracht dieser Befunde muss man allein schon aus medizinischen Gründen vor einer Schwangerschaft durch eine Eizellspende warnen.

- Weil anonyme Spenden von Eizellen oder von Samenzellen möglich sind. Jedes Kind hat das Recht, den leiblichen Vater und die leibliche Mutter zu kennen. In Deutschland ist ihm dieses Recht bereits im Jahre 1989 durch das Bundesverfassungsgericht zugesichert worden.[270] Dieses Recht wird ihm jedoch durch die Anonymität der Spende verwehrt.

– Weil die Insemination oder In-vitro-Befruchtung außerhalb einer festen Liebesbeziehung und Ehe stattfinden kann, zum Beispiel bei alleinstehenden Frauen oder Frauen in gleichgeschlechtlicher Beziehung. Jedes Kind hat jedoch ein Anrecht auf einen Vater und eine Mutter.

– Weil dem Handel mit frischen oder tiefgefrorenen Keimzellen Vorschub geleistet wird. Dieser Handel provoziert die Spende von Keimzellen rein zum Gelderwerb und erleichtert Schwangerschaften mit Samenspendern außerhalb einer Liebesbeziehung, Partnerbindung und Ehe und geht damit zu Lasten der zu erwartenden Kinder.

[**J.**] Ganz im Sinne dessen, was Du als Gründe auflistest, wird in der Lehrinstruktion »Donum vitae« zum Recht des Kindes ausgeführt: »Die heterologe künstliche Befruchtung verletzt die Rechte des Kindes, beraubt es der Kind-Beziehung zu seinen elterlichen Ursprüngen und kann das Reifen seiner persönlichen Identität behindern.«[271]

[**H.**] Des Weiteren sollte jegliche Veränderung des genetischen Erbgutes in den Keimzellen oder in den embryonalen Zellen verboten bleiben, solange wir trotz aller Fortschritte in der Molekularbiologie nicht wissen, welche Veränderungen die Einführung von Genen in einer Eizelle und damit bei dem zu erwartenden Kind und seinen Nachkommen bewirken werden.

[**J.**] Für die Forschung und die Zukunft hat Papst Johannes Paul II. hier jedoch Folgendes als Maßstab gesetzt:

> »Ein rein therapeutischer Eingriff, dessen Zweck die Heilung verschiedener Krankheiten ist – wie etwa jener, der auf Mißbildungen der Chromosomen zurückzuführen ist –, kann grundsätzlich als wünschenswert betrachtet werden, vorausgesetzt, daß er auf eine wahre Förderung des persönlichen Wohles des Individuums zielt, ohne seine Integrität zu verletzen oder seine Lebensbedingungen zu verschlechtern. Ein solcher Eingriff entspricht tatsächlich in seiner Logik der Tradition der christlichen Moral.«[272]

[**H.**] Die homologe künstliche Befruchtung käme meiner Ansicht nach in Betracht

– wenn die Frau in einem gebärfähigen Alter ist;
– wenn sich die künstliche Befruchtung beschränkt auf Methoden, in denen sich ein Samenfaden im Wettbewerb mit anderen Samenfäden durchsetzt und aus eigener Kraft in die Eizelle eindringt; wenn also die Techniken der Insemination, der In-vitro-Fertilisation (IVF) und des Gameten-Eileiter-Transfers verwendet werden;
– wenn alle in vitro befruchteten Eizellen in einem oder mehreren Versuchen in die Gebärmutter der Partnerin übertragen werden und wenn nicht mehr befruchtete Eizellen hergestellt werden als notwendig, da überzählige befruchtete Eizellen über kurz oder lang getötet werden. Die Herstellung überzähliger befruchteter Eizellen ist durchaus vermeidbar, da jederzeit befruchtete Eizellen hergestellt werden können, falls Keimzellen tiefgefroren wurden.

Als Gefahr für das Kind, auch bei homologer künstlicher Befruchtung sehe ich

– Methoden, mit deren Hilfe das Eindringen von solchen Samenfäden, welche unfähig sind, eigenständig den Befruchtungsvorgang auszuführen, in die Eizelle erleichtert oder erst ermöglicht wird. Das gilt beispielsweise für die intrazytoplasmatische Spermieninjektion (ICSI).

Die Anwendung dieser Methoden kann zu Lasten des Kindes gehen, da sie das Risiko in sich bergen, dass sich diese Schwäche der Samenfäden beim Kind und dessen Nachkommen in genau dieser Art oder in einer Krankheit, genetisch vergesellschaftet mit dieser Schwäche, bemerkbar macht oder dass die angewandten Methoden selbst Schaden beim zu erwartenden Kind verursachen. Bei Kindern, die mit Hilfe der ICSI entstanden, sind bislang zwar noch keine Auffälligkeiten nachgewiesen worden, aber ich halte die Zeit von ca. 15 Jahren seit Anwendung dieser Technik für noch viel zu kurz, um sich ein endgültiges Urteil zu erlauben.

– Methoden, mit deren Hilfe eine verzögerte oder ausbleibende Bildung einer Morula und Blastula (Fruchtbläschen) unterstützt wird, beispielsweise die sogenannte Schlüpfhilfe (Assisted Hatching) zur Sprengung der Eihülle (Zona pellucida). Auch diese Methoden können zu Lasten des Kindes gehen, da sie das Risiko in sich bergen, dass sich diese Schwäche beim Kind und dessen Nachkommen in genau dieser Art oder in einer Krankheit, genetisch vergesellschaftet mit dieser Schwäche, bemerkbar macht.

[**J.**] Bei der künstlichen Befruchtung besteht die Gefahr, dass überzählige befruchtete Eizellen getötet werden. Diese Gefahr gilt es auszuschließen. In Deutschland gilt hier aus höchstrichterlicher Sicht:

> »Menschenwürde kommt schon dem ungeborenen menschlichen Leben zu, nicht erst dem menschlichen Leben nach der Geburt oder bei ausgebildeter Personalität ...« ... »Der mit der Empfängnis begonnene Entwicklungsprozeß ist ein kontinuierlicher Vorgang, der keine scharfen Einschnitte aufweist und eine genaue Abgrenzung der verschiedenen Entwicklungsstufen des menschlichen Lebens zuläßt. Er ist auch nicht mit der Geburt beendet ...« ... »Die unwiderrufliche Zerstörung menschlichen Lebens ist eine ›Tötungshandlung‹ und verstößt gegen die in Artikel 2, Abs. 2, Satz 1 GG verbürgte grundsätzliche Unantastbarkeit und Unverfügbarkeit des menschlichen Lebens.«[273]

> Und in der Lehrinstruktion »Donum vitae« wird hierzu ausgeführt: »Von dem Augenblick an, in dem die Eizelle befruchtet wird, beginnt ein neues Leben, welches weder das des Vaters noch das der Mutter ist, sondern das eines neuen menschlichen Wesens, das sich eigenständig entwickelt. Es würde niemals menschlich werden, wenn es das nicht schon von diesem Augenblick an gewesen wäre.«[274]

[**H.**] Trotz aller moralischer Bedenken hat sich die künstliche Befruchtung zu einer Standardmethode entwickelt. In welchem Ausmaß und mit welchen Wachstumsraten dies geschehen ist, wird an folgenden Zahlen des Jahres 2005 [soweit in Europa erfasst] und im Vergleich zum Jahr 2004 deutlich:[275]
- 923 Kliniken führten künstliche Befruchtungen durch
  - Zunahme im Vergleich zu 2004: 18%
- 418.111 Behandlungszyklen fanden statt
  - Zunahme im Vergleich zu 2004: 14%
  - mit 118.074 In-vitro-Fertilisationen (IVF)
  - Zunahme im Vergleich zu 2004: 3%
  - mit 203.329 intrazytoplasmatischen Spermieninjektionen (ICSI)
  - Zunahme im Vergleich zu 2004: 22%
  - mit 128.908 Inseminationen mit Spermien des Partners (homologe Spenden)
  - Zunahme im Vergleich zu 2004: 33%
  - mit 20.568 Inseminationen mit heterologen Spendern
  - Zunahme im Vergleich zu 2004: 17%

[**J.**] Aus der Statistik lässt sich immerhin schließen, dass der überwiegende Teil der Inseminationen und In-vitro-Befruchtungen mit homologen Spendern, das heißt mit den Keimzellen eines festverbundenen Paares stattfindet; des Weiteren, dass diese Art der Therapie des unerfüllten Kinderwunsches bereits ein etabliertes Verfahren darstellt und in Zukunft erheblich weiter wachsen wird.

[**H.**] Richtig! Aber diese Lebenswirklichkeit spiegelt sich in der Lehrinstruktion »Donum vitae« nicht wider, denn diese lässt weder die unterschiedlichen Voraussetzungen, noch die unterschiedlichen Absichten, noch die unterschiedlichen Methoden der Insemination und der künstlichen Befruchtung als Grund für eine differenzierte moralische Bewertung zu.

[**J.**] Ziel der Autoren der Lehrinstruktion »Donum vitae« war es sicherlich nicht, zur weiteren Entwicklung der Insemination und der künstlichen Befruchtung in konstruktiver Weise beizutragen.

[**H.**] Wahrscheinlich hat sich die Kirche durch ihre eindeutige Ablehnung jeglicher Insemination und jeglicher künstlichen Befruchtung selbst jeglicher Einflussnahme beraubt.

[**J.**] Aber wenn die Kirche etwas als unmoralisch ansieht, gleich wie sie es begründet, dann muss sie doch hierzu auch in der Öffentlichkeit stehen!

[**H.**] Der Fehler ist meiner Ansicht nach bereits im Ansatz gemacht worden, nämlich Naturgegebenes als göttliche Ordnung zu bezeichnen und auf Grund dessen moralische Weisungen zu geben, die weit in die medizinische Technik hineinreichen.

[**J.**] Du siehst moralische Werte nicht als absolut an?

[**H.**] Das kommt darauf an. Auch die 10 Gebote fordern moralisches Handeln. Über die Jahrtausende der Menschheitsgeschichte haben sie sich als absolute Richtschnur bewährt. Darüber hinausgehende moralische Forderungen sind abhängig vom Wissen und den Gepflogenheiten einer Zeit. Für die Aufstellung solcher moralischer Regeln darf gemäß Patriarch Maximos eine der Kardinaltugenden, die Klugheit, nicht verleugnet werden, an der alle Moral zu messen sei![276] Denn nachvollziehbar ist:

> »Es führt in die Irre, wenn man nur dem Leben ständig mit Moral entgegentritt, es muss ja auch die Moral dem Leben standhalten.«[277]

[**J.**] Für mich stellt die Lehrinstruktion »Donum vitae« eine wichtige, klar beschriebene moralische Leitlinie dar, welche betroffenen, das heißt ungewollt kinderlosen Paaren als Orientierung dienen sollte. Wenn ein solches Paar nach Lektüre der Lehrinstruktion bei der Entscheidung bleibt, im Sinne des Auftrages »Seid fruchtbar und vermehrt euch, bevölkert die Erde, unterwerft sie euch...« [Gen 1,28] ärztliche

Hilfe in Anspruch zu nehmen, um durch eine Insemination oder künstliche Befruchtung ein Kind zu bekommen, dann ist diese Entscheidung zumindest das Ergebnis einer Güterabwägung.

[**H.**] Ich weiß nicht, ob die Amtskirche solch eine Gewissensentscheidung respektiert, oder diejenigen, welche gegen ihre Lehrinstruktionen verstoßen, durch Verbot des Empfangs der Sakramente aus der Kirche vertreibt und damit auch deren Kinder. Eine derartige Durchsetzung der Lehrinstruktion wäre aus meiner Sicht genau das Gegenteil des Auftrags Christi: »Weide meine Lämmer! ... Weide meine Schafe!« [Joh 21,15–17]

[**J.**] Ich sehe nicht, wo die Lehrinstruktion die Entscheidungsfreiheit behindern könnte. In dem Spannungsverhältnis zwischen den Anforderungen des Lebens, dem eigenen Wunsch und den Moralgeboten der Kirche kann doch jeder selbst seine Entscheidung finden.

[**H.**] Das ist sicherlich richtig! Die Frage ist nur, ob die moralischen Maßgaben der Kirche für ihn hilfreich sind. Diese Frage wird er jeden Tag neu durch seine Entscheidungen beantworten. Und je mehr Gläubige die moralischen Maßgaben der Kirche unbeachtet lassen oder ablehnen, umso mehr werden die Verantwortlichen in der Kirche sich fragen lassen müssen, für wen sie die moralischen Richtlinien aufstellen – für sich zur Bestätigung ihrer eigenen Gedankenwelt oder für die Gläubigen, als Hilfe für ein verantwortliches Leben in der liebenden Gemeinschaft von Mann und Frau, auch dann, wenn sie nur mit medizinischer Hilfe menschliches Leben weitergeben können.

[**J.**] Auch wenn persönliche Überzeugungen der Autoren in die Lehrinstruktionen eingeflossen sein mögen, sie sind für jeden Menschen, gleich wie er sich entscheidet, hilfreich. Wie immer dann die Entscheidung des Einzelnen auch ausfallen mag, wichtig ist, dass wir die Zeugung menschlichen Lebens, gerade auch durch den Liebesakt, zu würdigen wissen. Hier erhebt die Lehrinstruktion eine eindeutige Forderung.

[**H.**] Andererseits dürfen wir alle dankbar sein für jedes Kind, das gezeugt wurde, dankbar sein für gesunde Kinder und für Eltern, welche die Verantwortung für ihr Kind voll wahrnehmen. Als die Enzyklika »Humanae vitae« veröffentlicht wurde, sagte mir ein älterer Freund, ein Pfarrer, welcher in der Nazizeit als katholischer Jugendseelsorger für seine Überzeugung über Jahre hinweg von der Geheimen Staatspolizei gequält worden war und am Ende von den Nazis Predigtverbot erhielt: »Gut ist alles, was die Liebe zwischen zwei Menschen fördert und keinem Menschen schadet. In diesem Sinne fühle Dich als Christ frei, das Gute zu tun!«

Welche Weisheit und welche großartige moralische Wegweisung sind in diesen wenigen Worten eines mutigen, lebenserfahrenen Priesters enthalten!

# 7. Arbeit, Eigentum und soziale Verpflichtungen

[**J.**] »Du sollst nicht stehlen.« und »Du sollst nicht begehren deines Nächsten Hab und Gut.« – diese Gebote sind eindeutig formuliert und ohne Schwierigkeiten zu verstehen von allen Gläubigen.

[**H.**] Die Gebote dürften auch für Päpste, Bischöfe und Priester gelten. Doch die Vergangenheit lehrt etwas anderes. Bei den Geboten zum Schutz menschlichen Eigentums liegen Niedertracht und menschliche Größe eng beieinander.

Schauen wir auf die angebliche Schenkung des Kaisers Konstantin des Großen an den Papst, die sogenannte Konstantinische Schenkung, datiert auf das Jahr 315/317 nach Christus.[278] Vermutlich war es Papst Paul I., der um die Mitte des 8. Jahrhunderts eine anonyme Fälscherwerkstatt mit der Schenkungsurkunde Konstantins beauftragt hatte.[279] Auf der Grundlage dieser Fälschung beanspruchten Papst und Kirche seit dem 8. Jahrhundert und bis ins 19. Jahrhundert hinein für Rom, für das Territorium des heutigen Italiens und für den westlichen Teil des Römischen Reiches die politische und geistliche Oberhoheit.

[**J.**] Ich nehme einmal an, dass diese Fälschung keinem Armen geschadet hatte! Andererseits war sie eine kluge List, um der Kirche die notwendige Macht und finanzielle Kraft zum Überleben zu bieten.

[**H.**] Doch diese Konstantinische Schenkung war nur die Spitze eines riesigen Eisberges, denn Fälschungen von Urkunden über Eigentum und Rechte waren im Mittelalter an der Tagesordnung. So schreibt der Historiker Prof. H. Quirin:

»Die meisten Fälscher kamen zunächst aus dem geistlichen Stand, denn die Zentren der Schreibtätigkeit waren – außer den Kanzleien der Könige und Päpste – ohnehin die geistlichen Mittelpunkte, die Bischofssitze und die Klöster. Erst später traten fürstliche und städtische Kanzleien wie auch private stärker hervor.

Zeitweilig wurden ganze Serien von Falsifikaten hergestellt, z.B. durch den Bischof Pilgrim von Passau (971–991) und in der Abtei Fulda (um 1200) durch den Mönch Eberhard, der mit großer Geschicklichkeit die rechtliche Aufbesserung von alten Urkunden in Königsurkunden vornahm. Auch das Kloster Reinhardsbrunn in Thüringen, von dem 13 Falsifikate bekannt sind, stellte sich im 12. Jhdt., wenn auch vergebens, mit verfälschten Urkunden einer Gründung des Klosters Georgental in unmittelbarer Nachbarschaft entgegen, um diesen unliebsamen Konkurrenten auszuschalten. Vom Berger Kloster in Altenburg sind 23 Falsifikate bekannt. Sie reichen von der gefälschten, allerdings auf echter Grundlage beruhenden Gründungsurkunde über die gefälschte Hochgerichtsbarkeit bis zu fingierten Abgabeerhöhungen. ... Doch nicht alle Schreiber, die eine Urkunde fälschten oder ›verunechteten‹, waren sich eines Verstoßes gegen die bestehende Rechtsordnung bewußt, obwohl auch im Mittelalter Urkundenfälschungen unter Strafe gestellt waren, wie u.a. der Schwabenspiegel und besonders auch das kanonische Recht ausweisen. Und trotzdem sind uns aus dieser Zeit nur wenige Strafprozeßakten, gemessen an der hohen Zahl der Fälschungsdelikte, überliefert. ...

Doch die große Beweiskraft der Königs- und der Papsturkunden ermunterte sicherlich so manchen Schreiber, seinem Kloster durch fälschlich ›urkundlich bezeugtes Gut‹ zu helfen, den Besitz und damit den Einfluß zu vergrößern.«[280]

[J.] Bei dieser Art von Fälschungen ist für jeden das Unrecht greifbar, das Unglück für Familien, besonders auch für arme Menschen, denen durch die Fälschungen die Arbeits- und Lebensgrundlage unter den Füßen entzogen wurde.

[**H.**] Wir verfügen über keine genauen Schätzungen, kennen nicht die Dunkelziffer, können das gesamte Ausmaß auf Grund der zahlreichen bislang nachgewiesenen Urkundenfälschungen nur erahnen.

[**J.**] In welch krassem Kontrast zu dieser Vorgehensweise der macht- und habgierigen Vertreter der Amtskirche stand praktisch zeitgleich die Tätigkeit der Heiligen Elisabeth (1207–1231), ihr Eigentum gerade an diese ausgestoßenen Armen zu verschenken. Ein neues Leitbild in der damaligen Zeit! Ihre Heiligsprechung war ein Programm für die gesamte Kirche.[281]

[**H.**] Doch die Ironie der Geschichte wollte es, dass ihr Beichtvater und päpstlich bestellter Vormund, der Priester und Kreuzprediger Konrad von Marburg, zwar ihr großes Erbteil für die Armen- und Krankenpflege mit Hilfe eines päpstlichen Schutzbriefes rettete, aber auch seine Schutzbefohlene durch Askese, psychischen Terror und körperliche Züchtigung in den frühen Tod trieb.[282]

[**J.**] Du kannst die sozialen und religiösen Strukturen und Abhängigkeiten des frühen Mittelalters nicht mit denjenigen unserer heutigen Zeit vergleichen!

[**H.**] Konrad von Marburg war aber auch ein berüchtigter Inquisitor, ein selbständiger Ketzerrichter, welcher im Auftrage des Papstes Gregor IX. zahlreiche vermeintliche oder »überführte« Ketzer auf dem Scheiterhaufen ermorden ließ und deren Vermögen für die Kirche einzog, ein Verfahren, mit dem die Amtskirche sich im Mittelalter zusätzlich zur Urkundenfälschung ansehnlich bereichern konnte.[283]

[**J.**] Das schmälert nicht die Leistungen der Heiligen Elisabeth. Der Grundgedanke ihrer Kranken- und Sozialfürsorge ist auch heute noch lebendig.

[**H.**] Daran haben aber auch maßgeblich Anteil die Aufklärung, die Umwälzungen im 18. und 19. Jahrhundert durch die Französische Revolution (1789–1799), die Erklärung der Menschenrechte, das aufkommende Industriezeitalter und die Schriften von Karl Marx (1818–1883) und Friedrich Engels (1820–1895), mit welchen beide eine neue, als »Marxismus« bezeichnete soziale Gesellschafts- und Wirtschaftstheorie begründeten. All das ergab einen im Vergleich zum Mittelalter gänzlich neuen Blick auf den Menschen.

[**J.**]  An diesem neuen Blick war die Kirche nicht ganz unbeteiligt. Papst Leo XIII. stellte mit seiner im Jahre 1891 veröffentlichten Enzyklika »Rerum Novarum«[284] sehr klar die herrschenden Missstände dar:

> »In der Umwälzung des vorigen Jahrhunderts wurden die alten Genossenschaften der arbeitenden Klassen zerstört, keine neuen Einrichtungen traten zum Ersatz ein, das öffentliche und staatliche Leben entkleidete sich zudem mehr und mehr der christlichen Sitte und Anschauung, und so geschah es, daß die Arbeiter allmählich der Herzlosigkeit reicher Besitzer und der ungezügelten Habgier der Konkurrenz isoliert und schutzlos überantwortet wurden. Ein gieriger Wucher kam hinzu, um das Übel zu vergrößern, und wenn auch die Kirche zum öfteren dem Wucher das Urteil gesprochen, fährt dennoch Habgier und Gewinnsucht fort, denselben unter einer andern Maske auszuüben. Produktion und Handel sind fast zum Monopol von wenigen geworden, und so konnten wenige übermäßig Reiche einer Masse von Besitzlosen ein nahezu sklavisches Joch auflegen.«

[**H.**]  Andererseits jedoch prangerte Papst Leo XIII. die vom Marxismus und Sozialismus geforderten Enteignungen als falschen und unchristlichen Weg an:

> »Zur Hebung dieses Übels verbreiten die Sozialisten, indem sie die Besitzlosen gegen die Reichen aufstacheln, die Behauptung, der private Besitz müsse aufhören, um einer Gemeinschaft der Güter Platz zu machen, welche mittels der Vertreter der städtischen Gemeinwesen oder durch die Regierungen selbst einzuführen wäre. Sie wähnen, durch eine solche Übertragung alles Besitzes von den Individuen an die Gesamtheit

die Mißstände heben zu können, es müßten nur einmal das Vermögen und dessen Vorteile gleichmäßig unter den Staatsangehörigen verteilt sein.Indessen dieses Programm ist weit entfernt, etwas zur Lösung der Frage beizutragen; es schädigt vielmehr die arbeitenden Klassen selbst; es ist ferner sehr ungerecht, indem es die rechtmäßigen Besitzer vergewaltigt, es ist endlich der staatlichen Aufgabe zuwider, ja führt die Staaten in völlige Auflösung.

Vor allem liegt nämlich klar auf der Hand, daß die Absicht, welche den Arbeiter bei der Übernahme seiner Mühe leitet, keine andere als die ist, daß er mit dem Lohn zu irgendeinem persönlichen Eigentum gelange. Indem er Kräfte und Fleiß einem andern leiht, will er für seinen eigenen Bedarf das Nötige erringen; er sucht also ein wahres und eigentliches Recht nicht bloß auf die Zahlung, sondern auch auf freie Verwendung derselben. Gesetzt, er habe durch Einschränkung Ersparnisse gemacht und sie der Sicherung halber zum Ankauf eines Grundstücks verwendet, so ist das Grundstück eben der ihm gehörige Arbeitslohn, nur in anderer Form; es bleibt in seiner Gewalt und Verfügung nicht minder als der erworbene Lohn. Aber gerade hierin besteht offenbar das Eigentumsrecht an beweglichem wie unbeweglichem Besitze. Wenn also die Sozialisten dahin streben, den Sonderbesitz in Gemeingut umzuwandeln, so ist klar, wie sie dadurch die Lage der arbeitenden Klassen nur ungünstiger machen. Sie entziehen denselben ja mit dem Eigentumsrechte die Vollmacht, ihren erworbenen Lohn nach Gutdünken anzulegen, sie rauben ihnen eben dadurch Aussicht und Fähigkeit, ihr kleines Vermögen zu vergrößern und sich durch Fleiß zu einer besseren Stellung emporzubringen.Aber, was schwerer wiegt, das von den Sozialisten empfohlene Heilmittel der Gesellschaft ist offenbar der Gerechtigkeit zuwider, denn das Recht zum Besitze privaten Eigentums hat der Mensch von der Natur erhalten.«

[**J.**] Die Geschichte hat gezeigt, wie Recht Papst Leo XIII. mit dieser Kritik hatte. Doch dieser Papst beschränkte sich nicht auf Kritik. Als seine größte Leistung in der Enzyklika »Rerum Novarum« dürften wohl seine Forderungen gelten,

– Arbeiter gerecht zu entlohnen:

> »Vor allem aber ist es Pflicht der Arbeitsherren, den Grundsatz: jedem das Seine, stets vor Augen zu behalten. Dieser Grundsatz sollte auch unparteiisch auf die Höhe des Lohnes Anwendung finden, ohne daß die verschiedenen für die Billigkeit des Lohnmaßes mitzuberücksichtigenden Momente übersehen werden. Im allgemeinen ist in Bezug auf den Lohn wohl zu beachten, daß es wider göttliches und menschliches Gesetz geht, Notleidende zu drücken und auszubeuten um des eigenen Vorteils willen. Dem Arbeiter den ihm gebührenden Verdienst vorenthalten, ist eine Sünde, die zum Himmel schreit. ›Siehe‹, sagt der Heilige Geist, ›der Lohn der Arbeiter, ... den ihr unterschlagt, schreit zu Gott, und ihre Stimmen dringen zum Herrn Sabaoth‹. Die Reichen dürfen endlich unter keinen Umständen die Besitzlosen in ihrem Erworbenen schädigen, sei es durch Gewalt oder durch Trug oder durch Wucherkünste: und das um so weniger als ihr Stand minder gegen Unrecht und Übervorteilung geschützt ist. Ihr Eigentum, weil gering, beansprucht eben deshalb um so mehr Unverletzlichkeit. Wer wird in Abrede stellen, daß die Befolgung dieser Vorschriften allein imstande sein würde, den bestehenden Zwiespalt samt seinen Ursachen zu beseitigen?«

– wie auch das Teilen des Überflusses als eine christliche Pflicht anzusehen:

> »Ist der Besitz jedoch größer, als es für den Unterhalt und ein standesgemäßes Auftreten nötig ist, dann tritt die Pflicht ein, vom Überflusse den notleidenden Mitbrüdern Almosen zu spenden. ›Was ihr an Überfluß habet, das gebet den Armen‹, heißt es im Evangelium (Lk 11,41). Diese Pflicht ist allerdings nicht eine Pflicht der Gerechtigkeit, den Fall der äußersten Not ausgenommen, sondern der christlichen Liebe, und darum könnte sie auch nicht auf gerichtlichem Wege erzwungen werden. Sie erhält indes eine Bekräftigung, mächtiger als

die durch irdische Gesetzgeber und Richter, von seiten des ewigen Richters der Welt, der durch vielfache Aussprüche die Mildtätigkeit empfiehlt: ›Es ist seliger geben, als nehmen‹ (Apg 20,35), und der Gericht halten wird über Spendung und Verweigerung der Almosen an seine Armen, so als wäre sie ihm geschehen: ›Was ihr einem der geringsten meiner Brüder getan habt, das habt ihr mir getan‹ (Mt 25,40). Das Gesagte läßt sich also kurz so zusammenfassen: Wer irgend mit Gütern von Gott dem Herrn reichlicher bedacht wurde, seien es leibliche und äußere, seien es geistige Güter, der hat den Überfluß zu dem Zweck erhalten, daß er ihn zu seinem eigenen wahren Besten und zum Besten der Mitmenschen wie ein Diener der göttlichen Vorsehung benütze.«

[**H.**] Heute ist diese Enzyklika so aktuell wie damals.

[**J.**] Sie ist auch die Grundlage der christlichen Soziallehre gewesen, wie sie deren Nestor, der Jesuit Prof. Oswald von Nell-Breuning (1890–1991) über die Jahrzehnte seines mehr als 100-jährigen Lebens ausgearbeitet hatte. Hierzu wirkte er maßgeblich mit an der Sozialenzyklika »Quadragesimo anno« von Papst Pius XI. von 1931. Der Kölner Kulturjournalist Kersten Knipp hat diese Lebensleistung von Prof. Nell-Breuning kürzlich zusammenfassend dargestellt.[285]

[**H.**] Prof. Oswald von Nell-Breuning war kritisch und mutig genug, die Stärken und Schwächen der Sozialenzyklika von Pius XI. öffentlich darzulegen. So sagte er in einem Fernsehgespräch 1980:

»Als eine Tat besonderen Mutes darf man es wohl bezeichnen, dass Pius XI. in ›Quadragesimo anno‹ den Wahrheitsgehalt der Marxschen Lehre von der Klassengesellschaft und sogar vom Klassenkampf anerkennt und in die katholische Soziallehre übernimmt. Umso beklagenswerter ist das Mißlingen seines Versuches, der Marxschen klassenlosen Gesellschaft das Bild einer – wie wir heute sagen würden – das Wort war damals noch nicht erfunden – klassenfreien Gesellschaft entgegenzusetzen.«[286]

[**J.**] Viel bedeutsamer ist für mich die Aussage, die in dem Leitmotto von Prof. von Nell-Breuning enthalten ist:

> »Du sollst deinen Mitmenschen wohlgesinnt sein und wohl tun. Die Wohlgesinntheit besteht vor allem darin, ihm alles Gute und vor allem was ihm von Rechts wegen zusteht aufrichtig zu gönnen und das Wohltun besteht an erster Stelle darin, ihm das, was ihm von Rechts wegen zusteht auch als sein gutes Recht und nicht als Gnade zu gewähren.«

Wer wollte diesem Motto widersprechen?

[**H.**] Aber bereits 1960 sah Prof. Nell-Breuning die Entwicklung des sozialen Kapitalismus voraus:

> »Nicht allein, daß sie [die gesellschaftliche Wirklichkeit; H.-H. S.] die technischen, ökonomischen und sozialen Voraussetzungen der modernen Massengesellschaft und Massendemokratie schuf; sie trug entscheidend dazu bei, daß die Massengesellschaft nicht nur in die beiden Klassen der Kapitalisten und Proletarier, sondern in einer Mehrzahl oder Vielzahl von gesellschaftlichen Gruppen oder Machtblöcken zerfiel, die wir heute – mit einem von den Amerikanern übernommenen Ausdruck – pressure groups zu nennen pflegen, d. i. Druckgruppen, weil sie dauernd nicht nur gegenseitig aufeinander, sondern namentlich auch auf den Staat Druck ausüben, so daß der unter diesem Druck stehende Staat sich immer schwerer tut, seine Aufgabe, die Sorge für das allgemeine Wohl, wahrzunehmen und dazu kaum noch imstande ist. Eben darum ist dieser Zustand unorganisch. Die Schuld daran, daß dem so ist, trägt der Kapitalismus, nicht allein der Liberalkapitalismus der Vergangenheit, sondern leider ebenso sehr auch der sozial temperierte Kapitalismus der Gegenwart.«

Wie Recht O. v. Nell-Breuning behalten hat, ist an den Kräften, welche heutzutage eine politische Entscheidung beeinflussen, ja sogar erzwingen können, buchstäblich abzulesen.

## 7. Arbeit, Eigentum und soziale Verpflichtungen

**[J.]** Die Lebensleistung von Prof. von Nell-Breuning liegt sicherlich darin, dass er in Kenntnis des Kampfes zwischen Kapital und Arbeit die soziale Partnerschaft als konstruktiven Ausweg vorschlägt. Der Journalist Kersten Knipp würdigte diesen Ansatz im Vergleich mit den Vorstellungen des Marxisten Prof. Wolfgang Abendroth (1906–1985):

»Beide gehen vom Antagonismus zwischen Kapital und Arbeit aus, gestützt auf ein kritisches Verhältnis zum Kapitalismus. Aber sie schlagen mit ihrer Kritik völlig verschiedene Wege zur Krisenüberwindung im System ein: Nell-Breuning, der realitätsverpflichtete Pragmatiker, setzt ganz auf soziale Partnerschaft, getragen vom Ausgleich und Konsens der gegensätzlichen Interessen in Wirtschaft und Gesellschaft. Parität zwischen Arbeit und Kapital ist für ihn eine Lebensformel. Bei der Ausgestaltung der wirtschaftlichen und staatlichen Ordnung stehen für ihn Einzelprojekte wie die Mitbestimmung, Vermögensbildung und Ergebnisbeteiligung im Vordergrund. Dagegen setzt der Marxist Abendroth als hegelianisch geprägter Idealist ganz auf den Klassenkampf, der im Sinne von Freiheit, Demokratie und Solidarität nur von einer politischen Kraft gewonnen werden kann, der Arbeiterbewegung. Sie ist in ihrer organisatorischen Gestalt Motor der Geschichte und Garant der Demokratie. Solange aber der Sozialismus noch nicht erreicht ist, bleibt die Notwendigkeit der Suche nach einem revolutionären Potenzial, das die Heilserwartung wach hält. Insofern ist jeder soziale Fortschritt, wie ihn der Jesuitenpater versteht, für den Marxisten nur ein Transitorium. Nell-Breuning und Abendroth – zwei Vorkämpfer der sozialen Gerechtigkeit, zeigen sich in einer geradezu paradoxen Perspektive. Der katholische Geistliche ist der diesseitige Pragmatiker, der sich ganz der Sache und der praktischen Ausgestaltung sozialer Verhältnisse verpflichtet sieht. Demgegenüber erweist sich der idealistisch gesinnte Sozialist als ein der Empirie wenig Aufgeschlossener, der sich erst in der Utopie aufgehoben fühlt.«[287]

[**H.**] Damit nicht genug. Wie kein anderer hat Prof. O. v. Nell-Breuning die Entmachtung des Kapitals durch das Managertum vorausgesehen. So schreibt er bereits im Jahre 1956:

> » ... Der heutige große und einflußreiche Unternehmer ist nicht mehr der Mann, der ein großes Vermögen, einen ansehnlichen Produktionsmittelbesitz einbringt und unternehmerisch nutzt, sondern ein Mann, der die Herrschaft über einen Produktionsmittelapparat, über Betriebe und ganze Unternehmenskomplexe, dienicht sein eigen sind, okkupiert, in manchen Fällen geradezu usurpiert. Versteht man unter ›Eigentum‹ den Produktionsmittelapparat mit allen dazugehörenden Rechten, ... , dann ist selbstverständlich dieses so verstandene gegenständliche Eigentum auch heute noch ein ungeheurer Machtfaktor und wird es wohl in allen Rechts- und Gesellschaftsordnungen bleiben, wie es das ja auch in der kommunistisch-bolschewistischen Gesellschaft ausgesprochenermaßen geblieben ist. Versteht man dagegen unter Eigentum die rechtliche Befugnis des Eigentümers, über das, was er sein eigen nennt, zu verfügen und dadurch gesellschaftliche Macht auszuüben, so müssen wir sagen: Das so verstandene Eigentum ist weitestgehend ›entfunktionalisiert‹. Anders ausgedrückt: Das gegenständliche Eigentum ist heute ein stärkeres Machtmittel als je; das private Eigentumsrecht jedoch und sein privater Eigentümer – mindestens als dieser einzelne, als Eigentümer dieses speziellen gegenständlichen Eigentums – ist entmachtet.«[288]

[**J.**] Andererseits sparte Prof. Nell-Breuning nicht mit Kritik an der katholischen Kirche. Ihr gab er den Rat:

> »Das bestehende tiefe Mißtrauen, die Kirche halte es mit den Reichen, mit den Mächtigen, mit den Kapitalisten, [gilt es] zu überwinden und nicht nur mit schönen Worten, sondern auch durch die Tat und ganz besonders durch das eigene Beispiel, alle berechtigten Bestrebungen der Arbeiterbewegung zu unterstützen. Mit ihrer eigenen Autorität kann die Kirche nur

darauf dringen, das, was als richtig erkannt ist, zur Kenntnis zu nehmen und dann ehrlich und ernsthaft danach zu handeln.«

[**H.**] Aus meiner Sicht ist diesem Rat nichts hinzuzufügen. Wir dürfen dankbar sein, dass unsere Kirche einen derart großartigen Menschen zu einem ihrer Vordenker und Mahner auf dem Gebiet der Arbeit, des Eigentums und der sozialen Verpflichtung zählen darf.

# 8. Von Vorurteilen, dem Lernen und von Falschaussagen

[**J.**] Wie heißt es im Dekalog: »Du sollst kein falsches Zeugnis geben wider deinen Nächsten.«

[**H.**] Was bedeutet diese Forderung des 8. Gebotes nach Wahrhaftigkeit? Hat dessen Erfüllung nicht zur Voraussetzung, dass wir uns zur Beantwortung einer jeden Frage so umfassend wie nur möglich informieren sollen – und zwar immer wieder neu? Und dass wir gleichermaßen immer wieder eine Antwort suchen müssen? Oder aber dass wir schweigen sollten?!

[**J.**] Ist aber solch eine Vorgehensweise im Alltag überhaupt machbar?

[**H.**] Dein Zweifel ist berechtigt. Häufig genug sind wir gezwungen, uns schnell zu entscheiden, ein Vor-Urteil zu fällen, für oder gegen eine Person, für oder gegen eine Forderung, für oder gegen einen Anspruch, nur weil uns die Zeit und die Möglichkeit fehlt, der Frage nach dem Für und Wider auf den Grund gegangen zu sein.

[**J.**] Müssen wir nicht zugeben, dass wir einen großen Teil unseres Lebensweges mit solchen Vorurteilen gestalten? Und wenn wir dann wirklich einmal ein begründetes, ein überlegtes Urteil von uns geben, müssen wir uns dann nicht trotzdem eingestehen, dass, kritisch betrachtet, auch unsere bestbegründeten Aussagen in gewissem Maße Vorurteile darstellen, weil unser menschliches Wissen immer begrenzt, immer unvollständig ist und bleiben wird?

[**H.**] Andererseits, wenn Vorurteile geboren werden aus dem Zwang zur schnellen Entscheidung und der Begrenztheit unseres Wissens, haben sie dann nicht auch eine Rechtfertigung?

[**J.**] Ich glaube schon! Vorurteile stellen in unserem Alltag praktisch den Schutzmechanismus dar, mit Hilfe dessen wir uns unseren Weg suchen in der Flut der auf uns einprasselnden Informationen und angesichts unserer begrenzten Fähigkeit der Aufnahme und Verarbeitung unserer Sinneseindrücke.

[**H.**] Vorurteile sind jedoch auch die Grundlage für solche Entscheidungen, bei welchen uns der Verstand nur unzureichend helfen kann. Wer kennt nicht die Bande der Liebe, die Fürsorge der Mutter für ihr Kind, die Leistungsbereitschaft des Einzelnen für seine Familie, seine Gruppe, sein Volk und seinen Staat oder auch die Treue des Gläubigen zu seiner Kirche. All dies sind Entscheidungen, die weniger durch unseren Verstand, als vielmehr durch unsere Gefühle gesteuert werden, wo wir die Beantwortung der Frage nach dem Warum und Weshalb ein wenig mit vernünftigen Gründen schmücken, wo hauptsächlich jedoch unsere Liebe, unsere Zuneigung, unser Inneres, unser Bauchgefühl entscheidet.

[**J.**] Andererseits, auch dann tritt unser Verstand in den Hintergrund, wenn wir Menschen verunglimpfen oder abwerten.

[**H.**] Richtig, das gilt für alle und für jeden – für Minderheiten, für andersartige sexuelle Veranlagungen, für andere Glaubensüberzeugungen oder auch für Menschen anderer sozialer Schicht oder Rasse als wir es sind.

[**J.**] Auch hier wirken Vorurteile, stellen die Kehrseite der positiv wirkenden Schutzmechanismen dar, sind Überhöhungen der eigenen Gefühle, der eigenen Überzeugungen, der eigenen sexuellen Prägung, des eigenen sozialen Standes, der eigenen Rasse, der eigenen Partei, des eigenen Volkes oder der eigenen Religion die Folge.

[**H.**] Welche Kräfte sind hier am Werk? Sind es Angst und Dummheit, gepaart mit Ichsucht, Machtgier und Größenwahn oder auch Scheinheiligkeit? Die Geschichte der Menschheit zeigt, wie zweischneidig Vorurteile sein können.

[**J.**] Und gerade wegen der unsäglichen und unzähligen Verbrechen, welche auf der Grundlage von Vorurteilen verübt worden sind, erhebt sich stets die Frage, was schützt uns und den Nächsten vor unseren Vorurteilen, vor dem Risiko der Fehlentscheidung, des Schuldigwerdens?

[**H.**] Ich glaube, hier weist uns das 8. Gebot den Weg. Meinem Verständnis nach fordert uns dieses Gebot auf, Vorurteile, auch wenn sie in dem Augenblick der Entscheidung hilfreich, wenn nicht sogar lebensnotwendig sein mögen, fortlaufend zu überprüfen, mit unserem zunehmenden Wissen und mit unserer zunehmenden Erfahrung. Dass wir alte Entscheidungen in neuem Lichte abklopfen und neues Wissen unter Zuhilfenahme von alten Entscheidungen, als Christen auch unter Zuhilfenahme der 10 Gebote und des Liebesgebotes, für neue Entscheidungen nutzen.

[**J.**] Hierzu müssen wir jedoch bereit sein zu lernen. Wer das Lernen verweigert, wer behauptet, bereits alles zu wissen, wer vorgibt, die Wahrheit zu kennen, der lügt, der versündigt sich gegen das 8. Gebot.

[**H.**] Wahrhaftigkeit bedeutet aus meiner Sicht, dass wir uns zwingen, unsere wie auch immer gefassten Vorurteile fortlaufend zu korrigieren auf der Grundlage aller Informationen, die für uns zugänglich sind, die wir uns immer wieder neu erarbeiten müssen, und dass wir hierdurch unsere Vorurteile in bestmöglich begründete Urteile wandeln.

[**J.**] Es stimmt! Die fortlaufende Umformung von Vorurteilen in begründete und damit bestmöglich wahrhaftige Urteile ist eine Bringschuld; zumindest das sagt uns das 8. Gebot.

[**H.**] Da wir als Menschen in unserem Wissen immer unzulänglich sind und bleiben, kann auch ein begründetes Urteil keinen Ewigkeitsanspruch haben, sondern muss der fortlaufenden Überprüfung und Korrektur unterworfen sein. Diese Forderung gilt meines Erachtens für jeden und für jede Gemeinschaft, gerade auch für solche Organisationen, welche den Anspruch auf Wahrhaftigkeit erheben.

[**J.**]  Meinst Du damit auch unsere Kirchen?

[**H.**]  Ja sicher! Wie fragwürdig ist beispielsweise die Aussage, eine Lehrinstruktion sei dadurch gerechtfertigt, dass sie sich im Einklang mit einer traditionellen Aussage befinde! Denn auch wenn vergangene Instruktionen und Lehrmeinungen zur Zeit ihrer Abfassung wahrhaftig gewesen sein mögen, kann fortschreitendes Wissen deren Wahrheitsgehalt gemindert oder vollkommen vernichtet haben. Die Wahrhaftigkeit einer Aussage hat zur Grundlage, dass fortlaufend ein Abgleich zwischen dem Anspruch der Aussage und dem Wissensfortschritt erfolgt. Ein solcher Abgleich macht eine Aussage glaubwürdig. Eine Aussage aufrechtzuerhalten entgegen der Erkenntnis, entgegen dem Stand des Wissens ist eine Lüge, ist ein falsches Zeugnis wider den Nächsten, ist eine Sünde wider den Heiligen Geist.

[**J.**]  Du sagst also mit anderen Worten: Da unser Wissen sich ändert, sowohl in der Menge als auch im Inhalt und weil unser Wissen trotzdem immer lückenhaft bleibt, besitzt keine menschliche Aussage einen Ewigkeitsanspruch auf Wahrhaftigkeit.

[**H.**]  Genau so! Wer diesen Anspruch erhebt, verstößt zumindest gegen das 8. Gebot. Wenn er sich unfehlbar wie Gott wähnt, ist er meines Erachtens auch noch gotteslästerlich.

[**J.**]  Zielt Deine Kritik auch auf den Gültigkeitsanspruch von Glaubenswahrheiten ab?

[**H.**]  Glaubenswahrheiten beruhen auf Geheimnissen, welche uns offenbart wurden, im Besonderen durch die Evangelisten. Der Glaube an diese Geheimnisse beruht nicht auf einem Akt der Erkenntnis durch forschendes Lernen, sondern der Gnade. Und diese Geheimnisse des Glaubens bleiben bestehen, ganz gleich, mit welchen Worten wir sie umschreiben, ganz gleich, welche wissenschaftlichen Erkenntnisse vorliegen oder noch erarbeitet werden.

[**J.**]  Wo siehst Du Grenzbereiche zwischen Glaubenswahrheiten und menschlichem Wissen?

[**H.**] Überall dort, wo für den Anspruch der Wahrhaftigkeit einer aus dem Glauben heraus abgeleiteten Aussage Naturgegebenes dient, bestehende oder vermeintliche Naturgesetze als Begründung herangezogen werden. Solche Aussagen unterliegen der Irrtumswahrscheinlichkeit wie auch der Veränderung durch unser sich veränderndes und zunehmendes Wissen. Denn der Mensch ist aufgefordert, dieses Wissen zu vermehren und die hierdurch erzielte Kenntnis von den Naturgesetzen zu seinem Wohle zu nutzen wie auch zu beeinflussen:

> »Seid fruchtbar und vermehrt euch, bevölkert die Erde, unterwerft sie euch, und herrscht über die Fische des Meeres, über die Vögel des Himmels und über alle Tiere, die sich auf dem Land regen.« [Gen 1,28]

Das ist der Auftrag Gottes, zumindest für denjenigen, der an Gott, der an die Dreifaltigkeit glaubt. Und dieser Auftrag ist eben nicht, sich dem Naturgegebenen dort zu unterwerfen, wo der Mensch die Möglichkeit sich erarbeitet hat, das Naturgegebene zu seinem Nutzen, zum Wohle des Menschen zu verändern.

[**J.**] Nenne mir ein Beispiel!

[**H.**] Gern! Die Medizin hat die Aufgabe, auf biologische Abläufe, das heißt auf Naturgegebenes, zum Wohle des Menschen Einfluss zu nehmen. Das Wissen um Naturgesetze und biologische Abläufe dient hier als Grundlage. Forschungsarbeiten vermehren fortlaufend das Wissen für derartige Einflussnahmen. Werden nun moralische Forderungen mit dem Natürlichen, also dem Naturgegebenen begründet, so besteht die Gefahr, dass diese moralischen Forderungen durch das fortschreitende medizinische Wissen ad absurdum geführt werden. Und dann geraten die Urheber der moralischen Forderungen in eine Glaubwürdigkeitsfalle, aus der sie sich nur mit Mühe, wenn überhaupt, befreien können.

[**J.**] Ich könnte mir jedoch auch das Umgekehrte denken, nämlich dass moralische Forderungen, soweit sie dem Schutz des Menschen dienen, technische Entwicklungen ad absurdum führen. Nur welche Vermeidungsstrategie schlägst Du vor?

[**H.**] Jede kirchliche Lehrinstruktion, die sich in ihrer Begründung auf Naturgegebenes, vielleicht sogar auf ein vermeintliches Naturgesetz beruft, muss fortlaufend auf ihre Berechtigung durch Abgleich mit den wissenschaftlichen Erkenntnissen überprüft und, wo sie im Widerspruch dazu steht, korrigiert werden. Andererseits muss auch jede technische Entwicklung abgeklopft werden auf ihr Gefahrenpotential für den Menschen.

[**J.**] Was ist, wenn in solchen Fällen statt wissenschaftlicher Erkenntnis die Tradition als Begründung herangezogen wird?

[**H.**] Dann sehe ich das 8. Gebot verletzt.

# 9. Die Zukunft in der Kirche

[**J.**] Warum willst Du eigentlich Mitglied der katholischen Kirche bleiben?

[**H.**] Das ist keine Frage des Wollens, sondern des Glaubens. Durch meinen Glauben an die Dreifaltigkeit, an die Menschwerdung des Gottessohnes und die Auferstehung Christi bin ich Teil der christlichen Kirche, der heiligen, katholischen und apostolischen Kirche im eigentlichen, ursprünglichen Sinne des Wortes.

[**J.**] Können Fehlentscheidungen von Päpsten und Bischöfen Dich von diesem Glauben abbringen?

[**H.**] Nein! Für meinen Glauben ist es vom Grundsatz her unerheblich, welche Fehler Päpste, Bischöfe oder Priester begangen haben oder begehen werden. Ich glaube nicht an eine grundsätzliche Heiligkeit oder besondere Rechtschaffenheit von Amtsträgern der christlichen Kirche, sondern an Gott in seiner Dreifaltigkeit.

[**J.**] Wie hältst Du es dann mit dem Anspruch des Papstes, Stellvertreter Christi zu sein?

[**H.**] Nachfolger Christi in der Führung der Christenheit sind laut Auftrag Christi der Apostel Petrus und dessen zahlreiche Nachfolger im Amte. Aber schon Petrus hatte Christus dreimal verleugnet, von dem Verrat des Apostels Judas ganz zu schweigen. Sagt das nicht bereits alles?

[**J.**] Welche Rolle spielt die Amtskirche dann für Dich?

[**H.**] Die Amtskirche muss dem einzelnen Gläubigen Lebenshilfen bieten durch die Sakramente, durch eine selbstlose Seelsorge, durch Ratschläge in Form von wirklichkeitstreuen und damit glaubwürdigen Lehrinstruktionen. Und sie muss die Christenheit zusammenhalten. Jedes Wort und jede Tat der Amtsträger, welche die christlichen Kirchen trennt, die Gräben vertieft, ist eine grobe Missachtung des ausdrücklichen Wunsches Christi: »Herr lass sie eins sein, wie Du und ich eins sind« [Joh 17,11.21], ist damit eine drastische Beschädigung der Glaubwürdigkeit ihres Anspruches, sich bei allen ihren Handlungen auf die Botschaft der Evangelien zu beziehen.

[**J.**]  Das klingt recht allgemein. Nenne mir ein Beispiel!

[**H.**]  Ein Beispiel ist, wenn Amtsträger kritische Christen oder Christen, welche gegen Kirchengebote verstoßen haben, von der Eucharistie ausschließen, oder wenn den Christen anderer kirchlicher Gemeinschaften die Eucharistie grundsätzlich verweigert wird. Damit wird meines Erachtens dem Sakrament der Kommunion mit Christus der eigentliche Sinn genommen, wird dieses Sakrament missbraucht, indem die Verweigerung benutzt wird zur Durchsetzung der eigenen persönlichen Vorstellung oder menschengemachter kanonischer Regeln oder zur Abwehr von Christen anderer christlicher Kirchen.

[**J.**]  All dieses findet ohne Zweifel statt!

[**H.**]  Aber Gott sei Dank auch das Gegenteil! Und das weithin alltäglich! Es gibt katholische Gottesdienste, in denen mutige und gläubige Priester alle Getauften, auch die evangelischen Glaubensbrüder und -schwestern begrüßen und sie zur Eucharistie, zur Kommunion mit Christus einladen. Es ist immer wieder großartig, diese entspannte gemeinsame Freude an der geglaubten Anwesenheit Christi erleben zu dürfen – gerade auch wegen der gelebten Barmherzigkeit, keinen, auch nicht Menschen mit Lebensbrüchen, von der Eucharistie auszuschließen. Das ist für mich überzeugend gelebtes Christentum.

[**J.**]  Wie glaubst Du könnte dieser Gegensatz zwischen dem christlichen Leben der Basiskirche und den Abgrenzungen und Verboten in den Lehrinstruktionen und Verlautbarungen der Amtskirche aufgelöst werden?

[**H.**] Meine Hoffnung liegt in der normativen Kraft des gelebten Christentums. Diese Kraft wird die Amtsträger über kurz
oder lang in die Wirklichkeit zurückführen und sie dadurch
im wahrsten Sinne des Wortes wieder glaubwürdiger und
überzeugender machen.

Was bleibt der Amtskirche auch anderes übrig! Es gibt
keine anderen Christen als diejenigen, welche auf dieser
Erde leben! Diese gilt es als Seelsorger zu betreuen! Das
funktioniert nur durch eine Anerkennung der Wirklichkeit,
das heißt, der Menschen, so wie sie sind mit ihren Stärken
und Schwächen, aber auch mit den Ergebnissen ihrer Arbeit,
ihren wissenschaftlichen Erkenntnissen. Aufrufe zum Gehorsam gegenüber fragwürdigen Anordnungen sind da nicht
hilfreich, sondern eher schädlich! Der Alltag der vergangenen Jahrzehnte hat das bereits hinlänglich bewiesen!

[**J.**] Ich sehe keine Anzeichen für die Wirkung solch einer
treibenden Kraft. Statt dem Streben nach den Kernelemen-
ten unseres Glaubens, statt dessen Befreiung von den ange-
wachsenen Schnörkeln, Überfrachtungen, Verunstaltungen
und Irrtümern findet in der Amtskirche doch vielerorts die
Rolle rückwärts statt, bis hin zum Wiederaufleben mittel-
alterlicher Ansichten.

[**H.**] Zugegeben, die Gefahr ist groß, dass derartige Entwicklungen in der Kirche Raum greifen. Es gibt aber auch Gegen-
bewegungen. Denk an die Freiburger Erklärung der mehr
als 180 Priester und Diakone des Bistums Freiburg, der sich
zahlreiche Priester anderer Bistümer angeschlossen haben
und in der die Austeilung der Eucharistie an wiederverheiratete Geschiedene begrüsst und bekannt wird.[289] Andererseits die Äußerungen von so manchem frisch berufenen
jungen Bischof zu diesem kirchenrechtlichen Problem, zur
Seelsorge, zum Zölibat, zur Empfängnisregelung, zur Homosexualität lassen meiner Ansicht nach genau diese Rolle
rückwärts befürchten. Nur sind diese Äußerungen nicht
menschlich verständlich? Sind sie nicht eine durch Angst

vor der Wirklichkeit getriebene Flucht vor der Verantwortung? Eine Flucht in die Tradition, um bloß nicht dem Wunsche Christi nach Einheit der Christen entsprechen zu müssen? Eine Flucht vor den wissenschaftlichen Erkenntnissen in den Naturwissenschaften, in der Medizin, in der Psychologie und Soziologie wie auch eine Flucht vor den Lehren der eigenen bitteren Kirchengeschichte? Teils vertuscht mit dem Anspruch, die reine Wahrheit zu wissen oder mit dem Bezug zu Vorstellungen von dem Naturgegebenen und vielleicht auch von den Naturgesetzen, wie sie vor unserer heutigen wissenschaftlichen und medizinischen Kenntnis bestanden haben mögen?

[**J.**]  Ich wünschte mir, mancher Bischof würde unser heutiges Wissen nicht im Gegensatz zum Glauben, sondern als Ergänzung, als irdische Grundlage für den Glauben und für daraus abgeleitete Lehrmeinungen zur Bewältigung des Lebens sehen!

[**H.**]  Aber für solch einen sich fortlaufend entwickelnden Glauben ist eine innere Freiheit notwendig. Diese hat ihre Wurzeln im Lernen, im Wissen und in der Wahrhaftigkeit.

[**J.**]  Richtig! Eine solche innere Freiheit kann den gewählten Glauben stärken und festigen, weil sie die Möglichkeit bietet, sich ungehindert immer wieder bewusst für diesen bestimmten Glauben zu entscheiden.

[**H.**] Da sind wir ähnlicher Meinung. Das Streben nach Wahrheit und die Freiheit der Suche, des Zweifels, des Ablehnens, der Annahme, der Entscheidung machen einen Gläubigen fähig, über den eigenen Tellerrand zu blicken, Andersgläubige zu würdigen, von ihnen zu lernen, sich selbst nicht als Maßstab zu setzen, aber auch, Aussagen und Lehrmeinungen anderer wie auch der eigenen Religionsführer kritisch auf ihre Sinnhaftigkeit und Wirklichkeitstreue zu prüfen. Genau hierdurch wirken Bischöfe überzeugend, wenn bei ihnen erkennbar wird, dass kein stumpfsinniges Nachahmen, kein Nachplappern, kein Kadavergehorsam ausgeübt wird, sondern der Glaube entstanden ist als Teil der Entwicklung des persönlichen Lebensweges, vernetzt mit dem andauernden Lernen, Denken, Erkennen und Irren. Solch ein Reifen des Glaubens ist auch nach außen erkennbar, an der Bescheidenheit im Urteil, an der Barmherzigkeit.

[**J.**] Aber bei aller Freiheit darf nicht verkannt werden, dass die Grundlage jeglichen Glaubens die Annahme der wesentlichen Glaubenswahrheiten und die Befolgung der Grundregeln einer Religion ist. Für Christen sind es die Aussagen des Glaubensbekenntnisses, darlegt im Neuen Testament. Diese helfen, sich in der mystischen Welt des Glaubens zu orientieren, des Weiteren die 10 Gebote wie auch das Liebesgebot.

[**H.**] Einverstanden! Wir haben darüber bereits ausgiebig geredet. Diese 10 Gebote dienen als Maßstab, um das eigene Verhalten auszurichten, aber auch zur Bewertung von Aussagen, Entscheidungen und Verhaltensweisen gleich welcher Obrigkeiten oder der Überprüfung von Anwendungen wissenschaftlicher Ergebnisse auf Sinn und Berechtigung. Dafür sind uns die 10 Gebote geschenkt worden!

[**J.**] Nochmals sei gesagt, die notwendigen Voraussetzungen für einen Glauben sind die Annahme der wesentlichen Glaubenswahrheiten und der religiösen Grundregeln.

[**H.**] Da bin ich anderer Meinung! Die Annahme der Glaubenswahrheiten und der Grundregeln kann nicht eine Voraussetzung, sondern muss Folge des Glaubensvorganges sein, des persönlichen Überzeugtwerdens! Und hier sind die Amtsträger in der Pflicht, in der Nachfolge Christi zu lernen und zu lehren und eben nicht zu befehlen oder Gehorsam zu fordern.

[**J.**] Hast Du Zweifel, dass diese Pflicht nicht genügend ausgeübt wird?

[**H.**] Und ob! Schau Dir den begleitenden Text der Dogmen und der Lehrinstruktionen an.

[**J.**] Ich glaube, man sollte Formulierungen, geboren aus dem herrschenden Zeitgeist heraus, nicht überbewerten!

[**H.**] Doch was wird in denen gefordert? Nicht Denken, nicht Nachvollziehen, sondern: »Es ist fest zu glauben!« oder: »Es ist verboten!« Und demjenigen, der den Worten keinen Glauben schenken mag, wird in den Dogmen sogar der Ausschluss bis hin zur ewigen Verdammnis angedroht! Mit anderen Worten, das »gehorsame Schaf« wird gefordert, welches dem Hirten hinterherläuft und sich eben nicht eigenständig und fortlaufend immer wieder neu und auch bestätigend für oder auch ablehnend gegen die Formulierung eines Glaubenssatzes oder gegen einen Lehrsatz entscheidet.

[**J.**] So besehen hast Du Recht!

[**H.**] Eigenständige Entscheidungen für den Glauben und im Glauben sind nur möglich bei Glaubensfreiheit. Aber weil diese Zweifel, Kritik und Abwendung ermöglicht, ist seit Menschengedenken diese Glaubensfreiheit gefährdet gewesen, nicht nur innerhalb der Religionsgemeinschaften.

[**J.**] Heutzutage gibt es in den christlich geprägten Industrieländern doch keine Gefährdung der Glaubensfreiheit mehr! Hier kann jeder nach eigenem Wunsch in eine Kirche eintreten oder aus ihr austreten oder auch nicht.

[**H.**] Betrachte das Problem doch etwas grundsätzlicher! Natürlich ist dieGlaubensfreiheit in den westlich orientierten Industrieländern kaum durch einen offenkundig diktatorischen Anspruch gefährdet. Aber schau Dir die öffentliche Meinung an oder den Gruppenzwang religiöser oder politischer Gemeinschaften mit ihren fast diktatorischen Geltungsansprüchen und ihren Strafen mit den unterschiedlichen Formen des Prangers! Oder die Meinungsmacher, die ihre Mitmenschen massiv zu beeinflussen suchen, das vermeintlich Notwendige und vermeintlich Vernünftige zu tun und das ihrer Ansicht nach nicht Zeitgemäße oder nicht Gerechtfertigte zu unterlassen. Peter Sloterdijk hat diese Form der Meinungsmache als »Tyrannei« bezeichnet, »welche sich als die jeweils herrschende Form des Notwendigen aufzwingen möchte«.[290]

[**J.**] Ich glaube nicht, dass heutzutage, angesichts der überbordenden Kritik von allen und an allem, der Zeitgeist und die Meinungsmacher eine Gefährdung der Glaubensfreiheit darstellen!

[**H.**] Ich bin da anderer Meinung! Denn während Diktatoren unschwer an ihrem Anspruch auf Unfehlbarkeit und Alleinherrschaft im Sagen und Tun zu erkennen sind, treten die öffentliche Meinung wie auch die Meinungsmacher meist versteckt und verkleidet auf. Durch ihren Ansatz, überzeugen zu wollen, wirken sie intellektuell verführerisch. Und bei den Verführten wecken sie das Gefühl der Überlegenheit, sei es durch das Bewusstsein, sich zeitgemäß zu verhalten, oder durch die Vorstellung, dem ihnen vorgegaukelten Ideal oder auch dem vermeintlich Elitären, in religiöser Hinsicht dem Heiligmäßigen zu entsprechen und hierdurch im Besitz des einzig Richtigen, der nunmehr gültigen Wahrheit zu sein.

[**J.**] Dagegen kann ich doch meinen Zweifel setzen. Denn als Gläubiger weiß ich, dass die eigentliche Wahrheit für den Menschen nicht zu begreifen ist. Sollte er sie jemals erreicht haben, kann er dieses nicht erkennen; sollte er den Anspruch haben, die Wahrheit erkannt haben zu wollen, ist er vermessen und unwahrhaftig. Denn aus Sicht des Gläubigen kennt die Wahrheit nur Gott.

[**H.**] Auch wenn das Streben nach Wahrheit mehr oder weniger im Menschen drin steckt, ihn formt, ihn von der Kreatur unterscheidet – dieses Streben nach der Wahrheit ist ein lebenslanger und mühsamer Lernprozess! Einfacher dagegen ist, unkritisch zu glauben oder einen Glauben abzulehnen, beides ohne groß nachzudenken, beides rein aus Bequemlichkeit, oder weil ich mich meiner Umgebung und ihrer aktuellen Stimmungslage anpassen möchte. Darin, praktisch in der Bequemlichkeit des Menschen sehe ich derzeit die größte Gefahr liegen – sowohl für die Glaubensfreiheit, wie auch für die Zukunft unseres christlichen Glaubens, weil beides labile, verführbare Zustände sind.

## 9. Die Zukunft in der Kirche

[**J.**] Aus meiner Sicht liegen die Gefahren für unseren Glauben weitaus mehr im Innerkirchlichen. Zuviele Amtsträger gebärden sich so, als würden sie alleine die Wahrheit wissen, als wären ihre Meinungen und Maßgaben unumstößlich, allein seligmachend! Ich kann mir nicht vorstellen, dass solch ein Verhalten überzeugend ist, schon gar nicht für Jugendliche!

[**H.**] Hier triffst Du einen wichtigen Punkt. Jugendliche haben einen besonderen, unverfälschten Sinn für Ehrlichkeit, mehr noch als ältere Personen, die sich in ihrem Leben mit eigenen und anderen menschlichen Schwächen haben auseinandersetzen und daher bereits zahlreiche Zugeständnisse haben machen müssen.

[**J.**] Die Zahl der Jugendlichen, die suchen und zugleich an der Glaubwürdigkeit von Amtsträgern zweifeln, nimmt meinem Eindruck nach dramatisch zu. Diese Jugendlichen gilt es zu gewinnen, denn ohne Jugend hat weder die Kirche noch irgendeine andere gesellschaftliche Organisation eine Zukunft.

[**H.**] Notwendig wäre die Einsicht der Amtsträger, ihr Verhalten so zu ändern, dass sich mehr Jugendliche angezogen fühlten.

[**J.**] An welche Verhaltensregeln denkst Du dabei?

[**H.**] Lass es mich von der Kehrseite her betrachten. Abstoßend wirkt,

– sich selbst zu überschätzen, sein eigenes Tun, sein eigenes Denken und die eigenen Schlussfolgerungen als irrtumsfrei, als unfehlbar anzusehen;

– neues Wissen, neue Erkenntnis zum Schutz alter Festlegungen abzulehnen, die eigene Lernunfähigkeit mit Glaubenstreue zu vertuschen;

– keine eigene Meinung zu besitzen, gleichsam nichts anderes zu sein als nur ein Sprachrohr von Meinungsmachern gleich welcher Art;

– selbst anders zu handeln als man anderen predigt.

[**J.**] Dem stimme ich zu! Nur, wenn wir ehrlich sind, zeigen wir doch alle, Laien wie auch Geweihte, mehr oder weniger die eine oder die andere all dieser aufgelisteten Schwächen. Weil wir alle nichts anderes als nur Menschen sind!

Andererseits, solcherart Verhaltensänderung vermehrt zwar die Glaubwürdigkeit der Amtsträger, reicht aber bei weitem nicht aus für eine Erneuerung der Kirche!

[**H.**] Klar! Zusätzlich müssten die kirchlichen Amtsträger ein neues Verhältnis zu ihren Traditionen entwickeln. Das verlangt von ihnen

- nicht in die Tradition zu flüchten, um damit den Anforderungen der heutigen Zeit nach neuen Entscheidungen auszuweichen,
- aber auch, nicht die eigene Vergangenheit und Tradition zu verleugnen, um sich dem Zeitgeist oder dessen Meinungsmachern anzupassen.

[**J.**] Das ist eine Gratwanderung. Ich bezweifle, dass die Amtsträger dieses aus eigener Kraft schaffen werden.

[**H.**] Ich auch! Daher müssen sie sich den Rat gerade auch der kritischen Theologen in unserer Kirche einholen und dürfen sich nicht eigenmächtig über deren Rat hinwegsetzen.

[**J.**] Dazu bedarf es aber des Willens, an sich zu arbeiten, offen zu sein für das Lernen, um zu erkennen, was in der Kirche wo und wie zu verbessern ist.

[**H.**] Aus dieser Erkenntnis kann ein Pflichtenkatalog entwickelt werden für eine Reform der Strukturen und Regeln für die kirchlichen Entscheidungsfindungen, damit menschliche Schwächen nicht noch weiter die Glaubwürdigkeit der Kirche zerstören.

[**J.**] Neue Regeln fordern aktuell bereits Hunderte von katholischen Theologie-Professoren und Professorinnen mit ihren Unterschriftenaktionen!

[**H.**] Gott sei Dank! An diesen Forderungen aus der Feder von so vielen fachkompetenten theologischen Wissenschaftlern kann auch eine Amtskirche nicht einfach vorbeigehen, ansonsten würde sie ihre Glaubwürdigkeit noch weiter drastisch beschädigen.

[**J.**] Kritische Stimmen bemängeln, dass in dem Memorandum dieser Theologen keine Prioritäten gesetzt worden sind.

[**H.**] Diese Kritik kann ich nachvollziehen. Sie darf jedoch nicht zu einer Verzögerung oder Unterdrückung der Reformbestrebungen führen. Und diese müssen meiner Ansicht vorrangig zum Ziel haben,

- dass alle zukünftigen Entscheidungen und Lehrinstruktionen der Kirchenleitung abgestimmt sein müssen mit allen fachkompetenten, darunter auch den kritischen Kräften innerhalb der Kirche. Wie gerade auch die jüngsten Erfahrungen mit Fehlentscheidungen bitter lehren, reicht es nicht, wenn die unterschiedlichen Kongregationen im Vatikan, Kardinäle oder Bischöfe vor Ort sich für derartige Entscheidungen alleine zuständig fühlen;
- dass eine neutrale Gerichtsbarkeit eingerichtet wird, bei welcher in einem öffentlichen Verfahren eine repräsentative Zahl von Gläubigen, gleich ob geweiht oder im Laienstand, die Möglichkeit haben sollte, Entscheidungen der Kirchenleitung begründet anfechten zu können, wie auch die Absetzung von Kardinälen und Bischöfen, denen Untätigkeit, Unfähigkeit oder Fehlverhalten nachgewiesen werden kann, zu bewirken;
- dass die Ernennung von Kardinälen und Bischöfen der Zustimmung der Gläubigen oder der von ihnen gewählten Vertreter in den betroffenen Kirchengemeinden und Bistümern bedarf;
- und dass das kanonische Recht überarbeitet wird und dass es dort, wo es nicht im Einklang stehen sollte mit den 10 Geboten, mit dem Gebot der Liebe und der Barmherzigkeit, mit den Rechtsnormen der zivilisierten Welt, im Besonderen mit den Menschenrechten, aber auch mit

dem Auftrag der Kirche, die Einheit der christlichen Kirche zu wahren und den Gläubigen für ihr Leben Hilfen anzubieten, entsprechend überarbeitet und korrigiert wird.

[**J.**] Und was ist mit dem Zölibat?

[**H.**] Ich bin mir sicher, mit einer solchen Strukturreform wäre eine der ersten Entscheidungen der neuen Gremien, den Zwangszölibat abzuschaffen. Aber so lange kann und darf man nicht warten. Der Zwangszölibat gehört besser heute denn morgen der Vergangenheit an. Alles weitere Warten schadet der Kirche in unverantwortlicher Weise.

[**J.**] Ich befürchte, dass alle Forderungen nach Reformen verpuffen werden. Welche Organisation gibt schon freiwillig Macht ab, auch wenn dieses der Sicherung ihrer Zukunft dient? Auch den Zölibat sehe ich als ein Handwerkszeug der Machtausübung der Amtskirche an. Glaubst Du wirklich, dass die Amtskirche zu solcher Art Machtverlust bereit wäre? Noch dazu, wo die Forderungen der Reformbewegung massiv dem Selbstverständnis der Amtsträger zuwiderlaufen, die einzig gültige Wahrheit zu wissen, praktisch unfehlbar zu sein?

[**H.**] Genau in diesem Verständnis sehe ich das größte Übel in der Kirche. Das Ergebnis ist für mich tagtäglich zu greifen – die Selbstgerechtigkeit, die Reformunfähigkeit! Aber ohne eine solche tiefgreifende Reform der Strukturen der Kirche, ohne eine drastische Veränderung des Selbstverständnisses der Amtsträger sehe ich die Gefahr, dass nicht nur die Kirchenleitung weiter an Glaubwürdigkeit verliert, sondern auch, dass in der Amtskirche immer wieder systembedingte Verbrechen ähnlich dem der Vertuschung von Kinderschändungen geschehen.

[**J.**] Eine provozierende Frage! Wie willst Du ausschließen, dass Deine Überzeugung von dem Richtigen falsch ist, die Umsetzung Deiner Forderungen nach Reformen der Kirche eher schadet als nutzt?

**[H.]** Irrtum kann ich natürlich nicht ausschließen! Aber tatenlos dem »Weiter so« der Amtsträger zuzuschauen hilft unserer Kirche auch nicht!

**[J.]** Du forderst wie viele andere Laiengläubige Einsicht und Veränderungswillen von den Amtsträgern und siehst diese in der Pflicht. Die Amtsträger dagegen fordern Einsicht, Gläubigkeit und Gehorsam von den Kirchenmitgliedern. Beide berufen sich auf ihre Verantwortung, beide sehen hinter sich Gottes Wirken. Wie sollen diese beiden Gegensätze zusammenkommen, um Umkehr und Neuanfang zu ermöglichen?

**[H.]** Wie die Vertuschungen von Kinderschändungen eindrücklich gezeigt haben, ist der bedingungslose Gehorsam gegenüber den Amtsträgern, den die Amtskirche von ihren Mitgliedern fordert, eine wesentliche Ursache für die Fehlentwicklungen in der Kirche. Wir kennen es doch auch von anderen Organisationsformen: diese Art von Gehorsam ermöglicht den Oberen, Willkür in jeglicher Form auszuüben. Er verhindert bei ihnen die Einsicht in Fehler, ermöglicht ihnen, Kritik am Bestehenden zu ersticken.

**[J.]** Forderst Du, dass die Amtskirche bereit sein soll, Ungehorsam innerhalb der Kirche, also Kritik an dem Verhalten von Amtsträgern, an Lehrinstruktionen und an kanonischen Gesetzen zuzulassen?

**[H.]** Nicht nur das! Die Amtskirche muss diese Kritik auch als Wegweiser nutzen für Reformen. Wenn sie hierzu nicht die Kraft hat, dann ist sie aus meiner Sicht unfähig zu führen und werden ihr die Gläubigen zunehmend die Gefolgschaft verweigern.

**[J.]** Aber diese Reaktion der Gläubigen ist doch bislang weitgehend auf die Industrieländer beschränkt!

**[H.]** Wie in Südamerika bereits zu sehen ist, werden in den Entwicklungsländern mit zunehmender Bildung ihrer Bevölkerung die gleichen oder ähnliche Probleme für die Kirche entstehen wie in Europa oder Nordamerika.

**[J.]** Du glaubst also, dass mit breit erarbeiteten Reformen die

Kirchenleitung wieder ihre Glaubwürdigkeit zurückgewinnen kann?

[**H.**] Ja, ich hoffe, dass hierdurch die Kirche zurückfinden kann zu ihren eigentlichen Aufgaben, sodass Lehrinstruktionen und liturgische Feiern weniger der liebgewordenen und selbstgerechten Gedanken- und Gefühlswelt der Amtsträger dienen, sondern vor allem Dienste für den Menschen darstellen. Dadurch wird die Kirche wieder ein christlicheres, weil ehrlicheres und barmherzigeres Gesicht bekommen und damit gerade auch unsere Jugend überzeugen. Genau hier sehe ich die Amtskirche in der Verantwortung.

[**J.**] Das ist eine riesige Aufgabe! Nochmals sei betont, ich bezweifele, dass die Amtskirche hierzu in der Lage ist. Schau, welche Personen in jüngster Zeit zu Bischöfen berufen worden sind –überwiegend, um es positiv auszudrücken, äußerst konservative Personen. Erhoffst Du Dir etwa von diesen die notwendige Einsicht in die eigenen Fehler, die Kraft für Reformen?

[**H.**] Von wem denn sonst? Konservativ zu sein ist doch kein Fehler! Damit wird weder ausgesagt, ob das Lernen verweigert oder die eigene Gedankenwelt erhöht oder selbstherrlich die Ehrerbietung und der Gehorsam der Untergebenen gefordert wird, noch ob die Hirtenpflicht für die Nöte der Gläubigen vernachlässigt wird.

[**J.**] Woran ist Deiner Meinung nach ein reformfähiger Bischof zu erkennen?

[**H.**] An dem Verhalten der Gläubigen in seinem Bistum. Wenn diese sich aus dem kirchlichen Alltag zurückziehen oder sogar die Kirche verlassen, dann ist daran die Unfähigkeit des zuständigen Bischofs erkennbar.

[**J.**] Kennst Du Beispiele?

[**H.**] Lass mich vorrangig die Positiven aufführen! Beispielsweise denke ich an Josef Kardinal Frings in Köln! Er war ganz sicher kein Weichwäscher, ganz eindeutig ein Konservativer! Einer der großen, mutigen, herausragenden Köpfe des

Zweiten Vatikanischen Konzils. Und bislang ist er der einzige Bischof in Köln, dem seitens der dortigen Bevölkerung die Ehrenbürgerschaft verliehen wurde. Oder Julius August Kardinal Döpfner. Auch er war ein Konzilsmitglied von überragender Bedeutung, progressiv und reformbestrebt! Ein beispielhafter, bewundernswerter Seelsorger für die Nöte der ihm Anvertrauten. Auch er wurde von den Bürgern geehrt durch die Verleihung der Ehrenbürgerwürde seiner Heimatstadt. Oder Karl Kardinal Lehmann: Ein beeindruckender Seelsorger und hervorragender Wissenschaftler. Geehrt durch die Ehrenbürgerwürde der Stadt Mainz und der Universität Mainz. Solche Ehrungen in einer freiheitlichen, multikonfessionellen Gesellschaft erachte ich schon als ein Zeichen der Würdigung besonderer Verdienste, besonders dann, wenn Sie einem Bischof zuteil werden.

Andererseits, wenn ein Bischof im Streit mit wesentlichen Teilen seines Bistums liegt, zum Beispiel mit den ehrenamtlichen Gremien, dieser Streit sogar vor Gericht ausgefochten wird, dann wird aus meiner Sicht daran erkennbar, dass er für sein Amt als oberster Seelsorger seines Bistums ungeeignet ist. »An ihren Früchten sollt ihr sie erkennen.« [Mt 7,16] Das gilt auch für Bischöfe, gerade auch vor Ort, im eigenen Bistum. Ob ein Bischof hierbei konservativ oder progressiv eingestellt ist, halte ich dabei für vollkommen nebensächlich.

[**J.**] Ob unfähige Bischöfe die Schuld für die Abkehr der Gläubigen wirklich in ihrem eigenen Verhalten, in ihrer mangelnden Eignung für dieses Amt sehen? Meist wird stattdessen die vermeintlich böse Welt, der zerstörerische Zeitgeist beschuldigt, rein schon aus Selbstschutz.

[**H.**] Gerade an solchen Vorwürfen wird doch das Versagen eines Bischofs deutlich! Solch eine Reaktion tut ihm nicht weh, dient der Beruhigung des eigenen Gewissens und vertuscht die eigentlichen Gründe. Doch damit ist der Kirche, ist den Gläubigen nicht geholfen.

[**J.**] Welche andere Möglichkeit siehst Du denn?

[**H.**] Praktisch nur diejenige, dass die Leitung der Amtskirche die Kraft zur Reform aufbringt. Mit anderen Worten, dass der Papst die Bischöfe zwingt, wahre, das heißt selbstlose Seelsorger für ihre Gläubigen zu sein, Lernen, Einsicht und christliche Barmherzigkeit zum Maßstab ihres Handelns zu machen.

[**J.**] Der Weg dorthin ist schwierig!

[**H.**] Aber weiterhin den eigenen Wünschen nach überlebten Traditionen nachzugehen, bei den eigenen Vorurteilen, Vorstellungen und Überzeugungen selbstgerecht und selbstherrlich zu verharren, würde, wie bereits absehbar, unsägliche Folgen für unsere Kirche haben.

[**J.**] Das sind harte Worte! Und weitgehend wirklichkeitsfremd!

[**H.**] Warum?

[**J.**] Weil die Amtsträger wesentliche Merkmale der Kirche in der Verpflichtung zur Tradition sehen. Das heißt nicht nur ein Festhalten an Formulierungen von Glaubenswahrheiten oder an den bisherigen Moralvorstellungen, sondern auch an Strukturen, an althergebrachten Wegen der Entscheidungsfindung, an dem Amtsverständnis. Und weil viele Amtsträger Angst haben, dass Reformen diese als unveräußerlich angesehenen Merkmale der Kirche verändern könnten.

[**H.**] Aber da spielt auch die Angst mit, sich selbst verändern zu müssen, die Angst, weniger als Person bedeutsam sein zu können. Wie leicht ist es, diese Angst zu vertuschen mit dem Anspruch auf Unabänderlichkeit der auf Traditionen beruhenden Merkmale der Kirche! Hinzu mag vielleicht auch noch Starrsinn kommen, möglicherweise vermehrt anzutreffen durch die Altersstruktur der Amtskirche.

[**J.**] Das betagte Alter vieler Amtsträger sehe ich nicht als Nachteil an. Denn Angst entsteht aus mangelndem Wissen, mangelndem Vertrauen, mangelndem Glauben. Angst kann nur abgebaut werden durch Lernen und Einsicht. All dieses hat wenig mit dem Alter zu tun, sondern ist eine Folge von Erziehung, Grundwissen, Lernfähigkeit und Denkvermögen.

Angst oder Starrsinn und Unbelehrbarkeit kannst Du in jeder Altersgruppe finden.

[**H.**] Einverstanden! Auch bei den jungen Bischöfen erlebe ich solche, welche die Nöte der Gläubigen abwehren mit dem Hinweis auf Lehrinstruktionen oder kanonische Rechtsvorschriften; oder auch solche, die glauben, ihre Pflicht als Seelsorger mit einer Rolle rückwärts in die Regeln, Rituale und Traditionen des Mittelalters erfüllen zu können.

Andererseits, ich kenne auch einige mutige, geistig lebendige und zugleich tiefgläubige junge Bischöfe, die durch ihre Taten, durch mutige Entscheidungen, durch ihre wirklichkeitsbezogene Seelsorge überzeugen können.

[**J.**] Und alle diese sind durch die alten Bischöfe für dieses Amt ausgewählt worden! Wesentlich für die Kirche ist somit weniger das Alter ihrer Amtsträger, sondern deren Fähigkeiten, Selbstkritik zu üben, die bisherigen offensichtlichen Fehler einzusehen und bei der Auswahl ihrer Nachfolger zu berücksichtigen. Einsicht kannst Du zwar unterstützen, aber nicht erzwingen! Einsicht ist ein Geschenk – für Christen das Geschenk des Heiligen Geistes.

[**H.**] Neben der Fähigkeit ist aber auch der Wille notwendig. Solch ein Wille steht im krassen Gegensatz zu dem Anspruch auf Unfehlbarkeit, der meines Erachtens häufig in den öffentlichen Aussagen einiger Bischöfe mitschwingt. Solch ein Anspruch ist nur durchzusetzen, wenn die Untergebenen zum bedingungslosen Gehorsam verpflichtet werden und damit Kritik erstickt werden kann. Wie bereits gesagt, diese Art von Gehorsam gegenüber Menschen halte ich für eine der wesentlichen Ursachen der Fehlentwicklungen in der Amtskirche.

[**J.**] Gerade deswegen glaube ich, dass den Alten in der Amtskirche eine besondere Verantwortung zufällt. Die müssen weder sich selbst noch dem Papst irgend etwas beweisen. Die könnten auf Grund ihrer Lebensweisheit und Abgeklärtheit die notwendige Kraft und das Geschick aufbringen, die

Unverbesserlichen in den eigenen Reihen zu überzeugen, die notwendigen Reformen der Kirche einzufordern und hierdurch der Kirche verantwortungsvoll den Weg in eine neue bessere Zukunft zu ebnen.

[**H.**] Ich habe Zweifel, dass solch eine Reform von innen heraus jemals stattfinden kann. Wenn überhaupt, wird es nur gemeinsam gelingen. Die Amtsträger, die wissenschaftlich tätigen Theologen und die Laien sind hier gleichermaßen in der Pflicht. Die Frage ist, ob die Amtsträger zu dieser Pflicht stehen, oder aus dem Verständnis ihres Amtes und mit Bezug auf die Traditionen der Kirche jegliche gemeinsame Ausarbeitung eines Neuanfangs ablehnen.

[**J.**] Ich weiß es nicht! Je nach persönlicher Erfahrung mit dem einen oder anderen Bischof und Ortspriester kann man als Laie entweder zuversichtlich einem neuen Aufbruch der Kirche – und hierbei dem Beispiel Christi folgend –, dem Abriss von zwischenkirchlich trennenden Mauern der Tradition, von nicht mehr zeitgemäßen kirchenrechtlichen Regelungen und fragwürdigen Lehrmeinungen entgegensehen, oder aber befürchten, dass die ewig Gestrigen den Rückschritt in die sie schützende Abkapselung und den Abstieg in die grundsätzliche Opposition zur Wirklichkeit beschleunigen werden.

[**H.**] Ich sehe beide Weichen gestellt, in dem einen Bistum mehr in die eine, in dem anderen Bistum mehr in die andere Richtung.

[**J.**] Genau deswegen wird es letztlich für die Kirche entscheidend sein, wie viele ihrer Amtsträger in ihren liebgewordenen oder gehorsam übernommenen Denkmustern verharren werden, als vermeintlich richtiger Weg für das erhoffte eigene Seelenheil – oder ob eine ausreichend große Zahl die geistige Beweglichkeit, die Glaubensstärke, die Kraft und den Mut aufbringen werden, selbstlos als Seelsorger in der Nachfolge Christi den Menschen, den Gläubigen in ihren Nöten, Lebensbrüchen und Zweifeln zu dienen und hierdurch für die Amtskirche die notwendige Glaubwürdigkeit zurückgewinnen können.

[**H.**] Genau das wird die entscheidende Frage sein! An solcher Art Seelsorge ist zu bemessen, ob ein Geweihter Christus nachfolgt. Nicht die Absonderung von unserer Welt ist gefordert, sondern ganz im Gegenteil, die Hinwendung, die Fürsorge für den Menschen. Jedes Verschmähen dieser Welt, jedes Sich-Abgrenzen von den Menschen, jedes Vernachlässigen der Erde in der Hoffnung, sich damit den Himmel verdienen zu können, halte ich für eine Ablehnung der Liebe Gottes, steht meines Erachtens im Widerspruch zum Christentum.

[**J.**] Richtig! Denn unserem Glauben gemäß hatte Gott seinen Gottessohn in Christus nur darum Mensch werden lassen, weil seine Hinwendung zu unserer irdischen Welt, zum Menschen mit allen seinen Nöten sein tiefstes Anliegen gewesen ist. Damit wird an der Seelsorge für den Menschen auf dieser Erde und eben nicht an den Lobpreisungen des Himmels erkennbar, welches grundsätzliche Verständnis ein Amtsträger von seinem Amt hat.

[**H.**] Ich stimme Dir voll zu! Daher habe ich große Zweifel, ob die Entweltlichung der Kirche, wie jüngst von Papst Benedikt XVI. gefordert,[291] verstanden werden kann als Abkehr von dieser Welt. Dann würde sie meiner Meinung nach eben nicht der christlichen Botschaft der Menschwerdung des Gottessohnes entsprechen. Bei seiner Hinwendung und Aufopferung für die Menschen hat sich Christus entschieden gegen die gesetzestreuen Pharisäer gewandt. Nicht in der Treue zu selbstgeschaffenen Gesetzen, sondern in der Nachfolge Christi, im Befolgen seiner Kernaussagen in den Evangelien, wird die Kirche wieder glaubwürdig, wird sie der Jugend die Hoffnung und die Zuversicht vermitteln können, dass ein Leben in der kirchlichen Gemeinschaft hilfreich, lehrreich, wertvoll und damit lebenswert sein kann.

Und nochmals und immer wieder sei betont: dieses hohe Ziel bedarf des Lernens, der Einsicht in die eigenen Irrtümer,

Fehler und Unzulänglichkeiten, bedarf der Umkehr zur Ehrlichkeit, Offenheit, Liebe und Barmherzigkeit gegenüber den Gläubigen. In welchem Ausmaß diese Einsicht, die Abkehr vom bisherigen Amtsverständnis für die Wiedererlangung der Glaubwürdigkeit notwendig ist, wird beispielsweise an dem aktuellen Vorwurf deutlich, dass Bischof Stephan Ackermann in Trier als Missbrauchsbeauftragter der Deutschen Bischofskonferenz mindestens sieben als pädophil aufgefallene Priester in seinem Bistum erneut als Seelsorger beschäftigen würde.[292]

[**J.**] Solch eine Erneuerung wird sich nicht schnell vollziehen können. Einsicht braucht Zeit, Veränderungen benötigen Menschen mit Weitsicht, Überzeugungskraft, Mut und Beständigkeit.

[**H.**] In der Kirchengeschichte gibt es nicht nur die Versager und die Mittelmäßigen unter den Amtsträgern, sondern auch die großen Köpfe, welche glaubensstark ihrer Zeit weit voraus waren und gewaltige Umwälzungen auf den Weg gebracht haben!

[**J.**] Du glaubst also immer noch, dass wir für die Zukunft auf eine grundlegende Reform der Kirche hoffen dürfen?

[**H.**] Eindeutig ja! Aber allein zu hoffen reicht nicht! Wir müssen Reformen auch einfordern und mitgestalten!

# Schlussbemerkung

Alle in diesem Buch dargestellten Äußerungen stellen persönliche Meinungen dar, es sei denn, sie wurden von anderen Urhebern zitiert. Diese Zitate erfolgten mit größtmöglicher Sorgfalt. Es kann jedoch nicht ausgeschlossen werden, dass sich Fehler bei der Angabe und/oder der Wiedergabe der Zitate eingeschlichen haben. Für Hinweise auf diese Fehler wäre der Autor dankbar. Der Autor übernimmt jedoch keine Haftung für diese Fehler, denn jeder Leser ist aufgefordert, sowohl die vorgetragenen persönlichen Meinungen der beiden Gesprächspartner auf ihre Berechtigung wie auch die Zitate auf Richtigkeit zu überprüfen und sich ein eigenes Bild von den in diesem Buch angesprochenen Gedanken, Problemen, Meinungen und Schlussfolgerungen zu machen.

# Anmerkungen

1 Professio fidei und Iusiurandum fidelitatis; <http://www.vatican
.va/archive/DEU0036.HTM>.

2 Pius X.: Jusiurandum contra errores modernismi, 01.09.1910.

3 Paul VI.: Professio fidei, 30.06.1968.

4 Die Bibel. Pattloch Verlag, 1. Auflage Endfassung 1980.

5 v. Randow, Gero: Diesseits von Gut und Böse, Die Zeit (2010) 37,
S. 57.

6 Kongregation für die Glaubenslehre: Erklärung »Dominus Iesus«.
Über die Einzigkeit und die Heilsuniversalität Jesu Christi und
der Kirche, 06.08.2000; <http://www.vatican.va/roman_curia/
congregations/cfaith/documents/rc_con_cfaith_doc 20000806_
dominus-iesus_ge.html>.

7 Sedlacek, H.-H., Eid, V., Sapienza, A.M.: Ethical background and
obligations in Ways to successful strategies in Drug Research and
Development, VCH/Wiley 1996, 25–44, 195–240.

8 von Goethe, Johann Wolfgang: Brief an F. v. Müller vom 24.4.1819,
Schriften zur Kunst, Propyläen, Einleitung, zitiert nach: Gedenk-
ausgabe der Werke, Briefe und Gespräche. Zürich und Stuttgart
1948, Bd. 23, S. 52.

9 Übersichten bei Heck, H.J.: Wissenschaffen und Handeln, eine
Grundlegung der Wissenschafts- und Wirtschaftstheorie; Kap. 6.6:
Die Funktion der Wahrheitstheorien;
<http://www.wissenschaffenund-handeln.de/index.htm?/a060_
fm-wissen0660.htm>; Sandkühler, H. J. (Hrsg.): Enzyklopädie Philosophie. Bd. 2; Meiner, Hamburg 1999, S. 1712–1722; <http://
de.wikipedia.org/wiki/Wahrheit>.

10 Schopenhauer, A.: Die Welt als Wille und Vorstellung; <http://
www.arthur-schopenhauer-studienkreis.de/Arthur_Schopenhauer
_8/arthur_schopenhauer_8.html>.

11 So zit. in: Sandkühler, H. J. (Hrsg.): Handbuch Deutscher Idealis-
mus. Stuttgart/Weimar: Metzler, 2005, S. 350; <http://de.
wikipedia.org/wiki/Wahrheit>.

12 <http://www.zeno.org/Philosophie/M/Hegel,+Georg+Wilhelm+
Friedrich/Enzyklop>; §24.

13 Popper, K.: Die Wege der Wahrheit; Interview mit L'Express,
Februar 1982; Aufklärung und Kritik 1994, 2; S. 38; <http://www.
gkpn.de>.

14 Popper, K.: Die Wege der Wahrheit; Interview mit L'Express,
Februar 1982; Aufklärung und Kritik 1994, 2; S. 38; <http://www.
gkpn.de>.

15 Küng, H.: Große christliche Denker. München: Piper, 1994; <http://de.wikipedia.org/wiki/Biblische_Exegese>.

16 <http://www.klawi.de/bultmann.htm>.

17 Zweites Vatikanisches Konzil 18.11.1965: Dogmatische Konstitution, Dei Verbum, Über die göttliche Offenbarung; <http://www.vatican.va/archive/hist_councils/ii_vatican_council/documents/vat-ii_const_19651118_dei-verbum_ge.htm>.

18 Zweites Vatikanisches Konzil 18.11.1965: Dogmatische Konstitution, Dei Verbum, Über die göttliche Offenbarung; <http://www.vatican.va/archive/hist_councils/ii_vatican_council/documents/vat-ii_const_19651118_dei-verbum_ge.htm>.

19 Hawking, S.: Eine kurze Geschichte der Zeit. Rowohlt 1991, Kap. 8., S. 181

20 Hawking, S.; Mlodinow, L.: The Grand Design, 2010, Entstehung des Alls, Hawking hält Schöpfergott für überflüssig, Spiegel online 02.09.2010; <http://www.spiegel.de/wissenschaft/natur/0,1518,715322,00.html>.

21 Küng, H.: Christ sein. München: Piper, 1974, S. 72 ff.

22 Luther gibt damit in seiner Übersetzung die hebräische Wortverwandtschaft von Isch (Mann) und Ischa (Frau) wieder, welche die Wesenseinheit deutlicher zum Ausdruck bringt (Ergänzung des Lektors; M. W. Lippold).

23 <http://www.vatican.va/archive/DEU0036/_INDEX.HTM>.

24 <http://www.vatican.va/archive/DEU0036/_INDEX.HTM>.

25 Green et al.: A draft sequence of the Neandertal genome: 2010, 328: 710–722; Burbano et al.: Targeted investigation of the Neandertal genome by array-based sequence capture. Science: 2010, 328: 723–725.

26 Niessler, E.: Der Papst und der Professor. Hamburger Abendblatt, 01.11.2008.

27 Päpstliche Bibelkommission, Dokument: Die Interpretation der Bibel in der Kirche, 15.04.1993. Übersetzung von L. Ruppert, A. Schenker. Freiburg/Schweiz, Libreria Editrice Vaticana; <http://www.vatican.va/roman_curia/congregations/cfaith/pcb_documents/rc_con_cfaith_doc_19930415_interpretazione_ge.html>.

28 Harris, S.: 10 Myths and 10 Truths about Atheism, The Los Angeles Times, 24.12.2006.

29 So zit. in: Topitsch, E.: Naturrecht im Wandel des Jahrhunderts; Aufklärung und Kritik 1994, 1; S. 1; <http://www.gkpn.de>.

30 Schiller, F.: Wallenstein-Trilogie, 1780, Die Piccolomini, V1 / Octavio Piccolomini 1780, Ausgabe A. Kutscher, 3–5, S. 131–132; Berlin: Deutsches Verlagshaus Bong, 1907.

31 Vgl. Sedlacek, H.-H., Sapienza, A.M., Eid, V.: Leadership and management in Ways to successful Strategies in Drug Research and Development, VCH/Wiley 1996, 127–166.

32 Pius IX.: Dogma der Unfehlbarkeit des Papstes: 18. Julil 1870; Das Religionsbuch der Kirche (Catechismus Romanus). Hsgr. Dr. Mi-

chael Gatterer; Innsbruck; Leipzig: Verlag Felizian Rauch, 2. Aufl. 1938, S. 23–36; Imprimatur Nr. 2120 Apostolische Administratur Innsbruck, den 11. Mai 1938 Urb. Draxl, Prov.

33 Pius IX.: Dogma der Unfehlbarkeit des Papstes: 18. Julil 1870; Das Religionsbuch der Kirche (Catechismus Romanus). Hsgr. Dr. Michael Gatterer. Innsbruck; Leipzig: Verlag Felizian Rauch 2. Aufl. 1938, S. 23–36; Imprimatur Nr. 2120 Apostolische Administratur Innsbruck, den 11. Mai 1938 Urb. Draxl, Prov.

34 Vgl. Habermas, J.: Wahrheitstheorien, in: Fahrenbach, H. (Hrsg.): Wirklichkeit und Reflexion. Pfullingen: Neske, 1973, S. 211–265; Habermas, J.: Moralbewußtsein und kommunikatives Handeln. Frankfurt a.M.: Suhrkamp, 1983; <http://de.wikipedia.org/wiki/ Wahrheit>.

35 <http://www.bistumregensburg.de/default.asp?op=show&id= 3474>.

36 <http://www.petition-vaticanum2.org/pageID_7298971.html>.

37 Erklärung der deutschen Bischöfe zum Entzug der kirchlichen Lehrbefugnis Prof. Dr. Hans Küngs; Hrsg. vom Sekretariat der Deutschen Bischofskonferenz, 07.01.1980, S. 5.

38 Machiavelli, N.: Der Fürst, 23. Kapitel: Wie man die Schmeichler fliehen müsse. Übersetzung der Originalausgabe von 1513 durch Johann Gottlob Regis (1842); <http://www.NiccoloMachiavelli.de/der_fuerst.php>.

39 Lang, B.: Die Bibel. Paderborn: Schöningh, 1992, S. 86–87.

40 Pastoralkonstitution Gaudium et Spes des II. Vatikanischen Konzils, 07.12.1965, Abschnitt 29: Die wesentliche Gleichheit aller Menschen und die soziale Gerechtigkeit; <http.documents/vat-ii_ const_19651207_gaudium-et-spes_ge.html>.

41 Hertwig, O.: Lehrbuch der Entwicklungsgeschichte des Menschen und der Wirbeltiere. Jena: Gustav Fischer, 8. Aufl. 1906; <http:// www.dietzellab.de/goodies/history/Hertwig1906.html>.

42 Ratzinger, J. A.: Einführung in das Christentum. München: Kösel, 2. Aufl. 1968, S. 225.

43 Vgl. Jungfräulichkeit Marias, in: Karl Rahner: Schriften zur Theologie. Bd. 13. Zürich: Benzinger, 1978, S. 361.

44 Küng, H.: Credo. München: Piper Verlag, 1992, S. 52– 66; Küng, H., Gindt, J.-L.: Credo. Ich glaube an Gott den Vater, den Allmächtigen. Publik-Forum; <www.religionslehrer.lu/credo/credo2.htm>.

45 Pius IX.: »Bulle Ineffabilis Deus«, 08.12.1854, Abschnitt 542, zit. nach: Heilslehre der Kirche. Dokumente von Pius IX. bis Pius XII. Deutsche Ausgabe des französischen Originals von P. Cattin und H. Th. Conus von Anton Rohrbasser. Freiburg/Schweiz: Paulus Verlag, 1953, S. 306–325, Rnr. 510–545; Imprimatur Friburgi Helv., die 22. maii 1953 L. Weber V. G.

46 Pius XII.: »Munificentissimus Deus«, 01.11.1950. Abschnitte 44–47, zit. nach: Heilslehre der Kirche, Dokumente von Pius IX. bis Pius XII. Deutsche Ausgabe des französischen Originals von P. Cattin und H. Th. Conus von Anton Rohrbasser. Freiburg/Schweiz:

Paulus Verlag, 1953, S. 328–347; Imprimatur Friburgi Helv., die 22. maii 1953 L. Weber V. G.

47  <http://www.kathpedia.com/index.unbefleckte_Empfängnis>; <http://www.kathpedia.com/index.Mariä_Aufnahme_in_den_ Himmel>.

48  Pius XII.»Munificentissimus Deus«, 01.11.1950. Abschnitte 44–47, zit. aus: Heilslehre der Kirche, Dokumente von Pius IX. bis Pius XII. Deutsche Ausgabe des französischen Originals von P. Cattin und H. Th. Conus von Anton Rohrbasser. Freiburg/Schweiz: Paulus Verlag, 1953, S. 328–347; Imprimatur Friburgi Helv., die 22. maii 1953 L. Weber V. G.

49  Epilogo del Concilio ecumenico vaticano II, Omelia die suaSantitita Paolo VI, Solennità dell'Immacolata Concezione della Beata Vergine Maria Piazza San Pietro – 08.12.1965; <www.vaticana.va/ holy-father/Paul.vi/homilies/1965/documents>.

50  Hein, M.: Warum musste Jesus am Kreuz sterben? Blick Magazin. Hrsg. vom Landeskirchenamt der Evangelischen Kirche von Kurhessen-Waldeck, Kassel, (2011) 3, S. 8.

51  Ignatius von Antiochien: Brief an die Smyrnäer 8,2 (107–110); <http://www.unifr.ch/bkv/kapitel11-8.htm>.

52  Felici, P.: Lumen Gentium, 1964; <http://www.vatican.va/archive/ hist_councils/ii_vatican_council/documents/vat-ii_const_ 19641121_lumen-gentium_ge.html>.

53  Vgl. von Matt, L., Kühner, H.: Die Päpste. Würzburg: Echter Verlag, 1963.

54  Übersicht bei <http://www.kathpedia.com/index.php?title=%C3 %96kumene>.

55  <http://de.wikipedia.org/wiki/Priesterbruderschaft_St._Pius_X.>, Abfrage 11.12.2010.

56  Kardinal G. B. R.: Dekret der Kongregation für die Bischöfe, Aufhebung der Exkommunikation von vier Bischöfen der Bruderschaft »St. Pius X.«; <http://www.vatican.va/roman_curia/congregations/cbishops/ documents/rc_con_cbishops_doc_20090121_remissionescomu nica_ge.htm>.

57  Lefebvre, M.: Predigt Allerheiligen 1990; zit. nach Facius, G.: Marcel Lefebvre, der Mann, der die Kirche spaltete. Die Welt, 04.02.2009; <http://www.welt.de/politik/article3147602/Marcel-Lefebvre-der-Mann-der-die-Kirche-spaltete.html>.

58  Williamson, R.: Predigt 04.1989, Sherbrooke; zit. nach Wensierski, P.: Wie die Piusbrüder gegen Juden, Muslime und Schwule hetzen. Spiegel, 03.02.2009; <http://www.spiegel.de/panorama/ gesellschaft/0,1518, 605239,00.html>.

59  Schmidberger, F.: Brief an die Freunde und Wohltäter, Nr. 45, 7.10.1993; Grundsätze einer christlichen Gesellschaftsordnung; zitiert nach Heller, E.: Schmidbergers Gedanken zur christlichen Gesellschaftsordnung, Einsicht 2010, 40, 4; <http://www.einsicht-aktuell.de/index.php?svar=5&artikel_id=1227>.

60 Wensierski, P.: Wie die Piusbrüder gegen Juden, Muslime und Schwule hetzen. Spiegel online, 03.02.2009; <http://www.spiegel.de/panorama/gesellschaft/0,1518,605239,00.html>, Abfrage 09.03.2012.

61 Seewald, P.: Licht der Welt. Herder 2010, 136–150.

62 Wensierski, P.: Bischof Williamson, Vatikan war früher als bekannt über Holocaust-Leugnung informiert. Spiegel, 23.09.2009; <http://www.spiegel.de/panorama/gesellschaft/0,1518,650805,00.html>.

63 Vgl. Loll, A.C., Wensierski, P.: Limburger Leidkultur. Spiegel (2010) 46, 15.11.2010; <http://www.spiegel.de/spiegel/0,1518,729402-2,00.html>.

64 Pawlowski, H.: Wir sind Kirche: Christliche Freiheit statt Heilige Herrschaft; Publik-Forum Verlagsgesellschaft Oberursel, 1998; <http://www.wir-sind-kirche.de/files/642_ChristlicheFreiheit.pdf>.

65 Salvini, G.: Civilta Cattolica. Catholic World News, 20. April 2007; <http://www.ewtn.com/vnews/getstory.asp?number=77925>.

66 Vgl. Bedford-Strohm, H.: Macht Glauben glücklich? Ein Gespräch mit Evelyn Finger. Die Zeit (2011) Nr.14, S. 64, 31. März 2011.

67 Bedford-Strohm, H.: Macht Glauben glücklich? Ein Gespräch mit Evelyn Finger. Die Zeit (2011) Nr. 14; S. 64, 31. März 2011.

68 Reese, T.J.: Facts, Myths and Questions, America Magazine, The national catholic weekly, 22 March, 2004; <https://www.americamagazine.org/content/article.cfm?article_id=3497>; <http://en.wikipedia.org/wiki/John_Jay_Report#cite_note-14>.

69 Übersicht bei <http://de.wikipedia.org/wiki/Sexueller_Missbrauch_in_der_r%C3%B6misch-katholischen_Kirche#cite_note-37>.

70 Dokumentiert: Der Brief des Canisius-Rektors. Tagesspiegel, 29.01.2010; <http://www.tagesspiegel.de/berlin/dokumentiert-der-brief-des-canisius-rektors/1672092.html>.

71 Siehe: Katholische Kirche in Deutschland. Bistümer melden Dutzende Verdachtsfälle auf Kindesmissbrauch. Spiegel, 6. Februar 2010.

72 <http://de.wikipedia.org/wiki/Sexueller_Missbrauch_in_der_r%C3%B6misch-katholischen_Kirche#cite_note-37>.

73 Siehe: Missbrauch wurde vertuscht. FAZ 2010 (4.12.), Nr. 283, Seite 5.

74 Hannoversche Allgemeine, 18.11.2010; <http://www.haz.de/Nachrichten/Politik/Deutschland-Welt/Osnabruecker-Bischof-bekennt-Schuld-der-katholischen-Kirche>.

75 Kongregation für die Glaubenslehre: Der Schutz der Heiligkeit der Sakramente (Sacramentorum sanctitatis tutela), 18. Mai 2001; Übersetzung Pytlik, A.; <http://www.internetpfarre.de/blog/archives/239-KIRCHENRECHT-DOKUMENTE-SEXUELLER-MISSBRAUCH-KRITIK-AN-ROEMISCHER-GEHEIMHALTUNG-ISTVERFEHLT.html>.

76 Cardinal justifies praise for French bishop's silence over abusi-

ve priest – The Times of India; <http://timesofindia.indiatimes
.com/world/europe/Cardinaljustifies-praise-for-French-bishops
silence-over-abusive-priest/articleshow/5826601.cms#ixzz
1EfinXZVK.

77  Hoyos, C.: Congregatio pro clericis The Vatican, 8 September 2001,
    Original; <http://www.golias.fr/spip.php?article3794>; Überset-
    zung: Pytlik, A.: <http://www.internetpfarre.de/blog/archives/
    245-VATIKAN-DISTANZIERT-SICH-KLAR-VON-KARDINAL-HOYOS-
    UND-ERKLAERT-GRAVIORA-DELICTA.html>.

78  Pytlik, A.:        <http://www.internetpfarre.de/blog/archives/
    245VATIKAN-DISTANZIERT-SICH-KLAR-VON-KARDINAL-HOYOS-
    UND-ERKLAERT-GRAVIORA-DELICTA.html>.

79  Verständnishilfe für die grundlegende Vorgangsweise der Kongre-
    gation für die Glaubenslehre bei Vorwürfen sexuellen Mißbrauchs;
    <http://www.vatican.va/resources/resources_guide-CDFprocedu-
    res_ge.html>.

80  Tsai, M.: Insurance for Sex Abuse, A policy tailor-made for the
    Catholic Church. Slate, 16. Juli 2007; <http://www.slate.com/id/
    2170482/nav/ais>.

81  Papst Benedikt XVI.: Hirtenbrief an die Katholiken Irlands, 22.
    März 2010; Übersetzung Pytlik, A.; <http://www.internetpfarre
    .de/blog/archives/241-PAPST-SEXUELLER-MISSBRAUCH-HIRTEN-
    BRIEF-VON-BENEDIKT-XVI.-FUER-IRLAND.html>.

82  Zeit-Online, 30.03.2010; Neue Vorwürfe gegen mehr als 20 Pries-
    ter; <http://www.zeit.de/gesellschaft/zeitgeschehen/2010-03/
    missbrauch-priester-trier>.

83  Pytlik, A.: NEUE-MISSBRAUCH-LEITLINIEN-GELTEN-NICHT-BEI-FAEL-
    LEN-VON-BISCHOEFEN, Internetpfarre, 23. August 2010; <http://
    www.internetpfarre.de/blog/archives/253-NEUE-MISSBRAUCH-
    LEITLINIEN-GELTEN-NICHT-BEI-FAELLEN-VON-BISCHOEFEN
    .html>.

84  Hannoversche Allgemeine Zeitung, 18.11.2010; Osnabruecker-Bi-
    schof-bekennt-Schuld-der-katholischen-Kirche; <http://www.haz.
    de/Nachrichten/Politik/Deutschland-Welt/Osnabruecker-Bischof-
    bekennt-Schuld-der-katholischen-Kirche>.

85  Schroeder, L.: Missbrauch, Bischöfe tun Buße. RP-Online, 15.03.-
    2011; <http://nachrichten.rp-online.de/politik/missbrauchbi-
    schoefe-tun-busse-1.577562>.

86  Hannoversche Allgemeine Zeitung, 18.11.2010; <http://www.haz.
    de/Nachrichten/Politik/Deutschland-Welt/Osnabruecker-Bischof-
    bekennt-Schuld-der-katholischen-Kirche>.

87  <http://www.internetpfarre.de/blog/archives/253-NEUEMISS-
    BRAUCH-LEITLINIEN-GELTEN-NICHT-BEI-FAELLEN-VONBISCHOE-
    FEN.html>.

88  Remele, K.: Sexuelle Gewalt in der Kirche: Verziehen, vergangen,
    vorüber? Die Presse, 30.12.2010; <http://diepresse.com/home/
    meinung/gastkommentar/621873/Sexuelle-Gewalt-in-der-Kirche_
    Verziehen-vergangen-vorueber; Abruf 22.06.2011>.

89 Busch, W.: Werke. Historisch-kritische Gesamtausgabe, Bde. I–IV, Band 4, Maler Klecksel, 2. Kapitel; Hamburg 1959, S. 85–95.

90 Remele, K.: Sexuelle Gewalt in der Kirche: Verziehen, vergangen, vorüber? Die Presse, 30.12.2010; <http://diepresse.com/home/meinung/gastkommentar/621873/Sexuelle-Gewalt-in-der-Kirche_Verziehen-vergangen-vorueber; Abruf 22.06.2011>.

91 Florin, Ch., Pfeiffer Chr.: Männer schämen sich mehr. Die Zeit (2011) 29, 7.

92 Schroeder, L.: Missbrauch, Bischöfe tun Buße. RP-Online, 15.03. 2011; <http://nachrichten.rp-online.de/politik/missbrauch bischoefe-tun-busse-1.577562>; <http://www.kathpress.at/site/ nachrichten/database/38130.html>; Kirche 2011, ein notwen- diger Aufbruch; <http://www.memorandum-freiheit.de/?page_ id=390>, Aufruf 25.12.2011.

93 Memorandum der Theologen »Kirche 2011: Ein notwendiger Auf- bruch«, in: Süddeutsche Zeitung, 03.02.2011.

94 Heisterkamp, U.: Germanozentrisch. Eine Untersuchung der Sinn- haftigkeit des Memorandums »Kirche 2011: Ein notwendiger Auf- bruch«, in: Academia (2011) 2, S. 51–52.

95 Winnemöller, P.: Petition pro Ecclesia, 08.02.2011; <http://petitionproecclesia.wordpress.com>.

96 Langendörfer, H.: Erklärung zum Memorandum »Kirche 2011: Ein notwendiger Aufbruch«, 04.02.2011; <http://www.dbk.de/presse/ details/?presseid=1770&cHash=19617cb521a22f4192a1399619 d10dc9>.

97 Theologen-Memorandum 2011; <http://www.kathpedia.com/ index.php?title=Theologen-Memorandum_2011>.

98 Kasper, W.: Die Gotteskrise und das Theologenmemorandum; 15. Februar 2011, Kath. Net.; <http://www.kath.net/detail.php? id=30146>.

99 Bedford-Strohm, H.: Macht Glauben glücklich? Ein Gespräch mit E. Finger, in: Die Zeit (2011) 14, S. 64.

100 <http://www.vatican.va/archive/hist_councils/ii_vatican_coun cil/documents/vat-ii_cons_19651207_gaudium-et-spes_en.html>.

101 <http://www.kerber-net.de/religion/reformation/oekumen2 .htm>.

102 <http://www.kathpedia.com/index.php?title=%C3%96kumene>.

103 Kongregation für die Glaubenslehre: Erklärung »Dominus Iesus« über die Einzigkeit und Heilsuniversalität Jesu Christi und der Kirche, 06.08.2000; Kapitel17; <http://www.vatican.va/roman_ curia/congregations/cfaith/documents/rc_con_cfaith_doc_ 20000806_dominus-iesus_ge.htm>.

104 <http://www.kathpedia.com/index.php?title=Sukzession>.

105 <http://de.wikipedia.org/wiki/Apostolische_Sukzession>.

106 <http://www.catholic-hierarchy.org/bishop/index.html>; <http://www.stmichael-online.de/apostolische_sukzession.htm>; <http://www.selk.de/download/Amt%20der%20Kirche.pdf>.

107 <http://www.vatican.va/archive/DEU0036/__P39.HTM>.

108 Beck, S.: Interview mit L. Boff: Kritik am Papst, »Es mangelt ihm an allem«, in: Süddeutsche Zeitung, 18.04.2010; <http://www.sueddeutsche.de/politik/kritik-am-papst-es-mangelt-ihm-an-allem-1.21345>.

109 <http://www.vatican.va/archive/DEU0036/_INDEX.HTM>.

110 Radio Vatikan, 04.06.2009; <http://storico.radiovaticana.org/ted/storico/200906/292540_bericht_papst_vereinfacht_laisierung_von_priestern.html>.

111 Ackermann, St.: Predigt vom 21.04.2010; <http://www.bistum-trier.de/bischof>.

112 Salvini, G.: Civilta Cattolica, Catholic World News, 20. April 2007; <http://www.ewtn.com/vnews/getstory.asp?number=77925>.

113 Radio Vatikan, 04.06.2009; <http://storico.radiovaticana.org/ted/storico/200906/292540_bericht_papst_vereinfacht_laisierung_von_priestern.html>.

114 Ökumenische Arbeitsgruppe Homosexuelle und Kirche (HuK) e.V. – Dokumentation Homosexualität und geistliche Berufe, Arbeits-papier der Deutschen Bischofskonferenz; <http://huk.org/texte/priesterweihe.htm>.

115 Leif, T.: Homosexuelle Priester, 1997; <http://www.phil.uni-sb.de/projekte/imprimatur/leif_1_97.html>.

116 Jesuit Hermann Kügler (Interview mit Priester Kügler »Katholische Kirche ist größte transnationale Schwulenorganisation«, Spiegel online, 25.11.2005); <http://www.spiegel.de/panorama/0,1518,386709,00.html>.

117 Schultze, Ch.: <http://www.suite101.de/content/die-problematik-homosexueller-priester-a48654>, 05.10.2008; <http://www.3sat.de/page/?source=/kulturzeit/lesezeit/150556/index.html>.

118 Reese, T.J.: Facts, Myths and Questions; America Magazine, The national catholic weekly, 22 March 2004; <https://www.americamagazine.org/content/article.cfm?article_id=3497>.

119 Ökumenische Arbeitsgruppe Homosexuelle und Kirche (HuK) e.V. – Dokumentation Homosexualität und geistliche Berufe, Arbeits-papier der Deutschen Bischofskonferenz; <http://huk.org/texte/priesterweihe.htm>.

120 Reese, T.J.: Facts, Myths and Questions; America Magazine, The national catholic weekly, 22 March 2004; https://www.americamagazine.org/content/article.cfm?article_id=3497.

121 Zweites Vatikanisches Konzil: Dekret Presbyterorum Ordinis über Dienst und Leben der Priester, 7.12.1964.

122 Lackmann, T.: Interview mit Prof. K. M. Beier: »Pädophile Priester sollten ihr Amt behalten«. Tagesspiegel, 04.02.2010; <http://www.tagesspiegel.de/wissen/paedophile-priester-sollten-ihr-amt-behalten/1675238.html>.

123 Lackmann, T.: Interview mit Prof. K. M. Beier: »Pädophile Priester sollten ihr Amt behalten«. Tagesspiegel, 04.02.2010; <http://

www.tagesspiegel.de/wissen/paedophile-priester-sollten-ihr-amt-
behalten/1675238.html>.

[124] Remele, K.: Sexuelle Gewalt in der Kirche: Verziehen, vergangen,
vorüber? Die Presse, 30.12.2010; <http://diepresse.com/home/
meinung/gastkommentar/621873/Sexuelle-Gewalt-in-der-Kirche_
Verziehen-vergangen-vorueber>, Abruf 22.06.2011.

[125] Lackmann, T.: Interview mit Prof. K. M. Beier: »Pädophile Priester sollten ihr Amt behalten«. Tagesspiegel, 04.02.2010; <http://
www.tagesspiegel.de/wissen/paedophile-priester-sollten-ihr-amt-
behalten/1675238.html>.

[126] Reese, T.J.: Facts, Myths and Questions; America Magazine, The
national catholic weekly, 22 March 2004; <https://www.america
magazine.org/content/article.cfm?article_id=3497>.

[127] Missbrauch wurde vertuscht. FAZ 4.12.2010, Nr. 283, S. 5.

[128] Zweites Vatikanisches Konzil: Dekret Presbyterorum Ordinis über
Dienst und Leben der Priester, 7.12.1964.

[129] <http://www.vatican.va/archive/DEU0036/_PY.HTM>.

[130] Zweites Vatikanisches Konzil: Dekret Presbyterorum Ordinis über
Dienst und Leben der Priester, 7.12.1964.

[131] Angenendt, A.: Debatte um den Zölibat. Die Angst der Kirche vor
der Sexualität, in: Süddeutsche Zeitung, 08.02.2011; http://www.
sueddeutsche.de/kultur/debatte-um-den-zoelibat-die-angst-der-
kirche-vor-der-sexualitaet-1.1057311.

[132] Angenendt, A.: Debatte um den Zölibat. Die Angst der Kirche vor
der Sexualität, in: Süddeutsche Zeitung, 08.02.2011; http://www.
sueddeutsche.de/kultur/debatte-um-den-zoelibat-die-angst-der-
kirche-vor-der-sexualitaet-1.1057311.

[133] Bericht Zeit-online: Papst wollte als Theologe Zölibat überprüfen, dpa, 28.01.2011; <http://www.zeit.de/gesellschaft/zeitge-
schehen/2011-01/papst-ueberpruefung-zoelibat>.

[134] Deutsche Bischofskonferenz; <www.dbk.de>.

[135] Vgl. Sedlacek, H.-H., Eid, V., Sapienza, A.M.: Organizational struc-
tures and activities in Ways to Successful Strategies in Drug Research and Development, VCH/Wiley 1996, 166–176.

[136] <http://www.vatican.va/archive/DEU0036/_P3P.HTM>.

[137] So zit. in: Ordinatio Sacerdotalis, 16. Mai 1994, s.u.

[138] Apostolisches Schreiben Ordinatio Sacerdotalis, 16. Mai 1994;
<http://www.vatican.va/holy_father/john_paul_ii/apost_letters/
documents/hf_jp-ii_apl_22051994_ordinatio-sacerdotalis_ge
.html>.

[139] Memorandum der Theologen »Kirche 2011: Ein notwendiger
Aufbruch«, Süddeutsche Zeitung, 03.02.2011; <http://www.
kath.net/detail.php?id=30325>; <http://www.kathpress.at/site/
nachrichten/database/38130.html>.

[140] <http://kirchensite.de/?myELEMENT=146535>.

[141] Korosides, K.: Geistliche Green Card; Der Spiegel (2001), 47;
<http://www.spiegel.de/spiegel/print/d-20794723.html>.

¹⁴² Gesundheitsberichterstattung des Bundes, 2009; <http://www.gbe-bund.de>.

¹⁴³ Vgl. Milger, P.: Die Kreuzzüge. Krieg im Namen Gottes. Bertelsmann 1988.

¹⁴⁴ Vgl. Milger, P.: Die Kreuzzüge. Krieg im Namen Gottes, Die Judenpogrome. Bertelsmann 1988, S. 37–41.

¹⁴⁵ Third Lateran Council, 1179 A.D.; <http://www.intratext.com/IXT/ENG0064/_P2.HTM>.

¹⁴⁶ Ad abolendam diversam haeresium pravitatem, 04.11.1184, in: Enchiridion fontium valdensium, a cura di G. GONNET, Torre Pellice 1958, pp. 50–53; <http://digilander.libero.it/eresiemedievali/decretale_1.htm; http://de.wikipedia.org/wiki/Inquisition>.

¹⁴⁷ Twelfth Ecumenical Council: Lateran IV 1215, Canon 3; <http://www.fordham.edu/halsall/basis/lateran4.html>.

¹⁴⁸ Constitutio contra haereticos Lombardiae (März 1224), in: MGH, Leges IV, Tomus II, 1896, S. 126–127, Nr. 100, zit. nach: <http://de.wikipedia.org/wiki/Inquisition>.

¹⁴⁹ Constitutio contra haereticos (22. Februar 1232), in: MGH, Leges IV, Tomus II, 1896, S. 194–195, Nr. 157, zit. nach: <http://de.wikipedia.org/wiki/Inquisition>.

¹⁵⁰ Bulle: Illi humani generis, 1231; http://www.grin.com/e-book/63854/die-beauftragung-des-ordo-fratrum-praedicatorum-mit-der-inquisition.

¹⁵¹ Ad Exstirpanda, 15.05.1252, §25; <http://userwww.sfsu.edu/~draker/history/Ad_Extirpanda.html>.

¹⁵² Schwerhoff, G.: Die Inquisition. Ketzerverfolgung in Mittelalter und Neuzeit. Beck 2009, S. 51, zit. nach: <http://de.wikipedia.org/wiki/Inquisition>.

¹⁵³ Thomas von Aquin, 1265–1273, Whether heretics ought to be tolerated? Summa Theologica, IIa IIae q.11 a.3, Objection 3; Literally translated by Fathers of the English Dominican Province. Second and Revised Edition, 1920; <http://www.op.org/summa/summa-II-II.html>. Deutsche Fassung: <http://www.heiligenlexikon.de/BiographienT/Thomas_von_Aquin.htm>.

¹⁵⁴ Schaff, P.C.: History of the Christian Church, Volume VI: The Middle Ages. A.D. 1294–1517; <http://www.ccel.org/ccel/schaff/hcc6.pdf>; <http://www.eberhard-gottsmann.de/Gottsmann/schule/Hexenbulle.pdf>.

¹⁵⁵ Heinrich Kramer: <http://diglib.hab.de/wdb.php?dir=inkunabeln/151-quod-2f-1>.

¹⁵⁶ Murphy, V.: Vatican ›dispels Inquisition myths‹, BBC News Online, 15.06.2005; <http://news.bbc.co.uk/2/hi/europe/3809983.stm>.

¹⁵⁷ Erklärung des Provinzkapitels der Dominikanerprovinz Teutonia; 05.2000; <http://www.dominikaner.de/geschichte/inquisition.htm>.

¹⁵⁸ <http://www.vatican.va/archive/hist_councils/ii_vatican_council/documents/vat-ii_const_19651207_gaudium-et-spes_ge.html>.

[159] Erklärung des Provinzkapitels der Dominikanerprovinz Teutonia; 05.2000; <http://www.dominikaner.de/geschichte/inquisition.htm>.

[160] Johannes Paul II.: Predigt am Tag der Vergebung in Heiligen Jahr (12.03.2000); <http://www.vatican.va/holy_father/john_paul_ii/homilies/2000/documents/hf_jp-ii_hom_20000312_pardon_ge.htm>.

[161] <http://www.memmingen.de/freiheitspreis.html>.

[162] Vgl. Sedlacek, H.-H., Sapienza, A. M., Eid, V.: Ethical obligation – Clinical trials in Ways to successful strategies in drug research and development; VCH/Wiley 1996, S. 195–240.

[163] Kongregation für die Glaubenslehre: Donum vitae (22.02.1987), II.B. Abschnitt 5; <http://www.vatican.va/roman_curia/congregations/cfaith/documents/html>.

[164] Kongregation für die Glaubenslehre: Donum vitae (22.02.1987), Teil 1, Abschnitt 2; <http://www.vatican.va/roman_curia/congregations/cfaith/documents/html>.

[165] Pius XI.: Enzyklika »Casti Connubii« (31.12.1930), II.3.a, Abtreibung; <http://www.fatima.ch/htm>; Sekretariat der Deutschen Bischofskonferenz: Dem Leben dienen, 27.08.1979, S. 3–16.

[166] Johannes Paul II.: Apostolisches Schreiben zum 50. Jahrestag des Beginns des zweiten Weltkrieges (27.08.1989); <http://www.vatican.va/holy_father/john_paul_ii/apost_letters/ documents/hf_jp-ii_apl_27081989_anniv-beginning-ii-world-war_ge.html>.

[167] Sekretariat der Deutschen Bischofskonferenz: Das Lebensrecht des Menschen und die Euthanasie, 01.06.1975, S. 3–11.

[168] Pastoralkonstitution Gaudium et Spes des II. Vatikanischen Konzils, 07.12.1965; Hauptteil 1, Kapitel 1. Abschnitt 16: Würde des sittlichen Gewissens; <http://www.vatican.va/archive/hist_councils/ii_vatican_council/documents/vat-ii_const_19651207_gaudium-et-spes_ge.html>.

[169] Abtreibung bei Neunjähriger: Mutter und Ärzte exkommuniziert, in: Der Tagesspiegel, 05.03.2009; <http://www.tagesspiegel.de/weltspiegel/abtreibung-bei-neunjaehriger-mutter-und-aerzte-exkommuniziert/v_default,1466230.html>.

[170] BGH 5 StR 386/09 – Urteil vom 6. Juli 2010; <http://www.hrr-strafrecht.de/hrr/5/09/5-386-09.php>.

[171] Pius XI.: Enzyklika »Casti connubii«, 31.12.1930; <http://www.stjosef.at/dokumente/casti_connubii.htm>.

[172] Kosfeld, M., Heinrichs, M., Zak, P.J., Fischbacher, U., Fehr, E.: Oxytocin increases trust in humans Nature. 2005; 435: 673–676; Theodoridou, A., Rowe, A.C., Penton-Voak, I.S., Rogers, P.J.: Oxytocin and social perception: oxytocin increases perceived facial trustworthiness and attractiveness. Horm Behav. 2009; 56:128–132; Meston, C.M., Levin, R.J., Sipski, M.L., Hull, E.M., Heiman, J.R.: Women's orgasm. Annu Rev Sex Res. 2004; 15: 173–257; Brody, S.: The relative health benefits of different sexual activities. Review; J Sex Med. 2010; 7: 1336–1361.

173 Leuner, B., Glasper, E.R., Gould, E.: Sexual Experience Promotes Adult Neurogenesis in the Hippocampus Despite an Initial Elevation in Stress Hormones, PLoS ONE 5(7): e11597. doi: 10.1371.

174 Brody S.: Blood pressure reactivity to stress is better for people who recently had penile-vaginal intercourse than for people who had other or no sexual activity. Biol Psychol. 2006; 71: 214–222; Ditzen, B., Neumann, I.D., Bodenmann, G., von Dawans, B., Turner, R.A., Ehlert, U., Heinrichs, M.: Effects of different kinds of couple interaction on cortisol and heart rate responses to stress in women. Psychoneuro-endocrinology. 2007: 565–574; Uvnas-Moberg, K., Petersson, M.: Oxytocin, a mediator of anti-stress, well-being, social interaction, growth and healing, Z Psychosom Med Psychother. 2005; 51 (1): 57–80.

175 Grewen, K.M., Girdler, S.S., Amico, J., Light, K.C.: Effects of Partner Support on Resting Oxytocin, Cortisol, Norepinephrine, and Blood Pressure Before and After Warm Partner Contact; Psychosomatic Medicine 2005, 67: 531–538.

176 Kimata, H.: Kissing reduces allergic skin wheal responses and plasma neurotrophin levels. Physiol Behav. 2003 Nov; 80 (2–3): 395–398; Charnetski, C.J., Brennan, F.X.: Sexual frequency and salivary immunoglobulin A (IgA). Psychol Rep. 2004; 94: 839–844; Sedlacek, H.-H.: Die Immunabwehr des Menschen, Kap. V: Wechselwirkung zwischen Nervensystem und Immunabwehr. Kühnel 2009, S. 307–385.

177 Leitzmann, M.F., Platz, E.A., Stampfer, M.J., Willett, W.C., Giovannucci, E.J.A.M.A.: Ejaculation frequency and subsequent risk of prostate cancer. 2004; 291: 1578–1586; Tops, M., van Peer, J.M., Korf, J.: Individual differences in emotional expressivity predict oxytocin responses to cortisol administration: Relevance to breast cancer? Biological Psychology, 2007; 75: 119–123.

178 Smith, G.D., Frankel, S., Yarnell, J.: Sex and death: are they related? Findings from the Caerphilly cohort study, BMJ 1997; 315: 1641.

179 Vgl. Haeberle, E. J.: Magnus Hirschfeld Archiv für Sexualwissenschaft, Humboldt Universität zu Berlin; <http://www2.hu-berlin .de/sexology/Home_DE/home_de.htm>.

180 Rees, W.: Scheidung und Wiederheirat und die (Un-)Möglichkeit einer liturgischen Feier. Anmerkungen aus kirchenrechtlicher Sicht, Forum Iuridicum 2003, 189–207; <http://www.uibk.ac.at/theol/ leseraum/texte/322.html#14>.

181 Pius VI.: Rescript. Ad Episc. Agriens., 11. Juli 1789, so zit. in: Pius XI.: Casti Connubii (1930). <http://stjosef.at/dokumente/casti_ connubii.htm>.

182 Codex Iuris Canonici: Buch IV, Teil I, Titel VII: Ehe, Kap. IX.: Artikel 1, Can. 1141; <http://www.vatican.va/archive/DEU0036/__ P44.HTM>.

183 Pius VI.: Rescript. Ad Episc. Agriens. (11. Juli 1789), so zit. in: Pius XI.: Casti Connubii (31.12.1930). <http://stjosef.at/dokumente/ casti_connubii.htm>.

[184] Pius XI.: Casti Connubii, 31.12.1930; <http://www.fatima.ch/htm>; <http://stjosef.at/dokumente/casti_connubii.htm>.

[185] Codex Iuris Canonici: Titel VII.: Ehe, Kap. III.: Artikel 2, Can. 1086, § 1; <http://www.vatican.va/archive/DEU0036/__P44.HTM>.

[186] Codex Iuris Canonici: Buch IV, Teil I, Titel VII.: Ehe, Kap. IX.: Artikel 2, Can. 1151–1155; <http://www.vatican.va/archive/DEU0036/__P44.HTM>.

[187] Statistisches Bundesamt; <http://www.destatis.de/jetspeed/portal/cms/Sites/destatis/Internet/DE/Content/Statistiken/Bevoelkerung/EheschliessungenScheidungen/Tabellen/Content75/EhescheidungenKinder,templateId=renderPrint.psml>.

[188] Brief an die Priester, Diakone und an alle im pastoralen Dienst Stehenden II,3; so zit. in: Erklärung der österreichischen Bischofskonferenz 29. März 1988; <http://stjosef.at/dokumente/oesterreichische_bischofserklaerungen_humanae_vitae.htm#mariatrost>.

[189] Brief an die Priester, Diakone und an alle im pastoralen Dienst Stehenden II, 3; so zit. in: Erklärung der österreichischen Bischofskonferenz 29. März 1988; <http://stjosef.at/dokumente/oesterreichische_bischofserklaerungen_humanae_vitae.htm#mariatrost>. Josef Ratzinger, Aufsatz zum Sakramentenempfang 1972, so zit. in Wensierski, Peter; Mord wird verziehen, eine zweite Ehe nicht, 14.06.2012 Spiegel online, http://www.spiegel.de/panorama/gesellschaft/katholische-kirche-interview-mit-pfarrer-konrad-irslinger-a-838908.html

[190] Rees, W.: Scheidung und Wiederheirat und die (Un-)Möglichkeit einer liturgischen Feier. Anmerkungen aus kirchenrechtlicher Sicht, Forum Iuridicum 2003, S. 189–207; <http://www.uibk.ac.at/theol/leseraum/texte/322.html#14>.

[191] Codex Iuris Canonici: Buch IV, Teil I, Titel VII.: Ehe, Kap. IV.; Artikel 1, Can. 1095–1107; <http://www.vatican.va/archive/ DEU0036/__P44.HTM>.

[192] Vgl. Rees, W.: Scheidung und Wiederheirat und die (Un-)Möglichkeit einer liturgischen Feier. Anmerkungen aus kirchenrechtlicher Sicht, Forum Iuridicum 2003, S. 189–207; <http://www.uibk.ac.at/theol/leseraum/texte/322.html#14>.

[193] Rees, W.: Scheidung und Wiederheirat und die (Un-)Möglichkeit einer liturgischen Feier. Anmerkungen aus kirchenrechtlicher Sicht, Forum Iuridicum 2003, S. 206–207, Abschnitt 45; <http://www.uibk.ac.at/theol/leseraum/texte/322.html#14>.

[194] Lucchinelli, N.: Vatican sharpens message on marriage annulments, 30.01.2009; <http://www.abc.net.au/am/content/2008/s2477973.htm>.

[195] Südtirol online, 23. Januar 2011; <http://www.stol.it/Artikel/Chronik-im-Ueberblick/Chronik/Papst-Priester-sollen-religioese-Ueberzeugung-vor-Heirat-strenger-pruefen>.

[196] Vgl. Koop, V.: Dem Führer ein Kind schenken. Die SS-Organisation »Lebensborn« e.V.; Köln: Böhlau, 2007.

[197] <http://e.hormone.tulane.edu/learning/phytoestrogens.html>;

Kleine Geschichte der Empfängnisverhütung; <http://www.dirk schmitt.de/home/geschichte.html#Ägypten_und_der_Orient>.

198 Vgl. Hertwig, O.: Lehrbuch der Entwicklungsgeschichte des Menschen und der Wirbeltiere. Jena: Gustav Fischer, 8. Aufl. 1906; <http://www.dietzellab.de/goodies/history/Hertwig1906.html>.

199 Pius XI.: Enzyklika Casti Connubii, 31.12.1930, I.2.b., Kapitel: Gut der Treue; <http://www.fatima.ch/htm>.

200 Vgl. Paul VI.: Enzyklika »Humanae vitae« – Über die rechte Ordnung der Weitergabe menschlichen Lebens (25. Juli 1968), Kapitel II. 7: Gesamtschau des Menschen; Acta Apostolicae Sedis 60 (1968), S. 481–503.

201 Pius XI.: Enzyklika »Casti Connubii« (31.12.1930), Kapitel II.3.a: die Mißkennung des ersten Gutes, des Kindes; <http://www.fatima.ch/ htm>.

202 Paul VI.: Enzyklika »Humanae vitae«– Über die rechte Ordnung der Weitergabe menschlichen Lebens (25. Juli 1968); Von den deutschen Bischöfen approbierte Übersetzung; Acta Apostolicae Sedis 60 (1968), 481–503. <http://www.aktion-leben.de/Sexualitaet/ Verhuetung/Kirche_sagt/sld01.htm>.

203 <http://e.hormone.tulane.edu/learning/phytoestrogens.html>.

204 Gespräch mit Professor Dr. Franz Böckle über Geburtenkontrolle, in: Der Spiegel (1967) 49, S. 52–60; <http://www.spiegel.de/spiegel/print/d-46196104.html>.

205 Oberdorfer, B.: Alte Natürlichkeit, in: Die Zeit (20.01.2011) 4, S. 54.

206 <http://de.wikipedia.org/wiki/Humanae_vitae>; <http://www.kathpedia.com/index.php?title=Humanae_vitae>.

207 Gaudium et Spes: Abschnitt 50; <http://www.vatican.va/archive/ hist_councils/ii_vatican_council/documents/vat-ii_const_ 19651207_gaudium-et-spes_ge.html>.

208 Kardinal Suenens: Durst nach Echtem (02.06.1969), Spiegel online; <http://www.spiegel.de/spiegel/print/d-45741033.html>.

209 Welt online (25.07.08); <http://www.welt.de/politik/article 2247498/Wie-das-Thema-Sex-die-Kirche-entzweit-hat.html>.

210 Wort der deutschen Bischöfe zur seelsorglichen Lage nach dem Erscheinen der Enzyklika Humanae vitae, 30.08.1968, S. 5, in: Dokumente der Deutschen Bischofskonferenz, Band 1 1965–1968, S. 465–471; <http://gloria.tv/?media=22882>.

211 Erklärung der österreichischen Bischöfe zur Enzyklika »Humanae vitae« vom 22.09.1968, Verordnungsblatt für die Diözese Innsbruck, 43. Jahrgang, Nummer 9, 1. Oktober 1968, Absatz II, S. 32–34; <http://stjosef.at/dokumente/oesterreichische_bischofs erklaerungen_humanae_vitae.htm#mariatrost>.

212 Welt online (25.07.08); <http://www.welt.de/politik/article 2247498/Wie-das-Thema-Sex-die-Kirche-entzweit-hat.html>.

213 Vgl. 3. Vollversammlung Niederländisches Pastoralkonzil 4.–8.01. 1969; <http://www.ikvu.de/html/kontexte/geschichte.html>.

214 In: Forum katholische Theologie (2005) 21, S. 17–35 und 113–126.

215 In: Theologisches (2008) 38, S. 328–330; <http://www.stjosef.at/dokumente/hvitae_sala.htm>.

216 Johannes Paul II.: Evangelium vitae, 25.3.1995; <http://www.vatican.va/holy_father/john_paul_ii/encyclicals/ documents/hf_jp-ii_enc_25031995_evangelium-vitae_ge.html>.

217 Vgl. Johannes Paul II.: Rede auf dem Kongress für Moraltheologie, Sala Clementina im Vatikan, am 12.11.1988; »Humanae vitae« – immer aktuell; Ethische Norm und Autonome Moral, in: Papst Paul VI.: »Enzyklika Humanae vitae – Die Weitergabe menschlichen Lebens«. Stein am Rhein/Schweiz: Christiana-Verlag, 1988; <http://www.aktion-leben.de/Sexualitaet/Ehe.htm>.

218 Gaudium et Spes, Abschnitt 50; <http://www.vatican.va/archive/hist_councils/ii_vatican_council/documents/vat-ii_const_19651207_gaudium-et-spes_ge.html>.

219 Pastoralkonstitution Gaudium et Spes des II. Vatikanischen Konzils, 12.07.1965: Hauptteil 1, Kapitel 1, Abschnitt 16. Würde des sittlichen Gewissens; <http://www.vatican.va/archive/hist_councils/ii_vatican_council/documents/vat-ii_const_19651207_gaudium-et-spes_ge.html>.

220 Benedikt XVI.: Grußbotschaft zum 40. Jahrestag der Veröffentlichung der Enzyklika Humanae vitae; Päpstliches Institut für Ehe und Familie »Johannes Paul II.«, 03.10.2008; <http://www.zenit.org>.

221 Schönborn, Chr.: »Dreimal Nein zum Leben«; >http://stephans com.at/edw/predigten/0/articles/2008/10/16/a15468/>.

222 The pastoral Letter of the nordic bishops to the congress of the family in Jönköping, 14.06.2010; <http://www.katolskakyrkan.se/1/1.0.1.0/2/Jnkping1.pdf>.

223 Casetti, Chr.: Geheimnis ehelicher Liebe. Humanae vitae – 40 Jahre danach. Stein am Rhein: Christiana Verlag, 2008.

224 Vgl. Deneke, B.: Beiträge zum 40. Jahrestag der Enzyklika Humanae vitae vom 25. Juli 1968; <http://www.kath-info.de/humanae-vitae.html>.

225 Sargent, M.A.: The pill and gynecologic cancer: controversy and mystery prevail. J Med Assoc Ga. 1995; 84: 320–322; Hannaford, P.C., Selvaraj, S., Elliott, A.M., Angus, V., Iversen, L., Lee, A.J.: Cancer risk among users of oral contraceptives: cohort data from the Royal College of General Practitioner's oral contraception study. BMJ 2007; 335: 651. National Cancer Institute, USA, Oral Contraceptives and Cancer Risk: Questions and Answers; <http://www.cancer.gov/cancertopics/factsheet/Risk/oral-contraceptives>.

226 Hagen, A., Schönermark, M.: Nutzen und Risiken hormonaler Kontrazeptiva bei Frauen; Institut für Epidemiologie, Sozialmedizin und Gesundheitssystemforschung; <http://www.mh-hannover.de/ma_kontraz.html>.

227 Kennedy, C.E., Medley, A.M., Sweat, M.D., O'Reilly, K.R.: Behavioural interventions for HIV positive prevention in developing countries: a systematic review and meta-analysis. Bull World

Health Organ. 2010; 88: 615–623; Heikinheimo, O., Lähteenmäki, P.: Contraception and HIV infection in women. Hum Reprod Update. 2009; 15: 165–176. Martin, E. T., Krantz, E., Gottlieb, S. L., Magaret, A. S., Langenberg, A., Stanberry, L., Kamb, M., Wald, A.: A pooled analysis of the effect of condoms in preventing HSV-2 acquisition. Arch Intern Med. 2009 Jul 13; 169 (13): 1233–1240.

[228] Hippler, St.: Tödliche Gebote: Wir brauchen eine Aids-Theologie für Afrika. Ein klares Wort des Papstes könnte Millionen Leben retten. Zeit-online, 10.08.2007.

[229] Schweizer Bundesamt für Statistik, Verhütungsmethoden; <http://www.svss-uspda.ch/de/facts/verhuetung.htm>.

[230] J. Bongaarts and Ch. F. Westoff: The potential role of Contraception in Reducing Abortion. Studies in Family Planning 2000; 31: 193–202.

[231] Gesundheitsberichterstattung des Bundes, 2009; <http://www.gbe-bund.de>.

[232] <http://www.svss-uspda.ch/de/facts/verhuetung.htm>.

[233] De Geyter, Ch. (CH): Sterilität und Infertilität der Frau; <http://www.ivf-basel.ch/fileadmin/bilder/studenten/steril-doc.pdf>.

[234] Gaudium et Spes, Kap. 50; <http://www.vatican.va/archive/hist_councils/ii_vatican_council/documents/vat-ii_const_19651207_gaudium-et-spes_ge.html>.

[235] The Times: Belgium condemns Pope over condom issue, 17.04.-2009; http://www.timesonline.co.uk.

[236] <http://www.welt.de/politik/article2247498/Wie-das-Thema-Sex-die-Kirche-entzweit-hat.html>.

[237] Nethöfel, W.: Moraltheologie nach dem Konzil: Personen, Programme, Positionen. Göttingen: Vandenhoeck & Ruprecht, 1987, S. 87.

[238] Vgl. Küng, H.: Unfehlbar? – Eine Anfrage. Ullstein, 1980, S. 41–50.

[239] Seewald, P.: Licht der Welt. Herder, 2010; Zitat entnommen Spiegel online (21.11.2010), Debatte über Papst: Gelockertes Kondomverbot entzweit Katholiken; <http://www.spiegel.de/panorama/gesellschaft/0,1518,730305,00.html>.

[240] Pfeiffer, Chr., Florin, Ch.: Männer schämen sich mehr. Die Zeit (2011) 29, S. 7.

[241] Übersicht bei Strauß, B., Beyer, K., Henning, K., Hoppe, I., Starker, W.: Ungewollte Kinderlosigkeit. Gesundheitsberichterstattung des Bundes, Robert Koch Institut 2004, Heft 20; <http://www.gbe-bund.de>.

[242] Schweizer Bundesamt für Gesundheit, 04.08.2008; <http://www.bag.admin.ch/themen/chemikalien/00238/05448>.

[243] Vgl. Greim H.: Hormonähnlich wirkende Stoffe in der Umwelt. Nachr. Chem. Tech. Lab. 1998, 46: 63–66.

[244] <http://e.hormone.tulane.edu/learning/phytoestrogens.html>.

[245] <http://www.bfr.bund.de/cm/208/.pdf>.

[246] Soto, A.M., Chung, K.L., Sonnenschein, C.: The Pesticides Endosulfan, Toxaphene, and Dieldrin Have Estrogenic Effects on Human Estrogen-Sensitive Cells, Environmental Health Perspectives,

1994, 102: 380–383; Hurstand, M.R., Sheahan, D.A.: The potential for oestrogenic effects of pesticides in headwater streams in the UK, The Science of the total Environment, 2003, 301: 87–96.

247 Ternes, T., Weil, H., Seel, P.: Belastungen von Fischen mit verschiedenen Umweltchemikalien in Hessischen Fließgewässern. Vergleichende Studie 1999–2000. Hessisches Landesamt für Umwelt und Geologie; <http://www.hlug.de/medien/wasser/berichte/dokumente/Fischbericht.pdf>.

248 Vgl. Ehmann, L.: Die lebenzerstörende Wirkung der Antibabypille, Gemeindenetzwerk, 18.08.2010;
<http://www.gemeindenetzwerk.org/?p=4936>.

249 Larsson, D.G.J., Adolfsson-Erici, M., Parkkonen, J., Pettersson, M., Berg, A.H., Olsson, P.E., Förlin, L.: Ethinyloestradiol – an undesired fish contraceptive? AquaticToxicology 1999, 45: 91–97.

250 Vgl. Ternes, T., Weil, H., Seel, P.: Belastungen von Fischen mit verschiedenen Umweltchemikalien in Hessischen Fließgewässern. Vergleichende Studie 1999–2000, S. 1–139. Hessisches Landesamt für Umwelt und Geologie; <http://www.hlug.de/medien/wasser/berichte/dokumente/Fischbericht.pdf>.

251 Grund, S., Higley, E., Schönenberger, R., Suter, M.J., Giesy, J.P., Braunbeck, T., Hecker, M., Hollert, H.: Environ SciPollut Res Int., The endocrine disrupting potential of sediments from the Upper Danube River (Germany) as revealed by in vitro bioassays and chemical analysis. 2010 Sep 5, (Epub Pubmed ahead of print).

252 Corcoran, J., Winter, M.J., Tyler, C.R.: Crit Rev Toxicol. Pharmaceuticals in the aquatic environment: a critical review of the evidence for health effects in fish, 2010, 40: 287–304.

253 Fick, J., Lindberg, R.H., Parkkonen, J., Arvidsson, B., Tysklind, M., Larsson, D.G.J.: Therapeutic Levels of Levonorgestrel Detected in Blood Plasma of Fish: Results from Screening Rainbow Trout Exposed to Treated Sewage Effluents. Environmental Science & Technology, 2010, 44: 2661.

254 Guilette, L.J. Jr., Gross, T.S., Masson, G.R., Matter, J.M., Percival, H.F.: Development abnormalities of the gonad and abnormal sex hormone concentrations in juvenile alligators from contaminated or control lakes in Florida. Environ. Health Perspect. 1994, 102: 680–688.

255 Schweizer Bundesamt für Gesundheit, 04.08.2008; <http://www.bag.admin.ch/themen/chemikalien/00238/05448>.

256 Auger, J., Kunstmann, J.M., Czyglik, F., Jouannet, P.: Decline in sperm quality among fertile men in Paris during the past 20 years. New England J. of Medicine 1995, 332: 281–285; Schweizer Bundesamt für Gesundheit, 04.08.2008; <http://www.bag.admin.ch/themen/chemikalien/00238/05448>.

257 Thorn, P.: Der Sex, das Sperma und die Angst, in: Die Zeit (2010) 42, S. 42.

258 Vgl. Hurst, K.M., Dye, L.: Stress und männliche Subfertilität, in:

Brähler, E., Felder, H., Strauß, B.: Fruchtbarkeitsstörungen. Jahrbuch der Medizinischen Psychologie, Hogrefe, 2000, 17, S. 27–42.

[259] Schweizer Bundesamt für Gesundheit, 04.08.2008; <http://www.bag.admin.ch/themen/chemikalien/00238/05448>.

[260] Übersicht bei Strauß, B., Beyer, K., Henning, K., Hoppe, I., Starker, W.: Ungewollte Kinderlosigkeit. Gesundheitsberichterstattung des Bundes, Robert Koch Institut 2004, Heft 20; <http://www.gbe-bund.de>.

[261] Vgl. Strauß, B., Beyer, K., Henning, K., Hoppe, I., Starker, W.: Ungewollte Kinderlosigkeit. Gesundheitsberichterstattung des Bundes, Robert Koch Institut 2004, Heft 20; http://www.gbe-bund.de.

[262] Pecks, U., Maass, N., Neulen, J.: Eizellspende – ein Risikofaktor für Schwangerschaftshochdruck, in: Deutsches Ärzteblatt (2011) 108/3, S. 23–30.

[263] Nyboe, A., Goossens, V., Bhattacharya, S., Ferraretti, A.P., Kupka, M.S., de Mouzon, J., Nygren, K.G., and The European IVF-monitoring (EIM) Consortium, for the European Society of Human Reproduction and Embryology (ESHRE): Assisted reproductive technology and intrauterine inseminations in Europe, 2005: results generated from European registers by ESHRE: ESHRE, Hum Reprod. 2009, 24: 1267–1287.

[264] Kongregation für die Glaubenslehre: Instruktion über die Achtung vor dem beginnenden menschlichen Leben und die Würde der Fortpflanzung (Donum vitae), 22.02.1987; <http://www.vatican.va/roman_curia/congregations/cfaith/documents/html>.

[265] Kongregation für die Glaubenslehre: Instruktion über die Achtung vor dem beginnenden menschlichen Leben und die Würde der Fortpflanzung (Donum vitae), 22.02.1987, Kap. 2, Abschnitt A, Absatz 1 und Absatz 2; <http://www.vatican.va/roman_curia/congregations/cfaith/documents/html>.

[266] Kongregation für die Glaubenslehre: Instruktion über die Achtung vor dem beginnenden menschlichen Leben und die Würde der Fortpflanzung (Donum vitae), 22.02.1987, Kap. 2, Abschnitt B, Absatz 5 und 6; <http://www.vatican.va/roman_curia/congregations/cfaith/documents/html>.

[267] Kongregation für die Glaubenslehre: Instruktion über die Achtung vor dem beginnenden menschlichen Leben und die Würde der Fortpflanzung (Donum vitae), 22.02.1987, Kap. 2, Abschnitt B, Absatz 4, 5 und 6; <http://www.vatican.va/roman_curia/-congregations/cfaith/documents/html>.

[268] Vgl. Sussebach, H.: Ich will wissen, wer er ist, in: Die Zeit (2010) 47, S. 17–19.

[269] Vgl. Pecks, U., Maass, N., Neulen, J.: Eizellspende – ein Risikofaktor für Schwangerschaftshochdruck, in: Deutsches Ärzteblatt (2011) 108/3, S. 23–30.

[270] Vgl. BVerfG, 31.01.1989-1Bvl 17/87.

[271] Kongregation für die Glaubenslehre: Instruktion über die Achtung vor dem beginnenden menschlichen Leben und die Würde der

Fortpflanzung (Donum vitae), 22.02.1987, Kap. 2, Abschnitt A, Absatz 2; <http://www.vatican.va/roman_curia/congregations/cfaith/documents/html>.

272 Johannes Paul II.: Ansprache an die Teilnehmer der 35. Generalversammlung des Weltärztebundes, 29.10.1983: AAS 76 (1984), S. 392.

273 BVerfG Urteil vom 25.02.1975, Leitsatz Nr.1.18.

274 Kongregation für die Glaubenslehre: Instruktion über die Achtung vor dem beginnenden menschlichen Leben und die Würde der Fortpflanzung (Donum vitae), 22.02.1987, Kap. 1, Absatz 1; <http://www.vatican.va/roman_curia/congregations/cfaith/documents/html>.

275 Nyboe, A., Goossens, V., Bhattacharya, S., Ferraretti, A.P., Kupka, M.S., de Mouzon, J., Nygren, K.G., and The European IVF-monitoring (EIM) Consortium, for the European Society of Human Reproduction and Embryology (ESHRE): Assisted reproductive technology and intrauterine inseminations in Europe, 2005: results generated from European registers by ESHRE: ESHRE., Hum Reprod. 2009; 24: 1267–1287.

276 <http://www.welt.de/politik/article2247498/Wie-das-Thema-Sex-die-Kirche-entzweit-hat.html>.

277 Hacke, A., di Lorenzo, G.: Wofür stehst Du? Kiepenheuer und Witsch,2010, S. 10.

278 Zimmermann, H.: Constitutum Constantini, Deutsche Übersetzung, 4. Februar 2007; <http://12koerbe.de/arche/const.htm>.

279 <http://www.zdf.de/ZDFde/inhalt/28/0,1872,7228060,00.html?dr=1>.

280 Quirin, H.: Bemerkungen zum Problem der Urkundenfälschung im Mittelalter: Die gesetzlose Gesellschaft zu Berlin, Vortrag aus Anlaß der Wiederkehr des 175. Gründungstages der Gesetzlosen Gesellschaft zu Berlin, 1. November 1985; <http://www.gesetzlose-gesellschaft.de/vortraege/1985.phtml>.

281 Vgl. Werner, M.: Die Heilige Elisabeth und die Anfänge des Deutschen Ordens in Marburg, in: Marburger Geschichte, Dettmering, E., Grenz, R.: Magistrat der Stadt Marburg, 1980, S. 121–164.

282 Vgl. Schmidt, P. G.: Die zeitgenössische Überlieferung zum Leben und zur Heiligsprechung der heiligen Elisabeth, in: Sankt Elisabeth. Philipps Universität Marburg, 1981, S. 1–6; vgl. auch Werner, M.: Die Heilige Elisabeth und Konrad von Marburg, in: Sankt Elisabeth. Philipps Universität Marburg, 1981, S. 45– 69.

283 Vgl. Patschovsky, A.: Konrad von Marburg und die Ketzer seiner Zeit, in: Sankt Elisabeth. Philipps Universität Marburg, 1981, S. 70–77.

284 <http://www.christusrex.org/www1/overkott/rerum.htm>.

285 Knipp, K.: Die Systemfrage: Oswald von Nell-Breuning und Wolfgang Abendroth, DLF, 17.05.2009; <http://www.dradio.de/dlf/sendungen/essayunddiskurs/966231>.

286 Knipp, K.: Die Systemfrage: Oswald von Nell-Breuning und Wolf-

gang Abendroth, DLF, 17.05.2009; <http://www.dradio.de/dlf/sendungen/essayunddiskurs/966231>.

[287] Knipp, K.: Die Systemfrage: Oswald von Nell-Breuning und Wolfgang Abendroth, DLF, 17.05.2009; <http://www.dradio.de/dlf/sendungen/essayunddiskurs/966231>.

[288] von Nell-Breuning, O.: Eigentum und Verfügungsgewalt in der modernen Gesellschaft, 1959; <http://library.fes.de/gmh/main/pdf-files/gmh/1956/1956-08-a-473.pdf>.

[289] Wensierski, Peter; Mord wird verziehen, eine zweite Ehe nicht, 14.06.-2012 Spiegel online, http://www.spiegel.de/panorama/gesellschaft/katholische-kirche-interview-mit-pfarrer-konrad-irslinger-a-838908.html

[290] Sloterdijk, P.: Leid der FDP, in: Die Zeit (2011) Nr. 15, S. 1.

[291] Kaufmann, F.X.: Frankfurter Allgemeine Zeitung (27.01.2012) 23, S. 11.

[292] Bischof Ackermann, Katholischer Missbrauchsbeauftragter schont Pädophile. Spiegel online, Panorama, 18.03.2012; <http://www.spiegel.de/panorama/justiz/0,1518,822002,00.html>.

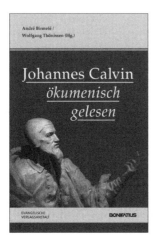

André Birmelé |
Wolfgang Thönissen
(Hrsg.)
**Johannes Calvin
ökumenisch gelesen**

245 Seiten | 14,5 x 22 cm
Paperback
EUR 26,90 [D]
ISBN 978-3-374-03019-4

Der 500. Geburtstag des Genfer Reformators Johannes Calvin im Jahr 2009 hat erfreulicherweise großes Interesse an seinem Erbe geweckt, sodass es mit dem Calvin-Jahr neu gewürdigt werden konnte. Das ökumenische Potenzial seiner Theologie ist beachtlich und diese Entdeckungen erweisen sich für den ökumenischen Dialog als sehr fruchtbar: Reformierte Theologen sind mit lutherischen und katholischen Theologen in einen Dialog getreten, um sich auf breiter Grundlage mit Calvins Theologie zu beschäftigen.

Vier ökumenische Institute haben sich im Jahr 2010 zusammengefunden, um den ökumenischen Ertrag des Calvin-Jahres zu erheben. Herausgekommen sind Beiträge zu so unterschiedlichen Themen wie Rechtfertigung und Heiligung, Christologie und Sakramentenverständnis, Amtstheologie und Ekklesiologie.

**EVANGELISCHE VERLAGSANSTALT**
**Leipzig** www.eva-leipzig.de

Tel +49 (0) 341/ 7 11 41 -16          vertrieb@eva-leipzig.de